LE TANGO

Edition préparée sous la direction
de Françoise Campo-Timal

Titre original :
El Tango
Editorial Planeta, Argentina, S.A.I.C.
© Horacio Salas, 1986

© ACTES SUD, 1989
pour la traduction française
ISBN 2-7427-0219-9

Illustration de couverture :
Abel Quezada, *Les Danseurs de tango*, 1980.

HORACIO SALAS

LE TANGO

essai traduit de l'espagnol
(Argentine)
par Annie Morvan

Préface d'Ernesto Sábato

BABEL

à Francisco Albertos,
à Fermín Chávez,
Geno Díaz, Blas Matamoro
et Armando Piratte

Le tango est une possibilité infinie.

LEOPOLDO MARECHAL

PRÉFACE

LE TANGO, CHANSON DE BUENOS AIRES

1. LE MÉTISSAGE

Les millions d'immigrés qui, en moins de cent ans, se sont précipités sur ce pays n'ont pas seulement enfanté deux des caractéristiques du nouvel Argentin, le ressentiment et la tristesse : ils ont aussi préparé l'avènement du phénomène le plus original du Rio de la Plata : le tango.

Cette danse mille fois analysée a, tour à tour, été réprouvée, louée, ridiculisée.

Mais Enrique Santos Discépolo, son plus grand créateur, en donne ce que je crois être la définition la plus exacte et la plus belle : "C'est une pensée triste qui se danse."

Carlos Ibarguren affirme que le tango, simple produit hybride des faubourgs de Buenos Aires, n'est pas argentin. Cette affirmation ne définit pas correctement le tango, mais elle définit bien Carlos Ibarguren. Car il est clair, en effet, que ce fut aussi douloureux pour l'étranger de supporter la rancœur de l'Argentin que pour celui-ci de voir sa patrie envahie par d'insolites individus qui mettaient le pays à sac et faisaient bien souvent ce que critiquait André Gide : cirer leurs chaussures avec les rideaux des chambres d'hôtel. Mais les sentiments les plus simples ne sont pas la garantie de raisonnements également simples : ils sont plutôt un motif de mise à l'écart ; un mari trompé n'est sans doute pas la personne la mieux placée pour juger des mérites de l'amant de sa femme. Lorsque Ibarguren soutient que le tango n'est pas argentin mais un simple produit du métissage, il y a une grande part de vérité dans ce qu'il dit, mais la passion (justifiée) qui le perturbe déforme le reste. Car s'il est vrai que le tango est le produit d'une hybridation, il est faux qu'il ne soit pas argentin. Pour le meilleur comme pour le pire, il n'existe pas de peuples platoniquement purs, et l'Argentine d'aujourd'hui est le résultat (bien souvent désastreux il faut le reconnaître) d'invasions successives, à commencer par celle de la famille de Carlos Ibarguren que les Calfucura doivent sans aucun doute considérer comme une intruse et dont les opinions doivent leur paraître celles d'un paysan improvisé.

Nier le caractère argentin du tango est aussi pathétiquement suicidaire que de nier l'existence de Buenos Aires. La thèse autistique d'Ibarguren abolirait d'un coup le port de notre capitale, ses gratte-ciel, l'industrie nationale, ses taureaux de race et sa puissance céréalière. Elle annulerait aussi toute possibilité de gouvernement puisque nos présidents et nos gouverneurs ont une forte tendance à être descendants d'Italiens ou de Basques, ou à être des produits aussi hybrides que le tango lui-même. Mais que dis-je : pas même le nationalisme n'échapperait à l'hécatombe car il faudrait lui sacrifier les Scalabrini et les Mosconi.

Il est peut-être douloureux, comme le dit W. James, que l'histoire, ce processus en renouvellement constant, soit invariablement confuse et tende à la *mezcolanza*. Mais c'est ce qui la rend si passionnante. Il faut chercher son identité dans la logique ou dans les mathématiques : nul ne peut demander à l'histoire d'être un produit aussi pur (et aussi ennuyeux) qu'un cône ou qu'une sinusoïde.

Inévitable, le métissage est toujours fécond : il suffit de penser au gothique ou à la musique noire des Etats-Unis.

Quant à la littérature du Rio de la Plata, si critiquée par ceux qui y cherchent une prolongation des thèmes et des techniques européens, elle est une autre forme de métissage ; car, à moins d'exiger que nous décrivions en *querandi* la chasse à l'autruche, je ne vois pas comment on peut parler de pureté nationale. Croire que la littérature nationale serait celle qui ne s'occupe que d'Indiens ou de *gauchos* * est adhérer stupidement aux thèses apocalyptiques d'Ibarguren. Il n'est pas même donné aux dieux grecs de l'Olympe, que certains professeurs tiennent pour un modèle de pureté, d'exhiber une impeccable généalogie indigène.

2. LE SEXE

Plusieurs penseurs argentins ont assimilé le tango au sexe ou, comme Juan Pablo Echague, l'ont qualifié de simple danse lascive. Je crois que c'est exactement l'inverse. Il est certain que le tango est né dans les lupanars, mais cette constatation doit nous faire supposer qu'il est quelque chose comme son contraire car la création artistique est un acte presque invariablement antagonique : un acte de fuite ou de rébellion. On crée ce que l'on n'a pas, ce qui d'une certaine façon est objet de notre désir profond et de notre espérance, ce qui nous permet de nous évader comme par magie de la dure réalité quotidienne. C'est en cela que l'art ressemble au rêve. Seule une race d'hommes passionnés et charnels comme les Grecs pouvait inventer la philosophie platonicienne, une philosophie qui recommande de se méfier du corps et de ses passions.

* Un glossaire placé en fin d'ouvrage explique les mots marqués d'un astérisque. *(N.d.T.)*

Le lupanar est le sexe à l'état de (sinistre) pureté. Et comme le dit Tulio Carella, l'immigrant solitaire qui y entrait résolvait facilement son problème sexuel : avec la tragique facilité que ces sombres établissements offraient pour le résoudre. Ce n'était donc pas cela qui pouvait préoccuper l'homme solitaire de Buenos Aires ; ni ce que sa chanson, dans ce qu'elle avait de nostalgique et même parfois de canaille, évoquait. Ce qui tourmentait l'homme de Buenos Aires était précisément le contraire : la nostalgie de la communion et de l'amour, le souvenir de la femme, et non pas la présence d'un objet de luxure :

En mi vida tuve muchas, muchas minas,
pero nunca una mujer.

J'ai eu dans ma vie des tas et des tas de gonzesses, mais jamais je n'ai eu de femme.

Le corps de l'autre est un simple objet, et son seul contact ne permet pas de franchir les limites de la solitude. Raison pour laquelle l'acte sexuel est en soi doublement triste, car non seulement il laisse l'homme dans sa solitude première, mais il aggrave et assombrit la frustration de sa tentative.

C'est un des mécanismes qui peuvent expliquer la tristesse du tango si fréquemment associée au désespoir, à la rancœur, à la menace et au sarcasme.

Il y a dans le tango un ressentiment érotique et une manifestation sinueuse du sentiment d'infériorité du nouvel Argentin, puisque le sexe est une des formes primaires du pouvoir. Le machisme est un des traits spécifiques du Portègne. Celui-ci se sent obligé de toujours se comporter en mâle sans jamais être pris pour un mâle d'opérette. Car, ainsi qu'on l'a fort bien observé et comme il en va des hommes peu sûrs d'eux-mêmes,

le mâle surveille soigneusement son comportement devant
les autres, se sent jugé et même ridiculisé par ses pairs :

> *El malevaje extrañao*
> *me mira sin comprender.*

> La pègre étonnée
> me regarde sans comprendre.

3. LE MÉCONTENTEMENT

Le mâle, le *macho*, a peur du ridicule et son comportement
de *compadre* * vient en grande partie de ce qu'il manque
d'assurance et se trouve angoissé à l'idée qu'on puisse
avoir de lui une opinion défavorable ou douteuse. Ses
réactions ressemblent à la violence hystérique de certains
timides. Et lorsqu'il insulte ou gifle sa femme, il éprouve
certainement un obscur sentiment de culpabilité. Le ressentiment envers l'autre est l'aspect extérieur de la rancœur contre le moi. Et ce mécontentement, cette mauvaise
humeur, cette vague acrimonie, cette colère indéfinie et
latente contre tout et contre tous qu'éprouve le *macho* est
presque la quintessence de l'Argentin moyen.
   Tout ceci a fait du tango une danse introvertie et même
introspective : une pensée triste qui se danse, au contraire
des autres danses populaires, extraverties et euphoriques,
expression d'un tumulte joyeux ou d'un érotisme allègre.
Seul un étranger peut commettre la sottise de profiter d'un
tango pour bavarder ou s'amuser.
   Le tango est, à y bien réfléchir, le phénomène le plus
étonnant parmi les danses populaires.
   Certains arguënt qu'il n'est pas toujours dramatique
et que, comme tout ce qui appartient à Buenos Aires, il
peut être drôle ; ils veulent sans doute dire, je suppose,

que la joie ne lui est pas étrangère. Ce qui est inexact car lorsque le tango se fait satirique, son humour possède l'agressivité d'une gifle et ses épigrammes sont rancunières et prétentieuses :

> *Durante la semana, meta laburo,*
> *y el sabado a la noche sos un bacán.*

> Pendant la semaine, au turbin,
> et le samedi soir, t'es rupin.

C'est le côté caricatural et ironique d'un esprit sombre et pensif :

> *Si no es para suicidarse*
> *que por este cachivache*
> *sea lo que soy !*

> Si c'est pas à se flinguer
> que pour cette mocheté
> je sois ce que je suis !

Un Napolitain danse la tarentelle pour s'amuser ; un Portègne danse un tango pour méditer sur son sort (en général un *putain* de sort) ou pour ruminer de sombres pensées sur la condition humaine en général. L'Allemand qui, plein de bière, danse au son d'une musique tyrolienne, rit et s'amuse naïvement ; le Portègne ne rit pas, ne s'amuse pas et, lorsqu'il sourit c'est de travers, en un rictus grotesque aussi différent de celui de l'Allemand qu'un bossu peut l'être d'un professeur de gymnastique.

4. LE BANDONÉON

Quel appel mystérieux a poussé, cependant, un populaire instrument germanique à venir chanter les malheurs de l'homme du Rio de la Plata ? Voilà bien un autre problème mélancolique pour Ibarguren.

Vers la fin du siècle dernier, Buenos Aires était un campement d'ateliers improvisés et de *conventillos** peuplés par une multitude d'hommes célibataires. Cette foule de marins et de marlous, de maçons et de matons, de croque-notes créoles et d'étrangers, d'équarrisseurs et de proxénètes, se retrouvait dans les bistrots et les bordels : on y buvait du vin et de l'eau-de-vie, on y chantait, on y dansait, on récitait des épigrammes à propos d'offenses réciproques, on jouait aux dés et aux boules, on élucubrait des hypothèses sur la mère ou la grand-mère d'un client, on se querellait, on se battait.

Le *compadre* est le roi de ces bas-fonds. Mélange de *gaucho* et de délinquant sicilien, il est le modèle tentant de la nouvelle société : rancunier et bravache, beau parleur et viril. Dans ce monde de malfrats, il a pour femme une prostituée : ensemble ils dansent une sorte de pas de deux impudent, provocateur et spectaculaire.

Une danse hybride de gens hybrides, qui tient de la *habanera* * , apportée par les marins, rappelle la *milonga* * et a quelque chose de la musique italienne. Le tout est un mélange, de même que les musiciens qui l'inventent : des créoles comme Ponzio et des étrangers comme Zambonini.

Des artistes sans prétention qui ignoraient qu'ils écrivaient l'histoire. D'humbles orchestres réunis pour l'occasion, qui savaient jouer de la guitare, du violon et de la flûte, et qui se débrouillaient avec une mandoline, une harpe et même un harmonica.

Jusqu'à ce qu'apparaisse le bandonéon qui marqua définitivement de son sceau la grande création inconsciente et collective. Le tango allait succéder à son destin, à ce que saint Thomas appelait "ce qu'il était avant d'être" la *guidditas* du tango.

Instrument sentimental, mais dramatique et profond, à la différence de l'accordéon qui est d'un sentimentalisme facile et pittoresque, il finira par distinguer pour toujours le tango de la fioriture amusante et de l'héritage du *candombé* *.

Le tango quitta les bordels et les bastringues pour partir à la conquête du centre de Buenos Aires, sur les rouleaux des orgues de Barbarie qui chantaient d'innocentes atrocités :

> *Quisiera ser canfinflero*
> *para tener una mina*
>
> Je voudrais être marlou
> pour avoir une gonzesse.

Et, avec l'invincible énergie des expressions authentiques, il conquit le monde. Que cela nous plaise ou non (et en général cela ne nous plaît pas tellement), c'est grâce à lui que nous fûmes connus en Europe. Le tango était à l'Argentine ce que les corridas étaient à l'Espagne. Et, que cela nous plaise ou non, ce schématisme renferme quelque chose de profondément vrai, car le tango incarne les traits essentiels du pays que nous commencions alors à bâtir : le "déphasage", la nostalgie, la tristesse, la frustration, le drame, le mécontentement, la rancœur, les problèmes. Ses aspects les plus subtils donnèrent des chansons comme *Caminito* ; ses formes les plus grotesques des textes comme *Noche de reyes* (La Nuit des rois), et ses traits les plus âpres et les plus dramatiques l'œuvre d'un Enrique Santos Discépolo.

5. LA MÉTAPHYSIQUE

Dans ce pays où règne la controverse, chaque fois que quelqu'un fait quelque chose (un budget, une symphonie ou un grand ensemble d'H.L.M.), immédiatement surgissent des milliers de critiques qui s'empressent de démolir l'entreprise avec une minutie sadique.

Une des manifestations du sentiment d'infériorité de l'Argentin (qui se complaît à détruire ce qu'il ne se sent pas capable de faire) est la doctrine qui dévalorise la littérature de tendance métaphysique : l'Argentin déclare qu'elle est étrangère à notre réalité, qu'elle est apocryphe et importée et qu'elle est, enfin, une des caractéristiques de la décadence européenne.

Selon cette singulière doctrine, le "mal métaphysique" ne peut s'attaquer qu'à un Parisien ou à un Romain. Et, lorsque l'on sait que ce mal métaphysique est la conséquence de la finitude temporelle de l'homme, il faut en conclure que, pour ces théoriciens, les gens ne meurent qu'en Europe.

A ces critiques, qui non seulement refusent de considérer leur myopie comme un handicap mais l'utilisent au contraire comme instrument de leurs recherches, il faut expliquer que si le mal métaphysique tourmente un Européen, il tourmente doublement un Argentin. En effet l'homme est beaucoup plus temporel ici qu'à Rome car, pour nous, cette existence transitoire se déroule dans un campement et au milieu d'un cataclysme universel, sans le soutien de l'éternité que représente, là-bas, la tradition millénaire.

Et ceci est d'autant plus vrai que tous les créateurs du tango font de la métaphysique sans le savoir.

C'est que, pour lesdits critiques, la métaphysique ne peut se trouver que dans de vastes et obscurs traités de professeurs allemands ; alors que, comme le disait Nietzsche, elle est dans la rue, dans les tribulations de ce petit homme fait de chair et de sang.

Il ne nous appartient pas ici d'examiner pourquoi l'inquiétude métaphysique est le substrat de notre meilleure littérature. Nous voulons simplement signaler qu'elle existe dans cette humble banlieue de la littérature argentine qu'est le tango.

La croissance violente et tumultueuse de Buenos Aires, l'arrivée de millions d'êtres humains remplis d'espoir et leur inévitable frustration, la nostalgie de la patrie lointaine, le ressentiment des natifs envers cet afflux d'immigrés, le sentiment d'insécurité et de fragilité dans un monde qui se transforme à une vitesse vertigineuse, l'absurdité de la vie, le manque de hiérarchies absolues, tout ceci est manifeste dans la métaphysique du tango. Mélancolique, il dit :

> *Borró el asfalto de una manotada*
> *la vieja barriada que me vio nacer*

> L'asphalte a effacé d'un revers de la main
> le vieux quartier qui m'a vu naître…

Le progrès que les promoteurs de la nouvelle Argentine ont impulsé à coups de marteau-piqueur ne laisse pas une seule pierre debout. Que dis-je : il ne laisse pas une seule brique en place, ce matériau plus fragile et donc philosophiquement plus angoissant.

Dans la ville fantôme, rien n'est perdurable.

Et le poète chante sa nostalgie du vieux café des *los Angelitos* :

> *Yo te evoco, perdido en la vida,*
> *y enredado en los hilos del humo*

> Je t'évoque, perdu dans la vie,
> enveloppé dans les halos de fumée.

Modestement, Manrique, en faubourien, se demande :

Trás de que sueños volaron ?…
En que estrellas andaran ?
Las voces que ayer llegaron
y pasaron y callaron,
donde estan ?,
por que calles volverán ?

Après quels rêves ont-elles volé ?
Quelles étoiles parcourent-elles ?
Les voix qui hier sont venues
sont passées et se sont tues.
Où sont-elles ?
Dans quelles rues reviendront-elles ?

Le Portègne, comme personne en Europe, sent que le temps passe et que la frustration de tous ses rêves et la mort finale constituent son inévitable épilogue. Et accoudé à la table en marbre du café, devant un verre d'eau-de-vie et un paquet de brunes, méditatif et amical, il s'interroge :

Te acordás, hermano, que tiempos aquéllos ?

Te souviens-tu, vieux frère, de ce temps-là ?

Ou avec une amertume cynique, il dicte :

Se va la vida, se va y no vuelve,
lo mejor es gozarla y largar
las penas a rodar.

La vie s'en va, et ne revient pas,
le mieux est d'en profiter et de laisser
les peines en chemin.

Discépolo, tel Horace, voit la femme qu'il a autrefois aimée fanée, vieillie, avachie. Dans les paroles existentialistes d'un de ses plus grands tangos, il dit :

> *Cuando manyes que a tu lado*
> *se prueban la ropa*
> *que vas a dejar…*
> *te acordarás de este otario*
> *que un día, cansado,*
> *se puso a ladrar !*

> Quand tu pigeras qu'à côté de toi
> on essaie les fringues
> que tu vas laisser…
> tu te souviendras de cet idiot-là
> qui un jour, fatigué,
> s'est mis à aboyer !

L'homme du tango est un être profond qui médite sur le cours du temps et sur la seule chose qu'il nous accorde au bout du compte : la mort inexorable. C'est ainsi qu'un parolier inconnu murmure tristement :

> *Esta noche para siempre*
> *terminaron mis hazañas.*
> *Un chamuyo misterioso*
> *me acorrala el corazón…*

> Ce soir et à tout jamais
> c'en est fini de mes exploits.
> Une jactance mystérieuse
> a mis mon cœur aux abois…

Pour terminer en disant, avec une arrogance sinistre de Portègne solitaire :

> *Yo quiero morir conmigo,*
> *sin confesión y sin Dios,*

crucificado en mi pena,
como abrazao a un rencor

Je veux mourir avec moi
sans Dieu et sans confession
à ma peine crucifié,
à une rancœur comme enlacé.

ERNESTO SÁBATO

UNE DANSE VIRILE, BATH ET GOUAILLEUSE

En l'absence de documents et de témoins, reconstruire un fait relève toujours de l'imaginaire. Eh bien, imaginons une guinguette au bord d'un fleuve ou plus simplement un feu autour duquel passer la nuit jusqu'aux premières lueurs du jour. Un croque-note à l'oreille musicale distrait l'assistance en tirant quelques sons d'une vieille clarinette ou d'un violon aux cordes élimées.

Quelqu'un demande un tango, et en guise d'explication siffle quelques mesures entendues dans une fête de Noirs ou, pour mieux se faire comprendre, esquisse une ou deux contorsions moqueuses. Le musicien croit reconnaître une *habanera*, rythme que ses doigts connaissent bien, et il joue quelques notes de cette musique venue des Caraïbes il y a plusieurs années déjà. Timidement, quelqu'un le corrige. Ce qu'on lui a demandé serait plutôt une *milonga*. Puis un autre musicien, qui se souvient, joue un curieux mélange de l'une et de l'autre, et la musique commence à se transformer. Une sorte de jeu dont les protagonistes ignorent qu'ils sont en train de fonder un mythe.

Le 22 septembre 1913, la revue *Crítica* publia, sous le pseudonyme de "Le vieux *tanguero*", un résumé de l'histoire du tango. Le journaliste citait deux pionniers : le violoniste Casimiro Alcorta, dit "le Noir", le premier à avoir diffusé des tangos, et le mulâtre Sinforoso, "un clarinettiste qui jouait tout seul à force de biberonner du gin".

Entre 1870 et 1880, date approximative à laquelle surgirent ces premières mélodies hybrides, mélanges de *habaneras*, de *milongas*, de *candombés* et de tangos andalous, l'Argentine n'avait pas encore acquis sa personnalité définitive.

En décembre 1873, la défaite de Ricardo Lopez Jordán, le dernier des *caudillos* * à s'être soulevé contre le gouvernement de Buenos Aires, porta le coup de grâce à la longue controverse entre la capitale et le reste des provinces argentines. Depuis les premiers jours de l'Indépendance, leurs dissensions n'avaient cessé d'ensanglanter le pays. L'armée nationale s'efforçait depuis bientôt dix ans d'anéantir les troupes rebelles *montoneras* d'abord placées sous les ordres du général Angel Vicente Peñaloza puis du général Felipe Varela, lorsque au plus fort des hostilités elle inaugura une arme mortelle : le Remington. Ce fusil à répétition transforma en témérité stérile l'effort des douze mille hommes aux ordres de Ricardo Lopez Jordán, *caudillo* originaire de la province d'Entre-Rios. Parmi eux se trouvait José Hernández, l'auteur du tout récent *Martin Fierro*.

Les conflits armés qui eurent lieu après cette bataille ne furent plus que de simples affrontements entre groupes mus par des intérêts politiques ou des ambitions personnelles et aspirant – à quelques variantes près – à un même modèle de pays dépendant. C'est ainsi qu'il faut comprendre la révolution mitriste* qui éclata peu après les élections ayant porté Nicolás Avellaneda à la présidence de la République, les quelques brefs soulèvements provinciaux et, en juin 1880, l'échec de la résistance portègne, conduite par Carlos Tejedor et Bartolomé Mitre contre la décision de faire de Buenos Aires la capitale du pays. Une année auparavant, en 1879, le général Julio A. Roca, futur président de la République, avait mis fin à une campagne d'extermination des tribus indiennes dont les escarmouches gênaient l'expansion de la civilisation blanche déjà solidement implantée dans le Rio de la Plata.

Avec Buenos Aires pour capitale et siège du gouvernement, c'était une Argentine nouvelle qui se mettait en marche : rattachée à l'Empire britannique par des liens coloniaux, tournée vers une économie d'agro-exportation, dirigée par une élite politique formée à la culture française, elle devait utiliser pour se développer une main-d'œuvre provenant pour l'essentiel de l'étranger.

Les *gauchos* – pour la plupart péons des latifundia oligarchiques – ne franchissaient jamais les limites des faubourgs citadins où se trouvaient les marchés de fruits et légumes et les grandes places à voitures. Points de rencontre de deux cultures – l'une paysanne, l'autre citadine –, c'était là surtout que l'on échangeait des chansons. Celles qui arrivaient de la campagne se mêlaient aux airs à la mode à Buenos Aires, et lors des rondes de maté ou à l'*asado* * du soir, il était rare que l'on n'écoute pas quelque *payador* *, un de ces chanteurs populaires capables d'improviser sur la vie, la mort, l'amour, la solitude, le temps. A l'époque de Caseros, la *habanera* cubaine, apportée par les marins qui assuraient le commerce entre les ports des Caraïbes et ceux du Rio de la Plata, était déjà fort connue. A Buenos Aires, elle y subit très tôt l'influence de la *milonga*, elle-même héritière de la vieille *payada*.

Poésie spontanée de la campagne uruguayenne et de la province de Buenos Aires, la *payada*, en atteignant nos faubourgs, s'était transformée en *milonga*. Vicente Rossi, dans un ouvrage intitulé *Le Monde des Noirs*, la définissait de la manière suivante : "La *milonga* est la *payada* des villages. On chante ses octosyllabes sur une mélodie agréable, ponctuée par les interventions appropriées de la guitare, tandis qu'un rythme très caractéristique à trois temps marque la liaison entre deux couplets afin que le chanteur puisse reprendre souffle. Elle est chant lorsqu'on récite des improvisations conservées dans la mémoire populaire, *payada* lorsqu'on improvise. La *payada* classique, celle des *payadors*, comporte six vers ; la *milonga* n'en a que quatre."

Pour José Gobello, *milonga*, pluriel de *mulonga*, est un mot de la langue quimbunda, qui signifie "parole" : la parole des *payadors*. En 1872, lorsque José Hernandez publia la première partie de son *Martin Fierro*, le vocable prit le sens de réunion et même de réunion dansante :

> *Supe una vez, por desgracia,*
> *que había un baile por allí,*
> *y medio desesperao*
> *a ver la milonga fui.*

> Un jour, j'appris pour mon malheur
> qu'on donnait un bal dans le coin
> et à moitié désespéré
> voir la *milonga* j'suis allé.

Une décennie plus tard, la *milonga* était devenue la danse populaire par excellence. Ventura Lynch écrivait, en 1883 : "Dans les faubourgs des villes, la *milonga* est à ce point populaire qu'on l'entend dans toutes les guinguettes ; on la joue à la guitare, à l'accordéon, sur un peigne recouvert d'une feuille de papier, et les flûtistes, les harpistes ou les violoneux ambulants la reprennent volontiers. Les orgues de Barbarie s'en sont eux aussi emparés et lui ont donné un petit air de *habanera*. On la danse dans les cercles aussi bien que dans les bouges des marchés des rues du 11-Septembre et de Constitución, les bals et les veillées mortuaires."

Pour Vicente Rossi, cette danse, que l'on ne peut encore qualifier de tango, est née dans les "chambres des *chinas**. Ainsi appelait-on, sur les deux rives du Rio de la Plata, les chambres qu'occupaient, à proximité des casernes, les femmes chargées de l'intendance des bataillons. Noires, mulâtresses, Indiennes, métisses, très peu étaient blanches. Les jours où la troupe était de permission, ces chambres se transformaient en lieux de réunions bruyantes et gaies (…) auxquelles étaient également conviés des civils, villageois à la peau hâlée, amis de la maison ; les invités les plus appréciés étaient toujours les musiciens et les chanteurs, car on ne pouvait concevoir de telles fêtes sans musique, sans chansons et sans esquisser une petite danse. Lorsque, dans le quartier, l'on entendait les premières mesures d'une *milonga* ou d'un *estilo* * , les femmes qui vivaient en bon voisinage avec la propriétaire de la chambre accouraient rehausser la fête de leur éclat, et il était impossible de résister à la tentation d'esquisser «une petite danse». Le bal s'ouvrait alors avec l'aide efficace d'un accordéon, instrument préféré pour ces réjouissances et dont le créole jouait avec talent (…). On dansait en couple, homme et femme enlacés, comme dans les bals de la bonne société. On appelait cela «danser à la française» car la coutume, disait-on, venait de Paris. Mais à la différence des couples de «bonne famille» ou de la «bonne société», qui dansaient l'épaule en arrière, sans que leurs corps se touchent, les villageois, selon le degré d'intimité qui les liait, s'enlaçaient étroitement : la femme reculait et ne réalisait ni contorsion ni figure, «tout droit mon ami, et décemment». Le *corte* * et la *quebrada* * n'avaient pas encore fait leur apparition." Un peu plus loin, Vicente Rossi poursuit : "La danse de prédilection était la *danza* * , d'origine africaine et antillaise, que les Français avaient

27

adoptée à cause de sa sensualité douce et légère qui contrastait avec la légèreté furieuse du cancan (...). Nos faubouriens adaptèrent à leurs audacieux dons artistiques cette *danza* que les marins cubains avaient offerte aux nuits des bistrots du port ; en raison de ses origines, la *danza* prit le nom de *habanera* puis, mise à l'épreuve de la subtile chorégraphie de nos faubourgs, elle subit peu à peu des transformations notoires (...). Dans les chambres des *chinas*, où l'on copiait tout ce qui venait du port, on l'adopta d'emblée, et lorsqu'elle fut apprivoisée et adaptée, les joyeuses fêtes faubouriennes ne purent se passer d'elle. Son troisième nom donna la mesure de sa nouvelle transformation et on la baptisa, en toute logique et tout naturellement, *milonga* : après avoir dansé, on se mettait à chanter ou, disait-on et dit-on encore, on «milonguait». On appela alors la fête *milonga* et dire «allons milonguer» pouvait tout aussi bien signifier «allons chanter» ou «allons danser» ou les deux à la fois. Nouvelle et séduisante, la danse ne put échapper aux fonts baptismaux du milieu qui l'avait modelée et on l'appela *milonga*, l'incorporant ainsi aux coutumes créoles."

Le 6 juin 1880, Benigno B. Lugones expliquait dans le journal *La Nación* que le quadrille, les lanciers, la contredanse, le menuet et en général toutes les danses à couples séparés étaient encore de mise dans la bonne société, tandis que "la polka, la mazurka, la valse et autres danses interdites dans les salons de bon goût (telles que la *habanera*, le *schottis*, ou la *danza*) étaient fort mal considérées".

José Gobello soutient en revanche que le tango n'est autre que l'africanisation de la mazurka et de la *milonga*, et qu'à l'origine ce n'était pas une danse à part entière mais une façon différente de danser sur des rythmes populaires.

28

Il ne fait presque aucun doute que – comme l'affirme Ventura Lynch dans son ouvrage *La Province de Buenos Aires jusqu'à la résolution de la question de la capitale* (Buenos Aires, 1883) – la *milonga* en tant que danse a été inventée par les *compadritos** dans le but de se moquer des bals que donnaient les Noirs dans leurs "sociétés". Au début, on la dansait en couples séparés, comme le *candombé* ; plus tard et jusqu'à ce qu'elle fasse son entrée dans les maisons closes, on la dansa de préférence entre hommes. En 1903, la revue *Caras y caretas* (Visages et Masques) publia une série de photographies légèrement moqueuses où l'on pouvait voir deux faubouriens esquisser dans la rue des figures de tango. On dansait sur les trottoirs, au son d'un orgue de Barbarie qui roucoulait une mélodie quelconque. Evaristo Carriego décrit ainsi la scène :

En la calle la buena gente derrocha
sus guarangos decires mas lisonjéros
porque al compás de un tango que es La Morocha
lucen ágiles cortes dos orilleros.

Dans la rue les bonnes gens gouailleurs
tiennent des propos flatteurs
car sur l'air de *La Morocha*
deux faubouriens esquissent quelques pas.

N'exagérons rien cependant : on acceptait aussi que la *milonga* soit dansée en couples mixtes. En 1889, le cirque des frères Podestá terminait sa représentation par le drame d'Eduardo Gutiérrez *Juan Moreira*, jusque-là simple pantomime. Dans le tableau final, qui met en scène un bordel, le sergent Chirino surprend Juan Moreira et le tue d'un coup de couteau dans le dos au moment où celui-ci s'apprête à fuir. Quelques instants avant le meurtre, on pouvait voir des couples mixtes esquisser une *milonga* très simple, adaptée à un public familial. Les frères Bates affirment que le morceau, intitulé *La Estrella* (L'Etoile), avait été spécialement composé pour la pièce par Antonio Podestá.

Quelques mois plus tard, le public citadin pouvait apprécier une autre *milonga*, *Ensalada criolla* (Salade créole), composée par Eduardo Garcia Lalanne pour la revue *El Estado de un país o La Nueva Vía* (L'Etat d'un pays ou la Nouvelle Avenue) dont la première représentation eut lieu au Théâtre Goldoni (aujourd'hui Théâtre du Liceo) à Buenos Aires. En réalité, il s'agissait de trois mélodies populaires que Garcia Lalanne avait mises bout à bout : la première avait déjà été utilisée par Julian Aguirre dans le numéro trois de ses *Airs créoles*, la seconde figure dans l'ouvrage de Ventura Lynch *Canciones de Buenos Aires* (Chansons de Buenos Aires) sous le titre *La Antigua* (L'Ancienne), et la troisième était le célèbre *Keko* ou *Queco*, une *milonga* qu'à l'époque on appelait aussi *milongón** et que divers folkloristes considèrent comme l'un des premiers tangos. Sur la scène, les trois *compadres* de la revue dansaient entre eux, selon la coutume de l'époque.

Le musicologue Nestor Ortíz Oderigo souligne qu'au tout début le tango était une danse "pelvienne", dérivée du *candombé*, qu'homme et femme dansaient face à face en dessinant divers mouvements, figures et mimiques. Pour renforcer sa thèse, l'auteur s'appuie sur une gravure de *La Ilustración Argentina* datée du 30 novembre 1882, représentant un couple de Noirs dansant face à face avec pour légende : "Le tango."

Carlos Varela, en revanche, soutient que les figures du tango ont reçu, à l'origine, une influence tout autre : "D'un point de vue chorégraphique, écrit-il, le tango fut une véritable trouvaille. Les danseurs argentins, qui refusaient de perpétuer les pas anodins et les demi-tours insipides dans lesquels étaient tombées toutes les danses en couple, tentèrent d'apporter des innovations à ces danses de salon, à la *milonga* et même au quadrille. Le tango argentin, poursuit-il, accomplit le miracle d'introduire la figure dans la danse en couple, c'est-à-dire de rénover la tradition. C'est là le secret de son succès, la principale nouveauté qu'il offre à la société (…). Les danses à la mode, que l'on dansait en couple, exigeaient le tradition-nel «mouvement continu» : le couple, en dansant, devait enchaîner des pas rythmés ou des tours sans s'arrêter un seul instant. Les inventeurs du tango introduisirent l'interruption du mouvement : le couple s'immobilise soudain. Mieux : l'homme s'immobilise tandis que la femme caracole, tourne autour de lui ou, inversement, lorsque la femme demeure en arrêt, l'homme se déplace. C'est bien peu, direz-vous, mais ce qui nous émerveille n'est, tout compte fait, qu'une somme de petites choses.

"Naturellement, les figures que l'on exécutait autre-fois dans l'espace ouvert des «cadres» – comme par exemple dans le quadrille – s'exécutent sur la largeur qu'occupe le couple enlacé et sur la longueur de la ligne de déplacement dont les danseurs ont besoin dans le salon. On a conservé le terme de «figures» pour cette nouvelle danse et certaines comme le huit ou le mouli-net ont gardé leur ancien nom. Chaque figure est com-posée d'un bref enchaînement de pas que la femme répète à l'envers. L'imagination permet de créer dix, vingt, quarante figures ou plus et, sur toute la longueur de la salle, en un mouvement sinueux, l'homme les relie entre elles, composant chaque fois un nouveau tango que jamais il ne parviendra à répéter avec exac-titude. Le spectacle se renouvelle à chaque morceau et sa supériorité sur la valse ou sur la mazurka, aux figures toujours identiques, est incalculable. Un précepte classique, variété dans l'unité, nous plonge dans l'expectative (…). Dans les anciennes figures, ouvertes en carré, les danseurs se déplaçaient avec une entière liberté ; avec la valse ou la polka, même lorsque les couples se heurtaient, l'enlacement bras ouverts permettait une certaine indépendance de mouvements pour effectuer des pas en ligne droite ou des tours facilement prévisibles. Avec le tango, tout est différent. La régularité est inexistante et l'on ne peut rien prévoir car la figure suivante, la série complète, le thème tout entier s'élaborent à l'instant même de leur réalisation. Une technique devient nécessaire : le couple doit évoluer enlacé, face à face ou épaule contre épaule ; l'homme conduit, décide des pas de la femme en la tenant fortement par la taille. Dans mon livre *Danses et chansons argentines*, j'avais déjà signalé que les danseurs ont simplifié la question à l'extrême : s'enlacer ou se marcher sur les pieds. Ils ont choisi de s'enlacer. Nulle luxure dans cette étreinte : ce sont les détracteurs de l'enlacement qui ont introduit la luxure dans le tango. Les danseurs ont d'autres chats à fouetter. On danse pour le plaisir de danser, mais on n'oublie pas pour autant de se battre. La rivalité entre danseurs et les bagarres entre quartiers retiennent toute l'attention et requièrent la plus grande prudence. L'homme ne peut pas danser à reculons, comme l'exigeait jusqu'alors la courtoisie, parce qu'il ne doit pas offrir son dos à un éventuel ennemi. Selon les règles viriles, l'agression dans le dos est exceptionnelle mais non impossible. Un vaincu peut se relever et crier vengeance. Aujourd'hui, les hommes du monde entier dansent en avançant à cause de la méfiance des Portègnes."

C'est vers 1895 que le tango acquit une chorégraphie propre qui s'affirma dans les premières années du siècle. Florencio Iriarte brosse un tableau synthétique et humoristique de l'ouverture d'un bal : ... *Hicimos la dentrada / cada uno con su banana / y comenzó la jarana / con puro corte y quebrada. / Me lambía, hermano, solo / y vieras ché qué cuerpiadas / y qué de chipé, sentadas / hicimos con el Bartolo... / Mi paíca se me doblaba / igual que pasto en la loma / y ché... parecía de goma / del modo que se meneaba.* (On a fait notre entrée / chacun avec sa pépée / et la nouba a commencé / à coups de *cortes y quebradas.* / J'me délectais mon pote / si t'avais vu ces arabesques / du nanan et les assises / qu'on faisait avec Bartolo... / Ma gonzesse elle ondulait / comme un brin d'herbe dans le pré / du caoutchouc qu'on aurait dit / tellement qu'elle se déhanchait.)

Ces quatrains explicatifs furent publiés le 30 août 1900 dans la revue *Don Basilio* sous le titre *Batifondo a la Villa de Roi* (Bamboula à la Villa du Roi).

On retrouve cette même peinture naïve dans une pièce de Manuel Saavedra *Chambergos y galeras* (Hauts-de-forme et galurins) qui fut représentée pour la première fois en 1907 et où deux personnages masculins chantaient en duo : *Donde nosotros pisamos / nos hacemos respetar / jamás atrás nos quedamos. / Cuando hay vento en el bolsillo, / pronto armamos un fandango. / Bailando tango trás tango / al compás de un organillo. / Si nos toca una caquera / que sea ladina y resuelta / al hacerle dar la vuelta / le flamea la pollera.* (Là où on met les pieds / on se fait respecter / jamais on reste en rade. / Avec du flouze dans les poches / on file faire la bamboche / on s'en va danser le tango / au son d'un orgue de Barbarie / et si on se dégote une frangine / un peu futée un rien maligne / on l'invite à gambiller / pour voir sa jupe s'envoler.)

Le faubourien était fier de savoir danser et s'en vantait. Avoir une "jambe de bois" pouvait être aussi nuisible à son prestige qu'être maladroit au couteau. Un personnage aussi introverti qu'Ecuménico López, le héros de la pièce de Samuel Eichelbaum *Un guapo del 900* (Une gouape de 1900), savait fort bien se mettre en valeur en dansant le tango et sans avoir à se donner des airs de *compadrito*. Nul n'aurait osé danser en public sans connaître à la perfection les principales figures du tango qui, rapidement, fit son entrée dans les maisons closes.

Les paroles de *Cuerpo de alambre* (Mince comme un fil de fer), tango d'Angel Villoldo, chantent la fierté d'avoir une partenaire de talent :

> *Yo tengo una percantina*
> *que se llama Nicanora*
> *y da las doce antes de la hora*
> *cuando se pone a bailar*
> *y si le tocan un tango,*
> *de aquéllos con "fiorituras"*
> *nadie la puede igualar.*
> ………………………….....
> *Es mi china la más pierna*
> *pa'l tango criollo con corte ;*
> *su cadera es un resorte*
> *y cuando baíla un motor.*
> *Hay que verla cuando marca*
> *el cuatro o la medialuna*
> *con que lujo lo hace, ¡ ahi juna !*
> *Es una hembra de mi flor.*
> *Yo tambien soy media pierna*
> *pa'l baile de corte criollo,*
> *y si largo todo el rollo*
> *con ella me sé lucir.*

En Chile y Rodriguez Peña
de bailarín tengo fama :
Cuerpo de alambre me llama
la muchachada gili.

J'ai une bath de nana
qui s'appelle Nicanora
quand elle s'met à guincher
j'marque midi au clocher ;
si on joue un tango,
un vrai, un "fiorituré"
au carré, au balancé,
y'en a pas une pour l'égaler.
....
Ma môme c'est la plus chouette
pour guincher l'tango *criollo* ;
elle a un ressort dans la guitare
et un moteur dans le pétard.
Faut la voir lorsqu'elle marque
le quart ou la demi-lune.
Une poule comme ça y'en a qu'une.
Moi aussi je suis plutôt bath
pour l'tango qu'on danse chez nous
et si je mets toute la gomme
avec elle j'suis le plus chouette.
Rue du Chili et rue Rodríguez Peña
on me prend pour un bon guincheur :
Fil de fer c'est comme ça qu'm'appellent
les michetons et les frimeurs.

L'article signé Goyo Cuello et publié le 11 mars 1904 dans la revue *Caras y caretas* sous le titre significatif de "La danse à la mode", montre à quel point au début du siècle le tango avait du succès : "Pendant le carnaval, le tango règne en seigneur et en maître sur tous les programmes de danse. Etant donné sa nature libertine, il n'est toléré que pendant ces journées de folie. Dans tous les théâtres on annonce de nouveaux tangos et les danseurs, avides de s'afficher par les fanfaronnades et les singeries auxquelles oblige une danse aussi lascive, s'y précipitent comme des mouches sur du miel.

"Le spectacle ne manque pas de piquant. C'est au Victoria surtout qu'on se doit de l'admirer le plus. La salle est comble et joyeuse, et de toutes parts fusent des propos à faire rougir un singe. Au fond, les voyous des faubourgs avec des déguisements improvisés ; dans les loges, des jeunes gens et des jeunes filles de bonne famille.

"Soudain, l'orchestre attaque un tango et les couples commencent à se former. *Chinas* et *compadritos* s'unissent en une fraternelle étreinte et ouvrent le bal avec un tel art qu'il est impossible de décrire les contorsions, les postures et les coups de talon auxquels oblige le tango.

"Voluptueux, les couples voltigent, marquent le pas au rythme de la danse, comme s'ils déposaient en elle leurs désirs. Là-bas, au fond, un groupe se forme pour regarder danser une *china* des faubourgs qui est aussitôt proclamée reine incontestée de cet art sans pareil. La foule applaudit avec fougue le prodige et rit, scandalisée, lorsque son partenaire s'écrie : «Encore un tour, ma poule.»

"C'est le bal faubourien par excellence, et les *compadres* trouvent là l'occasion de se distinguer par un savoir-faire cynique en exhibant l'agilité de leur corps et la résistance de leurs pieds."

Miguel A. Camino, quant à lui, se hasarde à des précisions géographiques :

"Né à Corrales Viejos / dans les années quatre-vingt" et, usant de la métaphore, il imagine que le tango a pour origine l'imitation des bagarres faubouriennes le soir, à la lumière des becs de gaz : "… et les duels au surin / lui apprennent à danser", précise-t-il au début de *Tango*, une chanson publiée en 1926, avant de souligner : "En dessinant un huit / une assise / une demi-lune / un pas en arrière / il imitait l'embuscade / les écarts de celui qui risque sa peau / en jouant du couteau."

Et dans son livre *La Crencha engrasada* (La Tignasse graisseuse), le célèbre poète Carlos de la Púa résumait :

Baile macho, debute y milonguero,
danza procáz, maleva y pretenciosa,
que llevas en el giro arrabalero,
la cadencia de origen candombero
como una cinta vieja y asquerosa.
Pasion de grelas de abolengo bajo
de quien sos en la bronca de la vida
un berretín con sensación de tajo,
cuando un corte las quiebra como un gajo
o les embroya el cuero una corrida.

Danse virile, bath et gouailleuse,
danse impudente, dévoyée et prétentieuse,
tu as dans ton allure faubourienne
la cadence première du *candombé*
telle une vieille et sale astuce.
Passion des filles de bas étage
auxquelles tu appartiens dans cette chienne de vie
on gamberge devant leur jupe fendue
quand un *corte* les brise en deux
ou quand une glissade les chavire.

TOCA TANGO

Depuis déjà plusieurs décennies, à part la différence très claire entre tango argentin et tango andalou, le mot tango possède un sens précis universellement reconnu. Cependant, son étymologie est loin de faire l'unanimité. Les interprétations, aussi nombreuses soient-elles, se contentent de formuler des hypothèses sans parvenir à faire la lumière sur les origines de ce vocable dont l'histoire reste confuse et controversée. L'ensemble de ces recherches fournit, en fait, bien peu d'indices, et tout ou presque tout reste encore à découvrir. Les documents retrouvés ne révèlent qu'une mince parcelle de vérité.

Le mot *tango* existait bien avant l'apparition, à la fin du siècle dernier, de la danse du même nom. En effet, le dictionnaire de l'Académie royale espagnole l'inclut dans son édition de 1803 comme une variante du mot *tangano* : "Osselet ou caillou que l'on utilise dans le jeu du même nom."

En revanche, le *Dictionnaire étymologique* d'Enrique Corominas signale que le mot est employé depuis 1836 et le définit ainsi : "Danse argentine. Apparaît d'abord hors des Amériques comme nom d'une danse de l'île de Fer, puis en Amérique même où il signifie réunion de Noirs pour danser au son d'un tambour ; nom du tambour lui-même. Ces analogies forment son sens primitif.

Il s'agit probablement d'une onomatopée. *Tangue* (n. f. Danse que l'on trouve en Normandie au XVIᵉ siècle) et *Tingeltangel*, mot allemand signifiant «café-concert», utilisé en 1873, auraient une origine analogue quoique indépendante."

Les éditions de 1869 et 1884 du dictionnaire de l'Académie royale espagnole n'offrent pas de définition nouvelle, mais celle de 1899 en propose deux : la première renvoie à *tangano*, et la seconde indique : "Fête et danse de Noirs ou de gens du peuple en Amérique", avec une seconde acception : "Musique utilisée pour ces fêtes." Cependant, l'étymologie proposée reste douteuse : "De *tangir*, jouer d'un instrument." Le problème étymologique est, en fait, beaucoup plus complexe que ce qu'avait cru l'Académie dans un premier temps : dans l'édition de 1914, sans modifier la définition, le dictionnaire signale comme origine du mot : "*Tangir*, toucher ou palper", mais les éditions suivantes élimineront toute référence étymologique. Que l'on ait voulu chercher une racine latine au mot tango ne doit pas nous surprendre ; apparemment sans rapport direct avec l'acception du mot dans le Rio de la Plata, le verbe *tango, tangis, tangere, tetigi, tactum* représente cependant une tentation très grande pour les chercheurs. Il signifie entre autres choses : "Toucher, palper ; manipuler, manœuvrer ; être proche de ; corrompre une femme ; toucher légèrement, brièvement, effleurer" (*Dictionnaire latin-espagnol* de Valbuena). L'homophonie, ajoutée à certains rapprochements sémantiques, a peut-être influencé Miguel Devoto qui, dans son ouvrage de compilation *La Rose*, reprend un vers d'espagnol ancien :

Tango vós, el mi pandero.

Mais si l'on admet l'hypothèse d'Enrique Corominas soutenant que le verbe *taner*, dérivé de *tangere* n'apparaît qu'en 1140 alors que le verbe *tocar* (toucher, jouer d'un instrument), bien que de même origine, n'est employé que cent ans plus tard, il semble clair que le vers anonyme se réfère bien à *taner* (toucher) et non au tango en tant que danse.

Pour l'essayiste Daniel Vidart, le mot tango vient de *tangir, taner* ou *tocar*, toucher, jouer d'un instrument. L'hypothèse est séduisante, certes, mais elle n'explique pas comment ce vocable aurait eu, plusieurs siècles durant, le sens de *tangano* et serait brusquement réapparu à la fin du XIXᵉ siècle dans le Rio de la Plata sous son ancienne acception.

Le musicologue Carlos Vega apporte un élément nouveau à ces recherches. "Au XVIIIᵉ siècle, écrit-il, il existait au Mexique une danse appelée tango, que l'on dansait en couple ou individuellement. Une sentence de l'Inquisition, datant de 1803, fait mention d'un *son** mexicain… appelé *El Torito* et dérivé de l'ancien mot tango."

Ce n'est qu'en 1925 que l'Académie royale espagnole se considère officiellement informée de l'existence de la danse. La première acception du mot tango est celle de *chito*, variante du jeu d'osselets ; la seconde est toujours celle de "fête et danse de Noirs ou de gens du peuple en Amérique", et la troisième, nouvelle, propose : "Danse de salon importée d'Amérique dans les premières années du siècle." On trouve également dans cette même édition : "Musique de cette danse" et "instrument à percussion du Honduras".

L'édition de 1956 incorpore une nouvelle définition du mot tango dont la pauvreté se passe de tout commentaire : "Chanson sur la musique du même nom." En 1970, le *Supplément au Dictionnaire* incorpore le mot *tanguista* : "De tango, n. f., danseuse professionnelle engagée pour un spectacle."

Seule l'édition de 1984 offre une définition plus complète et renonce à toute hypothèse étymologique : "Tango (mot américain) ; 1 : fête et danse de Noirs ou de gens du peuple dans certains pays d'Amérique. 2 : danse argentine de diffusion internationale se dansant en couple, à rythme binaire et mesure à deux temps. 3 : musique et paroles de cette danse pour la chanter. 4 : Honduras : instrument de musique utilisé par les indigènes (…)." Soulignons au passage que depuis les années vingt, la mesure du tango n'est plus, sauf exception, à deux temps, et que depuis plus de trente ans le musicien Astor Piazzolla utilise le rythme à quatre temps pour composer ses tangos, ce qui rend la définition pour le moins incomplète.

Force est bien de constater que ces définitions successives ne parviennent guère à résoudre le difficile problème étymologique du mot *tango*. Reconnaissons-leur néanmoins le mérite de révéler la rigidité et l'eurocentrisme d'une Académie que l'on souhaiterait plus soucieuse des transformations s'opérant sur la langue espagnole hors de la péninsule ibérique. Bien qu'aujourd'hui on ne puisse s'en tenir à une seule définition, les thèses accréditant l'origine africaine du vocable semblent les plus convaincantes et c'est pourquoi elles recueillent l'adhésion de la plupart des spécialistes.

Blas Matamoro, considérant comme véridique l'origine africaine du mot, tente de rapprocher plusieurs courants d'interprétation. "Si l'on admet l'origine africaine du vocable, écrit-il, on se heurte à la difficulté d'expliquer historiquement son apparition en Amérique car nul ne sait ce qu'en Afrique le mot *tango* désignait. La théorie qui considère les vocables *tambo* ou *tango* comme des onomatopées semble plus acceptable. *Tambo* renvoie à *tambour*, c'est-à-dire au tam-tam ou au *candombé* des fêtes noires, un long instrument à percussion. Le danseur s'adressait en bozal (dialecte des esclaves noirs) au joueur de *candombé*, et lui demandait : «Toca tango» ou «toca tambo» (joue du tambour). La synonymie de ces deux mots phonétiquement proches était fréquente dans les régions de métissage blanc et noir. A Panama, le «tambour» signifiait le lieu où les Noirs se réunissaient pour danser et à Buenos Aires, au début du XIXe siècle, le quartier du Tambour était le quartier des Noirs." Il faut rappeler ici que pendant toute la première moitié du XIXe siècle, les quartiers de la ville à forte population noire étaient nombreux et comprenaient – comme le signale Francisco Romay dans son ouvrage *El Barrio de Montserrat* (Le Quartier de Montserrat) – beaucoup d'institutions exclusivement réservées aux Noirs qui y pratiquaient leurs danses.

Mais pour en revenir au problème sémantique et à l'origine du mot tango, signalons que Ricardo Rodríguez Molas, dans son ouvrage inédit *Africanía del tango* (Des origines africaines du tango) cité par Blas Matamoro, indique que le mot est "directement et exclusivement un vocable africain". En étudiant plusieurs dialectes pratiqués dans les principales régions d'Afrique où l'on recrutait des esclaves (Congo, golfe de Guinée, Soudan méridional), Matamoro remarque que le mot *tango* leur est commun et signifie "lieu fermé", "cercle", "enclos" et par extension tout espace interdit auquel on ne peut accéder qu'une fois remplies certaines conditions d'initiation. "J'ose avancer, poursuit Matamoro, que l'usage du mot *tango* dans ces langues africaines avait une signification religieuse et renvoyait à la pratique d'un culte hermétique et restrictif, comme on en trouve dans les communautés primitives."

Par ailleurs, les négriers appelaient "tangos" les endroits où ils concentraient les esclaves, aussi bien en Afrique qu'en Amérique. Par extension, l'emplacement où ils étaient vendus portait le même nom. Pour José Gobello, "tango est un vocable qui a circulé dans tous les pays esclavagistes (…)". Esteban Pichardo, dans son *Diccionario provincial de voces cubanas* (Dictionnaire provincial des mots cubains) (Matanzas, Cuba, Imprimerie de la Marine royale, 1836, p. 242), propose la définition suivante : "Tango : n. m. Réunion de Noirs venus d'Afrique, où l'on danse au son des tambours." A Buenos Aires, au début du XIXe siècle, on appelait tangos les maisons où les Noirs organisaient leurs fêtes. Tango est probablement un mot d'origine portugaise introduit en Amérique à travers le créole afro-portugais de San Tomé et arrivé en Espagne après un périple par Cuba.

Rodríguez Molas a retrouvé la trace d'une maison de tango qui fonctionnait à Buenos Aires en 1802, et dans le premier tome de son *Historia del tango* (Histoire du tango) parue à Buenos Aires aux éditions Corregidor, il rappelle que Jorge Alberto Bossio avait communiqué à l'Académie d'argot de Buenos Aires une note de Bernardino Rivadavia * datée du 21 octobre 1821 dans laquelle il était précisé que les autorités policières avaient informé les Noirs Juan Duval et José Antonio Peña que le gouvernement supérieur avait interdit une collecte en faveur d'une société de secours mutuel dans un établissement du nom de Tango de Bayle.

Lauro Ayestaran, le célèbre folkloriste, reprend à son compte la thèse sur les racines noires du tango du Rio de la Plata. "Au début du XIXe siècle, écrit-il, le gouvernement de Montevideo atteste l'existence de *candombés* qu'il appelle *tambos* ou *tangos*, interdit leurs manifestations au nom de la morale publique et punit sévèrement leurs adeptes. Le 26 novembre 1886, après la seconde invasion anglaise, le gouverneur Francisco Javier d'Elio réunit le gouvernement qui, à propos des *tambos* noirs, décrète à l'unanimité : «Etant donné que les danses noires sont pour toutes sortes de raisons préjudiciables, elles sont absolument interdites dans et hors de la ville, et tout contrevenant sera passible d'un mois de…»"

Bien que ces mentions échappent à toute référence philologique, elles ont effacé les doutes qui persistaient encore quelques décennies auparavant sur l'origine du tango. Vicente Rossi, dès le début de ce siècle, écrivait : "A l'époque on disait «tangos des Noirs» pour «tam-tams des Noirs», «tambours des Noirs» ou «danses des Noirs», confondant cause et effet, comme aux Antilles. C'est pourquoi, lorsqu'on trouve des références au tango d'autrefois – par exemple dans l'ouvrage *Cosas de Negros* (Le Monde des Noirs), édité en 1926 –, il faut les rapporter à une danse présentant des caractéristiques analogues à celles d'aujourd'hui, ou du moins à celle l'ayant immédiatement précédée (…). La mention la plus ancienne date de 1808, poursuit Rossi. Cette année-là, quelques fortes têtes, habitant la ville mauro-lusitano-hispanique où s'élève aujourd'hui Montevideo, allèrent trouver leur chef et contremaître Elio, afin qu'il fasse interdire les bruyants «tangos des Noirs» qui semaient le désordre dans les ménages." Tango signifiait à la fois lieu, instrument de musique et danse. Lauro Ayestaran insiste sur l'origine africaine du vocable : "Le journal satirique de Montevideo *La Matraca* (La Matraque) brosse dans son numéro du 1er mars 1832 un tableau pour le moins vivant du carnaval : «Les uns vont, les autres viennent, certains montent, d'autres descendent. Ici un Turc, là un marin, des diables extravagants, une affiche de la comédie, d'un côté la police, de l'autre les Noirs et leur tango.»"

Pour Blas Matamoro, une telle accumulation d'indices ne laisse plus place au doute : "Une fois admise l'origine bozal, mulâtre et onomatopéique du vocable, il convient de souligner comment il s'est transformé en un mot espagnol. A la même époque, le tango andalou, ou *tanguillo* ou plus simplement tango, désignait, dans le sud de l'Espagne, une ancienne contredanse de la Renaissance qui avait fait le voyage vers l'Amérique en même temps que les premiers colons. A Cuba, on avait incorporé des figures noires à cette contredanse qui prit alors le nom de *habanera*. Cette dernière revint de La Havane aux salons et aux fêtes en plein air de l'Andalousie."

Signalons enfin une hypothèse pour le moins extravagante, celle d'Eduardo Castilla qui écrivait en 1932 : "Tango est un mot japonais. Une ville et une région de l'empire du Soleil levant portent son nom de même qu'une des cinq fêtes populaires de ce pays. Il s'agit du cinquième jour du cinquième mois de l'année, fête symbolique des enfants. Vers le milieu du XVIIIᵉ siècle, poursuit Castilla, un grand nombre de Japonais s'installèrent à Cuba où pour la première fois on dansa le tango."

UN BALLUCHON POUR TOUTE RICHESSE

Jusqu'en 1860, la société argentine ne connut guère de grandes transformations démographiques. Ni les guerres d'indépendance, ni les guerres civiles, ni les maladies endémiques de l'époque (la seule épidémie d'importance fut celle de la fièvre jaune en 1871) n'ébranlèrent vraiment la pyramide du taux de natalité. Le pays passa progressivement de 405 000 habitants en 1810 à 1 300 000 à la fin du gouvernement de Juan Manuel de Rosas*.

L'Argentine, héritière du conservatisme espagnol, était hostile aux changements et aux transformations. Malgré le très petit nombre d'aristocrates venus s'y installer, la tradition voulant que les *hidalgos* ne travaillent pas de leurs mains et ne se consacrent qu'aux loisirs ou aux activités religieuses et militaires était solidement implantée et freinait l'essor commercial et industriel dont la jeune nation avait besoin.

Après la défaite des Espagnols en 1810, la nomination de fonctionnaires argentins aux postes gouvernementaux ne suffit pas à modifier l'idéologie de la classe dominante dont les fils, dans le meilleur des cas, pourvoyaient la structure sociale en avocats, médecins, curés ou rentiers. Lorsque Juan Manuel de Rosas inaugura un saloir à viande sur ses terres de la province de Buenos Aires, plutôt que de considérer son initiative comme un apport original au progrès de la communauté, on la prit pour une manifestation d'ambition personnelle. Face à cette situation, le recours à une main-d'œuvre immigrée apparut comme une solution logique au problème du développement.

Au lendemain de l'indépendance, les étrangers constituaient déjà une partie importante de la population, et au début du gouvernement de Juan Manuel de Rosas, on estimait que sur les 90 000 habitants de Buenos Aires, un tiers n'était pas né sur le territoire de la Confédération. Il y avait 8 000 Anglais, 5 000 Français, 6 000 Italiens et 4 000 Espagnols et Portugais. Des chiffres bien maigres pour l'élite libérale qui se reconnaissait dans la définition pour le moins synthétique de Juan Bautista Alberdi* : "Gouverner c'est peupler." Apophtegme qu'en 1853 à la chute de Juan Manuel de Rosas, on consigna dans la Constitution dont l'article 25 stipulait : "Le gouvernement fédéral favorise l'immigration européenne et ne pourra restreindre ni limiter ni taxer d'impôts l'entrée sur le territoire argentin d'étrangers venus travailler la terre, améliorer l'industrie et développer les sciences et les arts."

En théorie, l'appel s'adressait aux hommes du monde entier désireux de s'installer sur le sol argentin. Dans les faits et au contraire de ce qu'avaient pensé ses instigateurs, la mesure ne favorisa pas l'immigration de scientifiques, d'intellectuels, d'enseignants et d'artistes triés sur le volet. Il ne vint à l'idée de personne que la couche économique et sociale que l'on voulait attirer n'abandonnerait pas, à moins d'être contrainte à l'exil, l'espace qu'elle occupait sur son propre terrain pour courir l'aventure de l'expatriation. Le tableau utopique du grand débarquement dans le port de Buenos Aires devait inclure, croyait-on, des milliers d'agriculteurs et d'éleveurs expérimentés capables d'améliorer la production jusque-là sans contrôle des cheptels bovins de la pampa. Pour ne donner qu'un exemple, à cette époque, on n'utilisait que le cuir et on jetait la viande, sauf la langue. Deux phrases, l'une de Domingo Faustino Sarmiento*, l'autre de Juan Bautista Alberdi, résument à elles seules l'idéologie profonde qui avait conduit les libéraux opposés à Juan Manuel de Rosas à imaginer une Argentine peuplée d'immigrés européens. "De la fusion de ces trois familles (l'espagnole, la noire et l'indienne) est né un ensemble homogène qui se distingue par son amour du laisser-aller et son incapacité à bâtir une industrie, car ni l'éducation ni les exigences d'une position sociale ne sont venues l'éperonner et le mettre au pas", déclarait Sarmiento en 1845. A la même époque, Alberdi expliquait dans le journal chilien *El Mercurio* : "Grâce aux coutumes qu'il nous transmet, chaque Européen qui vient s'installer sur nos terres nous apporte plus de civilisation que le meilleur livre de philosophie. On comprend mal la perfection que l'on ne peut ni toucher ni palper. Le catéchisme le plus instructif est un homme laborieux. Voulons-nous, poursuivait-il, que prime en Amérique l'habitude de l'ordre et de l'industrie ? Alors sachons la peupler de gens profondément imprégnés de ces mœurs transmissibles : au contact de l'industriel européen, l'industriel américain se formera très vite."

Il était prévisible que cette vision naïve, dont Sarmiento et Alberdi devaient plus tard se repentir, allait se heurter à une réalité qui ne correspondait pas à de telles expectatives. Les Européens idylliques incarnant à eux seuls les valeurs de la civilisation ne choisirent pas – sauf de rares exceptions et pour des motifs strictement politiques – le chemin de l'émigration. La majorité de ceux qui, à la recherche d'un destin plus généreux, se lançaient dans l'aventure, fuyaient la misère des régions les plus pauvres de l'Europe – la Galice en Espagne, Naples ou Gênes en Italie, la Sicile ou la Calabre. Beaucoup étaient des juifs rescapés des pogroms de Russie ou d'Europe centrale.

Ceux qui entreprirent le voyage n'étaient ni des Florentins cultivés capables de savourer les hémistiches de Dante, ni des Espagnols épris de Don Quichotte ou de Garcilaso, mais de pauvres hères analphabètes dépourvus d'instruction et ignorant tout des cultures millénaires de leurs pays. Des hommes à qui les musées étaient aussi inaccessibles qu'à un *gaucho* des pampas, mais que séduisait la possibilité d'acquérir à bas prix des terres cultivables. Les tracts de propagande prouvaient l'ampleur de la supercherie, peut-être inconsciente, dont furent victimes ces gens en grande partie originaires des campagnes et dont l'agriculture était la seule défense. Ils trouvèrent chez nous une structure sociale de type féodal et des terres déjà réparties entre quelques grands propriétaires. Devant l'impossibilité d'exercer le seul métier qu'ils connaissaient, ils furent obligés d'en apprendre de nouveaux et de s'installer à la périphérie des grandes villes, en particulier de Buenos Aires. Ainsi, les immigrants cultivés appelés à peupler le désert – car, selon une phrase de Sarmiento qui circulait à l'époque, "l'étendue est le mal qui ronge l'Argentine" – ne furent que des *gringos** misérables et déclassés sur lesquels "pour comble de malheur avait déjà soufflé le vent de l'anarchie".

Dès que l'Assemblée constituante de la Confédération eut donné le feu vert à l'immigration, la population s'accrut. L'Argentine passa de 1 300 000 habitants en 1859 à 1 737 076 dix ans plus tard, puis à 3 954 911 en 1895 et à 7 885 237 lors du recensement de 1914, au moment où la Première Guerre mondiale donna un coup d'arrêt à ce torrent migratoire. Le pourcentage d'étrangers était le suivant : 13 % en 1859 ; 24 % en 1895 et 42 % en 1914, dont la moitié vivaient à Buenos Aires dans des conditions extrêmement précaires.

Ce furent les immigrés qui créèrent les premières associations syndicales argentines et organisèrent les premières grèves, à commencer par celle des typographes en 1878.

Lorsque l'oligarchie tenta de répondre par la répression, les massacres et la proclamation de la loi d'assignation à résidence qui permettait de déporter les agitateurs étrangers, il était trop tard : le flux migratoire avait changé le visage de ce pays rêvé par les exilés et les libéraux de 1880.

La classe dirigeante voulut alors riposter en exaltant tardivement les vertus d'un *gaucho* qui n'existait plus et avait dû, lui aussi, émigrer vers les ceintures des grandes villes. Le *gaucho* était devenu un faubourien et, à son corps défendant, faisait partie de cette classe d'immigrés qu'il méprisait mais dont il partageait la misère et l'espoir.

Nombreux furent les intellectuels qui accablèrent les étrangers de leurs invectives. Eugenio Cambaceres, dans un roman intitulé *En la sangre* (Dans le sang), justifiait l'infériorité des étrangers par un prétendu déterminisme biologique, et Enrique Larreta, l'auteur de *La Gloria de don Ramiro* (La Gloire de don Ramiro), déclara en 1900 à l'université de Córdoba : "Il ne revient pas aux immigrés de reprendre à leur compte les trésors de raison et d'expérience, l'héritage de sacrifices, de réflexions et d'héroïsme que nous ont légués les pères de la patrie. Il est erroné de croire que c'est de cette populace malheureuse et traînant derrière elle toute l'ignorance du monde que pourra surgir la classe dirigeante capable de conduire l'Argentine sur la voie d'un idéal de grandeur."

Déçus, mécontents, plus de la moitié des immigrés s'en retournèrent chez eux. Les autres, ceux qui n'avaient pas le choix, s'installèrent tant bien que mal, en dépit des diatribes et des railleries proférées à leur endroit. Mais, devenus Argentins à part entière, ce sont eux qui bâtirent le pays et qui lui donnèrent son tango. Une musique triste et nostalgique, à l'image de leur déracinement.

De même que les Espagnols avaient glissé dans leurs malles leur goût pour le théâtre (pendant plusieurs siècles et en particulier le XVIIᵉ siècle, le théâtre fut le principal divertissement populaire et courtisan), les Italiens mirent dans leurs bagages leur passion pour la musique, leurs dons d'instrumentistes, leur oreille et leur amour du chant.

Mais si les Espagnols, grâce à la langue, s'adaptèrent facilement, en revanche les Italiens durent s'efforcer de ne pas accentuer la discrimination qu'un milieu hostile et xénophobe avait rendue inévitable. C'est de leur lutte pour s'intégrer le plus rapidement possible à la société argentine que naquit le *cocoliche* *, un personnage qui allait peupler la scène des théâtres argentins et qui représentait l'immigré des grandes villes en parodiant les us et coutumes des habitants des *conventillos*.

Cocoliche fut l'un des personnages de *Juan Moreira*, la pièce inspirée du roman d'Eduardo Gutiérrez et que les frères Podestá jouèrent dans plusieurs villes de la province de Buenos Aires et de la république d'Uruguay. Un immigré italien s'y écriait : *"Me quiame Francische Cocoliche e songo gregollo gasta le guese."* (Ze m'appelle Francisco Cocoliche et ze souis arzentin zusque z'aux os.) Le personnage, par son authenticité et sa crédibilité, gagna la sympathie du public et fut, plusieurs décennies durant, un des protagonistes de la dramaturgie argentine.

Presque toutes les pièces de théâtre, en particulier les saynètes, avaient leur *cocoliche*. En fait, sous la farce se cachait la peur de l'étranger, ce *gringo* qui, de jour en jour, occupait une place grandissante dans la société argentine.

Cette animosité envers l'étranger, que la saynète portait jusqu'à la caricature parfois blessante en décrivant l'immigré italien comme un avare, un égoïste et un lâche, avait, dans la littérature, des précédents : dans presque tout le chant V de la première partie du *Martin Fierro*, et à la fin de *Santos Vega*, le poème de Rafael Obligado, le créole prête à l'étranger, son rival, des facultés proprement démoniaques. Le personnage incarnant les valeurs dites traditionnelles de l'homme de la campagne argentine est vaincu, au cours d'une *payada*, par Jean-sans-nippes qui n'est autre que Satan embusqué derrière les thèses du progrès et de la science.

Dans *Juan Moreira*, le personnage qui condamne le héros par un faux témoignage est un commerçant appelé Sardetti, nom dont la consonance italienne est plus qu'évidente.

José Sixto Alvarez, peintre de mœurs et directeur de la revue *Caras y caretas*, mettait en scène dans un de ses dialogues l'aversion d'un créole de la classe moyenne pour les jeunes étrangers nouvellement arrivés. Au cours d'une conversation, une voisine raconte au personnage que ses trois filles ont épousé des commerçants étrangers promis à un brillant avenir ; le personnage la félicite non parce que ses filles ont décroché de bons partis mais parce que, grâce à la nationalité de ses gendres, elle n'aura pas besoin de les pleurer lorsqu'ils mourront.

L'attitude de l'oligarchie dominante devant cet afflux d'immigrés se trouve reflétée dans de nombreux documents, mais ce sont sans doute ces quelques lignes du livre de José Maria Ramos Mejia, *Las Multitudes argentinas* (Les

Masses argentines), publié en 1899, qui en offrent le meilleur exemple. "Le cerveau (de l'immigré), écrit l'auteur, est lent comme celui de la vache auprès de laquelle il a passé sa vie ; son acuité mentale souffre de myopie, son ouïe stupide est fermée à toute spontanéité et sa vue à l'acquisition facile des images par la voie cérébrale. Quelle perception obscure ! Quelle maladresse pour transmettre la plus élémentaire des sensations jusqu'à cette peau qui rappelle celle du pachyderme dans sa difficile fonction de conducteur physiologique. Le développement mental de ce paysan, vigoureux protoplasme d'une race nouvelle foulant pour la première fois notre sol, est crépusculaire, voire même larvaire. Force nous est de reconnaître que la sensibilité de ce balourd est différente de la nôtre." Et plus loin l'auteur s'indigne : "Qu'il soit devenu médecin, avocat, ingénieur ou journaliste, on reconnaît toujours ce clochard obtus à l'aigre odeur d'étable et d'asile qui l'enveloppe des pieds à la tête. Vous le verrez s'immiscer dans la meilleure société, être membre des meilleurs clubs et des associations les plus sélectes, et cependant résister comme un héros au peigne et à la brosse ; vous le verrez faire des efforts pour s'améliorer et parfois il y parviendra. Mais au moment où vous vous y attendrez le moins, sa structure récalcitrante, qui a besoin de deux générations au moins pour abandonner sa primitive condition de larve, réapparaîtra comme par surprise (…). Grattez ce vernis avec lequel la bienveillance sociale a bouché les béances de cette *ánima maculata* et vous verrez aussitôt ressurgir la larve bien connue et l'amnistie accordée par le tailleur ou l'impunité octroyée par quelques diplômes pompeux réduites à néant."

La plupart des moralistes du début du siècle mettent l'accent sur les querelles entre créoles et immigrés. En ridiculisant le jargon des nouveaux arrivants, ils exprimaient

53

en fait leurs propres préjugés, une réalité hostile allant du mépris à la peur d'un groupe social de plus en plus vaste qui créait de nouveaux espaces lorsqu'il ne parvenait pas à occuper ceux existant déjà. Plus tard, les enfants de ces immigrés, non contents d'être les compagnons de route de Hipólito Yrigoyen* ou les fondateurs du parti socialiste, furent les instigateurs de la réforme universitaire de 1918 qui ouvrit aux nouvelles classes moyennes l'accès aux professions libérales. Le rêve de tout immigré, que reflétait déjà en 1903 la pièce de Florencio Sanchez *M'hijo el doctor* (Mon fils le docteur), devenait réalité. Au point que très vite les noms italiens, inexistants sur la liste des professions libérales jusqu'à la fin du siècle dernier, dépassèrent en nombre ceux des enfants des familles créoles.

L'immigration italienne fut la plus importante, devançant largement la communauté espagnole. Selon les chiffres fournis par la direction des Migrations, sur les 1 100 000 Italiens qui débarquèrent en Argentine entre 1857 et 1899, 650 000 s'établirent définitivement dans le pays tandis que sur les 360 000 Espagnols recensés, 250 000 seulement n'entreprirent pas le voyage de retour.

Selon les mêmes sources, entre 1900 et 1920, 1 200 000 Italiens émigrèrent vers l'Argentine et 449 000 y restèrent, tandis qu'entre 1921 et 1947, on enregistra 850 000 arrivants dont 395 000 ne retournèrent pas chez eux. Si l'on considère qu'en 1895 49 % de la population de Buenos Aires était d'origine italienne – chiffre qui descendit à 40 % en 1914 –, il n'est guère surprenant que l'apport italien au tango ait été de toute première importance. De plus, jouer, diffuser ou composer des tangos n'était pas seulement un gagne-pain : c'était aussi une façon de montrer son désir de s'intégrer au nouveau pays, à ses coutumes, à ses rites.

Toutefois, en dépit de cette volonté d'assimilation, la nostalgie régnait souvent sur les nuits des *conventillos*, et le *tano*, le Rital, ignorant les railleries des arrière-cours de banlieue, prenait sa mandoline ou son accordéon pour accompagner les chansons du lointain *paese* où il savait qu'il ne pouvait retourner qu'en rêve.

Les paroles de *La Violeta* (La Violette), tango de Nicolás Olivari, auteur d'ouvrages remarquables comme *La Musa de la mala pata* (La Muse infortunée) ou *El Gato escaldado* (Le Chat échaudé), illustrent bien ce sentiment.

> *Con el codo en la mesa mugrienta*
> *y la vista clavada en un sueño,*
> *piensa el tano Domingo Polenta*
> *en el drama de la inmigración...*
> *Canzoneta del pago lejano*
> *que idealiza la sucia taberna*
> *y que brilla en los ojos del tano*
> *con la perla de algún lagrimón.*
> *Lo aprendió cuando vino con otros*
> *encerrados en la panza de un buque,*
> *y es con ella metiendo batuque*
> *que consuela su desilusión...*

> Accoudé à une table crasseuse
> et le regard rivé sur son rêve
> l'Italien Domingo Polenta songe
> au drame de l'immigration.
> Ritournelle du pays lointain
> qui embellit la taverne triste.
> La perle d'une larme soudaine
> scintille dans les yeux du Rital.
> Lui et ses compagnons l'ont apprise
> enfermés dans la panse du navire.

Il la chante à mi-voix ce soir
pour soulager sa déception.

Carlos de la Púa, dans un de ses plus célèbres poèmes,
Los Bueyes (Les Bœufs), rend compte lui aussi du drame
de l'immigration.

Vinieron de Italia, tenían veinte años,
con un bagayito por toda fortuna
y, sin aliviadas, entre desengaños,
llegaron a viejos sin ventaja alguna.

Mas nunca sus labios los abrió el reproche.
Siempre consecuentes, siempre laburando,
pasaron los dias, pasaban las noches
el viejo en la fragua, la vieja lavando.

Vinieron los hijos. ¡ Todos malandrinos !
Vinieron las hijas. ¡ Todas engrupidas !
Ellos son borrachos, chorros asesinos,
y ellas, las mujeres, están en la vida.

Y los pobres viejos siempre trabajando,
nunca para el yugo se encontraron flojos.
Pero a veces, sola, cuando está lavando,
a la vieja el llanto le quema los ojos.

Ils sont venus d'Italie, ils avaient vingt ans
et un balluchon pour toute richesse.
La chance ne leur a pas souri,
bien triste est leur vieillesse.

Sur leurs lèvres, pourtant, nulle critique.
Ils ignorent le repos, toujours au boulot.
Les jours passèrent et passèrent les nuits,
le vieux à la forge, la vieille au lavoir.

Naquirent des fils. Tous des vauriens !

Naquirent des filles. Toutes des putains !
Ils sont voyous, bandits, assassins
et elles, les filles, le soir, font le tapin.

Les pauvres vieux courbent l'échine,
jamais ils ne rechignent au boulot.
Mais parfois, seule, au lavoir
la vieille ne peut retenir ses sanglots.

Savoir jusqu'où les créoles ont subi l'influence italienne et jusqu'où les Italiens se sont assimilés aux Argentins est impossible. Les frontières socio-psychologiques ont la particularité d'être floues et l'interprétation n'est jamais définitive. Il serait absurde de vouloir aujourd'hui chercher dans chacun des gestes des Argentins des racines italiennes : les résultats d'une telle enquête pourraient remplir un nombre incalculable de bibliothèques. Mais si l'on tentait l'expérience, on s'apercevrait très vite combien l'Italie est présente dans nos habitudes, notre conduite, nos comportements. Sans compter les tournures de phrases, les expressions, les dictons issus des nombreux dialectes italiens qui ont enrichi notre vocabulaire quotidien. Dans *El Elemento italiano en el habla de Buenos Aires y Montevideo* (Les Eléments italiens dans le langage parlé de Buenos Aires et de Montevideo), publié en 1970, les philologues Giovanni Meo Zilio et Ettore Rossi recensent plus de deux mille italianismes utilisés couramment ou fréquemment dans le Rio de la Plata, et leur liste n'est pas exhaustive.

Quant à l'apport italien au tango, José Sebastián Tallón souligne qu'en général les trios qui se produisaient dans les cafés de la Boca jusque vers 1910 étaient formés par des Italiens du Sud ayant troqué la guitare et l'harmonica pour la clarinette. La Boca était un quartier peuplé en grande majorité d'immigrés italiens, et les jeunes, pour gagner quelques sous, jouaient des tangos dans ses nombreuses tavernes. De l'improvisation on passa tout naturellement à la composition de mélodies que les habitants du quartier réclamaient aux musiciens. C'est ainsi que surgirent des thèmes et des compositions célèbres.

Plusieurs grands noms de la Vieille Garde étaient italiens, ou d'origine italienne. Parmi eux, Santos Discépolo (Napolitain, père d'Enrique Santos et d'Armando), arrivé à Buenos Aires en 1872, chef des fanfares de la police et des pompiers, qui écrivit des tangos comme *No empujés* (Faut pas pousser), *Caramba*, et *Payaso* (Le Clown). La liste des compositeurs et interprètes de tangos d'origine italienne est longue : Vicente Greco, Pascual Contursi, Alfredo Bevilacqua, Ernesto Ponzio, Augusto P. Berto, Roberto Firpo, Alberico Spatola, Juan Maglio, Samuel Castriota, Arturo de Bassi, Francisco Lomuto, Francisco Canaro, Sebastián Piana y los hermanos, Francisco y Julio De Caro. D'autres étaient nés en Italie même : Modesto Papavero, compositeur de *Leguisamo solo* (Seul, Leguisamo), à Alexandrie ; Alberto Marino et Alberto Morán à Vérone et à Trévise ; et le poète Julián Centeya, auteur de *La vi llegar* (Je l'ai vue arriver), de *Midinette*, et de livres tels que *El Recuerdo de la enfermería de San Jaime* (Le Souvenir de l'infirmerie de San Jaime), *El Misterio del tango* (Le Mystère du tango) et *La Musa mistonga* (La Muse mendigote), à Parme.

LES RACINES ANDALOUSES

Au XIX⁰ siècle, dans la péninsule ibérique, le "tango" devient une variante américaine du chant flamenco tandis que le *tanguillo*, originaire de Cadix, se confondant avec la *habanera*, prend lui aussi le nom de tango, s'étend à travers toute l'Espagne, et s'impose sur les scènes madrilènes avant de franchir l'océan pour être joué dans les théâtres du Rio de la Plata. Parfois ce sont des compagnies espagnoles qui l'interprètent, parfois les thèmes sont repris par des troupes argentines qui les font passer pour des créations originales alors qu'ils ne sont en réalité que des pièces madrilènes adaptées à l'ambiance de Buenos Aires, ou même des plagiats purs et simples. A Buenos Aires, ces tangos connurent tout de suite un énorme succès.

Les spécialistes en chant gitan définissent de manières diverses le tango andalou. Francisco Carreras Candi, par exemple, le classe parmi les formes de chant flamenco qu'il conviendrait de situer à mi-chemin entre ce que l'on appelle le *canto jondo* et le *canto chico*, à côté des rondes, *malagueñas, peteneras, tientos, farrucas, alegrías* et *sevillanas*. Le flamenco, plus moderne que le chant gitan, se caractérise par des phrasés plus longs à la respiration et aux ondulations moins accentuées que celles du *canto jondo*. Ses finales sont plus faibles tandis que la gamme et les modulations de la voix sont plus grandes. Les Espagnols les plus sévères méprisent la vulgarité du flamenco et lui reprochent son caractère effronté qui contraste avec la sobriété grave du chant gitan.

En revanche, Ricardo Molina et Antonio Mairena considèrent le tango comme un des piliers du chant flamenco. Ils le classent, selon les régions où il s'étend, aux côtés du chant jerezan, sévillan et gaditain.

Quoi qu'il en soit, le tango n'est pas un chant ancien : son genre ne s'affirme qu'à la fin du XIXᵉ siècle et au début du XXᵉ, il appartient au monde des "chansons d'aller et retour" c'est-à-dire aux musiques exportées en Amérique, puis rapatriées par les Andalous qui les intègrent à leur propre folklore en conservant les modifications que leur a fait subir l'influence sud-américaine.

Le tango semble être un dérivé du *tiento*, forme musicale souple s'appuyant sur les improvisations du guitariste avant l'entrée du chanteur. Le mot *tiento* vient du verbe *tentar* et signifie tentative, recherche, essai. Les couplets du tango andalou sont très libres et bien que de rythme binaire, comme le tango sud-américain, il permet à la voix d'allonger les syllabes et de s'attarder sur les mots.

Pour le poète gaditain Fernando Quiñones, les tangos andalous sont extrêmement variés : "Nous avons entendu, dit-il, des tangos angoissés et sombres ; des tangos rieurs et joyeux, sortes de farces ou de pièces burlesques ; des tangos lents et monotones, plats, presque sans inflexions ni nuances, longs comme un coucher de soleil sur la mer en été ; nous en avons entendu qui ressemblaient à des *rumbas flamencas*, dont le rythme vif et la substance facétieuse n'excluaient pas des moments et des modulations d'un pathétisme inattendu et inconstestable… Et, en écoutant toute une série de ces tangos il arrive parfois, comme c'est souvent le cas des *alegrías* qui ne sont pas si allègres qu'elles le paraissent, que les sentiments les plus divers : haine et douleur, amour et joie, comédie et tragédie coexistent ou s'affrontent, pactisent ou combattent, ou traduisent des situations vaudevillesques. Les tangos possèdent un rythme très coloré, et ne serait-ce qu'à cause de leur caractère singulier et accentué, les plus vivaces d'entre eux proclament à qui veut bien l'entendre leur prédominance gaditaine."

Les réflexions de Quiñones permettent de penser à certaines coïncidences thématiques – comme si un fil conducteur reliait les deux genres musicaux – entre le tango andalou et les tangos du Rio de la Plata postérieurs à *Mi noche triste* (Ma triste nuit), de Pascual Contursi, premier tango avec des paroles. Le rythme vif auquel Quiñones fait allusion n'est pas sans rappeler les tangos piqués de la Vieille Garde, et les "moments de pathétisme inattendu et incontestable" ne sont peut-être pas sans liens avec les œuvres d'Enrique Santos Discépolo. Quant aux sentiments de haine et de douleur, d'amour et de joie, auxquels se réfère le poète, ils sont monnaie courante dans toute l'histoire du tango.

N'oublions pas non plus de préciser que le tango andalou s'est toujours dansé, que sa musique est gaie et que ses textes sont piquants. Les danseurs forment un cercle et chacun danse seul, sans castagnettes. Nombre de ces tangos ont été écrits par de célèbres *cantaores* qui ont inventé des variations originales à partir d'un élément commun. Ainsi on doit le tango jerezan à Frijones, celui de Malaga à Piyayo, et les *tangos paraos*, ceux qui ont par la suite évolué vers le *tiento*, sont l'œuvre d'Antonio el Mochuelo, compositeur de pièces célèbres telles que *El tango de los tientos, El tango de los peines, El tango de los maestros, El tango de la tontona*. Parmi les chanteurs et les chanteuses de tangos les plus célèbres, il convient de citer Enrique el Mellizo, Pastora Pavón, la Niña de los Peines, Aurelio Selle, Antonio Mairena, Pericón de Cadiz, et aujourd'hui José Menese.

En revanche le *tanguillo* gaditain actuel s'apparente plutôt aux airs revenus de Cuba imprégnés d'*habaneras*. Incorporés très vite aux *zarzuelas** madrilènes, ces airs ont quitté presque clandestinement l'Espagne avec les rares compagnies qui partaient en tournée pour le Rio de la Plata, ou avec les marins parmi lesquels il y avait toujours un danseur ou un musicien prêt à faire valoir ses talents.

Il n'était pas rare que les troupes des théâtres et des théâtres lyriques du Rio de la Plata s'amusent, en dehors des spectacles généralement peu audacieux, à reprendre les chansons à succès ou à imiter les danses à la mode en Europe. On entonnait des refrains picaresques, ou l'on reprenait quelques pas de flamenco, menu quotidien sur tous les *tablaos* andalous. Il n'est donc guère surprenant que vers le milieu du XIXᵉ siècle le Rio de la Plata ait connu – ne fût-ce que de manière superficielle – ce même tango que le *Dictionnaire de l'Académie royale*, dans son édition de 1852, définissait comme une "danse de gitans". Inclusion linguistique qui coïncide, comme le rappelle Matamoro, avec l'incorporation de tangos aux répertoires de danse et de *romanzas* des théâtres madrilènes.

Carlos de la Vega a tenté de retrouver ce "tango" arrivé jusqu'au Rio de la Plata : "Les paroles comprenaient plusieurs quatrains en hexasyllabes et octosyllabes qui alternaient avec des pentasyllabes. La guitare accompagnait le chant en un arpège invariable et, après le refrain, on entendait un bref interlude *punteado* : la fioriture. Il arrivait aussi que l'on dansât : au début une femme seule, puis un ou plusieurs couples. Homme et femme, face à face, battaient la mesure avec leurs pieds, tournoyaient en jouant des castagnettes."

Les couplets qui suivent, recueillis à Cadix et dans les ports par le folkloriste José Carlos de Luna, donnent une idée des paroles de ces premiers tanguillos espagnols :

> *Con los músicos chiquilla,*
> *poquita conversación*
> *porque siempre están pensando*
> *en doremifasol.*
> ......
> *De la nina qué ?*
> *De la nina, na.*
> *Pues no dicen qué ?*
> *Dicen pero cá.*

> Avec les musiciens, ma fille
> peu de conversation
> car ils n'ont dans la tête
> que dorémifasol.
> ......
> De la belle qu'en est-il ?
> De la belle rien.
> Ne dit-on pas que ?
> Oui, on dit mais chut.

Blas Matamoro signale qu'entre 1850 et 1900 "de nombreuses *habaneras*, appelées aussi tangos au sens andalou du terme, circulaient à Buenos Aires de la même façon que les airs de folklore, c'est-à-dire de bouche à oreille : *El Tango del café* (Le Tango du café) et le *Tango de la morena trinidad* (Tango de la brune trinité), de Nieto ; le *Tango del automobil* (Tango de l'automobile) et le *Tango de la estrella* (Tango de l'étoile), de Valverde ; les tangos *de la casera, de los sombreritos, del morrongo, de los viejos ricos, de los merengazos, de la vaquita* (les tangos de la logeuse, des petits chapeaux, du domestique, des vieux richards, des meringues, de la vache). Parmi les compilations de Vega, citons aussi *Al salir los nazarenos*, de tradition orale et *Detras de una liebre iba* (Je courais derrière un lièvre), enregistrement phonographique.

A la fin du XIXe siècle, la différence entre tango andalou et tango créole tend à s'effacer, et les thèmes d'origine espagnole font figure de lointains ancêtres, de mélodies d'antan dont certaines, devenues des *res nullius*, seront la colonne vertébrale des nouveaux tangos. Cette accumulation de *habaneras* et de couplets de tangos constituera l'apport espagnol au tango argentin. L'immigration italienne lui donnera, en revanche, ses premiers musiciens et cet air mélancolique et nostalgique si caractéristique de la musique du Rio de la Plata.

BARTOLO AVAIT UNE FLÛTE

A moins de découvrir des documents inédits, ce que l'on connaît aujourd'hui des premiers tangos ne va guère au-delà de l'approximation ou de la conjecture. On connaît les titres de quelques mélodies que, vers 1880, on écoutait dans les théâtres du Rio de la Plata sous le nom de tangos. Il ne s'agissait, en général, que de simples *habaneras*. Les témoignages font d'autant plus défaut qu'à l'époque les authentiques tangos n'étaient pas édités : rares étaient les musiciens qui savaient lire une partition et bien souvent ils ne faisaient qu'improviser. Dans le meilleur des cas les instrumentistes, maladroits, répétaient des mélodies qu'une fine oreille leur avait permis de retenir.

Toutefois, on sait qu'une poignée de thèmes, apparentés tantôt à la *habanera*, tantôt à la *milonga*, faisait partie des répertoires habituels des premiers trios pour flûte, violon et guitare, et de ceux des croque-notes qui grattaient quelques accords dans les bars des faubourgs ou le soir autour d'un feu.

On dit que les troupes portègnes du général Arredondo chantaient déjà *El Queco* ou *El Keko* lors du soulèvement du général Bartolomé Mitre, peu après les élections qui avaient porté Nicolás Avellaneda à la présidence de la République. Le mot *queco* ou *keko* fut, plusieurs décennies durant, synonyme de bordel et les paroles qui sont arrivées jusqu'à nous disent :

> *Queco, me voy pa'l hueco*
> *negra, dejame pasar.*
> …
> *Queco, que me voy pa'Europa*
> *Queco, tendéme la ropa.*

> Queco, j'm'en vas au trou
> Queco, laisse-moi passer.
> …
> Queco j'm'en vas en Europe
> Queco, prépare mon barda.

Le chercheur Roberto Sollers soutient que *Queco* était un tango andalou ayant pour titre original *Quico*, diminutif du prénom Francisco, et pour appuyer sa thèse, il mentionne une chanson andalouse citée par l'Uruguayen Benjamin Fernandez Medina dans son récit *Un batuque* (Une émeute) écrit à la fin du siècle dernier :

> *Quico, vámonos al baile,*
> *Quico, yo no quiero ir,*
> *con el quico, riquico, riquico.*

> Quico, allons au bal,
> Quico, je ne veux pas y aller,
> avec Quico, riquico, riquico.

Pour tenter de reconstituer l'histoire du tango, d'autres chercheurs sont remontés jusqu'au *Negro Shicoba* (Le Nègre Shicoba), un morceau joué pour la première fois dans la pièce du même nom écrite vers 1867 par José Maria Palazuelos. En fait, il s'agissait probablement d'une sorte de *candombé* que l'on appelait aussi "tango des Noirs".

Il y eut aussi les tangos d'Espagne que l'on chantait avec l'accent de la péninsule, tels le *Tango de los merengazos* (Tango des meringues) ou le *Tango de la casera*, appelé aussi *de la Señora casera* (Tango de la logeuse), dont les paroles prouvent l'ascendance andalouse :

> *Señora casera,*
> *qué es lo que s'arquilla ?*
> *Sala y antesala,*
> *comedo y cocina.*
>
> *Sí, sí, sí,*
> *a mí me gustan los merengazos.*
> *No, no, no,*
> *a tí te gustan los medios vasos.*
>
> Madame la logeuse,
> qu'est-ce que vous louez ?
> Antichambre et salon,
> cuisine et salle à manger.
> Oui, oui, oui,
> moi j'aime les meringues.
> Non, non, non,
> toi tu aimes boire un coup.

La confusion vient de ce qu'à Buenos Aires on adaptait souvent les tangos andalous à la mode et au goût du jour, de même que l'on adaptait les pièces de théâtre ou les revues madrilènes dont le succès avait traversé l'océan.

Parmi les tangos les plus anciens, on a coutume de citer *Dame la lata* (Passe-moi la comptée), qui semble appartenir à un certain Juan Pérez, clarinettiste de fêtes foraines, qui l'aurait composé vers 1850. Le titre fait allusion au reçu que la patronne d'une maison close remettait à sa protégée une fois le client parti et qui portait en compte la moitié du tarif, somme que le maquereau venait toucher ponctuellement tous les lundis. Une chanson anonyme était née de cette habitude administrative :

> *Que vida mas arrastrada*
> *la del pobre canfinflero*
> *el lunes cobra las latas*
> *el martes anda fulero.*

> Quelle vie mouvementée
> que celle du pauvre marlou
> le lundi il touche sa comptée
> le mardi il n'a plus un sou.

Considérée comme l'un des premiers témoignages de poésie argotique, la chanson fait allusion aux mauvaises affaires d'un métier qui forçait au gaspillage et à l'ostentation (parce que chez le proxénète l'élégance et le désintéressement étaient l'hameçon habituel pour recruter de nouvelles protégées).

Les paroles étaient antérieures à la mélodie de Juan Pérez mais elles s'y adaptèrent très rapidement :

> *Dame la lata*
> *que has escondido*
> *que pensás bagayo ?*
> *que yo soy fila ?*
> *Dame la lata*
> *y a laburar !*
> *Si no la linda babia*
> *te vas a ligar.*

> Passe la comptée
> que tu as planquée
> qu'est-ce que tu crois, traînée,
> que je vais te rouler ?

> Passe la comptée
> et au turbin !
> Sinon c'est une rossée
> que je vais te flanquer.

D'autres témoignages affirment que le tango *Andáte a la Recoleta* (Va-t'en à la Recoleta) est un des plus anciens ; cependant, il ne serait qu'une reprise, sous un autre titre, du *Tango de la casera* (Tango de la logeuse) que nous avons cité plus haut. Rappelons qu'autrefois la Recoleta, outre le cimetière du même nom qui existe encore aujourd'hui, était un quartier où l'on allait s'amuser. "«Aller à la Recoleta», remarque Blas Matamoro, signifiait aller faire la fête, et «venir de la Recoleta», être exténué pour s'être trop amusé. En tout cas, on parlait beaucoup des bals du quartier de la Recoleta (et parmi eux celui du Prado espagnol, où danser le tango en couple fut autorisé pour la première fois) et les *romerías* de la Vierge du Pilar où avaient lieu les grandes fêtes populaires qui n'étaient pas précisément pieuses."

Parmi les couplets de *Andáte a la Recoleta* qui sont parvenus jusqu'à nous, le plus connu était :

> *Andáte a la Recoleta*
> *decíle al recoletero*
> *que prepare una bóveda*
> *para este pobre cochero.*
> *Sí, sí, sí,*
> *que Gaudencio se va a fundir.*
> *No, no, no,*
> *que Gaudencio ya se fundió.*
> *Sí, sí, sí,*
> *que esta noche me toca a mí.*
> *No, no, no,*
> *que mañana te toca a vos.*

Va-t'en à la Recoleta
et dis au recoletero
qu'il prépare un tombeau
pour ce pauvre postillon.
Oui, oui, oui,
Gaudencio va tout perdre.
Non, non, non,
Gaudencio a tout perdu.
Oui, oui, oui,
ce soir c'est mon tour.
Non, non, non,
demain ce sera le tien.

Les titres des premiers tangos montrent clairement qu'on les chantait dans les maisons closes. Les exemples, parfois piquants, parfois pornographiques, font allusion aux organes génitaux, au physique des prostituées d'un bordel précis, ou à l'acte sexuel. Ainsi *La Clavada* (La Bagatelle), *La Franela* (Le Flirt), *Sacame el molde* (Ote mon moule), *Con que trompieza que no dentra* (Qu'est-ce qu'il y a que ça rentre pas), *El Serrucho* (La Scie), *Siete Pulgadas* (Sept pouces), *Cachucha pelada* (Chatte pelée), *Concha sucia* (Sale chatte), qui prendra plus tard le titre plus chaste de *Cara sucia* (Sale gueule), *La Concha de la Lora* (La Figue de Lora) que l'on prononçait *La C... de la L...* et qui obtint ses lettres de décence en étant éditée sous le nom de *La C...ara de la L...una* (La F...ace de la L...une), titre dont les points de suspension rappelaient sans équivoque possible le titre original. Lora était le prénom que l'on donnait aux prostituées en général et plus particulièrement à celles venues de l'étranger.

On pourrait citer d'autres tangos qui se réfèrent à la vie dans les maisons closes : *El Fierrazo* (Le Coup de bâton), *Colgáte del aeroplano* (Suspends-toi à l'aéro-plane), *Va Celina en la punta* (Céline est à la pointe), *Dos sin sacar* (Deux coups sans sortir), *Dejalo morir adentro* (Laisse-le mourir dedans), *Sacudime la per-siana* (Secoue-moi la boutique), *Soy tremendo* (Je suis terrible) ou *Que polvo con tanto viento* (Un coup bien tiré), dont les premiers couplets furent repris par Ernesto Ponzio pour composer son célèbre *Don Juan*. Mais surtout il y avait *Bartolo* qui, avec le temps, a fini par devenir une comptine, au grand scandale de certains parents qui, eux, connaissaient l'origine du célèbre couplet sur la masturbation :

> *Bartolo tenía una flauta*
> *con un agujerito sólo*
> *Y la madre le decía :*
> *Tocá la flauta Bartolo.*

> Bartolo avait une flûte
> avec un seul petit trou
> Et sa maman lui disait :
> Bartolo, joue de la flûte.

La chanson tout entière disait :

> *Bartolo quería casarse*
> *y gozar de mil placeres*
> *y entre quinientas mujeres*
> *ninguna buena encontró.*
> *Pues siendo muy exigente,*
> *no halló mujer a su gusto*
> *y por evitar disgustos*
> *solterito se quedó.*

> Bartolo voulait se marier
> jouir de mille plaisirs

71

> mais de cinq cents femmes
> pas une ne lui convint.
> Comme il était très exigeant
> aucune n'était à son goût
> et pour éviter les problèmes
> vieux garçon il est resté.

On imagine à tort que les premiers tangos étaient sans paroles car très tôt apparurent de petits couplets naïfs ou pornographiques, selon l'endroit où on les chantait. Même les tangos noirs possédaient leurs strophes. Luis Soler Canas a retrouvé celles de *El Menguengue*, éditées en février 1876 dans *El Carnaval de Buenos Aires*, "publication annuelle dédiée à la jeunesse argentine".

> *Ay ! Si Flancisca muere*
> *pobre menguengue*
> *que va a quera*
> *sin tener teta golda*
> *de la morena*
> *para chupá.*

> Aïe ! si meu't F'ancisca
> pauv'e menguengue
> comment il viv'a
> sans les gros tétés
> de sa négresse
> à sucer.

> *Y repué tata viejo*
> *tambien solito*
> *se va a quera*
> *y ya su Flancisca*
> *en la amaca*
> *no lo tenguera.*

> Et après tout vieilli
> tout seuli
> comment il viv'a
> si dans le hamac
> il a plus
> sa F'ancisca.

Dans la pièce *El Estado de un país o la Nueva Vía* (L'Etat d'un pays ou la Nouvelle Avenue), parodie d'une revue madrilène à succès *La Gran Vía*, on pouvait entendre des poèmes d'Eduardo Rico chantés sur une musique du maître Eduardo Garcia Lalanne qui avait composé quelques tangos pour la revue. Les poèmes de Rico provenaient de couplets anonymes que reprenaient et chantaient les petites formations musicales. A un moment, trois *compadres* s'approchaient du public en dansant entre eux et entonnaient :

> *compadre 1 :*
> *Yo soy del barrio del Alto*
> *soy del barrio del Retiro*
> *soy aquel que nunca miro*
> *con quien tengo que pelear,*
> *y al que en tren de milonguear*
> *ninguno se puso a tiro.*

> Je viens du haut quartier
> du quartier de Retiro
> j'suis celui qui regarde jamais
> avec qui j'vas me bagarrer,
> et quand je vais milonguer
> personne est à ma portée.

> *compadre 2 :*
> *Poco a poco compañero,*
> *no cante pronto victoria*

que para ganar la gloria
aun le faltan memoriales,
que soy del barrio 'e Corrales
Hoy va a conservar memoria.

Tout doux camarade
ne chantez pas si vite victoire
pour atteindre la gloire
il vous faut des lauriers,
je suis du quartier de Corrales
Vous z-êtes pas prêt de l'oublier.

compadre 3 :
No me asustan corraleros
que porque gastan cuchillo,
creen que uno es un novillo
pa'dejarse cuerear,
mas que suelen disparar
si le muestran el gatillo.

J'crains pas les gars de Corrales
qui sortent leur couteau
et croient que comme des veaux
on va se laisser dépecer
mais qu'hésitent pas à filer
dès qu'ils voient une gâchette.

Peu après, les mêmes personnages chantaient un tango qui allait devenir célèbre et dont García Lalanne était également l'auteur : *Soy el rubio Pichinango* (C'est moi Pichinango le blond).

Soy el rubio Pichinango
yo el paraíto Zapitria,
yo nunca niego la cría
soy el negro Pantaleón.

Los tres somos cuchilleros
muy nombrados de la gente
que nos limpiamos los dientes
con la punta del facón.
A mas tenemos tres minas
que son criollas comodonas
yo, a Aniceta la llorona ;
yo a la parda Tongari ;
yo a María Cañonazo
la del cuaterno en la jeta
que es la negra mas trompeta
que en mi vida conoci.

Je suis Pichinango le blond
moi Zapitria le verni,
mes origines jamais je renie
je suis le nègre Pantaleon.
Tous les trois on joue du surin
on est connus dans le patelin
et on se cure les chicots
avec la pointe de nos couteaux.
Et puis nous avons trois poupées
bien à la mode de chez nous
moi, Aniceta larme à l'œil ;
moi, Tongari la brunette
moi, Marie coup de canon
celle à la marque sur la tronche
la négresse la plus ronchon
que j'aie connue dans la vie.

Vers 1900, Rius écrivit un tango qui devint célèbre :
El Torito. Angel Villoldo signera, des années plus tard,
un autre tango du même nom, mais l'originalité de
celui de Rius résidait dans ses paroles qui appartenaient
en fait au général Bartolomé Mitre. Au début du siècle,

un enregistrement phonographique fut édité en Europe avec mention des deux noms. Il disait :

> *Aquí el torito*
> *el criollo más compadrito*
> *que ha pisao la capital.*
> *Donde quiera me hago ver*
> *cuando llega la ocasión.*

> C'est moi *el torito*
> le plus argentin des compadritos
> qu'on ait vu dans la capitale.
> Je ne manque jamais de me faire voir
> quand se présente une occasion.

En 1897, le dramaturge Enrique García Velloso écrivit pour *Gabino el mayoral* (Gabino le contremaître), une pièce qui connut plus de mille représentations, les paroles de ce qui fut son plus grand succès *No me vengas con paradas* (Fais pas le malin) ; la musique était de Garcia Lalanne.

> *No me vengas con paradas*
> *que no te llevo el apunte,*
> *y haré que alguno te hunte*
> *con un talero, si estrilo.*

> Fais pas le malin, je te dis
> compte pas sur moi pour te suivre
> je te ferai donner de la cravache
> si vraiment tu me les casses.

Dans la première décennie du siècle, chanter était devenu un métier reconnu et apprécié, et les artistes ne manquaient pas d'inclure quelques tangos à leur répertoire ; sur de nombreuses partitions de l'époque figuraient des paroles pouvant être chantées par un homme ou par une femme, comme par exemple *Cuidado con los cin-cuenta* (Fais gaffe c'est cinquante balles) d'Angel Villoldo. Compositeur, interprète, Villoldo écrivait les paroles et la musique de ses chansons. Parmi les chanteurs les plus célèbres de l'époque, citons également Flora et Alfredo Gobbi, Dorita Miramar, Linda Thelma, Arturo Mathon et la légendaire Pepita Avellaneda, de son vrai nom Josefina Calatti, considérée comme la première chanteuse de tangos. C'est pour elle que Villoldo ajouta quelques couplets à *El Entrerriano* (L'Homme d'Entre Rios), tango de Rosendo Mendizábal :

> *A mi me llaman Pepita, jaí, jaí,*
> *de apellido Avellaneda, jaí, jaí,*
> *famosa por la milonga, jaí, jaí,*
> *y conmigo no hay quien pueda.*

> On m'appelle Pepita, aïe, aïe,
> Pepita Avellaneda, aïe, aïe,
> j'suis célèbre pour mes milongas, aïe, aïe,
> et personne n'a raison de moi.

Pepita avait connu un énorme succès comme chanteuse de *tonadas* dans les saynètes de Montevideo et de Buenos Aires, et grâce à son amitié avec plusieurs compositeurs, elle avait incorporé des tangos à son répertoire. Mais ce que l'on chantait en général sur scène ou dans les foires n'avait rien à voir avec les obscénités que l'on fredonnait dans les maisons closes.

> *Por coger con una mina*
> *que era muy dicharachera*
> *me han quedado los cojones*
> *como flor de regadera.*

Pour avoir baisé une grognasse
qu'était une vraie poufiasse
j'me suis retrouvé avec les couilles
comme une pomme d'arrosoir.

La version décente était :

Por salir con una… chica
que era muy dicharachera
me han quedado las orejas
como flor de regadera.

Pour être sorti avec une petite
qui m'tenait sans arrêt l'crachoir
j'me suis retrouvé avec les oreilles
comme une pomme d'arrosoir.

Ou encore :

Con tus malas purgaciones
me llenaste un barril
y me tuviste en la cama
febrero, marzo y abril.

Avec ta connerie de chtouille
v'là qu'tu m'as rempli le tonneau
et que j'ai dû rester au lit
en février, mars et avril.

Juan Piaggio a retrouvé quatre vers d'un des tout premiers tangos, où une prostituée d'une maison close s'écriait :

Estése quieto
sosiéguesé.
No sea cargoso, caramba,
cómo es usted…

Restez tranquille
calmez-vous.

Ne soyez pas pénible, caramba,
voyez comme vous êtes…

Luis Soler Canas exhuma lui aussi les paroles d'un tango de Lopez Franco intitulé *Los Canfinfleros* (Les Marlous) dans lequel, fier de lui, le personnage déclamait :

Soy el mozo canfinflero
que camino con finura
y al que miran los otarios
con una envidia canina
cuando me ven con la mina
que la saco a pasear.

Je suis le joli marlou
à l'élégante dégaine
sur qui les jobards louchent
avec une envie chienne
quand ils me voient m'promener
au bras de ma poupée.

Mais c'est surtout après 1900 que l'habitude est prise de chanter les tangos. Villoldo écrit les siens tandis qu'à Montevideo Pascual Contursi adapte des paroles aux mélodies existant déjà. D'autres, dont Luis Roldán – auteur de *Carne de cabaret* (Bête de cabaret) – et Antonio Martínez Viergol, écrivent des tangos pour les chanteurs à la mode.

Mais le premier tango chanté reste, sans aucun doute, *Mi noche triste* (Ma triste nuit) de Pascual Contursi. Tout ce qui a existé avant n'est que préhistoire.

LA SECTE DU SURIN ET DE LA BRAVOURE
(gouapes et *compadritos*)

> *Les trois bandes primitives de compadres étaient incarnées par trois types reconnaissables au premier coup d'œil. Le compadrón, sûr de lui, la tête haute et d'une arrogance de matamore ; le compadrito avec ses airs de candombé et ses rêves d'être un jour le poids lourd du quartier ; et le compadre ~tout court, mélange charitable des deux autres.*

> HECTOR SÁENZ QUESADA

EL GUAPO (LA GOUAPE)

Le pourtour de la ville, en bordure du fleuve, était émaillé d'immenses terrains vagues et de rues poussiéreuses. Prendre le tramway pour aller dans le centre était une aventure que l'on préparait de longue date. En fait, les habitants des faubourgs, peu friands de nouveautés, préféraient rester chez eux lorsqu'un travail ne les obligeait pas à faire le voyage. La vie s'écoulait entre quelques pâtés de maisons : flâner rue Florida n'était pas le privilège des pauvres. Les quartiers populaires avaient leurs limites et leurs personnages familiers. L'un d'eux, que l'on craignait, jalousait et respectait, était la gouape. Etre reconnu comme tel était pour un homme le titre suprême. On le conquérait sans coup d'éclat et le posséder n'était jamais le fruit du hasard mais le résultat d'une conduite exemplaire. C'était une place que l'on se taillait dans l'estime des gens grâce à une présence et non parce que l'on avait le verbe haut. Ce titre, on ne pouvait le perdre qu'en commettant un acte qui déshonorait tout le quartier, comme par exemple refuser de se battre. Mais ce genre de pleutrerie était peu fréquent.

Assagi par la vieillesse, la gouape devenait un patriarche. On lui disait *don* et le nouveau chef du quartier le respectait et exigeait qu'on le respecte. Lorsque de temps en temps le vieux *compadre* entrait au bistrot, on écoutait ses conseils avec dévotion. On reconnaissait son expérience, sa sagesse et – le plus important – on admirait sa bravoure fondée la plupart du temps sur des échanges de regards ou purement et simplement sur son prestige. En fait, beaucoup de gouapes mouraient jeunes à l'occasion d'une bagarre ou, pour avoir été trop confiants, d'un coup de couteau dans le dos qui les allongeait pour toujours sur un trottoir mal pavé. On se souvenait d'eux avec admiration et leurs actions courageuses, que le bouche à oreille ornait d'héroïques gestes apocryphes, entraient alors dans la légende.

"Profession : charretier, dresseur de chevaux ou tueur d'abattoir, précise Jorge Luis Borges. Pour toute éducation : la rue (…). Ce n'était pas toujours un rebelle : la brigade mondaine achetait sa bravoure ou son art du couteau en lui accordant sa protection.

"La police avait pour lui des égards ; lors d'une bagarre, la gouape ne se laissait jamais emmener mais il donnait sa parole – et la tenait – de se rendre plus tard au poste. L'influence tutélaire de la Mondaine ôtait à ce rite tout caractère dramatique. On craignait la gouape mais jamais celui-ci n'aurait eu l'idée de renier sa condition : un cheval sellé d'argent, quelques pesos pour un combat de coqs ou la roulette suffisaient à embellir ses dimanches."

La gouape était invariablement vêtue de noir, peut-être parce que son travail l'obligeait à côtoyer la mort. La pochette blanche, brodée à ses initiales et le foulard en alpaga étaient les seules notes qui contrastaient avec sa tenue. En cas de malheur, il eût été déshonorant de mourir sur le trottoir dans une autre tenue. De plus, ses aînés avaient porté le même uniforme et il n'en était que plus fier.

Hector Sáenz Quesada voyait dans le comportement et la tenue de la gouape l'aboutissement logique de tout un héritage historique : "Le *compadre* qui vivait à Buenos Aires au XIXe siècle se réfugiait d'instinct dans le passé. Son costume sombre ou noir copiait l'habit philippin ; ses cheveux par-dessus le foulard rappelaient la queue de cheval à la mode au XVIIIe siècle ; son couteau était un substitut de l'épée de Tolède. Ses mouvements, qu'il exécutait avec parcimonie, étaient affectés (surtout lorsqu'il s'agissait de faire tomber la cendre de la cigarette avec l'ongle très long du petit doigt), et cherchaient à reproduire la gravité du gentilhomme. Sur les trottoirs de brique des quartiers mal famés, sa démarche rappelait les figures d'un menuet. Le soin porté à cette image de lui-même était digne d'une œuvre d'art et voulait prouver la noblesse du lignage jusque dans la jalousie calderonienne, car il pouvait se battre jusqu'à ce que mort s'ensuive si pendant une *milonga* quelqu'un osait regarder sa femme. Son sens archaïque de l'honneur méprisait aussi bien le coup de poing pratiqué par le bas peuple que le travail régulier qui, l'un comme l'autre, avilissaient l'hidalgo trop anxieux de servir un patron ou une clientèle. En fait, c'étaient des hidalgos déclassés, nés à une époque où l'on ne savait plus vivre ni mourir. Au fond, sans que nul – et encore moins eux-mêmes – ne le sache, ils étaient des réactionnaires au vrai sens du terme, des hommes soudés à la terre et à leurs ancêtres, des aristocrates ratés qui ne pouvaient se consacrer au seul métier propre à toute aristocratie : la guerre."

A mi-chemin entre l'homme de la campagne et l'homme de la ville, le *compadre*, comme son ancêtre le *gaucho*, pratiquait le culte de la bravoure. Exerçant, dans un milieu difficile et hostile, un métier où le droit à la vie devait se mériter chaque jour et où l'on devait son nom, sa renommée et sa vie à des détails ou de simples gestes, il pouvait être entouré d'ennemis mortels aussi bien que de partisans fanatiques. La gouape était une sorte de copie du caïd du quartier qu'il servait avec une loyauté aveugle. Le paradigme de ce personnage est, dans la dramaturgie argentine, Ecuménico López, le héros de la pièce de Samuel Eichelbaum *Un guapo del 900* (Une gouape de 1900). Ecuménico se définit lui-même ainsi : "Je ne suis pas un dé qui peut tomber de n'importe quel côté. Je tombe là où tombent les hommes même si on m'attend au coin de la rue pour me trancher la gorge." Par fidélité, Ecuménico tue et va en prison afin de sauver l'honneur du caïd qu'il sert et respecte depuis des années. Il est l'homme d'un seul chef et ne vend pas les services de son couteau au plus offrant pas plus qu'il n'attend qu'un miracle le sorte des faubourgs. Parce que, tout compte fait, il préfère être le chef du quartier plutôt que se perdre dans l'anonymat des rues du centre de Buenos Aires.

Bien que l'on attribuât à ces gardes du corps, qui poussaient parfois la morale jusqu'au sacrifice d'eux-mêmes, une homosexualité refoulée, la gouape était un célibataire endurci. Il fréquentait les maisons closes pour des raisons hygiéniques et rarement sentimentales, ou pour rehausser l'image de sa virilité parmi les gens du quartier. Pour Miguel D. Etchebarne, il fallait voir derrière cette misogynie ostensible la nécessaire protection de la femme plutôt qu'une marque de mépris. La gouape savait que la mort le guettait à n'importe quel coin de rue et il craignait, en se voyant obligé de tuer un adversaire politique, que le caïd ne fût obligé d'ignorer l'affaire sous peine d'être éclaboussé par un meurtre nuisant à son prestige. La gouape, dans ce cas, allait tout droit en prison et il était hors de question pour lui de laisser une femme et des enfants dans le besoin. En outre, de l'opinion même des gens du milieu, le célibat était synonyme d'efficacité. Sans amour et sans famille, la gouape ne pouvait flancher au milieu d'un combat. Enrique Santos Discépolo, avec son sens aigu de l'observation, a évoqué cette situation dans *Malevaje* (La Pègre) :

> Ayer de miedo a matar,
> en vez de pelear
> me puse a correr.
> Me vi a la sombra o finao,
> pensé en no verte y temblé ;
> si yo – que nunca aflojé –
> de noche angustiao
> me encierro a llorar...
> Decí por Dios qué me has dao,
> que estoy tan cambiao
> no sé mas quién soy !

> Hier par peur de suriner
> au lieu de me bagarrer
> je me suis débiné.

Je m'suis vu en cabane ou rectifié,
j'ai cru que je te verrai plus, j'ai tremblé ;
moi qui n'ai jamais flanché
la nuit je me suis angoissé
et enfermé pour pleurer…
Mon Dieu qu'est-ce que tu m'as fait
j'ai tellement changé
j'sais plus qui je suis.

Parfois, lorsque la vie devenait trop monotone, la gouape cherchait une occupation dans les quartiers voisins et il n'était pas rare qu'à l'aube une gouape rivale vînt chez lui le provoquer en duel. En général, l'un des deux y laissait sa peau. Telle était la loi. Il y eut cependant quelques exceptions, comme cette fameuse querelle entre deux personnages célèbres, *El Maceta* et *El Titere* (L'Emmanché et La Marionnette) qui, défiant leur propre courage ou peut-être parce que les "grands" étaient absents, décidèrent pour une fois d'oublier leurs couteaux et de jouer leur honneur aux cartes, en une partie que le temps et un poème de Cadícamo rendirent légendaire.

Le jeu allait sur sa fin lorsque *El Maceta*, qui faisait office d'amphitryon dans un bouge du marché central s'écria : "Belote" ; *El Titere* lui répondit avec rage : "Rebelote" en dégainant et en tirant par terre, juste entre les jambes de son adversaire qui ne broncha pas et rétorqua d'un air indifférent : "Eh bien, dansons, camarade." Emu par tant de maîtrise de soi, le provocateur lâcha ses cartes et étreignit l'autre gouape tandis que l'assistance applaudissait, visiblement soulagée. La légende veut qu'à partir de ce jour on les vit souvent ensemble affronter au coude à coude des bandes rivales.

La gouape était un *compadre* – les deux termes sont synonymes – et il acceptait qu'on l'appelle ainsi. Il n'aimait pas le diminutif de *compadrito* et moins encore celui, péjoratif, de *compadrón**, dont l'emploi pouvait provoquer un incident.

Le mot *compadre* est ancien et signifie ami, camarade, compère. A l'origine, il désignait le parrain d'un enfant, puis on l'employa comme synonyme de *gaucho* ou de paysan avant de lui donner le sens de compère. Avec le temps, le sens du mot changea et ne désigna plus que ce personnage typique des faubourgs de Buenos Aires, le plus brave, celui qui incarne la justice et corrige parfois l'arbitraire de la police (sans doute parce que son échelle de valeurs n'appartient ni à la rigidité des codes de conduite ni au simple fait de porter une arme mais répond à une culture populaire à la tête de laquelle se trouvent l'honneur, la loyauté et le respect de la parole donnée).

Evaristo Carriego, qui vécut dans le quartier de Palermo et eut l'occasion de fréquenter de véritables gouapes, avait choisi d'en brosser la vie quotidienne dans ses chroniques. Il nous a laissé de la gouape un portrait éclatant.

> *El barrio lo admira. Cultor del coraje*
> *conquistó a la larga renombre de osado ;*
> *se impuso en cien riñas entre el compadrage*
> *y de las prisiones salió consagrado...*
> *Conoce sus triunfos y ni aun le inquieta*
> *la gloria de otros, de muchos temida,*
> *pues todo Palermo de acción le respeta*
> *y acata su fama, jamás desmentido...*
> *Le cruzan el rostro, de estigmas violentos,*
> *hondas cicatrices, y quizá le halaga*
> *llevar imborrables adornos sangrientos :*
> *caprichos de hembra que tuvo la daga...*
> *La esquina o el patio, de alegres reuniones,*

le oye contar hechos que nadie le niega :
con una guitarra de alegres canciones
él es Juan Moreira y él es Santos Vega !

Le quartier l'admire. Grand prêtre du courage
il conquit à la longue ses titres de bravoure ;
contre les bandes rivales il livra maints combats
et sortit de prison auréolé pour toujours…
Il connaît ses victoires et n'est pas effrayé
par la gloire d'autrui de beaucoup redoutée
car Palermo tout entier tient ses actes en estime
et vante ses mérites jamais démentis…
Son visage est marqué de stigmates violents,
de cicatrices profondes, et sans doute est-il fier
de porter ces ornements sanglants et ineffaçables,
caprices de femelle qu'eut trop souvent sa lame.
Les trottoirs ou les cours, en joyeuses réunions,
l'écoutent raconter ses exploits et l'acclament :
au son d'une guitare et entre deux chansons
il est Juan Moreira, il est Santos Vega !

LE COUTEAU

De même que les *gauchos*, qui portaient à la ceinture un
long couteau leur servant aussi de machette, l'homme
d'action des faubourgs citadins n'utilisait que l'arme
blanche. Il portait un couteau à lame courte et au manche
bien adapté à sa main. "Le couteau de la pampa, écrit
Etchebarne, devient plus court, comme l'horizon des
banlieues. Il cesse d'être un objet de luxe qu'on accroche
à la ceinture pour se transformer en une menace cachée
dans les vêtements. Le couteau ne se montre plus, il se
laisse deviner." C'est le fameux poignard glissé dans

l'emmanchure du gilet et que Mario López Osornio décrit dans *Esgrima criolla* (Duel créole) : "Cette façon de le porter était plus caractéristique du bourg que de la campagne. Si l'individu était «régulier» dans l'utilisation de son arme, il la glissait dans le revers de la manche gauche de son gilet de façon à pouvoir la dégainer proprement en cas de besoin. La lame était toujours en avant."

Dans les faubourgs, on enseignait très tôt aux enfants l'art de manier le couteau et les petits garçons noircissaient la pointe d'un bâton, en général une branche soigneusement coupée et taillée en pointe, et simulaient des duels. Le perdant s'en allait toujours avec une marque noire sur le visage, afin de bien prendre conscience des estafilades infamantes qu'il pourrait recevoir plus tard s'il ne perfectionnait pas la rapidité de son regard, son agilité, ses réflexes et sa façon de parer l'adversaire. Au duel, il fallait éviter toute maladresse car la moindre distraction pouvait signifier un séjour à l'hôpital ou un voyage au cimetière.

LE COMPADRITO

"Ce personnage que l'on confond souvent avec la gouape ou le *compadre*, écrit Blas Raul Gallo, était pour l'essentiel un plagiaire ; une fausse gouape, un fœtus qui n'était pas arrivé à terme, un raté des rues, fanfaron et impudent, quelque chose comme le marlou madrilène."

Ses provocations étaient gratuites, il faisait profession de courage mais n'en possédait aucun, et vantait ses propres exploits. Tandis que la gouape affectionnait les paroles feutrées, les silences, les regards, et s'imposait par sa présence et sa conduite, son imitateur éprouvait le besoin de crier, de se faire valoir et d'être adulé.

Leopoldo Lugones* le qualifiait, non sans mépris, de "mélange de *gaucho*, de *gringo* et de Noir". Plus souple, le poète Fernando Guibert voulait le comprendre : "De même que le *gaucho* avait dû abandonner sa monture pour devenir paysan, le destin avait abandonné le *compadrito* qui s'était réfugié dans les ruelles et les culs-de-sac, et avait appris à arpenter les trottoirs."

Le *compadrito* n'était ni aimé ni respecté, et les femmes qui étaient sous sa coupe ne pouvaient que le craindre. La gouape le tenait pour un pauvre type, un individu méprisable qu'un coup de cravache, un coup de plat ou même une gifle bien administrée suffisait à faire taire.

Il avait fait son apparition dans les faubourgs de Buenos Aires avant le tango. En 1845 déjà, il figurait dans le *Facundo* de Sarmiento et au début de 1859, il apparaissait dans *La Maldición* (La Maldition), le court roman de Tomas Gutiérrez retrouvé un siècle plus tard par Antonio Pagés Larraya. Gutiérrez décrivait les *compadritos* comme les "enfants dégénérés des *gauchos* (…), des hommes éduqués aux alentours des villes pour qui boire, chanter en s'accompagnant à la guitare, se battre et danser avec des hommes de leur condition sont les seuls plaisirs". A la même époque et sous l'influence des informations fournies par Gutiérrez, un nouveau portrait du personnage apparaît dans les nos 19 et 20 de l'hebdomadaire *La Guirnalda* (La Guirlande) datés des 20 et 27 mars 1859, signé des initiales A. de E., correspondant, selon l'historien Fermín Chávez, à Angel de Estrada, frère aîné de Santiago et Juan Manuel de Estrada, les directeurs de l'éphémère revue. La description était la suivante : "Le *compadrito* est un *gaucho* qui a dégénéré en homme du peuple, ou un homme du peuple dégénéré en *gaucho*. Il se targue d'être un *gaucho* avec l'homme du peuple, un homme du peuple avec le *gaucho*." Le *compadrito* du milieu du XIXe siècle portait, semble-t-il, un uniforme clinquant : "Un costume spécial qui ne manquait pas d'originalité : pantalon de campagne, caleçon à franges que l'on voyait sous le pantalon, veste courte, chemise plissée et gaufrée comme pour les jours de gala avec un bouton clinquant sur le jabot, une cravate fine, ou pas de cravate du tout, un chapeau de paille, petit, tombant légèrement sur les yeux, avec une jugulaire et un pompon noir descendant jusqu'au-dessus de la lèvre supérieure, un poignard à la ceinture ou glissé dans la botte de cuir afin que la police ne le voie pas et ne le condamne pas à une amende (…). Il marche courbé, comme pour se faire petit, affiche une antipathie particulière pour les garçons du quartier qui s'habillent convenablement, et s'amuse à leur chercher querelle en les insultant et en les traitant de pédés. Il aime chanter et danser, ce qui généralement dégénère en bagarre : d'abord une guitare cassée sur le dos d'un quidam, puis les lumières qui s'éteignent et finalement le poignard qui sort de la manche.

"Il est dépensier et a le geste large, ce qui est à l'origine de bien des querelles ; il emploie la force pour obliger à boire un ami qui s'y refuse : «Bois donc, pourquoi est-ce que tu ne bois pas ? Parce que je suis pauvre ? Même si c'est vrai je ne dois rien à personne, moi.» Il oblige son ami à lui répondre et à peine celui-ci a-t-il prononcé un mot qu'il se considère offensé, sort son couteau, et comme le plus souvent l'autre n'est pas préparé pour réagir, il le blesse, si possible au visage ; tout cela pour le plaisir de vanter ses exploits et de jouer aux durs, un de ses rêves les plus convoités."

Des années plus tard, en 1912, Lisandro Segovia, dans son *Dictionnaire d'argentinismes*, décrit le *compadrito* comme "un individu menteur, vantard, provocateur et traître, maniéré et qui parle un langage spécial". Tobiás

Garzón, auteur d'un *Dictionnaire argentin*, corrobore cette opinion : "C'est un homme du bas peuple, inutile, vaniteux et faraud." Quant à Carlos Estrada, il laisse libre cours à sa plume : "Il passe ses nuits dans les arrière-boutiques des débits de boisson. Il s'enivre à l'eau-de-vie, son nectar favori, dont il peut boire des litres et des litres, son estomac étant une éponge sèche. Il porte, dissimulé sous sa ceinture, un couteau de combat et il est fréquent que ses rondes finissent en bagarres et en coups de couteau à tort et à travers. Il marque les gens au visage ou leur assène de féroces coups de couteau au ventre. Orgueilleux et vantard, il est toujours sur le qui-vive et peut se déclarer offensé par un geste ou un simple regard."

D'après ces qualificatifs, repris par bon nombre d'auteurs, comment s'étonner que le terme de *compadrito* soit, outre un diminutif, une qualification péjorative et dénigrante ?

Cependant, les *compadritos* ne s'inquiétaient guère des critiques dont ils étaient l'objet et, au contraire des gouapes, ils aimaient vanter leurs victoires, sans se rendre compte que dans leur milieu prévalaient les demi-mots et le prestige bâti sur les louanges d'autrui. L'extraversion n'était guère appréciée.

Certains tangos reproduisaient les insolences lancées parfois avec naïveté par ceux qui ne prenaient pas toujours au sérieux la supériorité qu'ils affichaient. Ainsi, Angel Villoldo, pour défendre le côté souvent sympathique et gai du *compadrito*, écrivit, en 1903, les paroles de ce tango composé par son ami Alfredo Gobbi :

Soy hijo de Buenos Aires / me llaman el porteñito, el criollo más compadrito / que en esta tierra nació. / Cuando un tango en la vihuela / hace oír un compañero / no hay nadie en el mundo entero / que baile mejor que yo. / No hay ninguno que me iguale / para enamorar mujeres / puro hablar de pareceres / puro filo y nada más, / y al hacerle la encanada / la ficho de cuerpo entero / asegurando el puchero / con el vento que dará. / Soy terror de los franelas / cuando en un baile me meto / porque a ninguno respeto / de los que hay en la reunión. / Y si alguno se retoba / queriéndose hacer el guapo / yo le encajo un castañazo / y a buscar quién lo engendró.

(Je suis un môme de Buenos Aires / on m'appelle le p'tit portègne, / j'suis le plus chouette des compadritos / qu'on ait vu dans les bistrots. / Quand sur sa guitare un frangin / se met à gratter un tango / y'en a pas un j'vous le garantis / qui danse mieux que bibi. / J'suis un as j'en fais serment / pour emballer une frangine / à grands coups de boniment / faut voir comme je la baratine / et si elle mord c'est pour de bon / j'pourrai assurer mes lendemains / en la mettant au turbin. / J'suis la terreur des michés / quand au bal je fais mon entrée / parce que je ne respecte rien / ni les mecs ni les mousmés. / Et s'il y en a un qui la ramène / en voulant faire le malin / gaffe à la châtaigne / que va se prendre cet enfant de putain.)

Mais le *compadrito* ne doit pas être uniquement associé aux qualificatifs dont l'affublaient ses détracteurs car pour beaucoup c'était un personnage gai, beau parleur, vaniteux certes mais haut en couleur. Un autre tango d'Angel Villoldo et Alfredo Gobbi le présente comme quelqu'un qui ne craint pas de s'assumer tel qu'il est.

Soy el taita de Barracas / de aceitada melenita / y camisa planchadita / cuando me quiero lucir. / Si me topan me defiendo / con mi larga fariñera / y me le dejo a cualquiera / como carne de embutir. / Y si se trata de alguna

mina / la meneguina / le hago largar. / Y si resiste / en
aflojarla / con asustarla / no hay más que hablar. / Soy
amigo de trifulcas / que se arman en los fondines / bai-
longos y cafetines / con los taitas de chipé. / Soy el taita
más ladino / altanero y compadreito / soy el rubio Fran-
cisqueito / de chamberquito y plastrón. / Soy cantor y no
reculo / ni me achico al más pesao / porque yo siempre
he peleao / con el tipo más matón. / He sido siempre / un
habitante / fiel y constante / de la prisión / pues soy un
taita / que a la felpeada / tira trompadas / a discreción.

(Je suis le caïd de Barracas / aux cheveux bien gominés / à la chemise bien repassée / et toujours bien
habillé. / Qu'on ne s'avise pas de me provoquer / car je
sors mon couteau à découper / et je refroidis sans hésiter /
quiconque veut m'enquiquiner. / Et si je tombe sur une
poulette / faut qu'elle allonge la galtouse. / Si elle refuse
de la lâcher / j'lui fous les foies / et terminé. / J'adore
quand y'a du rififi / dans les bistrots ou au tapis / avec
les caïds du beau linge. / C'est moi le caïd le plus
mariolle / le plus rouleur des compadritos. / C'est moi
Francisqueto le blond / chapeau de paille et plastron. /
J'suis grande gueule et j'ai pas les jetons / j'me dégonfle
pas devant les costauds / car j'ai toujours castagné / les
comacs les fiers-à-bras. / J'ai toujours été / un habitant /
fidèle et constant / des prisons / car je suis un caïd un
vrai / qui débite des gnons / à discrétion.)

L'exagération, comme nous l'avons déjà dit, faisait
partie de la personnalité du *compadrito*, aussi bien dans
ses gestes qui le conduisaient à commettre des fanfaronnades que dans sa façon de s'habiller. Avec sa mèche de
cheveux brillantinée et parfumée, et le soin extrême qu'il
portait à ses moustaches raidies à la gomina, il avait l'air
maniéré. Pour Tallón : "Les *compadritos* copiaient la

mode des riches et s'habillaient avec un narcissisme féminin exagéré, de toute évidence empreint de sexualité et de suspicion (…). Cette manière très argentine de se dandiner en marchant provenait du port des hauts talons ; les *compadritos* la rendirent niaise, voire même efféminée." Quant à Pagés Larraya, il préfère cette métaphore : "Descendu de cheval, le petit *gaucho* perd la moitié de sa grandeur et de sa prestance : il doit s'efforcer d'avoir belle allure à lui tout seul. Mais il va trop loin dans son effort et il devient maniéré. Sans doute par conscience de sa petitesse."

"Le tigre au bandonéon", la célèbre photographie d'Eduardo Arolas, est un parfait exemple de ce style affecté relevant presque de la caricature : feutre mou et noir avec un large ruban, veste longue aux revers en pointe, que l'on ne boutonnait pas pour laisser voir un gilet brillant bordé d'un liséré de drap clair qui se répète sur les poches ; à l'une d'elles est attachée une grosse chaîne en or avec une médaille. Une perle est piquée dans le nœud de la cravate et la chemise est en piqué blanc. Le pantalon noir à rayures grises, bouffant, tombe au ras des chaussures à talon. Sur les gants – sûrement beurre-frais –, une bague avec une pierre et à la main une cravache au manche en argent. Certains *compadritos* avaient trois ou quatre bagues à chaque main.

C'est dans cette tenue que le *compadrito* se présentait dans les guinguettes et les bastringues. Agressif, il se donnait des airs supérieurs de conquistador. Provocateur, il portait un couteau, comme la gouape, mais ne dédaignait pas le pistolet, dont l'usage eût avili le *compadre* qui le considérait comme l'arme des lâches et des mercantis. Avant de tuer un adversaire en duel, disait-on à l'époque, il convenait de le regarder droit dans les yeux afin que la mort ne le prît pas au dépourvu.

Toute dérobade signifiait se conduire comme un *gringo* ou une poule mouillée. Avec le couteau, on sentait la mort de l'autre dans son propre corps lorsque l'adversaire tremblait sous l'impact de la lame. Telle était la règle et, pour une gouape, tirer un coup de revolver équivalait à frapper un coup de poignard dans le dos. C'était une conduite déshonorante que seuls pouvaient avoir les individus qui ne méritaient pas qu'on les regarde en face et que le *compadre* dominait d'une simple chiquenaude. "Des types comme ça, faut s'en débarrasser d'un coup de cravate", disait-on alors.

Tulio Carella, en revanche, avait pour le *compadrito* une sympathie certaine car il lui rappelait le personnage espiègle, joyeux et vantard des tangos de Gobbi et de Villoldo : "Hâbleur, sentencieux, téméraire, maniant l'arme blanche avec adresse, il est à la fois agressif et mélancolique." Pour lui, le *compadrito* ne pouvait en aucun cas être un maquereau. Ce qui semble dénué de sens car le *compadrito* vivait le plus souvent de l'argent que lui rapportait une femme, parfois deux.

COMPADRONES ET MALFRATS

"Imitateur à la lettre de la gouape et du *compadre* (ou plutôt du *compadrito*), *el compadrón*, écrit Domingo Casadevall, est un lâche qui se pique de bravoure. Filou et intéressé, il attaque par traîtrise et bluffe pour se donner des airs ou pour faire de la parade un recours défensif et publicitaire. (…) Le *compadrón*, poursuit-il, est généralement garde du corps de *compadres*, ou gardien de tripot, ou portier de maison de passe, ou mouchard."

Le malfrat *(el malevo)*, de son côté, est ce qu'il y a de plus méprisable. Lâche, il abuse des femmes et des faibles, triche au jeu, ment, trompe ses amis, et s'enfuit au premier heurt. Il tue par traîtrise et n'hésite pas à faire emprisonner un innocent. Il aime être craint mais se dérobe toujours devant un adversaire d'envergure. Rusé, malhonnête, toujours là pour crier le plus fort, il fait des ronds de jambe aux policiers dont il revêt parfois l'uniforme afin de profiter de l'autorité que lui confèrent les apparences.

CHE BANDONEÓN !

Le bandonéon est notre soupape, le doux édredon où nous enfouissons notre tête brûlante de rage ou de jalousie. Il geint, gémit, brame, pleure, griffe, rugit, menace, mord et prie ; il ignore le rire et ne sait pas se permettre un moment de joie.

LAST REASON

L'important ce n'est ni quand ni comment. L'important c'est qu'il soit arrivé jusqu'à nous. Au siècle dernier, quelqu'un débarqua un jour à Buenos Aires, un bandonéon sous le bras. Ce n'était peut-être qu'un marin allemand qui, dans une vitrine de Hambourg, s'était épris de cette espèce de boîte à musique hexagonale inventée en 1835 par Heinrich Band, un instrument portatif avec quelques boutons de chaque côté, qu'il avait emporté avec lui pour se souvenir de vieux airs paysans pendant les interminables traversées de l'Atlantique. Ce fut peut-être, comme le soutient le compositeur Augusto P. Berto, ce jeune Brésilien dont on ne connaît que le prénom : Bartolo. En tout cas, il est certain qu'en 1864 l'inventeur fabriqua à Hambourg la fameuse série des bandonéons AA et que l'année suivante on connaissait un premier instrumentiste, le Noir José de Santa Cruz, père de Domingo Santa Cruz, resté célèbre parce qu'il égayait dans les tranchées les longues nuits de la guerre de la Triple Alliance* avec un bandonéon de marque *Band Union*, du nom du fabricant et de la coopérative qui s'étaient risqués à le lancer sur le marché.

Mais la véritable apparition du bandonéon date de la fin du siècle dernier, lorsque les trios qui se produisaient dans les cafés et les maisons closes commencèrent à l'utiliser. Très rapidement il devint indispensable à l'interprétation de tout tango.

Dans les petits orchestres, le bandonéon remplaça très vite la flûte. "Mais cette simple substitution d'instruments apparemment sans importance, explique Luis Adolfo Sierra, devait changer complètement la physionomie musicale du tango. Les fioritures de la flûte disparaissant peu à peu, le tango perdit son aspect badin et tapageur. Il adopta alors une attitude sévère, cadencée, austère, éteinte. Le bandonéon fut sans nul doute l'artifice de cette radicale transformation d'esprit que le tango attendait peut-être pour devenir plaintif et sentimental."

Pour décrire le bandonéon, on peut faire appel à la définition technique donnée par Oscar R. Zucchi : "Aérophone portatif à boutons, mû par des soufflets, se jouant à deux mains, et possédant deux caisses d'harmonie à l'intérieur desquelles vibre, par pression de l'air, un système de languettes métalliques. Le bandonéon chromatique joue la même note en ouvrant et en fermant les soufflets. Le bandonéon diatonique, aux possibilités plus grandes, est celui qu'ont adopté les professionnels du tango : son expression varie selon que l'on en joue soufflets ouverts ou soufflets fermés, produisant ainsi dissonances ou assonances." Mais, de même que pour le chant gitan, les nuances inexplicables et mystérieuses du bandonéon, les réminiscences enfouies dans sa musique, font plus appel à un passé commun, à une communication secrète, qu'à une lecture intellectuelle ou à des références savantes. Plus qu'un instrument, le bandonéon est une histoire, ou des centaines d'histoires. Il est le conteur nostalgique de la mélancolie de Buenos Aires, ancrée dans le déracinement des premiers immigrés, dans leur regret du pays natal et des paysages à jamais perdus de leur enfance.

La meilleure synthèse de cette pluralité d'éléments, qui conjugue pauvreté, solitude, secrets enfouis au tréfonds de l'histoire de chacun, douleur d'être seulement le témoin et non le protagoniste de la biographie collective, se trouve dans les vers d'Homero Manzi *Che Bandoneón !* :

> *Tu canto es el amor que no se dio*
> *y el cielo que soñamos una vez*
> *y el fraternal amigo que se hundio*
> *cinchando en la tormenta de un querer.*
> *Y esas ganas tremendas de llorar*
> *que a veces nos inundan sin razón*
> *y el trago de licor, que obliga a recordar*
> *si el alma está en orsai, che bandoneón !*

> Ton chant est l'amour qui n'est pas venu
> et le ciel dont nous avons tous rêvé
> c'est l'ami fraternel qui a sombré
> en bravant la tourmente d'une passion.
> C'est une envie terrible de pleurer
> qui nous vient parfois sans raison
> c'est le verre d'alcool qui empêche d'oublier
> quand l'âme est hors jeu, *che bandoneón !*

ACADÉMIES, BASTRINGUES,
LUPANARS ET MARLOUS

Il est probable qu'à ses débuts le tango s'est fait connaître dans plusieurs lieux à la fois car les trios pour flûte, violon et guitare allaient d'un endroit à l'autre pour faire danser l'assistance en jouant leur maigre répertoire. Chaque musicien apprenait par cœur trois ou quatre morceaux et les deux autres l'accompagnaient comme ils le pouvaient. "Finir en mesure c'est comme s'envoyer en l'air" était une expression bien connue qui montrait l'amateurisme des musiciens lesquels, en outre, n'osaient jouer un tango qu'après avoir épuisé les danseurs avec d'autres rythmes ou avoir avalé une bonne quantité d'eau-de-vie ou de genièvre.

Mais il n'était pas rare que l'on s'amusât à improviser quelques figures dans ce que l'on appelait les académies, les bastringues et les salles clandestines.

Vicente Rossi pense que les académies existèrent d'abord à Montevideo, en Uruguay, où la popularité de la *milonga* avait entraîné l'ouverture de salles de danse, les fameuses académies "et leur inévitable débit de boissons". Au total six ou sept salles dont une au port, une dans le bas quartier, une dans le quartier de la Aguada et une autre dans le quartier du Cordón.

L'auteur de *Cosas de Negros* souligne que les "danseuses étaient blanches ou mulâtresses. On ne leur demandait pas d'être belles mais d'être excellentes danseuses. Elles portaient une jupe courte par-dessus des jupons à volants amidonnés ; c'étaient les seules jupes courtes admises à l'époque, le travail exigeant que les danseuses soient ainsi vêtues car il leur eût été impossible d'exécuter une flexion avec une robe descendant jusqu'aux chevilles (…). On ne dansait pas pour sentir le contact momentané du corps de la femme, mais pour le simple plaisir de la danse. La partenaire était là pour danser et c'est pourquoi on ne lui demandait pas autre chose que d'avoir du talent." "Pour le danseur des faubourgs, écrit Etchebarne, corroborant ainsi l'opinion de Vicente Rossi, la femme n'était que le moyen d'accomplir le rituel de la danse. C'est pourquoi la plupart des danseuses des académies de Montevideo ou des salles de bal de Buenos Aires étaient laides et parfois même négligées. On ne leur demandait qu'une chose : danser sans répit et à la perfection."

Francisco Vega (cité par José Gobello) n'est pas du même avis et dans son ouvrage *Los Auxiliares de la delincuencia* (Les Auxiliaires de la délinquance) écrit en 1910, il laisse penser que les filles des académies avec lesquelles dansaient les hommes du quartier n'étaient pas si désagréables qu'on voulait bien le dire : "La présence de femmes dans ces établissements, écrit-il, n'a d'autre but que d'attirer un plus grand nombre de clients, de les retenir plus longtemps sur place et de les obliger à consommer. Les femmes qui font ce métier n'ont pas forcément des mœurs libertines mais elles sont faciles et offrent des charmes plus ou moins agréables au regard. Dans le plus difficile des cas, les posséder n'est qu'une question de temps et d'argent."

A Buenos Aires, les premières académies ouvrirent leurs portes vers 1870. Plusieurs d'entre elles se trouvaient à

Barracas et à Constitución, deux quartiers périphériques. Très rapidement, celle de la rue des Etats-Unis et celle située à l'angle de la rue Pozos et de la rue Independencia gagnèrent en célébrité. On pouvait y rencontrer les danseuses les plus célèbres en cette fin de siècle : La Parda Refucilo, Pepa, la Chata, Lola la Petiza, la Mondonguito, la China Venicia et María la Tero.

D'après le *Dictionnaire historique argentin*, *"peringundín* * [qu'en français on pourrait traduire par bastringue *(N.d.T.)*] est le nom par lequel on désignait les débits de boissons où les hommes dansaient entre eux. Connus plus tard sous le nom de *bailongos* * [équivalents des guinches ou des bastringues français *(N.d.T.)*] lorsque les femmes y furent admises, ils se transformèrent peu à peu pour devenir les boîtes de nuit que l'on connaît aujourd'hui."

Le mot *peringundín* ou *piringundín* viendrait de périgourdine, danse du Périgord que des immigrés de Gênes auraient introduite dans le quartier de La Boca. En 1910, Tobías Garzón, dans son *Dictionnaire argentin*, expliquait que le *peringundín* était un "dancing de quartier qui ouvrait les jeudis, les dimanches et les jours fériés, de 16 h à 20 h. Le propriétaire de la maison où l'on donnait ces bals, ouverts à tous, faisait payer aux hommes un réal pour six minutes de danse et payait aux femmes l'équivalent de deux pesos boliviens par soirée, une monnaie qui avait cours à l'époque. Il y avait là beaucoup de servantes et certaines danseuses transpiraient à grosses gouttes car, plus jolies et dansant mieux que les autres, elles étaient particulièrement sollicitées ; les six minutes terminées (le meneur de jeu le faisait savoir en tapant dans ses mains) on entendait les cris enthousiastes de «A moi ! A moi !» des clients qui tendaient la main aux danseuses, dont certaines semblaient sortir tout droit d'une salle de bain tant leurs vêtements collaient à leur corps. Sur place il y avait une espèce de buvette ou de salon de thé où l'on servait des liqueurs, des gâteaux et autres friandises. Le patron fournissait même des robes aux filles trop mal habillées."

Mais le lieu naturel du tango, le véritable lieu de naissance de la musique et de la danse est le bordel. Comme complément à leur activité principale, les prostituées (que l'on appelait des "pupilles" parce qu'elles résidaient dans la même demeure) dansaient avec les clients dans les jardins ou dans les vastes salons de la maison.

La fête, qui durait jusqu'à l'aube, était égayée par des trios pour flûte, violon et guitare qui jouaient d'oreille des morceaux populaires. Les instruments, que l'on pouvait porter facilement, permettaient de jouer de maison close en maison close avec un répertoire sans cesse changeant afin de ne pas lasser la clientèle.

Puis le piano fit son entrée dans la musique populaire et les bordels les plus riches en achetèrent un et engagèrent un pianiste à demeure. Les trios devinrent quatuors et gagnèrent en sonorité. Bientôt chaque maison close eut son piano, droit ou à queue, bien que les plus modestes dussent souvent se contenter d'un piano mécanique qui était moins coûteux, offrait un répertoire très vaste grâce aux bandes perforées, et n'exigeait de celui qui en jouait aucune connaissance musicale puisqu'il suffisait de remplir d'air un soufflet au moyen des deux pédales pour que de la longue feuille de papier perforé sorte la musique désirée.

D'académies en lupanars, il était naturel que le tango eût son répertoire gaillard. Il se composait en général de mélodies improvisées et de couplets qui mettaient en scène des clients et des prostituées, ou relataient quelque anecdote.

Enrique Cadícamo, dans son ouvrage *Viento que lleva y trae* (Le vent qui emporte et ramène) décrit une maison close de Isla Maciel, La Lanterne rouge :

Se llamaba ese puerto el Farol Colorado.
Y en su atmósfera insana, en su lodo y su intriga,
floreció "la taquera de la lata en la liga",
de camisa de seda y de seno tatuado.

Al entrar, se dejaba, como en un guardarropa,
los taleros, revólveres y los cabos de plata.
La encargada era una criolla guapa, ancha y mulata
que estibaba las grasas en la proa y en la popa.

La pianola picaba los rollos de los tangos.
El cine picaresco iba horneando el ambiente.
Y del patio llegaba una copla indecente
en la voz de un cantor de malevo arremango.

Cuando de alguna pieza se oía la jarana
de la hetaira que a veces no se mostraba activa,
una frase en polaco, de la regente, iba
como un chirlo en las nalgas de la más haragana.

El pecado, la riña, el vicio, la bebida,
el rencor y la sombra, el abuso y el celo,
eran las flores malas que producía el suelo
de esa isla del diablo y de la mala vida.

Ce port s'appelait La Lanterne rouge.
Dans son atmosphère démente, l'intrigue et la boue,
s'épanouit "la frangine au flouze dans la jarretière"
chemise de soie et sein tatoué.

En entrant, on laissait, comme au vestiaire,
sa cravache, ses revolvers, ses surins en argent.
La préposée était une belle et généreuse mulâtresse
qui arrimait sa graisse à l'arrière et à l'avant.

Le piano mécanique jouait un tango.
Un film picaresque chauffait l'atmosphère.
Et du patio montait une chanson indécente
dans la voix d'un chanteur mal accoutré.

Quand dans une piaule on entendait
le rire d'une hétaïre trop fainéante
une phrase en polonais de la maquerelle cinglait
comme une claque sur le cul de la feignante.

Péché, vice, boissons, bagarres
ombres et rancœurs, abus et trahisons
étaient les mauvaises herbes qui poussaient
dans cette île du diable et de perdition.

LE MARLE (EL CAFISHIO)

Dans son bref mais célèbre ouvrage *El Tango en su etapa de música prohibida* (Le Tango à l'époque de sa prohibition), José Sebastián Tallón évoque le couple formé par *El Cívico* et *La Moreira* qui habitaient le *conventillo* Sarandi. La description du Civique peut être considérée comme le modèle de ce qu'étaient les marlous de l'époque : "Son métier consistait à exploiter sa femme, *La Moreira*, et à dénicher et vendre comptant de nouvelles protégées." En effet, il n'était pas rare que le *compadrito*, machiste et ennemi du moindre effort, pour ne pas travailler se fasse ruffian. Pour toute activité, il se contentait de mettre sur le trottoir une femme ou deux, trois tout au plus : c'était un artisan qui exerçait, à force de séduction et de jolies manières, un métier qui n'avait rien à voir avec la discipline et l'organisation nécessaires à la traite des blanches qui domina le marché de la prostitution entre la fin du siècle dernier et la promulgation de la loi sur l'interdiction des maisons closes en 1935.

La prostitution, qui avait considérablement augmenté à la fin du XIXᵉ siècle en raison du grand nombre d'immigrés venus s'installer en Argentine sans leur famille, devint, entre 1900 et 1910, un commerce florissant qui avait presque complètement perdu son caractère familial... Plusieurs organisations, comme la Zwi Migdal, fondée en 1906, mirent au point une véritable stratégie de croissance, financèrent des voyages en Europe, en particulier en France et en Pologne, à des maquereaux qui promettaient le mariage à de très jeunes filles qu'ils enlevaient et emmenaient jusqu'en Argentine où elles étaient vendues aux propriétaires des bordels. Ces sociétés ténébreuses investissaient des sommes considérables en immeubles, en entretien, en pots-de-vin à des fonctionnaires corrompus et, bien sûr, en femmes qui, très vite usées par le métier, devaient être renouvelées fréquemment afin de ne pas lasser une clientèle toujours avide de nouveautés. Le rôle de la femme était naturellement tout à fait secondaire : elle n'était qu'une marchandise.

Mais jusqu'à l'arrivée de ces sociétés, c'étaient les marlous de quartier qui fournissaient en femmes les bordels de la ville. Ils savaient qu'ils ne pouvaient bâtir de grandes fortunes mais qu'en faisant travailler une fille ils avaient de quoi vivre pendant quelque temps.

Domingo Casadevall, dans son livre *El Tema de la mala vida en el teatro nacional* (Le Thème de la mauvaise vie dans le théâtre national), tente d'expliquer le comportement de ces modestes ruffians : "Le souteneur de quartier n'a pas pour habitude de vendre sa compagne, pas plus qu'il n'est capable d'organiser le commerce à grande échelle. Il se contente d'un bénéfice qui lui permet de bien manger et de bien s'habiller, d'aller tous les jours chez le barbier, de s'amuser avec sa bande de copains au café, et d'avoir un peu d'argent pour jouer aux courses ou à la roulette. A côté du véritable proxénète, du *caften*, membre d'une organisation de traite des blanches, ou du maquereau méprisable, rusé, cupide, incapable de se comporter en homme et travaillant à la solde de vastes organisations internationales, le souteneur de quartier est un homme généreux, capable de se comporter en héros romantique.

"Tandis que le «maquereau» considère que l'argent passe avant tout, même au détriment de la marchandise, le marlou œuvre de façon irrationnelle, avec une arrogance de gouape et, par vanité ou par amour-propre, il est capable de défier les magnats de la traite des blanches et de désorganiser toute coopérative en gestation."

Si sa femme le quitte pour un "mec plus richepin", le marlou non seulement pleurera sur son amour-propre blessé ou sur la perte de son gagne-pain, mais surtout il souffrira parce que sa femme est sa femme, qu'il a besoin d'elle et qu'au fond, à sa manière, il l'aime.

ENTRONS DANS LA DANSE

CHEZ LAURA ET CHEZ MARIE LA BASQUE

Chez Laura et Chez Marie la Basque furent pendant plusieurs années deux dancings célèbres dont la légende est parvenue jusqu'à nous. Le premier était situé au 2512, rue du Paraguay et l'autre, plus modeste, rue de l'Europe (aujourd'hui rue Carlos-Calvo).

Chez Marie la Basque, on dansait avec les filles de la maison pour trois pesos l'heure, sous le regard bourru de Carlos l'Anglais, "le mari de la patronne, un emmerdeur et un homme de caractère qui – au dire de Tallón – ne tolérait aucun excès".

León Benarós, qui fréquenta assidûment la maison même après qu'elle avait cessé d'être un dancing, la décrivait ainsi : "A l'époque, c'était une grande bâtisse en pierre de taille, avec des balcons hauts et simples. La porte en fer forgé, aux arabesques gracieuses derrière lesquelles on apercevait des plantes, ennoblissait l'entrée par son air ancien. Elle s'ouvrait sur le salon que l'on utilisait pour les grandes occasions. Les pièces étaient attribuées à chaque groupe de clients selon le nombre de personnes le composant. (…) Un artiste italien avait décoré le salon, et des palettes de peintre, des pinceaux et autres motifs à la mode ornaient le plafond avec un mauvais goût qui se voulait poétique. La patronne, au cours d'un rendez-vous protocolaire, car l'improvisation n'était pas de mise, demandait combien de danseurs il y aurait. «Combien de singes ?» demandait-elle, usant de la métaphore, afin de savoir combien de danseuses elle devait se procurer.

"Une polka ouvrait généralement le bal qui se terminait à la fin du nombre d'heures convenues. Si l'on voulait rester, il fallait payer à l'avance et la même polka annonçait que la fête continuait. Les musiciens touchaient cinq pesos par soirée. Des violonistes – dont certains très célèbres comme le môme Ernesto (Ernesto Ponzio) – vinrent rejoindre les pianistes solitaires, puis ce furent des flûtistes et des bandonéonistes. Chez Marie la Basque, on pouvait écouter Vicente Greco, Tito Rocatagliatta, Alfredo Bevilacqua, Manuel Campoamor et Juan Carlos Bazán. Ce dernier fut sans doute le flûtiste le plus brillant du début de ce siècle."

Chez Laura était un endroit plus cher et plus élégant. "La clientèle, écrit Tallón, était triée sur le volet : rentiers, acteurs, banquiers, écrivains, somme toute des messieurs qui avaient besoin de cacher leurs aventures. Il y avait une matinée pour les jeunes et certaines heures étaient réservées aux plus âgés. La maison avait la réputation de savoir satisfaire agréablement et intelligemment chaque client et de fournir des femmes d'une certaine classe qui n'appartenaient pas à de vulgaires *compadritos*. Le plus souvent elles étaient entretenues par les clients eux-mêmes. Ce qui n'empêchait pas le milieu de Buenos Aires de réaliser chez Laura des profits juteux. «Avoir une fille chez Laura, me disait un de ces homoncules, signifiait posséder une grosse fortune»."

Benarós, après avoir rappelé que l'un des principaux clients de Laura était l'acteur Elías Alippi, pendant des années tête d'affiche des théâtres aux côtés du danseur Enrique Muñoz, poursuivait : "La maison était luxueuse. Le salon – où eurent lieu plusieurs spectacles de danse mémorables – avait de grands miroirs, d'énormes vases, et était orné de tableaux. Au fond, la chambre de la patronne où le lit à baldaquin était tendu d'une fine mousseline de soie. Des meubles français, des objets blancs posés à même le parquet ciré et une superbe couverture en peau sur l'énorme lit complétaient ce luxe inouï."

Dans ses mémoires, Francisco Canaro écrit : "Les gens s'y rendaient en véritables bandes ; non des hordes de sauvages ou de fêtards, mais des gens du monde qui aimaient cette danse interdite et allaient chez Laura gambiller avec des femmes à qui plaisait ce genre de fredaines."

Une des attractions spéciales des salons de Laura était le pianiste Rosendo Mendizábal, qui y joua pour la première fois *El Entrerriano* (L'Homme d'Entre Rios). On pouvait y écouter aussi des grands noms du tango comme Vicente Greco et le duo Gardel-Razzano qui égayait les soirées en chantant des airs paysans.

LES COURS DES CONVENTILLOS ET LES SALONS FAMILIAUX

Le tango tarda plusieurs années avant de faire son apparition dans les cours des *conventillos*. Le *conventillo* était un univers bigarré : chaque logement était constitué d'une seule pièce où s'entassait parfois toute une famille, ou plusieurs hommes célibataires, et toutes les pièces donnaient sur une grande cour. On y menait une vie tranquille et décente, même s'il ne manquait jamais un ou deux personnages louches que les pères de famille regardaient de travers.

La musique que l'on jouait dans les maisons closes n'était guère acceptée dans ces familles ouvrières : on l'associait aux quartiers mal famés et à la débauche, et l'homme qui tentait de fuir la sordide réalité qui l'entourait préférait tenir la rue et ses dangers éloignés des siens et en particulier des femmes de sa famille qui rêvaient d'abandonner la promiscuité des *conventillos*.

Le tango fut donc, dans un premier temps, fort mal vu des milieux les plus humbles. Ainsi que le signale José Sébastián Tallón, "les familles ouvrières et celles de la classe moyenne détestaient et craignaient par-dessus tout la déchéance morale incarnée par le *compadre*. La chorégraphie nocturne des bordels était loin d'être un art confiné en lieu clos, et l'intimité de ce monde pervers et de ceux qui s'y complaisaient était un secret de Polichinelle. L'épouvante résidait précisément en ce qu'il n'y avait pas de mystère. Les enfants qui rentraient à l'aube après, soupçonnait-on, d'impudiques expériences, étaient, pour les familles respectables, porteurs d'une menace d'invasion. Elles ne se trompaient pas. C'est ainsi que survint l'inévitable rejet : une flexion, un déhanchement, une assise, un huit, un galop, n'avaient en soi rien de condamnable, mais, symboles directs de la menace faubourienne, ils devinrent rigoureusement tabous."

Le tango n'en conquit pas moins, peu à peu, les cours des *conventillos* et les salons de la classe moyenne. Benarós a décrit avec précision ce qu'étaient ces *conventillos* de l'époque : "Certains comptaient plus de quarante-cinq chambres, basses, sombres, construites en bois, cubes minuscules alignés autour d'une immense cour. Chacune avait une petite cuisine, sorte de guérite pour sentinelle, sommaire et inconfortable, ou une cuisinière à charbon, noire de suie, qui, jointe aux autres, remplissait de fumée le coin de ciel qui survivait à cet enfer.

Il y avait des braseros à trois pieds, petits et ronds, avec deux poignées semblables aux anneaux où autrefois on attachait les Nègres, et en hiver, ils distillaient une mort douce lorsque le froid obligeait à fermer les portes et à oublier les émanations de gaz carbonique. Dans ce monde cruel et bigarré, il ne manquait jamais un perroquet, camarade de misère par excellence de ces déshérités. (…)" Dans ces *conventillos*, véritables bouillons de toutes les cultures, où Italiens et Espagnols côtoyaient aussi bien des Argentins que des Turcs, les *canzonettas* napolitaines se mêlèrent aux chansons espagnoles et aux *milongas* faubouriennes grattées à la guitare ou pleurées à l'accordéon puis au bandonéon, et façonnèrent la musique de cet enfer misérable et coloré, berceau du tango.

Lors d'un mariage ou à l'occasion d'une fête, en dépit de la prohibition dont le tango était frappé, il n'était pas rare qu'un audacieux en réclame un aux musiciens et esquisse quelques figures, sans aller, bien sûr, jusqu'aux déhanchements et aux flexions tels qu'on les exécutait dans les bordels. Les jeunes filles refusèrent longtemps de danser le tango devant leurs parents indignés par l'irruption au sein de leur famille d'une musique de maison close, mais peu à peu – et une fois éliminées les contorsions tenues pour les plus scandaleuses –, on s'habitua au tango qui devint le compagnon inévitable des bals improvisés le dimanche après-midi.

La classe moyenne tarda à l'accepter dans ses salons, mais si l'on tient compte du fait que la partition de *La Morocha*, éditée dans les premiers mois de 1906 par Luis Rivarola, fut vendue à plus de cent mille exemplaires, on peut penser que le tango était très dansé, même par les jeunes filles de bonne famille qui l'alternaient sans doute avec des valses aussi inoffensives que *Sur les grands flots bleus* ou aussi simples que *Für Elise*.

Peu après, la chanteuse Flora Rodríguez de Gobbi enregistra *La Morocha* sur cylindre puis sur disque, les paroles naïves et champêtres d'Angel Villoldo ne pouvant provoquer l'habituelle levée de boucliers. *La Morocha* fut aussitôt éditée sur carton perforé en même temps qu'une innocente chanson à la mode, *Alfredo, mi querido Alfredo* (Alfred, mon cher Alfred).

Ainsi, en dépit des interdictions familiales, les mesures de *La Morocha*, clandestinement d'abord puis telle une simple mélodie argentine dépourvue de connotations scandaleuses, prirent place parmi les chansons acceptables tandis que l'on fredonnait les candides paroles d'Angel Villoldo :

Yo soy la morocha… / la más agraciada, / la más renombrada / de esta población. / Soy la que al paisano / muy de madrugada / brinda un cimarrón.

(Je suis la brunette… / la plus jolie / la plus renommée / de ce village. / Je suis celle qui / de bon matin / apporte son maté / au paysan.)

CHEZ HANDSEN

Bien que plusieurs reconstitutions cinématographiques montrent un restaurant luxueux avec une piste de danse circulaire au milieu des tables, tout porte à croire que chez Handsen la danse n'était pas toujours de mise.

˙ Le légendaire restaurant s'était d'abord appelé Au 3 février puis Palermo. Le nom de Handsen était en réalité celui de son premier propriétaire, Johan Handsen, qui l'avait ouvert en 1875. D'après Vicente Cútolo, "pendant la journée, on y voyait des familles qui, venues se promener dans le parc, s'arrêtaient pour y déjeuner ou tout simplement y boire une bière. En revanche, le soir, l'animation était à son comble et le restaurant était tout illuminé. On l'apercevait de loin à cause des lanternes des voitures et des lampions de toutes les couleurs qui éclairaient les gloriettes. On dînait au milieu des rires et des farandoles et, dans le grand patio, les clients buvaient sous d'odorantes frondaisons de glycines et de chèvrefeuilles. Le soir, des orchestres triés sur le volet jouaient des *milongas*, des polkas ou des valses. Jusqu'à onze heures, c'était un pacifique restaurant mais passé cette heure les clients nocturnes faisaient leur apparition, en bandes tapageuses. Ce sont eux qui firent la célébrité du restaurant. Handsen mourut le 3 avril 1892."

Dans son édition du 5 décembre 1903, la revue *Caras y caretas* publia, sous le titre de *Un inmigrante modelo* (Un immigré modèle), un éloge du nouveau gérant, le Lombard Anselmo R. Tarana qui, semble-t-il, avait à plusieurs reprises perdu sa fortune en Bourse. L'article disait que Tarana, "sans regarder au prix, a loué le restaurant à la municipalité, pour une somme de 80 000 pesos et une durée de cinq ans, et en a fait un centre de culture et de distraction comme il est difficile d'en trouver, même en Europe. C'est sans aucun doute l'endroit le plus pittoresque de Buenos Aires. Tout le service y est absolument *yankee*, de même que le confort et l'habile distribution des salons privés.

"Un orchestre délicieux, venu spécialement de Milan, ravit une clientèle nombreuse et cultivée par des morceaux choisis avec le plus grand soin.

"Et comme si cela était insuffisant, M. Tarana possède cinq automobiles qui vont chercher et ramènent gratuitement chez eux les clients qui le désirent. Il suffit de décrocher son téléphone et de demander le 135 à

Palermo, UT, pour être immédiatement servi. Le restaurant Palermo est d'ores et déjà l'endroit de prédilection de notre haute société en ces nuits estivales."

Suivait un portrait d'Anselmo Tarana et une photo d'angle du patio de Chez Handsen, où apparaissaient une dizaine de tables. A l'une d'elles, trois femmes, un homme et un enfant de six ou sept ans tenant à la main un chapeau de paille.

Mais la véritable question reste encore de savoir si chez Handsen on dansait ou si on ne faisait que se restaurer, boire et écouter de la musique. Felipe Amadeo Lastra, dans son petit ouvrage *Recuerdos del 900* (Souvenirs de 1900), édité en 1965 alors que son auteur était âgé de plus de quatre-vingts ans, nous dit : "(Le restaurant) était situé au croisement de l'avenue de las Palmeras (aujourd'hui rue Sarmiento), derrière les voies de chemin de fer qui longeaient alors l'avenue Figueroa-Alcorta. Il comprenait un vaste patio au sol carrelé (…). S'il pleuvait, Handsen fermait. Dans ce patio il y avait un nombre incalculable de tables rectangulaires avec des pieds en fer et un plateau de marbre, lourdes et difficiles à déplacer. Tout autour, des gloriettes avec des tonnelles peintes en vert. Au fond à droite, une aile en angle droit abritait les dépendances : cuisine, buanderie, etc. Au milieu, du côté de la rue, une estrade ronde avec une rampe circulaire où s'installaient les musiciens. A l'heure dite, les clients arrivaient dans des voitures de louage et en descendaient entre deux rangées de policiers en uniforme et en civil dont la présence évitait que les lieux ne se transforment en champ de bataille. La clientèle était composée de *compadritos* et de souteneurs. Si ces derniers étaient riches, on les appelait les «rupins». Il y avait aussi des "Indiens comme il faut[1]", quelques rares commerçants avec des envies de s'encanailler, des éleveurs de bétail en vacances."

Et il ajoute plus loin : "Dans cet endroit on ne dansait pas : c'était interdit, comme dans tous les lieux publics. Pour danser il fallait aller dans des maisons spéciales."

Dans une interview accordée à León Benarós en 1961, Amadeo Lastra confirme que chez Handsen "on ne dansait pas. Où aurait-on dansé ? Dans les arbres ? (…) Nous y allions après minuit. Les moustiques nous gênaient beaucoup. Il n'y avait pas de femmes, il fallait en amener."

D'autres témoignages, comme celui de Roberto Firpo, également recueillis par Benarós, admettent que sous les gloriettes on esquissait bien de temps à autre quelques pas de danse. Firpo raconte qu'en 1908 il joua chez Handsen et affirme : "La clientèle était sélecte. Des gens haut placés. Certains disent qu'on y dansait. Ce n'est pas vrai. On jouait et les clients écoutaient." Et il ajoute : "Toutes les

1. On trouve, dans *El Tema de la mala vida en el teatro nacional* (Le Thème de la mauvaise vie dans le théâtre national), de Domingo Casadevall, une citation de Luis María Jordán reprise de son livre *Cartas a un extranjero* (Lettres à un étranger) (1924) : "D'après le principe selon lequel l'union fait la force, la jeunesse dorée mettait en pratique dans le centre de la ville les leçons qu'elle avait apprises dans les faubourgs où elle se rendait pour danser le tango et autres bizarreries. Un chroniqueur rappelle qu'en 1890 les bandes de voyous, tignasse noire et moustaches provocantes, armés de cannes et de revolvers qu'ils ne quittaient jamais, pas même pour dormir, étaient dans leur majorité fils, neveux, cousins, beaux-frères, proches parents ou camarades d'un membre du Gouvernement, du Parlement ou des tribunaux… Ils bénéficiaient, dans leurs rapports avec le reste de la population, d'une liberté sans limites. L'après-midi, pomponnés mais masculins, ils courtisaient les jeunes filles de la rue Florida ; le soir, à partir de dix heures, en groupes plus ou moins nombreux, violents, bruyants, provocateurs, ils entraient dans les

femmes venaient accompagnées. Certains clients venaient parfois avec trois femmes."

Manuel Castro, dans un article publié en février 1939 et figurant dans son livre *Buenos Aires antes de 1949* (Buenos Aires avant 1949), après avoir expliqué que "Chez Handsen était un endroit qui tenait du salon de thé andalou et de la brasserie allemande", soutient que "l'on dansait au son des orchestres les plus faubouriens que l'on pût trouver – dont celui d'Ernesto Ponzio dit «le môme Ponzio». Jamais on ne vit dancing à la clientèle plus hétéroclite et disparate : *chinas* des environs, tout endimanchées, Françaises qui venaient du Royal ou du Petit Salon, flics, soldats des casernes voisines habillés en civil, voyous des faubourgs et fils à papa. Ces derniers venaient faire du bruit et montrer leurs talents de boxeurs."

Gobello, faisant allusion au *Tango à Paris*, une pièce de théâtre montée en 1913 par Florencio Parravicini et

théâtres de basse catégorie, dans les cafés-concerts, n'importe où, et provoquaient des scandales à tout casser. En général, la soirée se terminait en bagarres à coups de bâtons et de cannes et avec plusieurs chaises et fauteuils cassés. L'intervention de la police se limitait à rétablir l'ordre lorsque c'était possible, et à remettre au plus tôt les vandales en liberté… Au fil des ans, les choses changèrent. Les papas n'étaient plus des ministres ou des députés aux noms créoles ; la «jeunesse comme il faut» appartenait à des familles de grands propriétaires fonciers ou de riches commerçants… et les «bandes d'Indiens», comme on appelait les bandes de jeunes voyous des années quatre-vingt-dix, devinrent les «meutes de 1900»… Elles étaient plus cultivées, en général composées d'étudiants qui étaient allés en Europe, parlaient un français châtié, avaient des amis à l'étranger et buvaient des alcools exotiques, de préférence du whisky ou du champagne. Pour les dégâts, elles n'avaient rien à envier aux «sauvages», faisaient scandale partout où elles passaient, distribuant force bastonnades, tirant des coups de revolver, imposant leur volonté là où elles l'entendaient."

à *Noche de garufa* (Soir de java) de Panchito Aranaz, jouée la même année, conclut, non sans ménager la chèvre et le chou, que l'on ne dansait jamais dans le patio mais dans les salons particuliers, où la clientèle ne pouvait être très nombreuse.

Peut-être y eut-il des époques où l'on dansa et d'autres où les gens venaient simplement écouter de la musique, ce qui expliquerait ces versions contradictoires sur le légendaire restaurant de Palermo.

L'établissement, qui du dehors ressemblait au bâtiment principal d'une hacienda de Buenos Aires, ferma définitivement ses portes en 1912. A Buenos Aires aussi, la Belle Epoque touchait à sa fin.

José Gobello, dans son *Dictionnaire d'argot* (1914), donne de ces "bandes d'Indiens" la définition suivante : "Bandes de jeunes gens et de jeunes filles qui, ayant un peu trop bu, s'amusaient à perpétrer des actes de vandalisme arbitraires et sauvages." De nos jours l'esprit de bande a diminué et n'est pas comparable à celui qui animait autrefois ces groupes qui ont compté parmi leurs membres *El Payo* et quelques rupins qui sont aujourd'hui des docteurs occupant de hautes fonctions administratives.

LA VIEILLE GARDE

ANGEL VILLOLDO

Figure éminente de la Vieille Garde, on peut dire qu'Angel Villoldo fut l'exemple même du Portègne lié au milieu du tango. Né en 1869, il fut *payador* avant d'être guitariste, et travailla comme "homme de tête" dans le quartier de Barracas. Certaines rues en pente obligeaient, en effet, les chevaux qui tiraient des charrettes trop lourdes ou des tramways bondés à fournir un effort supplémentaire que les pavés glissants les empêchaient d'accomplir. On faisait alors appel aux services d'un "homme de tête", monté sur un "animal de tête", un très haut cheval, en général un percheron, à la sangle duquel on avait attaché une courroie tressée à la main et suffisamment résistante pour pouvoir l'accrocher au véhicule et hisser celui-ci en haut de la colline ou le désembourber lorsqu'il s'était enlisé dans une rue en terre battue.

N'importe qui ne pouvait être "homme de tête" : il fallait être un excellent cavalier, être fort et avoir de la patience. De là la réputation de don Juans irrésistibles – note Juan Manuel Pintos – dont les "hommes de tête" jouissaient parmi les servantes du quartier. On disait d'eux qu'ils étaient de joyeux lurons mais s'il le fallait, ils savaient se servir d'un couteau.

Plus tard, Villoldo devait se souvenir de ses années "d'homme de tête" dans certains de ses tangos ou dans les dialogues de mœurs qu'entre 1905 et 1913 il écrivit pour des revues comme *P.B.T.*, *Fray Mocho* ou *Papel y tinta* (L'Encre et le papier). Tout en exerçant ce métier, il consacrait ses heures de loisir (nombreuses car à l'époque la circulation était rare) à boire du maté et à bavarder. Villoldo s'accompagnait à la guitare ou à l'harmonica et jouait des chansons populaires que sifflaient ses camarades de travail, des "hommes de tête" à leur compte ou employés de la compagnie de tramways Anglo qui se gardaient bien d'empiéter sur leurs juridictions respectives.

Oscar del Piore, biographe d'Angel Villoldo, précise qu'entre dix-huit et vingt-cinq ans, Villoldo fut typographe du journal *La Nación*, directeur d'une chorale de carnaval, "Les Enfants de Mémé la Veuve", pour laquelle il écrivit des chansons, librettiste de sociétés chorales, convoyeur de bétail pour les abattoirs et clown du cirque Rafetto situé à l'angle de la rue San Juan et de la rue Sarandi.

Vers 1900, Angel Villoldo devint un *payador*, un compositeur et un chanteur célèbre lorsqu'il décida de montrer ses talents dans les cafés de La Boca, de Corrales, de San Telmo, et sous les tentes de la Recoleta. Il se fit un nom en grattant une guitare à laquelle il avait accroché une petite barre où poser un harmonica. Sur ces deux instruments, il jouait ses propres tangos. Francisco García Giménez assure que les clients de ces bistrots "fous de joie, l'accompagnaient en frappant du pied par terre et en tapant des mains sur la table tandis que les serveuses marquaient le rythme sur leurs plateaux".

Villoldo écrivait également pour de célèbres chanteuses de *tonadas* comme Pepita Avellaneda, Linda Thelma, La Pamperito ou La Viviana. A cette époque, il avait déjà composé ses premiers tangos auxquels il ajoutait généralement quelques couplets brossant le portrait d'un personnage.

Les textes d'Angel Villoldo sont gais et conservent la simplicité des chansons paysannes. Les personnages qu'ils mettent en scène sont parfois vaniteux et insolents, mais ils se meuvent toujours dans un climat allègre et sympathique. Démonstratifs, souriants, leurs fanfaronnades ne renferment aucune provocation :

A bailar no me ha ganado / ningún compadre chimango / porque soy pierna p'al tango / y terrible pa'l guindao. (El Terrible) ; Aquí tienen a Calandria / que es un mozo de renombre ; / el que siempre esta dispuesto / si se trata de farrear : / el que cantando milongas / siempre se hace respetar. (Calandria) ; Yo también soy medio pierna / pa'l baile de corte criollo / y si largo todo el rollo / con ella, me sé lucir. / En Chile y Rodriguez Peña / de bailarín tengo fama : / Cuerpo de alambre me llama la muchachada gilí. (Cuerpo de alambre).

(Pour la guinche faut bien le dire / y a personne pour me gagner / au tango j'suis le plus futé / et au couteau le plus redouté (Le Terrible). On m'appelle Calandria, j'suis un mec de renom ; / toujours prêt à faire la fête / toujours prêt à s'amuser : / mais pour chanter une milonga / j'me fais toujours respecter (Calandria). Moi aussi je suis plutôt bath / pour l'tango qu'on danse chez nous / et si je mets toute la gomme / avec elle j'suis le plus chouette. / Rue du Chili et rue Rodriguez Peña / on me prend pour un bon guincheur. / Fil de fer c'est comme ça que m'appellent les michetons et les frimeurs (Fil de fer).)

Villoldo était également un observateur perspicace de la réalité et en particulier des petits événements de chaque jour. Ainsi, lorsque en 1906 la police décida

de réactualiser un décret de 1889 punissant d'une amende de cinquante pesos ceux qui dans la rue lançaient des
compliments aux femmes, il composa un tango qu'il
intitula *Cuidado con los cincuenta* (Fais gaffe, c'est cinquante balles). La partition originale représentait, sur la
couverture, une femme mettant en garde son poursuivant :

*Caballero, le suplico / tenga más moderación, /
porque a usted puede costarle / cincuenta de la nación.*

(Monsieur je vous en prie, / montrez-vous moins em-
pressé / car cela peut vous coûter / cinquante pesos bien
sonnants.)

En arrière-plan, on voyait un agent de police à l'affût,
prêt à verbaliser. Villoldo poursuivait :

*Una ordenanza sobre la moral / decretó la dirección
policial / y por la que el hombre se debe abstener /
decir palabras dulces a una mujer. / Cuando a una her-
mosa veamos venir / ni un piropo le podremos decir /
y no habrá más que mirarla y callar / si apreciamos la
libertad. / Yo cuando vea cualquier mujer / una guiñada tan solo le haré / y con cuidado, que si se da cuenta, /
ay ! de los cincuenta no me salvaré...*

(La police fédérale a décrété / une ordonnance sur la
morale / par laquelle tout homme doit renoncer / à dire
à une femme des mots doux. / Si l'on voit une belle
s'avancer / pas question de murmurer / on ne pourra que
se taire et la regarder / si on tient à sa liberté. / Moi
quand je verrai une jolie femme / un petit clin d'œil je
lui lancerai / mais attention si elle m'aperçoit / aux cinquante balles j'échapperai pas...)

On pourrait également citer les paroles d'une *milonga*,
annonciatrice en quelque sorte du célèbre *Cambalache*

(Bric-à-brac) d'Enrique Santos Discépolo et de *Al mundo le falta un tornillo* (Le monde a un boulon en moins) d'Enrique Cadícamo, et intitulée *Matufias o el Arte de vivir* (L'Arnaque ou l'Art de vivre) :

Es el siglo en que vivimos / de lo más original / el progreso no ha dado / una vida artificial. / Muchos caminan a máquina / porque es viejo andar a pie / hay extractos de alimentos / … y hay quien pasa sin comer… / Siempre hablamos del progreso / buscando la perfección / y reina el arte moderno / en todita su extensión. / La chanchuya y la matufia / hoy forman la sociedad / y nuestra vida moderna / es una calamidad. / De una drogas hacen vino / y de porotos, café / de maní es el chocolate / y de yerba se hace el té. / Las medicinas, veneno / que quitan fuerzas y salud / los licores, vomitivos / que llevan al ataúd. / Cuando sirven algún plato / en algún lujoso hotel / por liebre nos dan un gato / y una torta por pastel. / El aceite de la oliva / hoy no se puede encontrar / pues el aceite de potro / la ha venido a desbancar. / El tabaco que fumamos / es habano por reclame / pues así lo bautizaron / cuando nació en Tucumán. / La leche se pastoriza / con el agua y el almidón / y con carne de ratones / se fabrica el salchichón. / Los curas las bendiciones / las venden, y hasta el misal / y sin que nunca proteste / la gran corte celestial / siempre suceden desfalcos / en muchas reparticiones / pero nunca a los rateros / los meten en las prisiones. / Hoy la matufia está en boga / y siempre crecerá más / y mientras el pobre trabaja / y no hace más que pagar. / Señores, abrir el ojo, / y no acostarse a dormir / hay que estudiar con provecho / el gran arte de vivir.

(Le siècle où nous vivons / est vraiment original / le progrès nous a donné / une vie artificielle. / On marche à la machine / ça fait vieux de marcher à pied / la bouffe

123

vient en condensé... / Y'en a même qui n'mangent rien... / Toujours on cause du progrès / on recherche la perfection / et c'est l'art moderne qui règne / au plein sens du terme. / La magouille et l'arnaque / sont aujourd'hui la règle / notre vie moderne / est une débâcle. / On fait du vin avec des drogues / du café avec des haricots / le chocolat est trafiqué / avec du maté on fabrique du thé. / Les médicaments sont du poison / qui vous tuent à petit feu / les liqueurs sont des décoctions / qui mènent tout droit au cercueil. / Quand on vous sert un plat / dans un hôtel rupin / on a du chat pour du lapin / et de la tarte pour dessert... / L'huile d'olive / est introuvable / à la place on vous refile / une infecte graisse de cheval. / Le tabac que nous fumons / est du havane pour la réclame / car pour dire la vérité / on le fabrique à Tucumán. / On pasteurise le lait / avec de l'eau et de l'amidon / et avec de la viande de rat / on fabrique des saucissons. / Les curés vendent leurs bénédictions / certains même vendent leur missel / et personne ne proteste / dans leur grande cour céleste. / On détourne et on vole l'argent / dans bien des administrations / mais jamais ne va en prison / un seul de ces délinquants. / Aujourd'hui la mode est à l'arnaque / elle ne fera que grandir / tandis que les pauvres s'échinent / et continuent de payer. / Messieurs, ouvrez l'œil / ce n'est pas le moment / de dormir mais de contempler / et d'étudier l'art de vivre.)

Villoldo avait le vers facile et l'on peut dire qu'il fut le fondateur du tango chanté, bien avant que Pascual Contursi n'écrive *Mi noche triste*. Il est évident que sa connaissance de la *payada* improvisée lui avait donné une grande liberté de rimes. En 1898, sur la piste du cirque Anselmi, il affronta Arturo de Navas, le plus légendaire des *payadors* de cette fin de siècle. Il chanta également avec d'autres *payadors* célèbres, comme Higinio Cazón et José Madariaga, avec lesquels il forma un ensemble qui connut, en 1899, son heure de gloire. Mais le tango ne doit pas seulement à Angel Villoldo ses premières paroles. Il lui doit aussi et surtout plusieurs mélodies qui sont aujourd'hui des classiques, comme *El Choclo* (Le Maïs), *El Porteñito* (Le Portègne), *El Esquinazo* (La Sérénade) ainsi que d'autres pièces moins connues telles que *Gath y Chaves* et *Pineral*, qui étaient des titres publicitaires. Gath et Chaves était un grand magasin qui, en 1907, décida de s'agrandir et de créer une maison de disques. La firme envoya en France Angel Villoldo, Alfredo Gobbi et Flora Rodríguez de Gobbi afin qu'ils enregistrent quelques morceaux paysans, des dialogues humoristiques et plusieurs tangos. Cette anecdote, de même que les cent mille exemplaires vendus de *La Morocha*, montrent à quel point Villoldo était populaire.

Disons encore, pour la petite histoire, que chaque fois qu'au café Tarana (l'ancien restaurant Handsen) on jouait *El Esquinazo*, les clients commençaient par taper des mains, puis à mesure que l'enthousiasme grandissait, ils frappaient en rythme sur la table d'abord, et enfin sur les verres. Un soir que l'on joua le tango sept fois de suite, la vaisselle du Tarana s'en trouva à ce point décimée que le lendemain les habitués trouvèrent au mur une affiche interdisant l'exécution du célèbre tango de Villoldo.

Lorsque, le 14 octobre 1919, à l'âge de cinquante ans, Angel Villoldo mourut d'un cancer, il était devenu le symbole de la Vieille Garde. Il laissait une œuvre importante et avait accompli la dure tâche d'être un pionnier de la chanson.

Il était près de quatre heures du matin lorsque Anselmo Rosendo Cayetano Mendizábal, le pianiste de Chez Marie la Basque, un homme à la peau brune et aux cheveux ondulés, célèbre pour son jeu de la main gauche, prit le risque de jouer un tango qu'il avait composé l'après-midi même. Les auditeurs appartenaient au Z Club, un groupe d'amis qui tous les mois louaient pour leurs réunions le local de Marie la Basque. Ce soir-là, la maison fermait ses portes à tout autre client, sauf au commissaire Enrique Otamendi, qui ne manquait jamais de venir danser quelques tangos et bavarder en tête à tête avec une jeune protégée qui – disait-on – était sa propriété privée.

Les raisons qu'avait Rosendo de faire connaître sa nouvelle composition n'étaient pas qu'artistiques. Il était sans un sou et comme à l'époque les droits d'auteur n'existaient pas, la coutume voulait que le personnage à qui l'on dédiait le morceau joué pour la première fois figurât sur la couverture de la partition et remît à l'auteur un billet de cent pesos. Ce qui explique pourquoi presque tous les tangos de l'époque sont dédiés à d'illustres inconnus.

Rosendo Mendizábal voulait trouver un parrain pour sa nouvelle mélodie. Un petit groupe d'amis, après avoir inutilement fait appel à plusieurs candidats, proposèrent Ricardo Segovia, membre du Z Club, originaire de la province d'Entre Rios et qui, vivant sur ses terres natales, ne se rendait que très rarement chez Marie la Basque. Pour s'assurer la reconnaissance monétaire du client, Mendizábal accentua sa servilité et intitula son nouveau tango *El Entrerriano* (L'Homme d'Entre Rios). C'était en 1897. La mélodie atteignit une telle popularité que Mendizábal voulut renouveler l'opération et dédia à son éditeur, Luciano Prélat, un tango intitulé *L'Entrerriana* (La Femme d'Entre Rios) qui fut loin d'obtenir le succès du morceau original.

Les grands-parents de Rosendo étaient des anciens esclaves et la famille à qui ils avaient appartenu leur avait légué quelques biens qui avaient permis à leur fils de jouir d'une certaine aisance. En mourant, la grand-mère de Rosendo avait laissé à son petit-fils quelques propriétés qui auraient permis à celui-ci de mener une vie insouciante s'il n'avait dilapidé l'héritage et passé la plus grande partie de sa vie à jouer du piano dans les maisons closes et les salles de danse clandestines. Mendizábal mourut dans une chambre de *conventillo*, paralytique, aveugle et dans la plus grande misère. D'après ceux qui eurent l'occasion de l'entendre, c'était un remarquable pianiste, probablement le meilleur de la Vieille Garde, qui avait sur ses collègues l'avantage d'avoir étudié au conservatoire et d'avoir obtenu un diplôme de professeur de piano et de solfège.

De toutes ses compositions, seul *El Entrerriano* resta célèbre et demeura des années durant au répertoire de tous les orchestres de tango. Cependant, il ne faut pas oublier d'autres morceaux qui furent joués pendant longtemps. *A la larga* (A la longue), *El Llorón* (Le Pleurnicheur), enregistré des années plus tard par Ambrosio Raddrizzani qui s'était également approprié *Las Siete Palabras* (Les Sept Mots), tango né dans les maisons closes et dont le vrai titre était *Las Siete Pulgadas* (Les Sept Pouces) ; *La Reina de Saba* (La Reine de Saba), dédié à une célèbre jument gagnante de plusieurs grands prix ; *Don Horacio ; Don Santiago, Alberto, El Hotel del Tigre* et *Don Enrique*, ce dernier dédié au commissaire Otamendi.

De même que le poète Gutierre de Cetina qu'un unique madrigal rendit célèbre alors que le reste de son œuvre avait sombré dans l'oubli, Ernesto Ponzio entra dans l'histoire du tango grâce à un seul tango, *Don Juan*, et à l'admiration qu'inspiraient ses talents de violoniste. Francisco Canaro note dans ses *Mémoires* que Ponzio "exécutait des arpèges et faisait des prouesses avec son archet".

Membre d'une famille de musiciens napolitains qui jouaient dans les maisons closes de San Fernando, Ernesto Ponzio fit ses premières armes musicales avec ses parents. Plus tard il entra au conservatoire Alberto Williams afin de se perfectionner, mais la mort de son père l'empêcha de terminer ses études. Obligé de gagner sa vie, il faisait la manche dans les cafés et les restaurants, jouant devant des clients indifférents qui ne manquaient jamais de lancer quelque plaisanterie sur son jeune âge (il avait alors quatorze ans). Son surnom le Môme Ponzio date de cette époque.

Encore adolescent, Ponzio fit partie d'un trio, avec le violoniste Genaro Vásquez et le flûtiste Luis Teissaire, créateur de *Entrada prohibida* (Entrée interdite). L'ensemble joua chez Handsen, à El Tambito, chez Laura et chez Marie la Basque.

Les mauvaises langues disaient que Ponzio ne se séparait jamais de son revolver qui était en quelque sorte un appendice de son corps. Il est vrai que le violoniste avait mauvais caractère et une réputation de dur. On disait aussi que pendant la journée il gagnait sa vie comme garde du corps. Ce qui est certain c'est que son arme n'était pas un simple ornement : en 1908 on dicta contre lui une première condamnation et il dut purger une peine de deux ans de prison pour avoir tiré sur un adversaire au cours d'une bagarre. Ponzio devint alors un assidu des maisons d'arrêt où il faisait parfois de longs séjours. "Le dernier eut lieu en 1924, note José Gobello. Accusé d'homicide, il fut condamné par les tribunaux de Rosario à vingt ans de réclusion et à la relégation à perpétuité. Le 8 juillet 1925, le gouvernement commua la peine en quatorze ans de prison." En 1928, cependant, il fut remis en liberté. Pour fêter sa libération, le poète Dante Linyera écrivit quelques paroles pour un tango de Cirilo Allende intitulé *El Pibe Ernesto* (Le Môme Ernesto) :

Su alma 'e macho sin vueltas, ancha 'e coraje / se machacó en el yunque del entrevero, / su luz fue de inteligencia pa'l malevaje / pa'l corazón fayuto : puño de acero !

(Son âme de dur, faite pour la bravoure / a fait ses armes dans la mêlée / pour la pègre c'était une lumière / pour les traîtres il avait une main de fer.)

Ponzio n'était pas seulement redoutable lorsqu'il avait une arme à la main. Selon Enrique González Tuñon, il appartenait à ces "fripouilles dépourvues de scrupules" et c'est peut-être ce qui le poussait à proclamer comme siens des tangos ne lui appartenant pas, dont certains étaient très connus. Mais il est vrai aussi qu'un tango intitulé *Ataniche*, dont Roberto Firpo se disait l'auteur et que revendiquait Ponzio, figure sur la pochette du second enregistrement comme appartenant à Ernesto Ponzio. Le tango le plus connu du Môme Ponzio, *Don Juan*, dut sa popularité à Handsen. Le titre original était *El Panzudo* (Le Ventru) mais Ponzio le dédia à un habitué du restaurant, Juan Cabello, et en changea le titre. Dédicace que rappellent les paroles ajoutées plus tard par Ricardo Podestá : "Je m'appelle Juan Cabejo /

mettez-vous bien ça dans la caboche / Que Dieu vous prête vie et santé." La chanson était joyeuse, comme les vieux couplets anonymes : "Pour le tango j'suis le plus bath / quand je fais un double huit / du Nord au Midi tout le monde applaudit."

Ponzio écrivit également – pour les clients des bordels – le tango *Quiero papita* (que l'on pourrait traduire par "Je veux ma bouillie"), titre en apparence innocent qui venait de *Papita pa'l loro* dont le double sens devient évident lorsqu'on sait que *lora* désignait le sexe féminin (on pourrait traduire l'expression par "De la bouillie pour la chatte"). Parmi les autres tangos qui furent célèbres, citons *El Azulejo* (La Faïence), *Don Natalio*, *La Milonga, Culpas ajenas* (C'est la faute aux autres) qui ne serait pas sans lien avec les années de prison, et *Avellaneda*, composé en hommage au *caudillo* conservateur du même nom.

A la fin des années vingt, sa peine de prison purgée, Ponzio forma un nouvel orchestre dont il partagea la direction avec le clarinettiste Juan Carlos Bazán. Y jouaient plusieurs musiciens célèbres : José Luis Padula, auteur de *Nueve de julio* (9 juillet), le violoniste Alcides Palavecino et Eusebio Azpiazú, qui avait fait partie, avec le guitariste *El Pardo* Canevari et le violoniste Franco Ramos, d'un des plus vieux trios que l'on connaisse puisqu'il se produisait déjà en 1883.

On peut ajouter, à titre d'anecdote, qu'Ernesto Ponzio, qui joua un rôle décisif dans l'évolution du tango, tourna dans le premier film sonore argentin, *Tango*, réalisé par Luis Moglia Barth et projeté pour la première fois le 27 avril 1933. Ernesto Ponzio mourut un an plus tard, en 1934.

VICENTE GRECO

Comme ce fut le cas pour la plupart des fils d'immigrés, l'enfance de Vicente Greco se déroula dans un *conventillo*. Mais celui-ci était prestigieux. En effet, le *conventillo* Sarandí, situé dans la rue du même nom, entre la rue Constitución et la rue Cochabamba, était celui-là même où José Sebastián Tallón avait, dans son ouvrage *El Tango en su etapa de música prohibida*, fait vivre *El Cívico* et *La Moreira*.

Vicente avait hérité de l'enthousiasme et du talent musical de son père. Sans être un virtuose, don Genaro Greco s'installait souvent dans la cour du *conventillo* et sur la mandoline qu'il avait apportée d'Italie, il jouait de vieilles chansons de son pays. Vicente ne fut pas le seul de ses fils à choisir la musique : Domingo fut guitariste avant de faire une carrière de pianiste et de compositeur – il est notamment l'auteur de *La Tanita* (La Ritale), et de *El Bulín de la alegría* (La Piaule de la gaieté) ; Angel, chanteur et guitariste, écrivit un tango considéré aujourd'hui comme un classique, *Naipe marcado* (Carte truquée), et enfin Elena, comme son frère Domingo, se décida pour le piano.

La légende veut que le hasard a donné au petit Vicente Greco son premier bandonéon. On raconte qu'un joueur de sérénades qui apparemment avait maille à partir avec la justice, fut arrêté alors qu'il était en train de jouer dans la cour du *conventillo*. Il abandonna son instrument et ne revint jamais le chercher, peut-être parce qu'il craignait une bagarre. C'était un bandonéon rudimentaire mais le petit Vicente put, grâce à lui, prendre ses premières leçons avec Sebastián Ramos Mejía.

Greco débuta en 1906 dans un trio formé par un bandonéon, un violon et une guitare, et qui se produisait dans une salle proche de chez lui. Il avait dix-huit ans.

Quelque temps plus tard, la corbeille où la formation était installée pour jouer s'écroula. Vicente Greco fut grièvement blessé aux jambes et resta boiteux. Lorsqu'il put reprendre son travail, il se produisit dans plusieurs cafés de La Boca. José Sebastián Tallón écrit, à propos de cette époque : "Pour gagner sa vie il devait jouer dans des endroits louches. Mais c'était un homme d'une grande probité, un musicien de la meilleure origine populaire qui n'avait rien à voir avec la racaille. Il eut la chance d'être l'ami intime d'Evaristo Carriego et fut très proche de Florencio Sanchez et de Carlos Mauricio Pacheco (souvenons-nous de son tango *Pachequito*). Greco composa, sur des paroles d'Evaristo Carriego, un tango qui, bien que beaucoup joué, ne fut jamais édité."

Vicente Greco passa des bistrots de La Boca au café El Estribo où il y avait un piano. En devenant sédentaires, les nouveaux ensembles pouvaient utiliser des instruments qu'il eût été impossible de déplacer de café en café. Le trio devint donc quatuor avec Vicente Greco au bandonéon, Francisco Canaro au violon, Prudencio Aragón au piano et Vicente Pecci à la flûte.

On se pressait devant l'entrée de l'Estribo qui refusait du monde tous les soirs et il n'était pas rare que la police intervienne afin d'empêcher que, dans la rue, le public se pressant contre la vitre pour mieux entendre la musique ne provoque des désordres ou des incidents.

Deux célèbres danseurs, *El Pardo* Sebastián et *El Vasco* Casimir Aín, se rendirent jusqu'à l'Estribo pour inviter Greco et son orchestre à jouer dans les bals qu'ils organisaient à la salle La Argentina plus connue sous le nom de salle Rodríguez Peña. "L'endroit, évoque Francisco García Giménez, était une espèce de mélange du vieux bastringue La Tucumana situé au bord du Maldonado et éclairé à la lampe à pétrole, et de la coquette maison de Mme Jeanne, rue Maipú, dans le quartier nord, décorée de meubles Louis XV et de tentures de soie. (…) Au buffet, le genièvre et l'anis coulaient à flots et dans le salon, lorsqu'on avait épuisé les huit et les demi-lunes, le danseur le plus habile, à qui l'on avait décerné des lauriers, écrivait son nom sur le sol, d'un tracé invisible, en exécutant des fioritures à la pointe de sa bottine."

Greco n'échappa pas à la tentation d'écrire des paroles pour ses mélodies. Un jour, afin de railler ouvertement le modernisme alors à la mode, il paraphrasa quelques vers de *La princesse est triste* de Rubén Darío. Alors que le poète nicaraguayen écrivait : "La princesse est triste / qu'a donc la princesse / des soupirs s'échappent de ses lèvres de fraise", Greco ironisait : "La môme est triste / qu'est-ce qu'elle a la môme / une larme fout le camp de ses yeux de niaise."

Parmi ses tangos les plus importants, citons *Racing Club*, *La Viruta* (Le Pognon), *El Flete* (Le Cheval), *Ojos negros* (Les Yeux noirs) et *Rodríguez Peña*, ce dernier en hommage au local où il obtint ses plus grands succès. A sa mort, en 1924, Vicente Greco avait à peine trente-six ans.

DOMINGO SANTA CRUZ

Un soir de juillet 1931, les orchestres de Francisco Canaro, Francisco Lomuto, Julio De Caro, Ricardo Brignolo, Edgardo Donato, Ernesto de la Cruz et Juan Maglio "Pacho" se retrouvèrent dans l'auditorium d'une radio de Buenos Aires pour un concert au bénéfice d'une figure légendaire du tango qui se trouvait hospitalisée dans le dénuement le plus absolu. Le personnage s'appelait Domingo Santa Cruz.

Son père, un accordéoniste noir, était allé sur le front paraguayen pendant la guerre de la Triple Alliance jouer des polkas et des mazurkas à la mode pour les soldats du général Bartolomé Mitre. Il possédait un des premiers bandonéons d'Argentine – le premier peut-être –, un instrument aux possibilités beaucoup plus restreintes que ceux d'aujourd'hui. Santa Cruz jouait d'oreille les morceaux que les soldats sifflaient avec nostalgie, se souvenant de leur village. Le tango n'existait pas encore, mais il y avait là quelques *habaneras*, germe de la future musique de Buenos Aires.

Santa Cruz était un des nombreux descendants d'esclaves que le gouvernement de Buenos Aires avait envoyés de force sur le front guarani afin de prévenir d'éventuels conflits raciaux. Les autorités pensaient qu'ils se battraient comme s'étaient battus leurs pères et leurs grands-pères pendant la guerre d'Indépendance et que s'ils ne revenaient pas, nul à Buenos Aires ne s'inquiéterait de leur sort. José Santa Cruz revint et son fils, Domingo, né en 1884 dans le quartier du Once, fut dès son plus jeune âge bercé par l'étrange musique de cet instrument avec lequel il aimait s'amuser. Lorsqu'il entra dans l'adolescence, le jeune Domingo Santa Cruz dut, comme presque tous les jeunes à l'époque, gagner sa vie. Cheminot à seize ans, un grave accident de travail lui estropia une jambe et on ne l'appela plus que par ce surnom "Le Boiteux." En ce début de siècle, aucun accident du travail n'était indemnisé, de sorte que Domingo dut changer de métier. Comme son père, il choisit la musique et, comme lui, l'instrument que tout petit il avait appris à aimer. Un marin allemand lui fit cadeau d'un autre bandonéon, avec plusieurs octaves, et commença alors pour Domingo une carrière qui devait faire de lui un professeur de talent et un virtuose.

Union cívica (Union civique), son tango le plus connu sans doute parce que le parti radical en fit son hymne, avait à l'origine été écrit en hommage à Manuel J. Aparicio, *caudillo* de l'Union civique nationale, nom de la tendance conservatrice au sein de la coalition politique née en 1889 pour faire opposition au gouvernement de Miguel Juárez Celman. Après la révolution de juillet 1890 et la démission du président, les conservateurs se séparèrent rapidement du leader radical Leandro Alem pour reprendre leur place au sein du mitrisme. Plus tard, sous la présidence de Hipólito Yrigoyen, les radicaux firent de la mélodie de Domingo Santa Cruz leur hymne. Après tout, l'Union civique leur appartenait.

Parmi ses tangos les plus connus, citons *El Viejo* (Le Vieux), *Mi compadre*, *Recuerdos* (Souvenirs) et *Hernani* (dédié au flûtiste Carlos Hernani Macchi). La couverture de la partition originale de *Hernani* représente une caricature du personnage monté sur une flûte ailée symbolisant un aéroplane primitif. Une phrase, quelque peu présomptueuse, précise : "Tango sans égal."

Santa Cruz, qui dirigea une académie de danse, avait l'habitude de jouer dans les cafés de La Boca et de Barracas, et se produisait assez fréquemment dans des salles du centre de Buenos Aires ainsi que dans les comités conservateurs de province. Atteint de tuberculose, il dut cesser toute activité et sombra dans la misère.

Un mois après l'hommage que lui rendirent ses amis et ses élèves, il mourut sans même avoir pu remercier les organisateurs du festival pour le chèque qu'ils lui avaient remis.

Dans les dancings, les gens demandaient simplement un "Pacho", ce qui signifiait un disque sur la musique duquel danser. Les danseurs avaient en effet une prédilection pour le rythme et l'interprétation de ces tangos enregistrés par "Pacho", pseudonyme imprimé sur chaque étiquette de disque, et garantie de qualité. Pacho venait en réalité de *pazzo*, qui veut dire "fou" en dialecte italien. Juan Maglio, enfant vif et espiègle, avait reçu de son père ce surnom affectueux que les enfants du quartier avaient transformé en "Pacho", plus facile à prononcer.

Juan Maglio Pacho apprit le bandonéon en regardant jouer son père, puis en taquinant en cachette l'instrument et enfin grâce aux leçons paternelles. C'était un instrument élémentaire puisqu'il n'avait que treize boutons.

Pacho donna son premier concert en 1899 comme bandonéoniste d'un trio, aux côtés du violoniste Julián Urdapilleta et du guitariste Luciano Rios. Comme tant d'autres formations, le trio joua de bistrot en bistrot jusqu'à décrocher un contrat de longue durée à La Paloma où un flûtiste vint se joindre à eux.

C'est l'orchestre de Juan Maglio qui, le premier, enregistra sur disque, et l'énorme succès qu'obtinrent ces premières gravures poussa la firme Columbia à faire imprimer pour les disques de Pacho des étiquettes spéciales sur lesquelles figuraient son portrait et sa signature. Maglio, à l'époque, avait les cheveux ondulés et des moustaches en guidon de vélo qu'il enduisait de gomina et recouvrait la nuit d'un fixe-moustache.

José Sebastián Tallón affirme que l'apparition de ces disques permit au tango de faire son entrée dans les foyers de la classe moyenne argentine qui écoutaient encore d'une oreille critique cette musique née dans les maisons closes. "Soulignons, dit-il, l'aide exceptionnelle que représenta pour le tango le phonographe et les disques de Pacho devant qui s'ouvrirent les portes des foyers argentins (…). Chaque bal donné dans un lupanar équivalait à cent disques Columbia écoutés par des familles prolétariennes." Mais le succès de Pacho vint surtout de son rythme que l'on n'avait pas l'habitude d'entendre dans les cafés-concerts de La Boca. "Les tangos qu'il jouait, dit Tallón, exprimaient toujours les joies sacrées et modestes des gens du peuple, et cela contribua certainement à son succès."

En tant que compositeur, Pacho fit ses premières armes en 1908 avec *El Zurdo* (Le Gaucher), puis il écrivit plusieurs tangos mémorables comme *Royal Pigall*, *Sabado inglés* (Samedi anglais), *Armenonville, Ando pato* et *Tacuarí*. Rappelons aussi qu'en 1929 dans le sextette qu'il avait formé, débuta un jeune bandonéoniste de quatorze ans, rond et trapu, la chevelure brillantinée : Aníbal Troilo.

EDUARDO AROLAS

L'histoire du tango possède une longue liste de noms célèbres. Des héros, ceux qui eurent leur part de gloire et trônèrent parmi les créateurs. Des personnages dont la vie fait le régal des collectionneurs d'anecdotes, la plupart d'entre elles apocryphes, mais que l'on ne cesse de se raconter de bouche à oreille car elles font partie de la légende populaire, plus profonde et plus belle que la réalité. Cependant, très peu de ces grands noms se sont haussés jusqu'au mythe. Parmi la poignée des élus : Eduardo Arolas, "Le tigre du bandonéon", virtuose, compositeur fécond, rompu aux arrangements et orchestrations les plus divers, héros d'autant plus mythique qu'il mourut très jeune, à trente-deux ans, après avoir triomphé à Paris, rêve secret ou ostensible de tout Argentin.

Des photos le montrent adolescent, d'une élégance rare pour un faubourien, avec un air exagérément efféminé et maniéré. Mais Arolas comprit très vite qu'il lui fallait s'habiller avec modération et de son uniforme de mauvais garçon il ne conserva que l'essentiel, afin de mieux mettre en valeur son charme et ses allures de beau garçon. Il oublia son maniérisme, et sa réputation de ruffian contribua à l'auréoler d'un machisme triomphant, indispensable chez un Argentin de cette époque. Une mort violente paracheva le mythe qu'Enrique Cadícamo termina de peaufiner :

En esta cayeja sola / y amasi a jao por sorpresa / fue que cayó Eduardo Arolas / por robarse una francesa.

(Dans ce sombre cul-de-sac / suriné par surprise / mourut Eduardo Arolas / pour avoir volé une Française.)

León Benarós lui dédia un poème resté célèbre, *Milonga para Arolas* (Milonga pour Arolas), qui non seulement décrit le compositeur mais rend compte du sentiment d'admiration qu'éprouvaient tous les hommes de tango pour ce personnage extraordinaire.

> *Si algún organito añejo*
> *pasa por el arrabal*
> *o alguien silba, bien o mal,*
> *el tango Derecho viejo,*
> *nos estremece el pellejo*
> *su responso milonguero*
> *y un réquiem arrabalero*
> *tirita en las calles solas :*

es que rezan por Arolas
y hay que sacarse el sombrero.

Si un vieil orgue de Barbarie
passe dans le faubourg
si quelqu'un siffle alentour
le tango *Derecho viejo*
si un répond telle une milonga
nous file la chair de poule
et qu'un requiem des faubourgs
grelotte dans les rues désertes :
c'est qu'on prie pour Arolas
messieurs ôtez votre chapeau.

Eduardo Arolas, dont le vrai nom, moins sonore, était Lorenzo Arola, fit son entrée dans le monde du tango alors que le bandonéon avait définitivement remplacé la flûte et s'imposait comme l'instrument indispensable pour donner à la musique sa profondeur, sa mélancolie et sa nostalgie. Fils d'immigrants français, il était né dans le quartier de Barracas, rue Vieytes. Il apprit d'abord à jouer d'oreille du concertina, puis étudia la guitare, ce qui lui permit de faire partie d'ensembles de sérénades et d'orchestres fugaces qui se réunissaient pour jouer dans les cafés du quartier ou dans celui, voisin, de La Boca. En 1906 il apprit – d'oreille également – à jouer du bandonéon et trois ans plus tard il jouait avec un succès sans précédent *Una noche de garufa* (Soir de java), le premier d'une longue liste de tangos parmi lesquels citons aussi *La Marne* et *La Cachila* (deux sens : petit oiseau des champs et vieux tacot). En quelque temps la partition de *Noche de garufa*, écrite par Francisco Canaro, atteignit sa vingt-huitième édition, ce qui donne la mesure du succès de la première œuvre jouée par le premier bandonéoniste argentin élevé au rang de mythe du tango.

Ainsi que le remarque Horacio Ferrer, on retrouve parfois des réminiscences paysannes, comme dans *Alice* ou dans *La Guitarrita* (La Petite Guitare), parfois c'est le rythme pur et simple qui l'emporte comme dans *Catamarca* ou dans *Comme il faut*, parfois encore c'est la mélodie qui prime.

En revanche, les talents d'interprète d'Eduardo Arolas sont loin de faire l'unanimité. Pour quelques-uns il fut un pionnier. Luis Adolfo Sierra lui attribue la primauté des phrasés en octaves pour la main droite et des passages en tierces pour les deux mains. Le pianiste Enrique Delfino explique : "A cette époque, le tango n'était formé que de quatre notes pleureuses mais encore fallait-il les faire pleurer", et il ajoute non sans exagérer : "Dans les moments difficiles, quand le tango exigeait le maximum d'interprétation et qu'(Arolas) voulait aller encore plus loin, il cassait le bandonéon et les plis du soufflet étaient alors comme un parapluie qu'un coup de vent eût retourné." Julio De Caro, non seulement affirmait qu'Arolas avait inventé la "réprimande" et le phrasé, mais que sa main droite émerveillait le public, ses compagnons de travail et même les collègues qui venaient l'écouter. "Je peux en témoigner car j'ai débuté dans son orchestre en 1918", consigna De Caro dans ses mémoires. Pour d'autres, Eduardo Arolas ne fut qu'un interprète médiocre.

Arolas passa les trois dernières années de sa vie en France, à part un court séjour en Argentine. A Paris, il joua avec un groupe de musiciens français dans plusieurs cabarets et il composa deux tangos : *Alice* et *Place Pigalle*. Mais l'alcool et la tuberculose avaient fait leur œuvre : au risque de décevoir ceux qui croient la légende voulant qu'Eduardo Arolas fut assassiné par un maquereau à cause d'une femme, le certificat de décès indique qu'il mourut de phtisie le 24 septembre 1924 à l'hôpital Bichat.

FRANCISCO CANARO

Comme beaucoup de grands noms du tango, Francisco Canaro naquit en Uruguay, à San José de Mayo, en 1888. Son père était un immigrant italien misérable et sans travail régulier, ce qui décida cette famille fort nombreuse à tenter sa chance à Buenos Aires. Après avoir travaillé comme peintre en bâtiment, il trouva un emploi dans une usine de boîtes de conserve. Son obsession pour la musique le conduisit à fabriquer un violon rudimentaire avec du bois trouvé à l'usine. Il apprit ce qu'il put sur cet instrument plus que précaire, puis économisa pour pouvoir s'acheter un vrai violon grâce auquel il commença à jouer dans les maisons closes des petites villes voisines de la capitale. Là, les bagarres et les coups de revolver ne manquaient pas, et il n'était pas rare qu'un client se fasse descendre sur la piste de danse. Francisco Canaro débuta à La Boca aux côtés de deux figures légendaires, Samuel Castriota et Vicente Loduca. Lors du premier centenaire de l'Indépendance, il faisait partie d'un ensemble dirigé par Vicente Greco. Puis il forma son propre groupe avec le pianiste José Martínez et son nom apparut alors pour la première fois en haut des affiches : le trio s'appelait Orchestre Martínez-Canaro. L'année suivante, en 1916, l'ensemble, devenu quintette, appartenait au seul Francisco Canaro et jouait dans les plus célèbres cabarets : le Royal Pigall et l'Armenonville. Canaro forma ensuite trois orchestres différents, dirigés chacun par un de ses frères, mais répondant tous trois à ses ordres. Le tango était devenu une entreprise commerciale.

En 1925, en arrivant à Paris, Canaro accepta de se plier au mauvais goût et aux fausses couleurs locales. Ses musiciens devaient se déguiser en *gauchos* non seulement pour jouer mais pour se promener dans les rues. Seul comptait le spectacle, la musique passait au second plan. A Buenos Aires, pendant ce temps, on commentait qu'il avait acheté ses tangos à des compositeurs qui lui servaient de "nègres".

Parmi ces œuvres que la sagesse populaire considère d'origine douteuse, certaines furent extrêmement célèbres : *Sentimiento gaucho* (Sentiment gaucho), un véritable succès dans les années vingt, au point que Canaro rêvait qu'il puisse remplacer *La Cumparsita*, *Pájaro azul* (L'Oiseau bleu), *El Halcón negro* (Le Faucon noir), *La Tablada* (Le Marché aux bestiaux), *Charamusca* (Brindille), *Nueve Puntos* (Neuf points), *El Pollito* (Le Poussin) et *El Chamuyo* (Le Baratin).

Horacio Ferrer dit, à propos de la façon de jouer de Canaro (qui ne changea guère au cours des quarante-huit années qu'il passa à la tête de son orchestre) qu'elle s'appuyait "sur l'accentuation égale des quatre temps de chaque mesure, en un traitement harmonique très simple généralement joué à l'unisson – en dépit de quoi son orchestre conserva toujours une sonorité particulière –, et sur l'utilisation fréquente des passages joués en rythme *canyengue* *. Lorsque apparut l'orchestre de De Caro et avec lui une nouvelle avant-garde, Canaro se coula dans les vieux moules et conserva son style d'antan. Il mourut à Buenos Aires en décembre 1964.

AGUSTIN BARDI

Contrairement à d'autres célèbres compositeurs de tangos, Agustín Bardi ne dirigea jamais d'orchestre et ses dons d'interprète ne sont restés gravés que dans les mémoires car il n'existe pas d'enregistrement phonographique des pièces qu'il interpréta, au violon d'abord, puis plus tard au piano. Cependant, la richesse mélodique de ses compositions, le traitement rythmique et harmonique de ses partitions firent de lui un auteur constamment joué par les meilleurs ensembles de tango. Depuis celui de Julio De Caro qui fut le premier interprète de *Gallo ciego* (Coq aveugle), *El Baqueano* (L'Homme du pays), *Que noche !* (Quelle nuit !), et *Lorenzo*, jusqu'aux orchestres d'Aníbal Troilo, Osvaldo Pugliese, Horacio Salgán, José Basso ou Alfredo Gobbi. Pugliese et Salgán lui dédièrent chacun un tango, *Adiós Bardi* et *Don Agustín Bardi*. De Caro, dans ses mémoires, lui consacre un paragraphe élogieux et demande une étude en profondeur de l'accent national de son œuvre.

Luis Adolfo Sierra se souvient qu'au cours d'une conversation à propos de l'influence de la pampa dans bon nombre de ses tangos, Agustín Bardi lui avoua que pour lui "le tango est une musique de la campagne, comme si la traditionnelle sensibilité créole s'était versée dans la musique du tango". Ce n'est donc pas un hasard si plusieurs de ses compositions s'intitulent : *El Abrojo* (Le Chardon), *El Chimango* (Le Chimango), *El Rodeo, El Buey solo* (Le Bœuf esseulé).

Bardi est né le 13 août 1884 à Las Flores, un village de la province de Buenos Aires. Il commençait tout juste à fréquenter l'école lorsque ses parents l'envoyèrent à Buenos Aires, chez un oncle qui chantait en s'accompagnant à la guitare des *milongas*, des chansons paysannes et de temps en temps, un tango. L'oncle lui apprit à poser ses doigts sur la guitare alors qu'il n'avait pas encore assez de force pour exécuter des barrés.

A treize ans, il entra aux chemins de fer puis, après son service militaire il fut employé d'une entreprise commerciale qu'il ne quitta que pour prendre sa retraite en 1935. Agustín Bardi refusa toujours de former son propre orchestre. Il préféra poursuivre ses études musicales et exercer son activité artistique parallèlement à sa profession. Il étudia d'abord le violon et débuta dans un trio dans un bar de La Boca. Avec Tano Genaro Spósito il fit partie d'un quatuor qui jouait au café du Grec, un café où ne travaillaient que des serveuses, sur les bords du Riachuelo. Un soir, il s'assit au piano et son oreille fit le reste. Il devint pianiste et, au début de 1911, il fut engagé dans un orchestre prestigieux avec Carlos "Hernani" Macchi à la flûte, Tito Rocatagliatta au violon, et Graciano De Leone au bandonéon. Peu après Vicente Greco fit appel à lui pour jouer à l'*Estribo*. Quelques mois plus tard, en hommage au directeur du groupe, il écrivait son premier tango : *Vicentito* (Le Petit Vincent).

En 1914, Bardi joua avec Eduardo Arolas, dont il se sépara rapidement pour faire partie du trio Graciano De Leone avec le violoniste Eduardo Monelos. C'est avec eux qu'il joua pour la première fois *Gallo ciego* et *Lorenzo*. Sa dernière apparition comme pianiste eut lieu à la demande de Francisco Canaro pour jouer dans un grand orchestre pendant les festivités du carnaval de 1921. Après cette date, il se consacra exclusivement à composer des mélodies dont certaines sont devenues des classiques : *Nunca tuvo novio* (Elle n'a jamais eu de fiancé), *Independiente Club*, ou *La Guiñada* (Le Clin d'œil).

POUR L'EUROPE S'EN EST ALLÉ
ET EN MONSIEUR S'EST TRANSFORMÉ

Bien qu'à partir de 1880 la mise en pratique du projet libéral ait accentué l'influence française dans la culture argentine, l'attrait pour la France et ce qui était français avait des racines beaucoup plus profondes et plus anciennes : nombreux étaient les mentors de l'indépendance qui avaient proclamé leur fascination pour Paris, ses idées, son exemple. Paris était, sans discussion possible, le centre culturel du monde, et les classes dirigeantes latino-américaines séjournaient volontiers dans la capitale française pour parfaire leur éducation ou compléter leur formation intellectuelle.

Mais il n'y avait pas que les normes culturelles qui s'établissaient à Paris : on y façonnait les modes, aussi bien dans le domaine des arts ou de la philosophie que dans celui des frivolités quotidiennes. Au XIXᵉ siècle, le concept de civilisation avait circonscrit son territoire aux rives de la Seine.

De nombreux écrivains argentins, dont les plus représentatifs sont sans doute Miguel Cané et Lucio V. Mansilla, se croyaient obligés de truffer leurs textes de gallicismes, voire d'expressions ou de mots français ; les peintres imitaient, avec un inévitable retard, les écoles prétendument à la mode, et c'était une obligation pour la haute société argentine que d'effectuer de longs séjours dans la capitale française. A la fin du XIXᵉ siècle, Lucio V. Mansilla, auteur de *Una excursión a los Indios ranqueles* (Une excursion chez les Indiens ranqueles), ironisait : "Paris, le Paris de la France, comme on l'appelle ici afin qu'il n'y ait aucune confusion possible, est pour moi l'idéal. Et lorsque quelqu'un me dit qu'il n'aime pas Paris, je pense en mon for intérieur : «C'est que tes rentes ne te permettent pas d'y vivre.»" Conclusion qui n'était nullement fantaisiste. Dans ses *Témoignages*, Victoria Ocampo expliquait : "Mon institutrice était française. J'ai été punie en français. J'ai joué en français. J'ai commencé à lire en français... à pleurer et à rire en français. Plus tard, les plus beaux poèmes me furent donnés en français, ainsi que les romans où pour la première fois je lisais des mots d'amour... Enfin, tous les mots pour moi étaient français. (...) Les femmes de ma génération qui appartenaient au même milieu que moi lisaient exclusivement en français, et l'espagnol que je parlais était primitif et sauvage. (...) L'espagnol était une langue impropre à exprimer ce qui n'était pas le côté purement matériel, pratique de la vie. (...) Le français était pour nous la langue dans laquelle on pouvait tout exprimer sans avoir l'air d'un étranger." Il faut ajouter que Victoria Ocampo écrivit ses premiers livres en français et qu'ils furent ensuite traduits pour être publiés en Argentine.

Il n'est donc guère surprenant que le tango n'ait été accepté des "gens de la haute" qu'après avoir fait fureur en Europe.

Francisco Canaro, dans son livre de mémoires, rapporte deux versions qui circulaient à l'époque sur le premier tango qu'auraient écouté les Français. Selon les uns, il s'agirait de *La Morocha* d'Enrique Saborido, dont les partitions auraient été distribuées dans les ports par les fusiliers marins de la frégate *Sarmiento* qui effectuaient un voyage d'instruction. Mais selon d'autres, *El Choclo* serait le premier tango à avoir été introduit en France, non par des officiers de marine mais par les membres de l'équipage du même bateau, et clandestinement. Cependant, Francisco Canaro élabore une autre hypothèse : un industriel français en voyage à Buenos Aires, invité à passer la soirée dans un cabaret clandestin (chez Marie la Basque ou chez Laura) y aurait écouté *El Choclo*, alors très à la mode, et, enthousiasmé, aurait acheté un paquet de partitions qu'il aurait emportées avec lui en France.

Il est cependant probable que le tango a été introduit en Europe bien avant ce que croyait Francisco Canaro. En effet, l'Uruguayen Alfredo Gobbi, un des pionniers de l'époque héroïque qui avait fait ses débuts de compositeur et de chanteur en 1895 au cirque Anselmi après avoir travaillé avec les Podestá, se rendit en Europe en 1900 avec la compagnie des frères Petray pour y jouer *Juan Moreira*. A Madrid, la pièce resta quelque temps à l'affiche mais à Paris la compagnie dut licencier ses comédiens et Gobbi se vit dans l'obligation, pour gagner sa vie, d'exercer divers métiers, dont celui de chanteur de variétés. On peut donc sans trop de risques penser qu'il avait inscrit quelques tangos à son répertoire.

Alfredo Gobbi épousa en 1905 la chanteuse chilienne Flora Rodríguez, et la même année ils se rendirent tous deux à Philadelphie puis à Londres afin de graver quelques cylindres pour la firme Victor. Deux ans plus tard, Gath et Chaves les envoyait à Paris enregistrer sur ce qui était la toute dernière nouveauté : le disque ; cette fois-ci ils étaient accompagnés d'Angel Villoldo. Le couple Gobbi resta sept ans dans la capitale française et se produisit dans d'autres capitales européennes. Ils enseignèrent à danser le tango, produisirent et éditèrent une quantité considérable de pièces et enregistrèrent plusieurs disques pour le compte de la firme Pathé. Outre des tangos, leur répertoire comprenait des thèmes de la campagne argentine, des dialogues humoristiques, et des *rancheras*.

Par ailleurs, dans un article publié dans *La Prensa* le 5 mars 1953, Sergio Leonardo narre sa rencontre avec Georgette Leroy, veuve du pianiste Alberto López Buchardo (frère de Carlos Buchardo, célèbre compositeur de musique classique), qui lui affirma que son époux et Ricardo Guiraldes avaient les premiers interprété et dansé un tango à Paris en 1903. Mais il n'est pas impossible que la vieille femme ait rajeuni l'événement de dix ans.

Vers 1912, le compositeur Enrique Saborido, qui était aussi un excellent danseur et dirigeait une académie de danse en plein quartier nord à Buenos Aires, se rendit à Paris avec le pianiste Carlos C.V. Flores, auteur de *La Cautiva* (La Captive), *Melenita de oro* (Cheveux d'or), *Sólo se quiere una vez* (On n'aime qu'une fois), afin d'y installer une école où les Français pourraient apprendre à danser le tango. Saborido, cependant, ne se contenta pas de ses élèves parisiens : il traversa la Manche et ouvrit une école à Londres où il n'obtint qu'un succès mitigé. Sa carrière de professeur fut interrompue en août 1914 par la déclaration de la guerre.

D'autres Argentins étaient arrivés à Paris au début de cette même année : Celestino Ferrer (pianiste, auteur de *Don Severo*), Edgardo Monelos (violoniste), Vicente Loduca (bandonéoniste), auteur de *Sacudime la persiana* (Secoue-moi la boutique) et le danseur Casimiro Aín, véritable légende de la danse dans le Rio de la Plata, dont l'envergure n'égalait que celle d'El Cachafaz. La chance ne leur sourit guère et ils s'embarquèrent pour New York où Casimiro Aín, dit Aín le Basque, ouvrit sa propre académie de danse.

En dépit de ces difficultés et de ces frustrations, le tango, exotique, impudique, à demi mondain, commença à rallier à lui des couches de plus en plus élevées de la société. Il avait l'attrait de l'interdit et du tabou, d'autant plus convoité qu'il est empreint d'érotisme. Cependant, les professeurs qui l'enseignaient à Paris avaient pris soin d'en édulcorer la sensualité. La revue *P.B.T.* commentait, le 22 septembre 1913 : "... Le tango que nous avons exporté et qu'en France on appelle «le tango» n'a rien de traditionnel. Certains danseurs, parmi les plus consciencieux, ont trouvé à cette danse argentine un je-ne-sais-quoi la rendant indigne de la bonne société qui fréquente les «thés tango», les «soupers tango» ou les «déjeuners tango» de Paris. Cela signifie que lorsque les danseurs annoncent aux spectateurs qu'ils vont danser un tango «comme on le danse dans les salons de l'aristocratie de Buenos Aires», ils lui ont ôté toute sa saveur au point que n'importe lequel de nos faubouriens aurait honte de le danser ainsi. Le tango de nos bastringues, avec son déhanchement et son galop, n'est plus qu'une vieillerie à côté des petits pas gracieux et des virevoltes des danseurs parisiens qui dansent en dégustant de la crème Chantilly au lieu de boire le classique genièvre de nos bastringues."

L'hebdomadaire de Buenos Aires, *El Hogar*, reproduisit dans son numéro du 20 décembre 1911 un article de la revue *Femina* éditée à Paris pour les lectrices de la haute société. "Le boston, le double boston, le triple boston étaient il y a quelque temps encore les danses à la mode dans les salons parisiens ; mais cette année on danse le tango argentin tout autant que la valse. L'aristocratie parisienne accueille avec enthousiasme une danse dont le passé plus que louche interdit à la bonne société argentine de prononcer le nom dans ses salons où les danses nationales n'ont jamais été appréciées. (…) Paris, qui impose tout, finira-t-il par faire accepter chez nous le tango argentin ? C'est peu probable, bien que Paris, où les modes sont si capricieuses, s'y efforce. Il est vrai que voir le tango accepté dans sa patrie d'origine ne manquerait pas de piquant."

Les premiers à être surpris par le succès du tango furent les Argentins eux-mêmes. Non sans quelque étonnement, Juan Pablo Echague racontait cette même année : "On ne peut ouvrir une revue ou un journal à Paris, Londres, Berlin et même New York sans qu'on y parle de tango argentin. Partout on trouve des reproductions graphiques de ses pas et de ses figures, des débats sur ses véritables origines (salon ou faubourg), des propos le condamnant, des apologies, des souhaits de bienvenue ou des manifestations d'inquiétude devant cette invasion."

Enthousiaste, l'académicien Jean Richepin prononça un éloge du tango lors d'une réunion publique des immortels tandis que le critique André de Fouquières soulignait dans une conférence : "Le tango est une danse voluptueuse et subtile. Né dans les faubourgs, il s'est épuré dans les salons. Le tango est triste, son rythme caressant et suggestif. (…) Avec le tango, ce sont des souvenirs classiques qui ressuscitent. Nous retrouvons son rythme dans certains verres de myrrhe, dans certaines bacchantes dont les voiles bleus ondoient au vent."

Pendant ce temps, l'ambassadeur argentin à Paris, Enrique Rodríguez Larreta, s'écriait, indigné : "Le tango est, à Buenos Aires, une danse réservée aux maisons mal famées et aux tavernes de la pire espèce. On ne le danse jamais dans les salons de bon goût ni entre personnes distinguées. Pour les oreilles argentines le tango évoque des choses réellement désagréables."

En traversant les Alpes, le tango fit littéralement jaillir des académies de danse sous ses pas. Mais dans l'Italie de 1913, il fallait, pour qu'une femme puisse prendre des cours de danse, l'assentiment du mari. On considérait qu'une dame pouvait compromettre son honneur en apprenant les déhanchements lascifs de la danse du Rio de la Plata. Des discussions avaient lieu à propos de la tenue dans laquelle on devait répéter les pas. Moins libérales que les Françaises, les Italiennes affirmaient qu'à la place de la robe fendue sur le côté pour permettre les mouvements des jambes, on pouvait accepter une petite ouverture sur le devant de la jupe.

Pour certaines couches de la société italienne, le tango était à ce point dangereux – on parlait de catastrophes familiales dues à cette danse diabolique – que l'historien Guglielmo Ferrero, interrogé par un chroniqueur du *Figaro* sur les causes de la Première Guerre mondiale, répondit : "C'est la faute au tango."

La polémique sur le tango n'épargna pas la Grande-Bretagne. *The Times* ouvrit, en 1913, un débat sur les inconvénients et les dangers des danses importées, la première d'entre elles étant le tango. Moins péremptoire, la reine Marie déclara simplement qu'elle n'assisterait à aucune manifestation où l'on danserait le tango, mais qu'elle n'interdisait pas à ses dames de compagnie de s'y rendre. De son côté, la reine Alexandra, après avoir vu un couple de danseurs, déclara qu'elle trouvait le tango gracieux et qu'à l'avenir elle n'éprouverait aucune gêne à le voir danser. Et tandis que la duchesse de Norfolk soutenait que le tango était contraire au caractère anglais et aux idéaux de l'Angleterre, une partie plus frivole de la noblesse britannique ainsi que quelques ambassadeurs, ne voulant pas demeurer en reste, prirent sa défense.

Au Théâtre de la Reine, on organisa une soirée spéciale pour l'aristocratie féminine. Après la représentation, ces dames votèrent. Le résultat, écrit Vicente Rossi, fut nettement favorable au tango. Il y eut 731 voix pour et seulement 21 contre. Puis on organisa des "dîners tango" où se pressait l'avant-garde de l'aristocratie anglaise. L'aristocratie française l'imita, dès les premiers mois de 1914.

Thés tango, couleur tango, robes tango (qui donnaient aux femmes plus d'aisance pour danser), tout ce qui était tango faisait fureur. Chaque journal avait sa page tango et même les académiciens eurent leur querelle des défenseurs et des détracteurs du tango.

Le Kaiser Guillaume II interdit le tango à ses officiers car, selon lui, les figures ne correspondaient pas à la posture nécessaire que devaient observer les militaires prussiens. Cependant, dans un journal de Berlin, parut cet écho que conserva Vicente Rossi : "A la noce de la fille de Friedlander-Fuld, le richissime ami de l'empereur, célébrée la semaine dernière (février 1914), on dansa le tango avec un plaisir évident. Ce mariage est l'événement mondain du mois en raison de l'immense fortune de la mariée et de la condition du marié, fils de lord Redesdale. D'éminentes personnalités assistaient aux réjouissances. Parmi elles la comtesse Schlieffen, première cameriste de l'impératrice allemande, plusieurs membres du cabinet, des gouverneurs des provinces prussiennes, le général Moltke, chef d'état-major, et une demi-douzaine d'ambassadeurs. Nul ne protesta contre le tango, pas même le terrible chef de la police berlinoise, Jagow."

Inquiet, Louis de Bavière ne voulut pas être en reste avec le Kaiser et donna l'ordre d'interdire le tango dans les fêtes où se rendaient ses officiers : "Cette danse, précisait une circulaire confidentielle, est une absurdité, indigne d'être dansée par ceux qui portent l'uniforme militaire." Pourtant, le tango, que la petite noblesse avait vu danser à Paris, à Londres ou dans les villes italiennes, se faufilait dans les fêtes de province. En réalité, les Allemands avaient d'autres chats à fouetter et d'autres raisons de s'inquiéter : un an plus tard, leur armée était bloquée dans les tranchées françaises, ne parvenait pas à percer le front russe et perdait toutes ses possessions en Afrique.

A la fin de la Première Guerre mondiale, le tango avait affirmé sa présence sur l'ensemble du continent européen. Orchestres et chanteurs vivaient enfin de leur métier. Mais le coup d'envoi avait été donné, contre toute attente, avant la déclaration de la guerre.

CRITIQUES, DÉCONVENUES ET CRAINTES

En réalité, elle ne s'était aperçue de rien. Peut-être savait-elle que dans les faubourgs, la populace se divertissait avec une danse qui, disait-on, avait des racines noires ou andalouses, et ressemblait vaguement aux *habaneras* ramenées des Caraïbes et aux *milongas* qu'on entendait encore çà et là autour d'un feu lorsque les chefs de famille se rendaient sur leurs terres et côtoyaient les péons. Mais elle n'y attacha pas d'importance. Cette musique-là n'était pas la sienne. Et lorsque ce produit hybride, né dans les bas-fonds, s'approcha dangereusement d'elle, elle le repoussa. La classe dirigeante, conservatrice, héritière de la sévère morale espagnole et pénétrée du puritanisme victorien qui s'était étendu un peu partout en même temps que l'Empire britannique, ne pouvait voir d'un bon œil cette danse lascive dont chaque figure avait des relents de lupanar. Exhiber ce bâtard comme le produit typique d'une Argentine qui commençait à flirter avec les grandes puissances européennes était de la folie furieuse. Les bonnes manières de la classe dirigeante, son français parfait prononcé sans accent, sa connaissance détaillée de la généalogie des principales familles européennes, son goût raffiné pour la décoration de ses demeures dessinées par des architectes européens et de préférence

italiens, tout cela pouvait être rabaissé au rang d'ornement inutile si cette danse barbare, impropre à être exé-
cutée dans des endroits décents, devenait la musique
représentative du pays.

Le projet libéral des années quatre-vingts avait ima-
giné un pays dont les principales richesses seraient l'agriculture et l'élevage, un pays capable de fournir en matières
premières les îles Britanniques, avec à sa tête des
hommes politiques éclairés, détenteurs d'un pouvoir
suffisamment grand pour contrôler tous les éléments
nécessaires à la construction de la nation nouvelle. Sur le
papier, ce programme épousait parfaitement la vision
d'un monde dans lequel les sciences et les techniques
seraient à l'avant-garde du développement. Un monde
qui – guerres coloniales mises à part – vivait en paix
depuis 1870. Mais quelques impondérables firent voler
en éclats le rêve de la nation moderne et idéale. Comment imaginer, en effet, que le raz de marée migratoire
bouleverserait à ce point les normes sociales de cette
Argentine utopique ? Et qui aurait pu deviner que les
gauchos fuiraient leur campagne et, en s'installant en
bordure des villes, donneraient naissance à une nouvelle
couche sociale, urbaine et déclassée. Nul, en tout cas, ne
pouvait prévoir que le mélange immigrant-faubourien
ferait éclater les limites aseptiques du projet libéral.

Le pays était en pleine ébullition et ceux que l'on
appelait les "gens bien" vivaient à l'heure des nouveautés. L'Argentin de cette époque, qui découvrait la "civilisation", sortait tout juste de terribles guerres civiles et
de conflits frontaliers avec les Indiens (ce qui pour les
Européens relevait de la barbarie la plus absolue), et ne
voulait en aucun cas passer pour un parvenu en exhibant dans les salons européens des divertissements mépri-
sés dans son propre pays. L'absence d'enracinement

profond de tout phénomène dans ce pays encore en pleine transformation engendrait un manque d'assurance bien compréhensible chez ceux qui fréquentaient l'aristocratie européenne et se sentaient en état d'infériorité permanente devant la possibilité d'être perçus comme des rastaquouères enrichis. Et leur malaise était pire encore à la simple mention du tango, cette danse de bordels tolérée par le machisme des hommes mais dont la connotation sexuelle était inacceptable pour toute famille qui se respectait. Danser le tango pouvait à la limite passer pour une de ces folies de jeunesse qu'un jeune homme est autorisé à commettre avant de rentrer dans les rangs du pouvoir et de la bonne société. On ne sera donc pas étonné d'apprendre que les premiers à lancer de violentes diatribes contre le tango furent les Argentins eux-mêmes, dans leur volonté de lui ôter toute transcendance comme phénomène national. Carlos Ibarguren, qui fut candidat aux élections présidentielles de 1916 remportées par Hipólito Yrigoyen et que l'on considérait comme l'idéologue du nationalisme de droite, en arriva à nier tout caractère argentin au tango, le déclarant "un produit bâtard qui n'a ni le parfum sauvage ni le charme naturel de la terre, et possède l'allure sensuelle du faubourg (…). Le tango, ajoutait-il, n'est pas réellement argentin ; c'est un phénomène de faubourg, hybride, métissé, un mélange de *habanera* tropicale et de *milonga* frelatée." De là à en déduire que le faubourg n'était pas l'Argentine et que le métissage discréditait l'identité nationale, il n'y avait qu'un pas que franchissaient aisément les familles du grand monde qui préféraient ne pas entendre parler de métissage et considéraient que toute promiscuité avec les immigrés pouvait mettre leur domination en danger. Leurs craintes étaient fondées : c'est grâce à l'implantation, en 1912, du suffrage universel et secret (les déclarations d'Ibarguren datent de 1917) que Hipólito Yrigoyen fut élu président de la République. Le jeu démocratique avait imposé la loi du nombre, et les couches moyennes avaient désigné le radicalisme pour les représenter. Les préventions à l'endroit des immigrés se révélaient brusquement justifiées : en un tour de main, leurs enfants avaient conquis le pouvoir. On se trouvait bel et bien devant le "phénomène hybride ou métis" que déplorait Ibarguren. Le tango n'était qu'une métaphore pour désigner l'authentique destinataire de son mépris.

Une année auparavant, Leopoldo Lugones avait publié, dans les pages de *El payador*, un texte déjà ancien, édité à l'origine en français, où il définissait le tango comme un "reptile de lupanar" injustement qualifié d'argentin parce qu'il connaissait un succès éhonté. Pour lui, le tango était "destiné à accompagner le déhanchement provocateur, les réticences équivoques de l'étreinte". Des années plus tard, Lugones, scandalisé par les façons peu aristocratiques de la classe moyenne au pouvoir et fasciné par l'autoritarisme fasciste, déclara que "l'heure de l'épée avait sonné". Et bien que dans sa jeunesse il ait participé aux premières manifestations du socialisme argentin, il devint l'idéologue du soulèvement corporatiste du général José Felix Uriburu qui, le 6 septembre 1930, inaugura l'ère des coups d'Etat militaires. Paradoxalement, quelques années seulement après les textes d'Ibarguren et de Lugones, un écrivain de gauche comme Leónidas Barletta redoublait de critiques contre le tango au nom du puritanisme stalinien : "Le tango est une jérémiade pour efféminés, le réveil tardif d'une femme inconsciente de sa féminité. C'est la musique de quelques dégénérés qui refusent de porter des vêtements de prolétaires et dont les compagnes à la chevelure graisseuse quittent l'usine pour entrer au bordel… Le tango est malsain. La sensualité qui prévaut en lui est celle de l'inhibition, de la timidité et de la peur. Dans d'autres pays, la musique est franchement sensuelle, ingénieusement sexuelle. La sensualité du tango est factice et artificielle."

Un écrivain catholique, Manuel Gálvez, décrivait en 1923, dans son roman *Historia de arrabal* (Histoire du faubourg), le tango comme "une musique sensuelle, canaille, faubourienne, un mélange d'insolence et de bassesse, de rigidité et de volupté, de tristesse séculaire et de joie vulgaire telles qu'on les trouve dans les maisons closes, une musique qui parle la langue des passions et des ruffians, qui fait penser à des scènes de mauvaise vie se déroulant dans des bas-fonds peuplés de silhouettes criminelles".

Mais tandis qu'il affrontait, sur sa droite comme sur sa gauche, des critiques assassines, tandis qu'on l'accusait d'être un produit hybride, étranger à notre identité, tandis qu'on le craignait parce qu'il faisait entrer le stupre dans les familles, le tango poursuivait son bonhomme de chemin. Et les Argentins qui s'identifiaient à lui étaient de plus en plus nombreux.

ROBERTO FIRPO – L'ARMENONVILLE

De retour de Paris, sur le point d'être définitivement accepté par les familles dites décentes, le tango eut besoin d'être installé dans des lieux où il serait possible de le danser au grand jour et sans nécessité de s'acoquiner avec la plèbe. L'aristocratie était fatiguée de disputer ses prostituées au public faubourien et la femme entretenue était la parure indispensable, le signe de richesse des messieurs de la haute société. Les temps qui s'approchaient présageaient des bouleversements sociaux et il devenait prudent de définir des normes de conduite afin d'éviter des confusions. Les bagarres de faubourg, qui avaient été pur divertissement de fils à papa capricieux, pouvaient devenir dangereuses si le pouvoir tombait en d'autres mains. La vie de village tendait à disparaître et il était indispensable pour l'oligarchie de définir le cadre et les limites de son action.

Jusqu'alors, il ne lui avait pas été nécessaire de souligner ses prérogatives parce qu'elle exerçait une action exclusive dans des domaines précis : hautes fonctions ministérielles, professions libérales, direction de la presse, commandement de l'armée, conseils d'administration des principales entreprises qui commençaient à surgir. La Société rurale, la Bourse du Commerce, le club du Progrès et le Jockey Club étaient des terrains strictement réservés. Mais, en 1912, eurent lieu les premières élections au suffrage universel et secret (loi Saénz Peña) grâce auquel les députés radicaux firent pour la première fois leur entrée à la Chambre des députés. Jusqu'à ce jour, pour le régime, la présence d'un ou deux socialistes, comme Alfredo Palacios, élu en 1904, relevait plus de l'anecdote pittoresque que du problème politique. Mieux : elle servait à prouver la flexibilité et la permissivité du système. Mais le radicalisme était un tout autre phénomène, et la classe dominante le comprit immédiatement. Hipólito Yrigoyen, qu'elle avait surnommé non sans mépris "le Poilu", était un leader authentiquement populaire, un homme fait pour diriger les masses. Le système en place depuis 1853 était à l'agonie et l'élite avait besoin d'affirmer sa différence avant que n'importe qui puisse devenir ministre, sénateur, député, entrer à l'université ou dans l'armée. Les immigrés, enrichis, pouvaient devenir d'un jour à l'autre hommes d'affaires, éleveurs, banquiers, et les clubs privés ne manqueraient pas de se laisser hypnotiser par l'argent. Il fallait protéger son propre terrain.

Alors que dans le monde la Belle Epoque touchait à sa fin et qu'en Argentine le régime conservateur vacillait, le cabaret naquit comme un privilège de classe ; bien évidemment, il ne pouvait que ressembler au cabaret parisien.

Pour Blas Matamoro, "le cabaret est la version publique et bien élevée de l'ancien bordel. La piste de danse s'est transformée en un salon voûté, luxueux, illuminé, décoré à la mode européenne. Les anciens patrons ont revêtu le smoking et parlent français. Le Pernod et le vin rouge ont détrôné le champagne. La *china* et la *lora* ont des allures de Parisiennes. La garçonnière a remplacé les chambres ou les salons dissimulés à l'arrière et le salon où autrefois on flirtait a été divisé, à l'étage, en boudoirs privés."

Le premier cabaret, situé sur l'actuelle place Grand-Bourg, était un vaste jardin entouré de pavillons en forme de kiosques, de gloriettes et de haies. On pouvait s'y restaurer en plein air car il n'ouvrait qu'en été. Les salons privés se trouvaient à l'étage des pavillons. Au fond, un chalet de style européen, avec de larges baies vitrées. C'est là qu'un soir se produisirent un petit homme rond et un Uruguayen : José Razzano et Carlos Gardel. La légende veut que ce soir-là ils aient interprété des thèmes champêtres : *El Pangaré* (Le Cheval bai), *La Pastora* (La Bergère) et *El Moro* (Le Maure). Lorsqu'on écoute aujourd'hui les vieux enregistrements du célèbre duo, on comprend, en dépit des grésillements, que de telles voix ne pouvaient demeurer dans l'ombre.

Les propriétaires de l'Armenonville décidèrent, en 1913, de recruter sur concours un nouvel orchestre de tango. Le jury devait être composé des habitués du cabaret qui se prononceraient par un vote. Trios et quatuors posèrent leur candidature et parmi eux les formations de Juan Maglio et de Tano Genaro. Le vainqueur fut un outsider, un garçon né en 1884 dans le quartier de Las Flores : Roberto Firpo. Ce jeune pianiste remporta à lui tout seul un succès tel que non seulement plusieurs interprètes ne purent dissimuler leur mauvaise humeur mais l'un des guitaristes de l'orchestre de Genaro, dont Firpo était membre, en guise de félicitations lui plongea son poignard dans le ventre. Le vainqueur dut être transporté à l'hôpital.

Ce concours, sans doute organisé comme une distraction supplémentaire pour la clientèle, fut cependant historique car il ratifia la reconnaissance du piano comme instrument principal de l'orchestre, inaugura l'époque du tango de cabaret et fut le point de départ de ce qu'on appelle encore de nos jours "l'orchestre typique".

Ce singulier concours encouragea Roberto Firpo à former, quelques jours plus tard, son propre ensemble : un trio avec Tito Rocatagliatta au violon et Eduardo Arolas au bandonéon.

A l'Armenonville, le trio connut un tel succès que la firme Max Glucksmann lui proposa un contrat d'enregistrement pour la marque argentine *Odeón-Nacional*.

Avant de se consacrer à la musique, Firpo avait exercé un nombre incalculable de métiers, depuis ouvrier dans une fonderie (celle qui donna le coup d'envoi aux événements de la Semaine tragique*, en janvier 1919), magasinier, maçon, employé des douanes, et apprenti dans une usine de chaussures. Ce n'était cependant ni un improvisateur ni un nouveau venu dans le monde du tango. Un de ses camarades de travail, "Bachicha" Deambroggio, qui se distingua quelques années plus tard comme chef d'orchestre à Paris, l'invita à suivre les cours de piano d'Alfredo Bevilacqua, auteur du tango *Independencia*. Bevilacqua devint son professeur et deux ans plus tard, Firpo se produisait dans les lupanars et les cafés en bordure du fleuve. Puis il travailla chez Marie la Basque, chez Laura et quelquefois même chez Handsen.

Une fois installé à l'Armenonville, Firpo put donner toute la mesure de sa personnalité. Enrique Cadícamo écrit, à propos de la technique de Roberto Firpo, que celui-ci "décorait la mélodie qu'il jouait de la main droite par un accompagnement de la main gauche qui consistait à effectuer, à partir des notes graves, une échelle chromatique en octaves imitant le son grave caractéristique de la guitare".

En 1914, son triomphe comme pianiste et directeur d'orchestre assuré, il intégra à son ensemble un violon et une flûte, instrument déjà presque oublié, ce qui lui permit d'équilibrer le son du piano, un peu trop lourd pour l'interprétation de tangos au rythme piqué. Puis Firpo engagea le contrebassiste Leopoldo Thompson, qui inventa une série d'effets que les orchestres typiques adoptèrent d'emblée, tels que le *canyengue* [1] qui consistait à frapper de l'archet et du plat de la main sur les cordes de l'instrument.

C'est à l'Armenonville (l'Armenon pour les habitués) que Firpo joua pour la première fois *Alma de bohemio* (Une âme de bohémien), son tango le plus célèbre, écrit pour la pièce de théâtre de Florencio Parravicini portant le même nom et dans laquelle l'acteur, devenu dramaturge, prétendait raconter sa vie en se moquant de ses aventures de bon vivant, de joueur et d'enfant

---

1. *Canyengue* est un vocable polysémique, à l'étymologie complexe, et qui proviendrait, selon José Gobello, du croisement de deux africanismes : *candombé* et *yongo*. Eduardo Stilman soutient que le mot signifie "diminué" ou "paresseux" dans une des langues africaines des esclaves conduits jusqu'au Rio de la Plata. Il suppose que son application au rythme du tango peut être due à la chorégraphie des débuts : "Le danseur montrait sa virtuosité en affectant l'indolence ou le dégoût." Pour Rolando Laguarda Trías, le mot vient de *ngenge* qui en langue quimbungo signifie "inutile", et du préfixe *ka*. Au début du siècle, *canyengue* avait le sens de "marginal", "faubourien", "de basse extraction sociale". On peut, sans trop extrapoler, voir dans cette acception un vieux préjugé voulant que les couches les plus basses de la société engendrent des individus paresseux et inutiles. Que les protagonistes aient fini par accepter et assumer le sens du mot ne l'empêche pas d'être le reflet d'une discrimination. Par extension le mot *canyengue* signifia danser le tango comme on le dansait dans les bordels. La bonne société lui ayant ôté son allure canaille, elle le dansait sans déhanchements ni assises et on ne se permettait d'exécuter ces fioritures provocantes qu'en l'absence des dames et pour plaisanter. Pour la traduction française, on a choisi de traduire *canyengue* par canaille.

gâté, capable de dépenser plusieurs fortunes en quelques jours, au point d'avoir dû, lors d'un séjour en Europe où il avait gaspillé l'héritage considérable qu'il venait de recevoir, demander son rapatriement à l'ambassade d'Argentine.

On dit qu'un soir, Firpo interpréta trois nouveaux tangos : *Sentimiento criollo* (Sentiment créole), *La Marejada* (La Marée montante) et *De pura cepa* (De pure souche), dans lesquels se dessinait déjà la touche sentimentale qui devait caractériser toute son œuvre et que l'on retrouve en particulier dans *El Apronte* (Galop d'essai), *El Amanecer* (L'Aube), *El Solitario* (L'Esseulé), et *Fuegos artificiales* (Feux d'artifice), ce dernier en collaboration avec Eduardo Arolas.

Pour la petite histoire, on peut ajouter que lors d'une tournée à Montevideo, un jeune garçon un peu timide remit à Roberto Firpo la partition d'un tango qui ne lui sembla pas très bon mais qu'il joua cependant pour donner un coup de main au jeune compositeur, Gerardo Mattos Rodríguez. Le tango s'appelait *La Cumparsita* et le soir où il l'inaugura, il dut le jouer plusieurs fois de suite tant le succès fut immense. Roberto Firpo possédait, en tout cas, une grande intuition pour choisir ses musiciens. Parmi ceux qui débutèrent dans son orchestre, citons Eduardo Arolas, Osvaldo Fresedo, Pedro Maffia et Cayetano Puglisi.

Roberto Firpo devint le chef d'orchestre attitré de l'Armenonville, en même temps qu'il se produisait au Palais des Glaces et au Royal Pigall. Musicien préféré de la bonne société, il lui avait fait cadeau de l'instrument bourgeois par excellence : le piano. C'était en quelque sorte une façon de lui faire accepter le tango. Firpo répondit à ce que la classe dirigeante attendait de lui : il dépouilla les plus vieux morceaux de leur rythme *canyengue*, composa des thèmes plus sentimentaux et mieux appropriés aux goûts de ce nouveau public beaucoup plus attentif et plus exigeant que celui des anciennes maisons closes. Un public qui, parce qu'il payait très cher, exigeait beaucoup, ce qui conduisit sans doute les orchestres à rechercher de nouveaux instrumentistes et à former des sextuors, précurseurs des "orchestres typiques", ainsi que les baptisa Francisco Canaro lors des festivités du carnaval de 1917 à Rosario. A partir de cette date, le sextuor devint la formation la plus habituelle, jusqu'à l'apparition, dans les années quarante, d'orchestres de onze musiciens.

Dans les cabarets, les musiciens étrennaient leurs nouveaux costumes de scène, coupés à la perfection, impeccables, tels qu'on peut les voir sur les photographies des orchestres de Roberto Firpo, Francisco Canaro, Fresedo ou Julio De Caro. Le musicien avait cessé d'être un individu marginal pour devenir un monsieur cultivé à qui il était permis de fréquenter les grands de ce monde. "Une tenue correcte – *smoking* sombre, chemise, faux col, nœud papillon – ainsi que la conduite exemplaire des musiciens consolida le prestige du tango dans les milieux raffinés où existait encore quelque méfiance justifiée", expliquait, non sans fierté, Alberto Sierra. Et Julio De Caro alla jusqu'à rappeler dans ses mémoires que ses aïeux paternels et maternels appartenaient à une branche de la noblesse napolitaine. Il ne s'apercevait pas que sa condition d'immigré et sa profession l'empêcheraient à jamais d'être l'égal de ceux qui l'engageaient pour égayer leurs fêtes.

Produits d'une nécessité historique, du moins pour la classe dominante au pouvoir, les cabarets se multiplièrent rapidement : l'Armenonville fut suivi des Ambassadeurs, avenue Figueroa-Alcorta, puis d'autres endroits dans le centre de Buenos Aires, ouverts non seulement l'été comme les deux premiers, mais toute l'année : le Royal Pigall, l'Abbaye, Maxim, le Moulin rouge, Chanteclair, Julien et l'Abdulla Club (d'après Julio De Caro, ce dernier, situé dans les sous-sols de la galerie Güemes, était la réplique exacte d'un théâtre avec "ses galeries, ses tentures superbes, son balcon pour l'orchestre et son foyer des artistes").

Passer du bordel au cabaret signifia aussi pour le tango changer de répertoire. Il n'était plus question de personnages faubouriens ou de clients de lupanars, mais de "gens de la haute". "On dédie des pièces à ces messieurs de la grande bourgeoisie, écrit Blas Matamoro : *De pura cepa* (De pure souche) à Jorge Newberry ; *Pido la palabra* (Je demande la parole) à Horacio Oyhanarte ; *Argañaraz, El Ingeniero* (L'Ingénieur), *Don Esteban, Pirovano, Maderito, Urquiza, Pueyrredón, Wilson, Los Guevara, Pachequito* portent tous le nom de leur destinataire. D'autres titres de l'époque montrent que le ton obscène du début du siècle a disparu et que l'on est entré dans l'ère du sentimentalisme inoffensif : *Por el buen camino* (Le Droit Chemin), *Marron glacé, Muchas gracias* (Merci beaucoup), *Lagrimas* (Larmes), *La Trilla* (La Trille), *La Ultima Cita* (Le Dernier Rendez-Vous), *La Biblioteca* (La Bibliothèque), *El Periodista* (Le Journaliste), *Honda tristeza* (Tristesse profonde), *Los Creadores* (Les Créateurs), *Ave sin rumbo* (Oiseau perdu)."

Blas Matamoro ajoute qu'Agustín Bardi écrivait des partitions ayant pour thème des scènes champêtres "afin de satisfaire un public composé en grande partie d'éleveurs et de propriétaires terriens", et il cite comme exemple *Se han sentado las carretas* (Les charrettes sont arrêtées), *El Baqueano* (L'Homme du pays), *El Cuatrero* (Le Voleur de bestiaux).

166

A partir du moment où il devint habituel d'écrire des paroles, les thèmes champêtres, sortes de gravures de la pampa humide, se mirent à décrire des scènes bucoliques que l'on situait en général sur les terres de l'oligarchie foncière. Ainsi, José González Castillo, fortement influencé par le poème de Leopoldo Lugones *Salmo pluvial* (Psaume pour la pluie), écrivit *El Aguacero* (L'Ondée) :

Como si fuera renegando el destino
de trenzar leguas y leguas sobre la triste extensión,
va la carreta rechinando en el camino
que parece abrirse al paso de su blanco cascarón.
Cuando chilla la osamenta
señal que viene tormenta !
Un soplo fresco va rizando los potreros
y hacen bulla los horneros
anunciando el chaparrón.

Se ha desatado de repente la tormenta
y es la lluvia una cortina
tendida en la inmensidad
mientras los bueyes en la senda polvorienta
dan soplidos de contento, como con ganas de andar !
Bienhaiga el canto del tero
que saluda al aguacero !
Ya no es tan triste la tristeza del camino
y en el pértigo el boyero tiene ganas de cantar.

Comme si elle reniait son destin
qui est de rouler sans repos dans la plaine triste,
la charrette grince sur le chemin
qui semble s'ouvrir devant sa blanche écorce.
Comme son ossature gémit
à l'approche de l'orage !

Un vent frais ondule les champs,
les fourniers se mettent à piailler
annonçant l'ondée.

La tourmente soudain a éclaté
et la pluie s'abat comme un rideau
tendu sur l'immensité
tandis que les bœufs sur le sentier poussiéreux
mugissent de bonheur, contents d'avancer.
Qu'il est beau le chant du *tero*
qui salue la venue de l'ondée !
La tristesse du chemin n'est plus aussi triste
et sur le timon, le bouvier a envie de chanter.

Mentionnons également *Por el camino* (Sur la route)
dont la musique appartient à José Bohr :

A los chirridos del rodar del carretón
y que despiertan al guardian chajá *,
el alma en pena del boyero va
rumbo a los pagos por el cañadón.

Accompagnant les grincements de la charrette
qui au passage réveillent le *chajá*,
l'âme en peine du bouvier dans le ravin
s'avance vers le village.

LE CABARET ALVÉARISTE :
JULIO DE CARO ET OSVALDO FRESEDO

Dans le roman de Manuel Gálvez, *Nacha Regules*, on peut lire ceci : "Au cabaret, le libertinage bruyant voisine avec la curiosité. Le cabaret portègne est un bal public : une salle, des tables où boire un verre et un orchestre. La clientèle se compose de jeunes gens de la bonne société, de leurs petites amies, de curieux et de quelques filles qui viennent seules. On n'y danse que le tango qui, au son d'un orchestre typique, recrée, entre champagne et *smokings*, l'âme des faubourgs."

La deuxième époque du cabaret coïncide avec la naissance d'une ville sociologiquement nouvelle. La classe récemment arrivée au pouvoir avec Hipólito Yrigoyen s'est affirmée comme classe gouvernante et a donné naissance à un important noyau de hauts fonctionnaires et de magistrats qui s'efforcent de ressembler le plus possible à leurs prédécesseurs. Certains iront même jusqu'à renier le populisme du président et se sentiront plus à leur aise lors de l'arrivée à la Maison-Rose* de Marcelo Torcuato de Alvear, représentant typique de l'aristocratie argentine, petit-fils d'un héros de l'Indépendance, fils d'un célèbre maire de Buenos Aires et leader de la fraction antipersonnaliste du radicalisme : il se montrera un dirigeant conservateur, aussi bien dans son programme de gouvernement que dans le choix de ses ministres. La période de prospérité qui suivit la Première Guerre mondiale, due en grande partie à la montée des prix des produits agro-alimentaires argentins sur le marché mondial, lui permit d'administrer un pays prospère et sans conflits sociaux graves. La Semaine tragique, en janvier 1919, et les massacres perpétrés en Patagonie en 1922 ne se renouvelèrent pas durant son mandat.

Avec Alvear, homme élégant, l'oligarchie se sentait désinvolte alors que devant Hipólito Yrigoyen elle avait toujours été mal à l'aise. Incapable de séduire les masses populaires ou de rallier de ferventes et massives adhésions autour de sa personne, Alvear ne représentait pas un danger pour l'oligarchie : il était son pair.

Le nouveau produit social qui gouvernait avec Alvear se situait à un échelon à peine au-dessous de l'aristocratie, copiait ses bonnes mœurs et ses bonnes manières, était un grand amateur de tango et un assidu des cabarets. C'est pour lui que le cabaret des années vingt fit appel à des musiciens d'un genre nouveau, qui n'avaient pas connu les bordels et dont la tenue tendait à mimétiser celle de la société pour laquelle ils jouaient. Ils avaient fait des études, fréquenté les conservatoires et allaient doter le tango de grandes richesses musicales.

Deux noms sont essentiels : Julio De Caro et Osvaldo Fresedo. Le premier est obligatoirement associé aux années vingt, à la période où une vigoureuse polémique littéraire opposait Florida* et Boedo*, à la visite des princes de la couronne italienne et de la couronne britannique, Umberto de Savoie et Edouard de Windsor ; à l'arrivée du *Plus Ultra*, le premier avion à avoir établi la liaison entre l'Espagne et le Rio de la Plata ; au combat Firpo-Dempsey lors du championnat mondial de boxe toutes catégories, et à la première tournée en Europe d'une équipe de football argentine, en 1925, Boca Juniors.

C'est aussi à cette époque que Jorge Luis Borges publia son premier livre, *Fervor de Buenos Aires* ; et tandis que l'incrédulité grandissait devant la montée du fascisme en Italie, on se passionnait pour les films de Charles Chaplin, de Rudolf Valentino ou de Theda Barda. Dans le domaine du tango, le nom de Julio De Caro était – de même que celui de Carlos Gardel – synonyme de nouveauté et de changement. Les mélodies de De Caro, dépouillées de toute référence aux maisons closes, adaptées aux salons chic, fondèrent, avec leur rythme plus calme, une ligne qui, d'Aníbal Troilo à Osvaldo Pugliese et Horacio Salgán, est encore vivante aujourd'hui et que l'histoire a baptisée la Nouvelle Garde.

Le sextuor de De Caro, créé en 1924 par Julio et son frère Emilio aux violons, Pedro Maffia et Luis Petrucelli aux bandonéons, Francisco De Caro au piano et Leopoldo Thomson à la contrebasse, fit ses débuts au café Colón, à l'angle de l'avenue de Mayo et de l'avenue Bernardo de Yrigoyen. Il devint rapidement le numéro vedette du Vogue's Club au Palais des Glaces. Luis Alberto Sierra signale qu'à la création de l'orchestre "on remarquait nettement l'influence et le tempérament posé du bandonéoniste Pedro Maffia, qui affectionnait les nuances en filigrane et les effets pianistiques, et avait déjà cette tendance à lier les sons entre eux qui marqua toute son admirable carrière professionnelle". Sierra poursuit : "L'orchestre de Julio De Caro signifia une véritable révolution dans la façon d'interpréter le tango. Il incorporait les ressources de la technique musicale, particulièrement en matière d'harmonie et de contrepoint, sans abandonner sa personnalité rythmique et mélodique (…). L'accompagnement harmonique du piano, les phrasés et les variations des bandonéons, les contre-chants du violon qui tissaient des mélodies contrastant agréablement avec le thème central, ainsi que les solos de piano et de bandonéon joués avec une richesse harmonique et sonore jusque-là inconnues, furent un des apports les plus significatifs de ces innovateurs à l'interprétation du tango. Il faut aussi ajouter un jeu rythmique dans lequel on percevait, en toile de fond, les accentuations irrégulières de chaque groupe d'instruments lorsque les violons ou les bandonéons étaient au premier plan."

Matamoro est plus explicite encore sur les particularités musicales de ce véritable fondateur du tango d'aujourd'hui, au point que lorsqu'on se réfère aux règles établies par De Caro, on parle de "musique de Buenos Aires", par reconnaissance envers celui qui a transgressé la frontière entre le tango et une autre espèce sonore. L'auteur de *Ciudad de tango* (La Ville du tango) écrit : "Sur le plan structurel, De Caro est essentiellement polyphonique, au contraire de Fresedo qui est architectural et bâti pour le chant. Sauf lorsqu'il aborde des romances, c'est-à-dire des pièces qu'on ne peut danser et qui sont peu rythmiques, ses phrases sont soutenues dialectiquement par la section rythmique qui est, de ce fait, non plus rythme en soi mais rythme pour la phrase. Il utilise normalement les deux méthodes polyphoniques par excellence : la polyphonie proprement dite (le parallélisme des voix) et le contrepoint (l'alternance des voix). Bien qu'il n'ait jamais utilisé la fugue, tout simplement parce qu'elle est incompatible avec une musique ayant une base rythmique fixe comme c'est le cas pour le tango, on peut dire cependant que son style est essentiellement polyphonique et le rattacher à l'école possédant la plus riche tradition musicale de l'Occident. La polyphonie s'obtient, dans les sextuors typiques, en fonction de l'importance et de l'indépendance données à chaque instrument, indiquées toutes deux sur la partition. Ainsi, le tango devient, dans le domaine de la stricte technique musicale, une pièce générique, une composition musicale écrite. La distance polyphonique entre les instruments s'obtient par des solos mélodiques de bandonéons alors que les violons jouent en sourdine ou, inversement, en faisant jouer la mélodie sur les violons qui s'appuient alors sur les variations rythmiques des bandonéons. La contrebasse appuie la base formelle. Le piano joue en soliste : il est chargé des enchaînements et des ouvertures et même des variations, et dans ce cas il remplace l'orchestre. La biphonie peut éventuellement exister entre un solo de violon et le piano (dans *Olimpia* ou dans *Sueño azul* par exemple). Une polyphonie secondaire conduit le violon le plus grave à jouer la mélodie, et le plus aigu le contre-chant harmonique. De même pour les solos de bandonéons, lorsque l'un joue la mélodie et l'autre le soutient par des accords secs ou des coups frappés sur les bords en bois de l'instrument. Les sonorités secondaires enrichissent le timbre de l'ensemble : le frottement de l'archet sur les cordes du violon ou de la basse, les sifflements à deux ou trois voix, les sons vocaux – mugissements, refrains en chœur –, les passages à *bocca chiusa-pizzicati*, le violon pincé à la manière d'une guitare – déjà utilisé par Ferrazzano et Rocatagliatta –, et l'adjonction d'un cornet au violon afin d'augmenter son volume – le violon cornette déjà utilisé par José Bonnano dans l'orchestre de Maglio –, ce qui rapproche plus encore le son de l'instrument de la voix humaine car il le rend nasal. Le contrepoint est strict lui aussi. L'autonomie de chaque instrument est protégée non seulement par la partition mais aussi par la personnalité de chaque timbre. Les timbres dialoguent de même que les voix. Entre eux, l'espace polyphonique est rehaussé parce que l'on a l'impression d'entendre un grand volume sonore obtenu avec un minimum d'instruments. Enfin, la gamme des timbres serait, dans l'ordre : la contrebasse, les bandonéons et la main gauche du pianiste : incisifs et harmoniques ; la main droite du pianiste et les violons : mélodiques et liés.

"Les variations sont, du point de vue de la polyphonie, plus difficiles. Les phrases des variations les plus caractéristiques sont celles des bandonéons, qui commentent en croches et demi-croches la variation mélodique. Les variations du violon sont un contre-chant, c'est-à-dire une mélodie venant comme un second couplet sur les points clés du premier."

Julio De Caro était né à Buenos Aires en décembre 1899. Son père, professeur au conservatoire de Milan, avait fondé son propre conservatoire de musique en s'installant en Argentine. Le jeune Julio commença très tôt des études de violon et à treize ans, écrit-il dans son livre *El Tango en mis recuerdos* (Dans mes souvenirs : le tango), il gagnait déjà sa vie comme professeur de solfège et de violon. Il éprouva très tôt, de même que son frère Francisco, une grande attirance pour le tango, ce qui lui valut d'être chassé par son père qui le désapprouvait. Il fut engagé comme remplaçant dans l'orchestre d'Eduardo Arolas, lequel l'avait entendu jouer – clandestinement – avec Firpo. Plus tard, il fonda un quatuor avec Maffia, Rosito et Rizzutti avant d'être engagé dans l'orchestre d'Osvaldo Fresedo ; il s'établit ensuite à Montevideo où il travailla avec l'orchestre de Minotte-De Cicco. A son retour il choisit la formation de Juan Carlos Cobián puis, après une dispute avec l'auteur de *Los Mareados* (Les Ivrognes), il décida de former son propre groupe.

En tant que compositeur, Julio De Caro écrivit une œuvre abondante qui s'inscrit dans la lignée de celles d'Eduardo Arolas et de Juan Carlos Cobián. La richesse mélodique va de pair avec un rythme dansant qui, bien que de salon, se souvient du passé et de l'origine faubourienne du tango.

Les compositions et les interprétations de De Caro montrent qu'il n'accordait qu'une faible importance à la partie chantée. Son répertoire comprenait pour l'essentiel des tangos chantés mais il n'en jouait généralement que les versions instrumentales. Les paroles de *Mala Junta* (Les Mauvaises Fréquentations) sont de Juan Valich ; celles de *Boedo* sont de Dante Linyera. *El Monito* (Le Petit Singe) et *Buen amigo* (Un bon ami) ont été écrites par Carlos Marambio Catán ; *Tierra querida* (Terre chérie) par Luis Díaz, *El Arranque* (Le Démarrage) et *El Mareo* (La Cuite) sont de Mario César Gomila. Cependant De Caro, le plus souvent, les ignorait. Parmi ses compositions qui restèrent sans paroles, citons *Chiclana* (Rue Chiclana), *La Rayuela* (La Marelle), *Orgullo criollo* (Fierté créole) écrit en collaboration avec Pedro Laurenz, et *Mala pinta* (Mauvaise allure) dont son frère Francisco est coauteur.

Francisco De Caro mérite qu'on lui consacre un paragraphe à part. Son piano fut, dans les années vingt, le symbole du tango de cabaret, et en tant que compositeur il nous a laissé quelques-uns des plus beaux tangos parmi lesquels *Flores negras* (Fleurs noires), *Sueño azul* (Rêve bleu), *Paginas muertas* (Pages mortes), *Dos lunares* (Deux grains de beauté) et *Latidos* (Battements de cœur).

L'autre orchestre qui symbolisa le cabaret de l'époque d'Alvear est celui que dirigea Osvaldo Fresedo, surnommé *El Pibe de la Paternal* (le Môme de la Paternal). Né à Buenos Aires en 1897, il apprit les premiers rudiments de la musique avec sa mère qui était professeur de piano. Il étudia dans plusieurs petits conservatoires et commença à jouer en 1912 dans un trio de jeunes. Trois ans plus tard, en 1916, il se produisait au Montmartre. Cette même année, Hipólito Yrigoyen formait son gouvernement, ce qui devait être riche en conséquences musicales puisque, nous l'avons déjà vu, la seconde génération du tango naquit avec le radicalisme au pouvoir. Francisco Canaro et José Martínez accompagnèrent les débuts d'Osvaldo Fresedo. En 1918, après avoir joué en duo avec le bandonéoniste Vicente Loduca, il créa son premier ensemble avec Julio De Caro et Rafael Rinaldi aux violons, Jose María Rizzutti au piano et Hugo Baralis à la contrebasse. Un an plus tard Fresedo se rendit aux Etats-Unis où il enregistra plusieurs disques avec le pianiste Enrique Delfino et le violoniste Tito Rocatagliatta. Influencé par le *Jazz band* qui à l'époque faisait fureur, il écrivit *New York*, le premier d'une longue liste de tangos qui comprend *Vida mía* (Ma chérie), *Pamperos* (Les Vents de la pampa), *El Once*, *El Espiante* (La Cavale), *Pimienta* (Poivre), *De academia* (De l'académie).

Sierra écrit : "Fresedo inventa des effets tout à fait remarquables comme les staccatos pianissimo et les crescendos s'enchaînant en une gamme constante aux couleurs variées. Il permit aux instrumentistes de mieux montrer leurs dons personnels en incorporant des solos de piano à huit mesures et en permettant aux contre-chants de violon (appelés à tort «harmonies») une plus grande autonomie d'expression. En même temps, il perfectionna sur son bandonéon ses phrasés très personnels de la main gauche. Et le tout à l'intérieur d'une conception de l'orchestre raffinée, de bon goût et parfaitement harmonieuse."

Une autre innovation de Fresedo fut d'ajouter aux instruments traditionnels de l'orchestre typique, une harpe, un vibraphone (qui personnalisa tous ses arrangements postérieurs à 1940) et des instruments à percussion dont une batterie qui reprenait à son compte le rôle rythmique du piano, lequel pouvait alors avoir d'autres fonctions dans l'orchestre.

Fresedo est peut-être le seul qui a su rester à l'avant-garde et évoluer en même temps que le tango lui-même. Enfant chéri de l'oligarchie dans les années vingt, il sut se renouveler et son succès, intact après 1930, devint massif dans les années quarante. Fresedo, en outre, savait choisir ses chanteurs : d'abord Teófilo Ibáñez, Agustín Magaldi, Ernesto Famá puis Roberto Ray qui apporta un timbre et un accent personnels parfaitement en harmonie avec le style de Fresedo. Ricardo Ruiz, Oscar Serpa, Carlos Mayel, Osvaldo Cordo et plus tard Héctor Pacheco apportèrent aussi leur talent à l'orchestre. Le répertoire, principalement composé de pièces instrumentales, comportait cependant des textes de grande qualité : utilisant l'argot mais sans démesure, ils racontaient des histoires sentimentales sur un ton romantique permettant de concurrencer le boléro, genre de plus en plus prisé au début des années quarante. En outre, Fresedo savait inclure dans son répertoire de tout nouveaux tangos à la mélodie et aux paroles particulièrement brillantes : *Ronda de ases* (La Ronde des as), *Cafetín de Buenos Aires* (Vieux bistrot de Buenos Aires), *Discépolín*, *Sosteniendo recuerdos* (Pour garder des souvenirs), *Cuando cuentes la historia de tu vida* (Quand tu raconteras l'histoire de ta vie), *Maleza* (Mauvaise herbe), qui venaient s'ajouter à ceux des années vingt remis au goût et à l'orchestration du jour. Fresedo fut l'un des premiers à jouer des pièces d'avant-garde, entre autres celles d'Astor Piazzolla, alors que ses collègues grinçaient des dents en entendant le nom de l'auteur de *Adios Nonino*.

Le Môme de la Paternal continua de se produire jusqu'en 1981, date à laquelle il fit ses adieux à la scène. Il s'éteignit à Buenos Aires, en novembre 1984.

GRISETTES ET *MILONGUITAS*

Lorsque ces messieurs de la haute société cessèrent de fréquenter les maisons closes, à la mode jusqu'au début du siècle, pour se consacrer à l'entretien de leurs maîtresses, l'écologie de la prostitution se transforma. La nouvelle classe dirigeante céda aux pressions du pouvoir et imita celle qui l'avait précédée. Des noms inconnus dans les milieux de l'aristocratie surgirent soudain et, bien que surveillés et considérés avec méfiance en raison de leur militantisme radical, ils se mêlèrent rapidement à la couche sociale qui avait dirigé le pays pendant plus d'un siècle. Installer une Française dans sa garçonnière (le nid qu'avait arrangé Maple dans *A media luz*) était du meilleur goût, encore qu'une jeune Argentine fît aisément l'affaire. Comme la petite midinette d'Evaristo Carriego qui avait mal tourné et dont Nicolas Olivari brossa un portrait plus réaliste :

La costurerita que dio el mal paso / y lo peor de todo sin necesidad. / Bueno, lo cierto del caso, / es que no se la pasa del todo mal. / Tiene un pisito en un barrio apartado, / un collar de perlas y un cucurucho / de bombones ; la saluda el encargado, / y ese viejo, por cierto, no la molesta mucho. / Pobre costurerita que dio el paso malvado !... / Pobre si no lo daba, que aún estaría / si no tísica del todo, poco le faltaría. / Riete de los sermones de las solteras viejas : / en la vida, mucha-cha, no sirven esas consejas, porque… ¡ piensa !… ¡ si te hubieras quedado !…

(La midinette qui a mal tourné / et le pire de tout, sans nécessité. / A vrai dire, elle ne va pas si mal. / Elle a une turne dans un quartier discret / un collier de perles et un sachet / de bonbons ; le concierge la res-pecte, / et le vieux ne la dérange guère. / Petite midinette qui as mal tourné !… / Mais que serais-tu devenue, sans cela, où serais-tu ? / Morte de froid, poitrinaire… / Moque-toi des sermons des rombières : / dans la vie, ma fille, leurs conseils ne servent à rien, pense un peu… si tu les avais écoutées !…)

Dans les années vingt, la femme entretenue et instal-lée dans un appartement n'est pas forcément la "fille de cabaret" telle que la chantent les tangos de l'époque qui la peignent comme une employée de l'établissement, une entraîneuse qui touche un pourcentage sur les con-sommations du client. Les femmes entretenues sont en général de très jeunes filles "éblouies par les lumières de la ville". Bonnes danseuses, elles sont frivoles et la plupart du temps se prostituent.

La morale petite-bourgeoise, qui se moque bien de connaître le pourquoi des phénomènes sociaux, n'a pas manqué de faire entendre sa voix dans des dizaines de tangos qui critiquent la soumission des femmes et les duperies dont elles sont victimes. Les filles en question étaient pour la plupart nées dans la misère et la promis-cuité des *conventillos* et, éblouies par la possibilité de changer de vie, elles débarquaient en toute innocence dans les cabarets d'où elles ne pouvaient plus par la suite s'échapper. Elles finissaient généralement sur le trottoir ou comme prostituées de bordels de bas étage. "Certaines, signale Horacio Ferrer dans *La Ultima Grela* (La Dernière Frangine), finirent comme préposées au vestiaire dans ces mêmes cabarets."

On peut classer en trois groupes les tangos qui racontent l'histoire de ces protagonistes du cabaret : ceux qui parlent des jeunes Argentines, ceux qui sont dédiés aux Françaises et ceux qui se rapportent aux hommes. Dans le premier groupe, le plus célèbre est sans aucun doute *Milonguita*, dont les paroles sont de Samuel Linning et la musique d'Enrique Delfino ; il fut interprété pour la première fois en 1920. Les paroles font référence au passé idyllique du quartier qui est comparé à sa décadence postérieure.

Te acordás, Milonguita ? vos eras / la pebeta más linda 'e Chiclana ; / la pollera cortona y las trenzas / y en las trenzas un beso de sol... Estercita, / hoy te llaman Milonguita, / flor de noche y de placer, / flor de lujo y cabaret. / Milonguita, / los hombres te han hecho mal / y hoy darías toda tu alma / por vestirte de percal. / Cuando sales a la madrugada, / Milonguita de aquel cabaret, / toda tu alma temblando de frío, / dice : ¡ Ay si pudiera querer !... / Y entre el vino y el último tango / p'al cotorro te saca un bacán... / ¡ Ay qué sola Estercita te sientes !... / Si llorás... dicen que es el champán !

(Te souviens-tu *Milonguita* tu étais / la môme la plus chouette de la rue Chiclana ; / ta jupe courte et tes tresses / où le soleil déposait un baiser... / Estercita, / aujourd'hui on t'appelle *Milonguita*, / fleur de la nuit et du plaisir / fleur du luxe et des cabarets / les hommes t'ont fait du mal / et ce soir tu donnerais ton âme / pour une robe de percale. / Quand à l'aube tu quittes / le cabaret, *Milonguita*, / ton âme tremblante de froid / dit : Si je connaissais l'amour !... / Et entre un verre de vin

180

et le dernier tango / un rupin t'emmène chez lui… / Aïe, Estercita, comme tu te sens seule !… / Et si tu pleures… on croit que c'est le champagne !)

Milonguita était le surnom que l'on donnait aux jeunes prostituées ; c'était un diminutif de *milonguera*, la femme qui autrefois gagnait sa vie en dansant la *milonga* dans les salles de bal.

Dans la communication n° 114 adressée à l'Académie d'argot de Buenos Aires le 8 juin 1966 par l'un de ses membres, Ricardo M. Llanes, il est affirmé que *Milonguita* a réellement existé. Le rapport est complété par la communication n° 132, signée Juan Carlos Etcheverrigaray, qui transcrit le certificat de décès de *Milonguita*. Elle s'appelait en réalité María Ester Dalto et était décédée le 10 décembre 1920 d'une méningite, dans son appartement situé au numéro 3148 de la rue Chiclana. Elle avait quinze ans. Ce qui semble confirmer, comme le signalait Pascual Contursi dans *Flor de fango* (Fleur de ruisseau), que dans les cabarets on engageait les fillettes dès l'âge de quatorze ans :

Justo a los catorce abriles / te entregaste a la farra, / las delicias de un gotán. / Te gustaban las alhajas, / los vestidos, la moda / y las farras del champán.

(A quatorze ans à peine / tu t'es laissée aller / aux délices d'un tango. / Tu aimais les bijoux / les robes, la mode / et le champagne coulant à flots.)

Par contre, José Gobello soutient que rien ne permet de croire que Samuel Linning ait connu la fillette morte qui "aussi précoce fût-elle, n'aurait pu avoir déjà fait carrière dans un cabaret. Mais la légende finit souvent par l'emporter sur l'histoire." Les paroles de Linning auront en tout cas servi à brosser le portrait d'un personnage essentiel de l'histoire du tango : la jeune fille pauvre qui entre au cabaret dans un éblouissement.

Dans *Cocot de lujo* (Cocotte de luxe), Manuel Romero réaffirme :

Nació por ahí, cerca 'e la quema, / y desde chica ya demostró / no haber nacido pa'ser decente / con la carita que Dios le dió ! / Sentó con fama de motinera, / en los bailongos se prodigó / y en cuanto tuvo catorce abriles / la limousine de un bacán la remolcó.

(Elle était née là-bas, près d'une décharge publique, / c'était une petite môme / qu'avait pas l'air décente / avec cette bouille que Dieu lui avait donnée. / On la disait rebelle, / dans les bastringues où elle guinchait / et quand elle a eu quatorze piges / un rupin l'a prise dans sa limousine).

Le thème du cabaret apparaît à plusieurs reprises dans l'œuvre de Romero : *El Rey del cabaret* (Le Roi du cabaret), *Aquel tapado de armiño* (Le Manteau d'hermine), *Pobre Milonga* (Pauvre Milonga). Il est repris par Enrique Cadícamo qui, dans *La Reina del tango* (La Reine du tango), écrit :

Flor de noche, que al sordo fragor / del champán descorchado triunfàs, / ... Tu compás es el ritmo sensual / que en la alfombra retuerce el gotán / ... la música rea es la melopea / que a tu corazón / muy a la sordina / le hace un contracanto / que aumenta el quebranto de tu perdición.

(Fleur de la nuit qui triomphes / avec le bruit sourd du champagne qu'on débouche... / Tes pas ont le rythme sensuel / du tango dansé sur un tapis / ... la musique décriée est une mélopée / murmurée en sourdine à ton cœur / qui augmente ta tristesse et te voue à ta perte.)

Les dramaturges ne laissèrent pas passer la mode du cabaret et écrivirent des dizaines de pièces sur le sujet : *Cabaret* de Carlos M. Pacheco (1914) ; *La Sala del diablo* (Le Salon du diable), de Carlos Paoli (1919) ; *Armenonville* d'Enrique García Velloso (1920) ; *Tu cuna fue un conventillo* (Un conventillo pour berceau), d'Alberto Vacarezza (1920) ; *La Maleva* (La Traînée), de Roberto L. Cayol (1920) ; *Milonguita*, de Samuel Linning (1922) ; *El Rey del cabaret* (Le Roi du cabaret), de Manuel Romero (1923) dans laquelle Ignacio Corsini chantait *Patotero sentimental* (La Fripouille sentimentale), dont les paroles étaient de Manuel Romero lui-même et la musique de Manuel Jovés, qui demeura jusqu'à la fin des années vingt un des tangos les plus populaires.

Domingo F. Casadevall signale que José González Castillo et Alberto T. Weisbach, dans la pièce *Los Dientes del perro* (Dents de chien), transposèrent sur scène un véritable cabaret, avec l'orchestre typique de Juan Maglio "Pacho". Le succès fut tel que le nombre des cabarets se multiplia et qu'au théâtre les "œuvres de cabaret" firent florès auprès du public portègne. Les familles satisfaisaient leur curiosité en regardant ces endroits interdits sur une scène où elles pouvaient écouter des tangos et voir jouer des "femmes fatales", "vicieuses et impudiques".

L'autre femme de cabaret dont parle le tango est la Française qui abandonne sa patrie par amour pour un bel Argentin, en réalité un maquereau qui fait d'elle une des marchandises les mieux payées de la traite des blanches. En 1923, Carlos Gardel enregistre avec *Francesita*, de Vacarezza et Delfino, l'histoire de la fillette qui vivait "là-bas dans un quartier de Lyon", et qui, dupée, part pour le Rio de la Plata où, abandonnée, "elle perdit pied et traîna sa vie / dans les boîtes de nuit".

Un an plus tard, José González Castillo racontait une autre histoire semblable, celle de *Griseta*, toujours sur la musique de Delfino :

Mezcla rara de Museta y de Mimí / con caricias de Rodolfo et de Schaunard, / era la flor de Paris / que un sueño de novela trajo al arrabal... / Y en el loco divagar del cabaret, / al arullo de algún tango compadrón, / alentaba una ilusión : / soñaba con Des Grieux, / quería ser Manón.

(Rare mélange de Musette et Mimi / sous les caresses de Rodolfo et de Schaunard / c'était une fleur de Paris / qu'un rêve romanesque a conduite au faubourg d'ici... / Et dans la folle divagation du cabaret / bercée par quelque tango canaille / elle nourrissait encore un espoir : elle rêvait de des Grieux, elle voulait être Manon.)

En 1933, Enrique Cadícamo écrivait *Madame Ivonne*, une sorte de suite de *Griseta* racontant le sort d'une Française dix ans après son arrivée en Argentine, alors que s'ouvre la Décennie infâme *(la Decada infame*)*.

Mamuasel Ivonne era una pebeta / que en el barrio posta del viejo Montmartre, / con su pinta brava de alegre griseta / animó las fiestas de Les Quatre Arts. / Era la papusa del barrio Latino / que supo a los puntos del verso inspirar / ... hasta que una noche llegó un argentino / y a la francesita la hizo suspirar (...) / Han pasao diez años que zarpó de Francia... / Mamuasel Ivonne hoy sólo es Madam ; / la que al ver que todo quedó en la distancia / con ojos muy tristes bebe su champán... / Ya no es la papusa del barrio Latino. / Ya no es la mistonga florcita de lis. / Ya nada le queda... ni aquel argentino / que entre tango y mate la alzó de París.

(Mademoiselle Ivonne était une môme / avec une dégaine de grisette joyeuse / dans le vieux quartier de Montmartre / elle animait les nuits des Quatz'arts. / C'était la poulette du Quartier latin / qui savait inspirer des poèmes d'amour / … mais un soir vint un Argentin / et la *francesita* eut le mal d'amour (…) / Ça fait dix ans qu'elle s'est tirée de France… / Mademoiselle Ivonne n'est plus qu'une Madame ; / et en revoyant le passé lointain / elle boit son champagne mais ses yeux sont tristes. / Qu'elle est loin la poulette du Quartier latin. / Qu'elle est loin la pauvre petite fleur de lis. / Il ne lui reste plus rien… pas même cet Argentin / qui l'avait enlevée entre un tango et un maté.)

Mais les Françaises n'étaient pas les seules au banc des accusées et l'on vit apparaître *Galleguita* (la Galicienne).

Galleguita : la divina, / la que a la tierra argentina / llegó una tarde de abril, / sin más prendas ni tesoros, / que sus negros ojos moros / y su cuerpito gentil. / Siendo buena eras honrada, / pero no te valió nada, / otras cayeron igual. / Y la pobre Galleguita / tras de la primera cita, / fuiste a parar al Pigall. / Sola y en tierras extrañas, / tu caída fue tan breve, / que como bola de nieve, / tu virtud se disipó.

(Galicienne, toute divine / tu débarquas un soir d'avril / sur la terre argentine / sans autres biens ni trésors / que tes yeux noirs de mauresque / et ton joli corps fragile. / T'étais bonne fille et honnête / mais à quoi ça t'a servi / comme les autres tu es tombée. / Pauvre petite galicienne, dès le premier rendez-vous / t'as atterri au Pigall. / Seule sur cette terre hostile / tout de suite tu as cédé / et comme une boule de neige, ta vertu s'est liquéfiée.)

Puis l'auteur poursuit, défendant son héroïne :
Tu ambición era la idea / de juntar mucha platita, /
para la pobre viejita, / que allá en la aldea quedó.

(Tu n'avais qu'une idée / faire plein d'économies /
pour ta pauvre vieille / restée là-bas au village.)

Mais c'est finalement la morale petite-bourgeoise qui l'emporte puisqu'un "sale type", fou de n'avoir eu ni ses caresses ni son amour, va jusqu'en Galice et raconte tout à la mère qui meurt de chagrin.

Pendant toutes ces années on gaspilla beaucoup d'argent, aussi bien dans les cabarets de Buenos Aires qu'à Paris où les Argentins s'en allaient jeter leur fortune par les fenêtres. A la veille de la crise de 1929, l'Argentine de Marcelo T. de Alvear s'était enrichie de cent millions de pesos-or, sa balance commerciale était excédentaire et l'amélioration du niveau de vie avait allégé les tensions sociales.

Le cabaret reflétait cet enrichissement ; les magnats de la finance faisaient danser un capital qui continuait à se multiplier tout seul. Carlos Marambio Catán dépeint cette situation dans son tango *Acquaforte* (Eau-forte) :

Es medianoche, el cabaret despierta, / muchas mujeres, música y champán / va a comenzar la eterna y triste fiesta / de los que viven al ritmo del gotán. / ... Un viejo verde que gasta su dinero / emborrachando a Lulú con su champán / hoy le negó el aumento a un pobre obrero / que le pidió un pedazo más de pan. / Y aquella pobre mujer que vende flores / y fue en sus tiempos la reina de Montmartre, / me ofrece con dolor unas violetas / para alegrar tal vez mi soledad. Y pienso en la vida... / Las madres que sufren / los hijos que vagan sion techo y sin pan / vendiendo La Prensa, *ganando dos guitas / Qué triste es todo esto ! Quisiera llorar !*

(Il est minuit, le cabaret s'éveille, / beaucoup de femmes, de musique, de champagne / c'est l'éternelle et triste fête / de ceux qui vivent au rythme du tango. / … Un vieux beau qui gaspille son fric / en soûlant Lulu au champagne / a refusé tantôt d'augmenter un ouvrier / qui ne demandait qu'un peu de pain. / Et cette pauvre femme qui vend des fleurs / et fut autrefois la reine de Montmartre / m'offre son chagrin et quelques violettes / pour tromper ma solitude. Moi, je songe à la vie… / aux mères qui souffrent / quand leurs enfants traînent sans toit ni pain / ou vendent *La Prensa* pour gagner trois sous. / Quelle tristesse, quelle misère ! C'est à en pleurer !)

Acquaforte, qui fut enregistré en 1930 en Italie, eut maille à partir avec la censure fasciste qui exigea, pour éviter toute confusion, que la partition précise "tango argentin". La propagande du régime de Mussolini était soucieuse d'occulter les conflits de classe, et les censeurs, conscients de la force critique des paroles d'*Acquaforte*, voulurent prendre leurs distances par rapport à la chanson.

Le tango des années trente mettait en cause le cabaret, lui reprochant sa débauche et lui opposant la morale des quartiers populaires. Mais, du haut de sa corbeille, il ne jouait pas moins pour ceux dont il dénonçait les vices et qu'il accusait de gaspiller leur argent au détriment du pauvre. L'équation disait en substance : les riches ne sont pas heureux et ils doivent payer l'amour qui leur manque. Les pauvres, en revanche, sont dans le besoin, ils souffrent, mais ils sont généreux et leurs amours, parce que gratuites, sont authentiques. Les clients du cabaret écoutaient ces sermons et savouraient la perversité de se voir ainsi dépeints. Le cabaret était un privilège de classe et après tout, pourquoi ne pas le revendiquer comme tel ?

Les cabarets connurent une nouvelle période de prospérité au début des années quarante, mais à partir de 1950 ils tombèrent en désuétude et seuls survécurent deux ou trois d'entre eux sans les grands orchestres d'antan. Entre-temps, le pays avait changé, ses besoins étaient autres. La grande bourgeoisie s'amusait toujours, mais elle évitait de se mêler à la plèbe qui envahissait ses anciens refuges. Le tango avait lui aussi rallié le péronisme.

PASCUAL CONTURSI : LE PIONNIER

On dit que ce fut à contrecœur et que plusieurs de ses amis le lui déconseillèrent, trouvant l'endroit et le moment peu opportuns. Chanter un tango truffé de mots d'argot dans un des grands théâtres de Buenos Aires pouvait nuire à sa carrière. José Razzano, qui chantait avec lui en duo, décida de rester en coulisse. On ne connaît pas la date exacte de l'événement, bien que tout indique qu'il ait eu lieu vers la fin du mois de mars ou le début du mois d'avril 1917 sur la scène de l'Empire. Mais dès que Carlos Gardel, alors presque obèse et interprète d'airs folkloriques champêtres, chanta en public les premières mesures de *Mi noche triste* (Ma triste nuit), le tango que Pascual Contursi avait écrit à Montevideo, l'histoire du tango en fut bouleversée. C'est à partir de ce soir-là, en effet, que les habitants du Rio de la Plata adoptèrent le tango, triste et mélancolique, pour exprimer leurs chagrins, leurs colères, leurs nostalgies et même parfois leur sens de la morale.

Les paroles des tangos, qui jusque-là se limitaient à quelques couplets audacieux, s'articulèrent autour d'un argument. Elles tombèrent dans l'exagération, s'enlisèrent dans des histoires d'abandon, portèrent aux nues des trouvailles de mauvais goût, mais une fois épurées de ces laideurs et de ces erreurs, elles atteignirent des sommets poétiques inhabituels et devinrent une véritable chronique de la vie urbaine que la poésie avait été incapable d'exprimer. Borges – en dépit de la mauvaise humeur qu'éveillaient en lui les tangos chantés – en arriva à dire que ces paroles configuraient une "comédie humaine, vaste et décousue, de la vie de Buenos Aires".

Le coupable de cette transformation était né en 1888 à Chivilcoy, dans la province de Buenos Aires, et s'appelait Pascual Contursi. Avant d'écrire *Mi noche triste*, il avait été marionnettiste, vendeur de chaussures, chanteur – on dit qu'il chantait juste – et avait tenté sa chance en écrivant des paroles pour quelques tangos : *El Flete* (Le Cheval) de Vicente Greco ; *La Biblioteca* (La Bibliothèque), et *Don Esteban*, d'Augusto P. Berto ; *Vea... Vea* (Voyez... voyez) de Roberto Firpo ; *Matasanos* (Le Toubib), de Francisco Canaro, et *El Cachafaz* (Le Bribon), d'Aróstegui. Dans un autre tango de ce compositeur, *Champagne tango*, Contursi observait :

> *Se acabaron esas minas*
> *que siempre se conformaban*
> *con lo que el bacán les daba*
> *si era bacán de verdad.*
> *Hoy sólo quieren vestido*
> *y riquísimas alhajas*
> *coche de capota baja*
> *pa'pasear por la ciudad.*
> *Nadie quiere conventillo,*
> *ni ser pobre costurera,*
> *ni tampoco andar fulera,*
> *sólo quiere aparentar ;*
> *ser amiga de fulano*
> *y que tenga mucho vento,*

que alquile departamento
y que la lleve al Pigall.

C'en est fini de ces gigolettes
qui la bouclaient et se contentaient
de ce que leur julot leur donnait
quand c'était un julot, un vrai.
Aujourd'hui il leur faut des toilettes
des bijoux et des diamants
un coupé décapotable
pour aller en promenade.
Fini le *conventillo*
et finie la pauvreté
plus question de porter des frusques
il faut se donner des airs
être l'amie d'un monsieur
de préférence plein aux as
qui les installe dans une piaule
et les emmène au Pigall.

Pourtant, ces paroles et bien d'autres du même genre, que Contursi écrivit pour la plupart à Montevideo après 1914, n'avaient rien d'extraordinaire. L'impact se produisit lorsqu'il décida d'écrire des paroles pour *Lita*, un tango de Samuel Castriota, et de l'intituler *Mi noche triste*. Et que Gardel l'ait pour la première fois chanté est l'élément mythique indispensable à sa légende. Le tango fut enregistré en 1917, quelques semaines après son lancement à l'Empire. Gardel suggéra à son ami Elías Alippi, directeur d'une compagnie de théâtre, de l'intégrer à *Los Dientes del perro* (Dents de chien), une pièce de José González Castillo et d'Alberto T. Weisbach. C'est ainsi que le 20 avril 1918, Manolita Poli, accompagnée par l'orchestre de Roberto Firpo, chanta *Mi noche triste* devant un décor qui reconstituait un cabaret.

Au mois de septembre la pièce en était à plus de quatre cents représentations.

Les historiens du tango ignorent si le premier tango enregistré par Gardel fut *Mi noche triste* ou *Flor de fango* (Fleur de ruisseau). Qu'importe, en vérité, car le succès de *Mi noche triste* marqua la naissance d'un nouveau tango. Parce qu'il racontait une histoire sentimentale, un style était né qui accordait autant d'importance au texte qu'à la musique. La poésie devait, selon le chanteur Alberto Marino, "éclairer la mélodie".

Nul doute que les paroles de *Mi noche triste* parlent vrai, depuis la plainte du début jusqu'à la douleur d'avoir été abandonné. Cependant, la voix des détracteurs ne se fit pas attendre, en particulier celle de Tallón qui écrivit d'une plume rageuse : "Je ferai remarquer qu'avec ses paroles, Contursi inaugure le thème répugnant du «marlou» qui pleure parce que sa chère prostituée l'a abandonné."

> *Percanta que me amuraste*
> *en lo mejor de mi vida*
> *dejándome el alma herida*
> *y espinas en el corazón,*
> *sabiendo que te quería,*
> *que vos eras mi alegría*
> *y mi sueño abrasador,*
> *para mi ya no hay consuela*
> *y por eso me encurdelo*
> *pa'olvidarme de tu amor.*
>
> *Cuando voy a mi cotorro*
> *y lo veo desarreglado,*
> *todo triste, abandonado,*
> *me dan ganas de llorar ;*
> *me detengo largo rato*

campaneando tu retrato
pa' poderme consolar.

De noche, cuando me acuesto,
no puedo cerrar la puerta,
porque dejándola abierta
me hago ilusión que volvés.
Siempre llevo bizcochitos
pa'tomar con matecitos
como si estuvieras vos,
y si vieras la catrera
cómo se pone cabrera
cuando no vos ve a los dos.

Môme qui m'as largué
au meilleur moment de ma vie
tu m'as laissé l'âme meurtrie
et des épines dans le cœur.
Tu savais que je t'aimais,
que tu étais toute ma joie
et mon rêve le plus ardent ;
j'en suis devenu maboul
et sans espoir je me soûle
pour oublier ton amour.

Quand je rentre dans ma turne
et vois tout dans le désordre,
triste, abandonné,
je me retiens de pleurer.
Je reste des heures entières
à contempler ton portrait
afin de me consoler.

Le soir, lorsque je me couche
je ne ferme pas la porte
car en la laissant ouverte
j'crois que tu vas apparaître.

J'achète toujours des biscuits
pour prendre le maté au lit
comme quand tu étais là.
Et puis si tu voyais le plumard
comme il est en pétard
de plus nous voir tous les deux.

Le succès de *Mi noche triste* encouragea Contursi à écrire d'autres tangos sur le même thème. Les abandons se multiplièrent, les imitations aussi. Dans certains cas, l'histoire était simplement la répétition du thème de *Mi noche triste*. Ainsi *De vuelta al bulín* (De retour dans ma piaule), qui raconte le choc causé par le brusque départ de la femme aimée. En voyant l'armoire vide, le personnage éclate en sanglots, puis il trouve la lettre de rupture et raconte naïvement : *La repasé varias veces, / no podía conformarme / de que fueras a amurarme / por otro bacán mejor.* (J'arrêtais pas de la relire / j'pouvais pas me faire à l'idée / qu'un jour tu me quitterais / pour un jules plus friqué.) Dans *Ivette*, Contursi insiste : *Bulín que ya no te veo, / catre que ya no apolillo, / mina que de puro esquivo / con otro bacán se fue ; / prenda que fuiste el encanto / de toda la muchachada / y que por una pavada / ta acoplaste con un mishé...* (Piaule que je ne verrai plus / pieu où je ne dormirai plus / poupée qui s'est tirée / avec un autre jules ; / tous les gosses du quartier / avaient fait de toi une reine / et pour une broutille / tu t'es maquée avec un miché.) On pourrait également citer les paroles de *La he visto con otro* (Je l'ai vue avec un autre) : *Hay noches que solo / me quedo en el cuarto / rogando a la Virgen / me la haga olvidar, / y al verla con otro / pasar por mi lado / en vez de matarla / me pongo a llorar.* (Il y a des nuits / où seul dans ma chambre / je supplie la Sainte Vierge / de me la faire oublier / et en la voyant au bras d'un autre / se balader devant mon nez / au lieu de la tuer / je me mets à pleurer.)

Dans *Pobre corazón mío* (Mon pauvre cœur), le thème reste invariablement le même : *Cotorro que alegrabas / las horas de mi vida, / hoy siento que me muero / de angustia y de dolor. / … / Si aún conserva el piso / la marca de las huellas / que en noches no lejanas / dejaba al taconear.* (Pigeonnier où j'ai passé / les plus belles heures de ma vie / aujourd'hui vois-tu je meurs / rongé d'angoisse et de douleur. / … / Par terre il y a encore / la marque de tes hauts talons / que j'entendais jadis / résonner dans la nuit.) De même les paroles de *La Cumparsita* qui porte en sous-titre *Si supieras* (Si tu savais) : *Al cotorro abandonado / ya ni el sol de la mañana / asoma por la ventana / como cuando estabas vos, / y aquel perrito compañero, / que por tu ausencia no comía, / al verme solo el otro día / también me dejó…* (Dans le nid abandonné / même le soleil du matin / n'entre plus par la fenêtre / comme lorsque tu étais là, / et le petit chien, ce compagnon, / qui depuis ton départ n'a plus mangé / en me voyant seul l'autre jour / lui aussi m'a quitté…)

Continuant sur sa lancée, Contursi aborda le thème de la femme abandonnée. Dans *Ventanita de arrabal* (Fenêtre du faubourg), la jeune fille attend le retour de son amant qui l'a quittée après l'avoir séduite. Dans *El Motivo* (Le Motif), une fille qui dans sa jeunesse avait tourné la tête à plus d'un homme pleure sa décadence et sa solitude : *Está enferma, sufre y llora / y manya con sentimiento / de que así enferma y sin vento, / más naide le va a querer.* (Elle est malade, elle souffre, elle pleure / et s'aperçoit tristement / que malade et sans pognon / plus personne ne va l'aimer.)

Dans un autre tango, *Caferata* (Un mac), la prostituée exploitée dit à celui qui l'a abandonnée : *Sólo quiero que recuerdes / que conmigo has pelechado, /*

que por mí te has hecho gente / y has llegado a ser
ranún. / Yo te di vida bacana / vos en cambio me dejas-
te / por un loro desplumado / come ésta que aqui ves.
(Je veux seulement que tu te souviennes / que je t'ai
sorti du pétrin, / que grâce à moi t'es quelqu'un / que
t'es même dev'nu malin. / Je te faisais la belle vie / et
pour me remercier tu m'as plaquée / pour un oiseau
déplumé / comme la poule que tu vois ici.)

En revanche, dans *Amores viejos* (Vieilles amours)
ce n'est pas sans humour que le protagoniste se plaint
des femmes qui manquent d'esprit de sacrifice et sont
devenues exagérément prétentieuses.

> *Esas minas veteranas*
> *que nunca la protestaban,*
> *sin morfar se conformaban*
> *aunque picara el buyón ;*
> *viviendo asi en un cotorro,*
> *pasando vida fulera,*
> *con una pobre catrera*
> *que le faltaba el colchón.*
>
> *Cúantas veces el mate amargo*
> *al estómago engrupía*
> *y pasaban muchos días*
> *sin que hubiera pa'morfar*
> *la catrera era el consuelo*
> *de esos ratos de amargura,*
> *que a causa e' la mishiadura*
> *se tenían que pasar.*
>
> Ces poupées à moitié fanées
> qui jamais ne se plaignaient
> quand y'avait rien à bouffer
> et que la faim les tenaillait ;
> elles vivaient de l'air du temps

> dans une turne misérable
> sur un plumard décati
> qu'avait même pas de matelas.

> Le maté amer trop souvent
> trompait la faim
> et les jours passaient
> sans rien à tortorer
> mais au plumard elles se consolaient
> de ces moments de désespoir
> que la misère les obligeait
> à passer.

Malgré l'abus des lieux communs poétiques dû à son manque de technique, malgré la naïveté et parfois même la pauvreté de ses métaphores et la réitération de ses thèmes, Pascual Contursi peut revendiquer sans honte le titre de pionnier. *Mi noche triste* est l'origine même du tango chanté. En transformant une simple danse en chronique, en portrait, ou en estampe, Contursi a permis à un rythme de devenir une expression littéraire où ceux qui n'avaient jamais fait entendre leur voix pouvaient enfin s'exprimer, conter leurs chagrins, leurs frustrations et leurs angoisses. En ouvrant les portes aux sentiments, en permettant de pleurer les amours perdues, il a donné au tango une sensibilité, l'a dépouillé de ses masques, l'a rendu humain.

Doté de paroles qui allaient au-delà du poème ou du couplet naïf, le tango perdit son caractère de fête pour se replier sur les émotions, les sentiments, l'affectivité. La grande crise de 1929 accentuera ce ton ramassé, fataliste, métaphysique. C'est l'époque où Enrique Discépolo s'écriait :

> *Aullando entre relámpagos,*
> *perdido en la tormenta*
> *de mi noche interminable, Dios !*

busco tu nombre…
No quiero que tu rayo
me enceguezca entre el horror
porque preciso luz
para seguir…
Lo que aprendí de tu mano
no sirve para vivir ?
Yo siento que mi fe se tambalea,
que la gente mala vive, Dios !
mejor que yo…

Hurlant entre les éclairs,
perdu dans la tempête
de mon interminable nuit, Dieu !
je cherche ton nom…
Que tes foudres au milieu de l'horreur
ne m'aveuglent pas
car j'ai besoin de ta lumière
pour continuer…
Ce que tu m'as appris
n'aide-t-il pas à vivre ?
Je sens que ma foi vacille,
que les méchants, Dieu,
vivent mieux que moi.

Le tango, dans ce qu'il a de dramatique, est l'héritage hybride si caractéristique du déracinement de l'immigré. Mais ce sont les fils d'immigrés qui le chantèrent, à la place de leurs pères dont on aurait raillé l'accent et le baragouin. C'est à ces enfants qu'il revint d'exprimer la tristesse de ceux qui, arrivés dans l'espoir de conquérir l'Amérique, avaient dû se contenter de survivre sur une terre étrangère et souvent hostile.

Avant de sombrer dans la folie et de mourir à l'hospice de las Mercedes le 29 mai 1932, Pascual Contursi avait écrit, outre ses tangos, une quinzaine de pièces de théâtre dont plusieurs connurent un énorme succès malgré leur faible qualité littéraire. Il avait eu la chance que Carlos Gardel enregistrât presque tous ses thèmes et inaugurât sa carrière discographique avec ses tangos dont *Flor de fango* (Fleur de ruisseau) :

Mina, que te manyo de hace rato,
perdoname si te bato
de que yo te vi nacer...
Tu cuna fue un conventillo
alumbrao a querosén.
Justo a los catorce abriles
te entregaste a la farra,
las delicias del gotán.
Te gustaban las alhajas, los vestidos a la moda
y las farras de champán.

Después fuiste la amiguita
de un jovato boticario
y el hijo de un comisario
todo el vento te achacó...
Y empezó tu decadencia,
las alhajas amuraste
y un bulincito aquilaste
en una casa e' pensión :
Te hiciste tonadillera,
pasaste ratos extraños,
y a fuerza de desengaños
quedaste sin corazón.

Poupée, il y a belle lurette que je te connais,
excuse mais faut que j'te dise
c'est vrai que j't'ai vue naître...
Pour berceau t'as eu un *conventillo*

éclairé à la lampe à pétrole.
A quatorze ans à peine
tu t'es laissée aller à la débauche
aux délices d'un tango.
Tu aimais bien les bijoux
et les robes à la mode,
les fêtes arrosées au champagne.

T'es devenue la petite amie
d'un vieux pharmacien gâteux
mais le fils d'un commissaire
t'a chouravé tout ton flouze…
Ce fut alors ta décadence,
t'as mis tes bijoux au clou
et loué une petite piaule
dans une triste pension :
t'es d'venue chanteuse des rues
t'as connu de sales moments
et à force de déceptions
t'es devenue une sans-cœur.

Leopoldo Lugones qui était, nous l'avons déjà vu, hostile au tango, s'est vu obligé, dans son *Romancero* (1924), de rendre compte de sa popularité : *Chicas que arrastran en el tango, / con languidez un tanto cursi, / la desdicha de Flor de fango / Trovada en letra de Contursi.* (Mômes qui traînent languides dans un tango / le malheur de Fleur de ruisseau / que chantent les paroles de Contursi.)

Un an après la mort de Contursi, le nom de l'auteur de *Mi noche triste* apparaissait à nouveau, cette fois dans le très célèbre tango de Celedonio Flores *Corrientes y Esmeralda*.

Te glosa en poema Carlos de la Púa
y el pobre Contursi fue tu amigo fiel

en tu esquina criolla cualquier cacatúa
suena con la pinta de Carlos Gardel.

Carlos de la Púa te loue dans ses poèmes
et le pauvre Contursi fut ton ami fidèle…
au coin de ta rue n'importe quel bon à rien
rêve de ressembler à Carlos Gardel.

Devenu riche et célèbre, Pascual Contursi avait pu
s'offrir le luxe de réaliser le rêve de tout Argentin de
l'époque : vivre en Europe. A Paris, il écrivit, avec Bautista "Bachicha" Deambroggio, un de ses plus célèbres
tangos : *Bandoneón arrabalero* (Bandonéon du faubourg). Cependant il ne soupçonna sans doute jamais
qu'au-delà de son succès et de sa popularité, il avait un
mérite plus grand encore : celui d'avoir inventé une
façon d'extérioriser les sentiments les plus secrets.

Telles des pièces de musée, les tangos de Pascual Contursi font aujourd'hui partie de notre patrimoine culturel
bien que certaines de ses phrases, pendant des années
citées comme des dictons, aient aujourd'hui perdu leur
contenu sémantique, et que les paroles de ses tangos se
soient, avec le temps, vidées de leur contexte. Dire de
nos jours que l'on "garde des flacons de parfum avec
des rubans d'une même couleur" est tout à fait kitsch.
Les tangos de Contursi ont presque tous disparu des
répertoires. Il n'empêche qu'ils ont été le point de départ
d'une longue histoire qui n'est pas près de s'éteindre.

IL METTRA BEAUCOUP DE TEMPS A NAÎTRE
S'IL NAÎT UN JOUR
(Federico García Lorca)

> *Le pays qui n'a plus de légendes –*
> *dit le poète – est condamné à mourir*
> *de froid. C'est bien possible. Mais le*
> *peuple qui n'aurait pas de mythes*
> *serait un peuple mort.*

GEORGES DUMESNIL

Beaucoup plus qu'une voix, beaucoup plus qu'un visage et naturellement beaucoup plus qu'un acteur médiocre des débuts du cinéma muet, Carlos Gardel est
le mythe auquel peut s'identifier tout Argentin moyen,
du petit-bourgeois au fils et petit-fils d'immigré. Il est
l'homme qui a réussi malgré ses origines obscures. Il
est celui qui ignore de quelle souche il est issu et dont
la naissance reste mystérieuse, comme il en va des
héros légendaires.

Quoi de plus naturel, cependant, que les immigrés de
la deuxième génération se soient identifiés avec un personnage lui-même immigré, ayant passé son enfance
dans un *conventillo*, ayant connu la misère, la marginalité et l'insécurité de ceux qui ont débuté tout en bas
de l'échelle, dans un milieu difficile, et sans présence
paternelle.

Elevé dans une banlieue de Buenos Aires, Carlos Gardel essaya d'abord de se conformer à ce que son entourage attendait de lui : il acceptait sa condition d'étranger (on l'appelait *El Francesito*, le Petit Français), mais il se sentait en même temps argentin, au point que lorsqu'il se décida à chanter en public il choisit des thèmes créoles et un répertoire de chansons paysannes composées, il est vrai, pour la plupart, à Buenos Aires. C'est la chanson qui lui permettra de franchir ce médiocre horizon de banlieue et, plus tard, le tango le mènera sur le chemin de la gloire et de la célébrité. Grâce au timbre de sa voix et grâce à son accent, il deviendra le représentant le plus authentique et le modèle le plus envié des couches marginales d'abord, puis d'une petite bourgeoisie respectueuse de la carrière individuelle, admiratrice inconditionnelle de toute personne capable de triompher à force de talent et de travail. Mais le triomphe, c'est aussi l'œuvre de la bonne étoile. Et un homme comme Carlos Gardel en avait une, et il savait alimenter et cultiver l'autre élément indispensable à la gloire : le mystère.

En quittant son pays, un homme rompt avec son passé. Il coupe les amarres. Peut-être faudrait-il dire qu'il naît une deuxième fois. Il peut s'inventer des ancêtres ou occulter son lignage. Nul ne viendra exiger des preuves. Le doute est alors inévitable. Et dans un pays bâti au rythme des marées migratoires, comment les mythes n'auraient-ils pas eux aussi les mêmes origines confuses que leurs admirateurs ? En remontant dans le temps, on pourrait rappeler qu'au Mexique, l'Amérique dite latine naît d'une femme violée par le conquistador, la *chingada*, et ceux qui forment l'origine mythique du pays sont *los hijos de la chingada*, "les enfants de la putain", expression qui est aujourd'hui, comme le signale

Octavio Paz, une injure et une réalité. Dans le Rio de la Plata, les origines nationales sont, elles aussi, confuses, plus encore peut-être qu'au Mexique. Une civilisation n'en a pas anéanti une autre, une culture n'en a pas étouffé une autre. Les aborigènes du Rio de la Plata ne se trouvaient qu'à un stade très primitif de développement et les conquistadors n'eurent pas à intégrer à leur culture plusieurs éléments de celle qu'ils anéantissaient. La plupart des femmes du Rio de la Plata venaient d'outre-Atlantique et, pour reprendre l'image de la *chingada*, on pourrait dire qu'ici il n'y a pas eu viol, mais lutte contre la solitude ; or la solitude conduit à l'infidélité, l'infidélité à l'abandon, et de l'abandon naît le mystère de l'origine. Même lorsque ce mystère n'existe pas dans les faits, les héros s'obstinent à s'en entourer. Ils se laissent attribuer des paternités insolites qui permettent de les apparenter à d'autres mythes ; ainsi la rumeur voulait que Hipólito Yrigoyen fût le fils naturel de Juan Manuel de Rosas, ou le célèbre jockey Ireneo Leguisamo celui de Carlos Gardel. Des années plus tard, le fait qu'Eva Perón ait été une enfant naturelle facilita l'identification des masses à sa personne. Le héros mythique se garde bien de révéler sa date de naissance : Eva Perón changea la sienne et ses papiers indiquaient qu'elle était née en 1922 au lieu de 1919 ; Carlos Gardel se contredit plus d'une fois en public à propos de l'année de sa naissance. Peu importe que par la suite, l'histoire se charge de dissiper le mystère. Celui-ci demeure dans l'imaginaire des masses, d'autant plus qu'à l'incertitude de la naissance s'ajoutent des interruptions dans la biographie du personnage, sortes d'espaces blancs indispensables à la fabrication du mythe. Les années de routine, dépourvues d'événements, deviennent pure conjecture : le héros ne peut vivre des moments anodins. Ces espaces se remplissent d'énigmes qui sacralisent le mythe et alimentent la magie. Dans toutes les religions, monothéistes ou polythéistes, le sacré repose essentiellement sur la connaissance réservée à Dieu ou aux dieux, et par délégation, aux prêtres. Seul Dieu est capable de sagesse : les mortels ne peuvent accéder à la connaissance qui n'est accordée qu'à quelques élus par la voie de la révélation. Et puisque le mystère sacralise, il se doit d'auréoler la vie des héros et de la livrer à l'imaginaire. La sagesse collective peut ainsi enrichir le mythe de nouveaux éléments qui favorisent le culte. Manuel Gálvez n'hésita pas à surnommer Hipólito Yrigoyen, le premier grand leader de masses de l'Argentine, "l'homme du mystère". Très peu de ses partisans connaissaient le son de sa voix car, curieusement, le charisme de ce leader politique n'était pas fondé sur des dons d'orateur.

Gardel masqua à l'extrême certains aspects de sa vie. Et après sa mort, la confusion fut plus grande encore, particulièrement quant à la date et au lieu de sa naissance. S'il est vrai que dans le quartier de l'Abasto, on l'appelait *El Francesito*, le Petit Français, il est tout aussi vrai qu'il se disait uruguayen et qu'il figurait comme tel sur ses papiers. Son livret militaire argentin, qui porte le numéro 236 001, indique qu'il est né le 11 décembre 1887 à Tacuarembó, en Uruguay. On retrouve ces mêmes renseignements sur d'autres documents, dont un titre de propriété établi à Montevideo en 1933, où figure le nom d'Armando Defino, qui sera plus tard son exécuteur testamentaire et soutiendra que Gardel était de nationalité française, ainsi que l'établit un testament ouvert après la mort du chanteur et que beaucoup considèrent comme un faux. Sur ce testament, il est dit que Gardel est né à Toulouse le 11 décembre 1890. Pourtant, selon plusieurs de ses amis, il avait souvent déclaré en privé être né en 1883. Au mystère de la naissance[1] de Carlos Gardel vient s'ajouter celui de sa mort : après l'accident d'avion de Medellín, en Colombie, la rumeur circula que Gardel était vivant mais défiguré et qu'il se cachait du public. Le bruit courut de bouche à oreille pendant des années en dépit de son invraisemblance puisque le cadavre avait été officiellement reconnu. Mais un mythe ne meurt jamais, ce qui justifie ce dicton populaire : "Gardel chante mieux de jour en jour." Seul peut transcender ses propres limites celui qui ne meurt pas, ne vieillit pas, ne se fane pas, et Gardel reste éternellement jeune sur la pellicule de ses films, sur ses portraits, sur les photos où son sourire, ses cheveux soigneusement brillantinés, se découpent sur un ciel bleu parsemé de quelques nuages. Immuable, Dieu est là au commencement comme à la fin. Le mythe ne permet pas de concevoir l'Argentine sans Gardel.

Et justement parce qu'il est un mythe, ses amours ne peuvent ressembler à celles du commun des mortels. Pour demeurer le personnage aimé que nul ne peut partager

---

1. Alors que ce livre était déjà sous presse, Gustavo C. J. Cirigliano me remit une étude qu'il venait de terminer, intitulée *Carlos Gardel, un symbole*, où il parle de la tradition des mythes toulousains : "Toulouse, d'origine celte, capitale du pays des Wisigoths et du Languedoc, entre dans l'histoire au VIIe siècle av. J.-C. Toulouse, terre sacrée et magique, terre de mythes et de légendes (Gardel serait-il l'un d'eux ?), est aussi la terre des Cathares et des Albigeois, appelés «parfaits», dont 20 000 furent massacrés le 22 juillet 1209, lors de la bataille de Béziers. Toulouse, terre de troubadours.

"Borges, en 1972, écrivait : «Une langue est une tradition, un mode d'appréhension de la réalité, et non un répertoire arbitraire de symboles.» Gardel pourra changer le répertoire des symboles (l'espagnol à la place du français), il ne pourra pas changer sa langue maternelle, sa tradition, son mode d'appréhension de la réalité. En somme, il la transmettra comme un Toulousain, comme un Cathare, comme un troubadour.

"Toulouse est la terre de la légende de l'or que l'on allait chercher, dit-on, jusqu'à Delphes (elle aussi ville sacrée) qui le cachait

avec personne en particulier parce qu'il appartient à tous, c'est-à-dire à la foule, magma amorphe et indiscriminé, il fallait obéir aux règles de l'époque qui bannissaient le mariage. Gardel fut donc l'éternel fiancé d'Isabel del Valle, et dans sa vie privée, un fiancé clandestin. De même que les prêtres épousent une religion, Gardel ne pouvait être marié qu'avec le tango. L'idole n'appartient à personne, elle appartient à tous. Le héros peut être aimé de toutes les femmes parce qu'il n'en aime aucune. A l'exception de quelques élues, celles qui rêvent de Gardel ont ceci en commun : pour elles, le personnage sacralisé est inaccessible. Si Carlos Gardel avait eu une femme, une seule, publiquement reconnue comme telle, le mythe se serait effondré. Ce n'était d'ailleurs pas un hasard si, à l'époque, Hollywood ajoutait à ses contrats une clause interdisant à certaines vedettes de se marier. Le célibat rend possible le fantasme collectif de l'idole apparaissant soudain transformée en prince charmant dans la vie de chacune de celles qui le tiennent pour le symbole de la virilité.

Avec le temps et l'entrée de la séparation dans les mœurs, l'importance du mariage passera au second plan. Les amants pourront se quitter à n'importe quel moment ; et tout lien pouvant être dissous, la conquête de la vedette

au fond de ses entrailles, au fond d'un lac. C'est la terre des troubadours qui ont toujours chanté d'une même manière une même histoire avec des sens et des symboles cachés. Toulouse est une terre d'initiation et de mystère. Dans quelle mesure ces caractéristiques se retrouvent-elles chez un Toulousain ?

"Les légendes obscures qui se perdent dans la nuit des temps contiennent les prémices de l'histoire qu'un peuple désire ou se propose de vivre. Si les légendes demeurent c'est parce qu'elles sont à un peuple ce qu'une partition ou un livret est à un orchestre : elles lui indiquent ce qu'il doit faire, lui dictent sa conduite.

"Carlos Gardel, issu d'une terre de légendes et de mythes, est à la fois mythe et légende."

n'est plus une utopie : l'épouse devient un obstacle temporaire, l'amour tant convoité ne dépend plus que de l'occasion d'une rencontre. On encouragea d'ailleurs cette image des couples mouvants qui n'appartenaient pas tous au monde du spectacle, afin que les masses puissent rêver de se hisser jusqu'à l'autel symbolique que signifie partager la vie du mythe.

C'est pourquoi Gardel peut être aimé de beaucoup de femmes à la fois. C'est l'image du chanteur admiré par Betty, July, Mary et Peggy à qui il fredonne *Rubias de New York deliciosas criaturas perfumadas / quiero el beso de sus boquitas pintadas. / Frágiles muñecas del olvido y del placer* (Blondes de New York, délicieuses créatures parfumées / je veux un baiser de vos lèvres maquillées. / Fragiles poupées de l'oubli et du plaisir.) Cette scène de *El Tango en Broadway* (Tango à Broadway), filmé en 1934, est la représentation la plus élaborée de sa liberté de comportement. Tout permet de croire que le grand séducteur, en propriétaire d'un harem de femmes stupides, muettes et toujours souriantes, distribue ses faveurs de façon indiscriminée et équitable entre les irrésistibles blondes new-yorkaises.

Parmi les quatre grands mythes de l'Argentine du XXe siècle, Hipólito Yrigoyen, Juan Domingo Perón, Eva Perón et Carlos Gardel, seul ce dernier fut accepté par toutes les couches sociales. Les trois autres furent victimes de la haine politique, d'une opposition rancunière et de multiples diffamations. Alors que le moindre de leurs faux pas était sanctionné, on pardonnait tout à Gardel, de la même manière que l'on pardonne tout aux symboles : en effet, il ne viendrait à personne l'idée de critiquer les couleurs du drapeau ou la qualité littéraire de l'hymne national. Il est à cet égard significatif que les écrits concernant Gardel se contentent d'accumuler des anecdotes, de préciser des faits ou des événements de sa vie publique, de recueillir des témoignages sur ses succès ou de les enjoliver d'une touche sentimentale. Peu de recherches sérieuses ont été entreprises pour combler les lacunes de sa biographie ou éclaircir certains aspects de sa carrière. Dans le meilleur des cas il s'agit de pures hagiographies.

Mais ainsi peut-on conserver dans l'imagination un Carlos Gardel immortel, aux cheveux gominés et au sourire immobile et figé, chantant tel un messie, *Volver, con la frente marchita...* (Revenir, le front fané...) alors que tout le monde sait qu'il reviendra avec ce même visage jeune, maquillé pour le tournage d'un film et sans une seule ride. Dieu.

La mort frappa le chanteur au sommet de sa gloire. L'accident d'avion de Medellín, dans lequel le feu – élément mythique – joua un rôle fondamental, paracheva, en quelque sorte, la définition du rêve collectif. La légende ne pouvait que s'en trouver renforcée.

Toutes les composantes du mythe étaient ainsi réunies et il est évident qu'elles ne pouvaient qu'engendrer un culte gardélien dépassant les limites étroites de l'admiration artistique et hissant le paradigme jusqu'aux sommets du surnaturel. Depuis des années, des dizaines de dévots se rendent sur sa tombe et vantent les propriétés miraculeuses du chanteur. De même que les saints, Gardel a ses adeptes qui lui demandent d'exaucer leurs vœux, et certains vont même jusqu'à s'agenouiller au pied de son sépulcre, convaincus qu'il peut intercéder dans la guérison d'une maladie ou l'obtention d'un emploi. Et bien que dans la plupart des cas cette dévotion soit le fruit de l'ignorance, nombreux sont ceux qui parlent de saint Gardel, ainsi que le racontait Vicente Zito Lema dans un article de la revue *Crisis*.

Afin que les couches les plus marginales puissent participer elles aussi au phénomène d'identification, on raconta que Gardel avait eu des démêlés avec la police pour vol et escroquerie, sans que nul n'ait jamais pu en fournir aucune preuve. Peut-être dans sa jeunesse eut-il maille à partir avec les commissariats du quartier de l'Abasto mais de là à lui attribuer une conduite délinquante, il y a une limite difficilement franchissable. A cette époque, qu'un garçon aille de temps en temps passer la nuit au commissariat pour tapage nocturne ou vol à la tire n'étonnait personne, et l'intervention des autorités se limitait généralement à une réprimande. Blas Matamoro, dans la biographie qu'il consacra à Carlos Gardel, mentionne une entrevue qu'il eut en 1956 avec Domingo Tiola, ex-agent de police du commissariat de l'Abasto, lequel lui aurait avoué avoir "arrêté Gardel presque chaque jour pour vols à la tire et à l'étalage sur les marchés". Matamoro suppose que "c'est de cette époque, probablement après 1905, que doit dater son enfermement à la prison de Ushuaia (…). Les renseignements que l'on possède à ce propos sont les suivants : en 1905 une révolution radicale éclata contre le président Quintana. Le coup d'Etat échoua et plusieurs militaires compromis dans le soulèvement furent envoyés dans le sud du pays ; Rodríguez Varela, Virgilio Avellaneda, Horacio Thor, Juan Ledesma, José Avalos et Eduardo Villanova furent condamnés. En mai 1906, le nouveau président José Figueroa Alcorta signa le décret qui les amnistiait et en février 1907 les prisonniers furent libérés. Pendant la traversée, qui se faisait alors sur le *Chaco*, Villanova entonna plusieurs chansons créoles. Un prisonnier de droit commun qui avait été condamné pour récidive, en application de la loi 3 335, faisait chœur avec Villanova. En arrivant au port, Villanova tomba malade. Ses compagnons de voyage achetèrent une carte postale représentant le port de la Bajada Grande (delta du

Paraná) et la dédicacèrent ainsi : "A M. Villanova, marin intrépide des côtes du Sud, qui franchit le cap Horn et eut le mal de mer dans le Rio de la Plata." Parmi les signatures, dit Blas Matamoro, se trouve celle de Carlos Gardel.

Le mystère est propice aux conjectures. Avec le temps et la disparition progressive des témoins, et faute de nouvelles preuves, tous les faits se rapportant à Carlos Gardel relèveront de plus en plus du mystère. La vie des mythes appartient moins à l'investigation historique rigoureuse qu'à la projection collective et au rêve partagé.

Gardel incarnait toutes les aspirations de l'Argentin moyen et réunissait toutes les conditions de la réussite : célébrité, beauté, succès auprès des femmes, argent, générosité. Il possédait en effet un sens très profond de l'amitié et l'on pouvait faire appel à lui à tout moment. La célébrité, le succès auprès des femmes, qu'il devait en grande partie aux propos admiratifs de ceux qui l'entouraient, allaient de pair avec une vie fastueuse : voitures luxueuses, costumes impeccablement coupés. Un tango postérieur à Gardel (*Pa' que sepan como soy*, Pour qu'on sache comment qu'je suis) l'explique clairement : *Pa' las pilchas soy de clase / siempre cuido mi figura. / Para conquistar ternura / hay que fingir posición.* (Pour les fringues j'ai de la classe / je me soigne toujours la mise. / Pour conquérir la tendresse / faut avoir l'air rupin.)

Gardel n'avait pas besoin "d'avoir l'air" : il était. Indestructible et éternel, son sourire acquit alors une telle valeur symbolique qu'il devint une espèce de tic stéréotypé aujourd'hui pétrifié sur le buste qui orne son mausolée au cimetière de la Chacarita. Lorsqu'un de ses admirateurs les plus fanatiques le baptisa "le sourire de bronze", la métaphore, pour être de mauvais goût, n'en reflétait pas moins la réalité : Gardel est en bronze.

Tout ce qu'on a écrit et écrira sur lui ne peut que renforcer son culte : l'objectivité, la documentation, l'analyse n'ont pas place ici.

"Le mythe, écrit Carlos García Gual dans *Mitos, viajes y heroes* (Mythes, voyages et héros), est, à sa manière, une explication du monde et de la société." L'Argentine, produit de l'immigration, a sans doute eu besoin de Gardel pour mieux comprendre sa propre genèse et son propre développement.

Nous avons dit plus haut que dans un testament olographe, Gardel affirme être né à Toulouse, niant ainsi ce qu'authentifiaient ses papiers, à savoir sa nationalité uruguayenne. Pour certains, il était le fils d'une repasseuse toulousaine, Berta Gardés, partie pour le Rio de la Plata avec son fils alors âgé de trois ans. Pour d'autres, et en particulier pour Erasmo Silva Cabrera, Gardel était le fils du colonel uruguayen Carlos Escayola et de Manuela Bentos de la Mora. Manuela, qui aurait vécu dans un hameau paysan situé entre deux grandes propriétés d'élevage près de Tacuarembó, Santa Blanca et Las Crucesitas, aurait eu avec le militaire une relation occasionnelle. D'autres témoignages viendraient en effet confirmer que lorsque son fils eut deux ans, Manuela Bentos le confia à une femme nommée Berta Gardés. Blas Matamoro ajoute que "selon d'autres hypothèses, la première nourrice de Carlos Gardel ne serait pas Berta mais Anaïs Beaux, mariée par la suite à Fortunato Muñiz, personnes que Gardel chérissait particulièrement, et considérait, ainsi qu'en témoignent plusieurs lettres qui leur sont adressées, comme ses véritables parents". Pour la biographie romancée d'Edmundo Eichelbaum, cette tendresse était simplement due à ce que le chanteur et sa mère, Berta Gardés, avaient vécu, à leur arrivée en Argentine, chez les Muñiz. En tout cas, Berta Gardés se comporta toujours comme la véritable mère de Gardel.

La biographie officielle raconte que Carlos Gardel était inscrit à l'école dans le quartier de Balvanera, où il eut pour camarade Ceferino Namuncura, ce petit saint indien dont on attend toujours la canonisation. A propos de la vocation de son fils, Berta Gardés, interviewée en 1936, déclara : "Il disait toujours qu'il voulait être chanteur. Et à l'époque, ça me faisait peur… Comme on vivait en face du Politeama et que je travaillais pour des chanteurs célèbres, il se glissait souvent dans les loges, où tout le monde l'aimait beaucoup. Il entendait les opéras et comme il avait de l'oreille, il les chantait et jouait à lui seul tous les rôles." Plus tard, Gardel chanta, pour quelques sous et parfois même gratis, dans les cafés et les restaurants situés aux alentours des grandes halles de Buenos Aires, l'Abasto.

C'était l'époque où brillaient les noms de trois grands *payadores* : Gabino Ezeiza, José Betinoti et Arturo de Navas, et où Angel Villoldo et Alfredo Gobbi chantaient des couplets célèbres. Il est fort probable, note José Gobello, que Carlos Gardel ait été fasciné par Arturo de Navas, qui chantait des thèmes champêtres que Gardel affectionnait particulièrement. Mais il avait par rapport à son modèle un désavantage : il était incapable d'improviser. Il devait se contenter de répéter ce que les autres avaient créé, écoutant avec ferveur les principaux *payadores*, auprès de qui il apprit les rudiments de son art. Ruben Pesce précise : "Ezeiza lui enseigna l'authentique vibration créole ; Betinoti l'interprétation sentimentale de certaines chansons ; Navas, l'importance d'une voix bien timbrée." D'autres chanteurs encore l'influencèrent : Pedro Garay, un des créateurs de la chanson paysanne à deux voix, et Saúl Salinas, qui lui apprit à chanter en duo.

En 1912, Gardel s'associa avec Francisco Martino ; en 1913, le duo devint quatuor en engageant Saúl Salinas et l'Uruguayen José Razzano. Mais l'ensemble devait se dissoudre quelques mois plus tard. Salinas puis Martino quittèrent la formation et c'est en 1913 que se forma le duo Gardel-Razzano qui dura jusqu'en 1925. Gardel, cependant, enregistra seul ses tangos, peut-être parce qu'il avait compris que le tango ne pouvait être chanté à deux, peut-être parce que Razzano refusait de chanter autre chose que des chansons campagnardes. En 1925, sous prétexte que la voix de Razzano n'était plus ce qu'elle était, le duo cessa d'exister et Gardel, en octobre de la même année, se rendit seul à Paris, comme chanteur de tangos. Razzano refusait de l'admettre, mais la chanson créole appartenait au passé : elle ne devait revenir à la mode qu'après 1950, revitalisée par des ensembles folkloriques. En effet, devant l'avalanche de provinciaux venus s'installer dans la capitale pour participer à l'industrialisation péroniste, le folklore déplaça le tango dans les préférences musicales des Argentins. Mais au milieu des années vingt, la musique de la campagne languissait sans rémission.

Dans *la Vie de Carlos Gardel* que José Razzano raconta à Francisco García Giménez, le chanteur uruguayen colore d'un ton légendaire sa première rencontre avec son compagnon de duo. Il affirme que dans de nombreux cafés, les habitués venaient exprès les entendre tous deux se donner la réplique, comme dans les vieilles *payadas*, jusqu'à un soir de 1911 où ils se retrouvèrent rue de la Vieille-Garde (aujourd'hui rue Jean-Jaurès), chez un pianiste nommé Gigena. Razzano, peut-être pour se donner de l'importance, affirme que la compétition se termina par un match nul. C'est probable, bien que la vérité ici importe peu ; quelque temps plus tard ils se produisaient ensemble, avec le quatuor, puis le trio, et enfin en duo. Ils organisèrent une tournée qui se solda par un échec et une séparation qui dura plusieurs mois, le temps pour chacun d'enregistrer quelques disques, Gardel pour Columbia, Razzano pour Victor. Les étiquettes des disques de Gardel portaient la mention : "Ténor avec guitare" ; en effet, il s'accompagnait, très mal d'ailleurs, à la guitare. "Il n'est pas difficile de reconnaître en lui, signale Ruben Pesce, un ténor sans école mais qui essaie, avec une assurance remarquable, les notes hautes et les arpèges, se complaît dans les aigus et possède une musicalité et une émotivité jusqu'ici inconnues ; sa voix de ténor lyrique de quartier n'est guère puissante mais il sait la travailler et doser sa respiration. Sa personnalité est une curieuse alliance entre les troubadours populaires, au charme distinctif, et les chanteurs d'opéra qu'il avait l'habitude d'imiter."

Le 9 janvier 1914, le duo débuta dans un théâtre de la rue Corrientes, le Nacional, en même temps que la *Compagnie de Pochades y Vaudevilles*, dirigée par Francisco Ducasse et Elías Alippi, dont faisait partie celui qui serait plus tard le célèbre Enrique Muiño. L'affiche précisait que le duo Gardel-Razzano se produirait à l'entracte. Quelques semaines plus tard il chantait à l'Armenonville, et en mars 1914 il se produisait avec la compagnie d'Arsenio Perdiguero et de Roberto Casaux, pour, en octobre de la même année, travailler avec Orfilla Rico. Le duo avait bien choisi les troupes avec qui partager la scène.

En 1915 Carlos Gardel et José Razzano, afin d'enrichir leur accompagnement, engagèrent un guitariste, José

Ricardo, et deux ans plus tard ils enregistrèrent pour la firme *Nacional Odeon* leur premier disque, qui porte le numéro 18 000 et comprend *Cantar eterno* (Chant éternel), d'Angel Villoldo, chanté par le duo, et *Entre colores* (Entre les couleurs), de Razzano, interprété par l'auteur.

En 1921, alors que Gardel avait déjà inclus plusieurs tangos à son répertoire, le duo fit appel à un second guitariste, Guillermo Barbieri, qui accompagna toute la carrière de Gardel et mourut dans l'accident d'avion de Medellín.

En 1923, Gardel et Razzano se rendirent en Espagne où ils débutèrent avec la compagnie Enrique de Rosas et Matilde Rivera au Théâtre Apollo de Madrid ; ils figuraient dans le dernier tableau de *Barranca abajo* (Au fond du ravin), une pièce de Florencio Sánchez qui s'achevait sur un *pericón* dansé par toute la troupe. A son retour à Buenos Aires, le duo chanta à la radio Gran Splendid, au-dessus du théâtre du même nom. Gardel était de plus en plus indépendant et sa maison de disques lui demandait sans cesse d'enregistrer d'autres tangos. En septembre 1925, le duo décida de se séparer. Gardel abandonna presque définitivement les chansons créoles qui n'intéressaient plus personne pour devenir compositeur et interprète de tangos.

A partir de cette date, il ne cessa de voyager. En octobre 1925, il retourna en Espagne : sur les vingt-cinq thèmes qu'il y enregistra, vingt étaient des tangos.

En 1928 Gardel est un autre personnage : il a enregistré des centaines de disques, et a su fort bien choisir un répertoire qui raconte des histoires de Buenos Aires. Il choisit ses tangos en partie pour leur mélodie qu'il adapte à son style, au timbre de sa voix, à son souffle, mais surtout pour leurs paroles. Les gens chantent ce que chante Gardel et s'identifient à lui car ce qu'il leur transmet appartient à la réalité de tous les jours. Gardel est l'un d'eux, comme eux il rêve d'aller en France, fantasme de tout Argentin des années vingt. C'est pourquoi Pedro Orgambide écrit : "Lorsque Gardel part pour Paris, il va symboliquement réaliser nos rêves. Il quitte Buenos Aires comme un prince le 12 septembre 1928, sur le *Conte Verde*. Son représentant Luis Gaspar Pierotti et ses guitaristes, Ricardo, Barbieri et Aguilar l'accompagnent. (…) Gardel voyage avec son chauffeur et, bien sûr, sa voiture, sa luxueuse Graham Peige. C'est-à-dire qu'il voyage comme désirerait voyager un Argentin de cette époque, un Portègne «qui connaît tout». Il voyage pour nous."

Après une représentation au Théâtre Fémina pour un concert de charité où se produit Joséphine Baker, alors une des grandes vedettes de Paris, Carlos Gardel est engagé pendant trois mois au cabaret Florida. Il enregistre plusieurs disques et fréquente l'aristocratie. En termes argentins : il triomphe. Cependant, à son retour, il se produit dans une salle qui ne compte pas plus de quatorze ou quinze rangées de fauteuils et le lendemain, le journal *Crítica* publie un article le condamnant au bûcher. Il avait osé chanter une *canzoneta* et le critique ne pouvait le lui pardonner : "Ecoute, mon vieux, si pendant que je courais le monde j'avais vu le Vieux Vizcacha du *Martin Fierro* fumer une Camel, je n'aurais pas été plus surpris." L'article était signé Carlos de la Púa, l'auteur de *La Crencha engrasada* (La Tignasse graisseuse) dont les pages comprennent un poème fort élogieux dédié à Carlos Gardel.

Mais ce dernier voyait plus loin et ne se contentait pas d'être le chanteur de Buenos Aires : il voulait être un artiste international et pour ce faire il lui fallait d'abord devenir à l'écran un séducteur. Le cinéma parlant venait de faire son apparition et les stars incontestées en étaient les chanteurs. Au point que le premier film du genre qui atteignit une diffusion commerciale fut *le Chanteur de jazz* avec Al Jonson, la voix la plus populaire des Etats-Unis dans les années vingt.

La caméra n'était pas une inconnue pour Carlos Gardel, bien que son évocation ne lui fût sans doute pas des plus agréables. Il avait tenu deux petits rôles dans des films du dramaturge Francisco Defilippis Novoa. Dans l'un d'eux, *Flor de durazno* (Fleur de pêcher), tourné en 1916 d'après un roman de Hugo Wast, il apparaissait comme un séducteur ridicule qui se repentait d'avoir séduit avec de mauvaises intentions une jeune paysanne (Ilde Pirovano). Obèse, bébête, gesticulant, engoncé dans un grotesque uniforme de marin qui accentuait les cent kilos qu'il pesait alors, sa performance n'était guère un antécédent encourageant pour devenir un acteur à la mode. Deux ans plus tard, toujours avec Defilippis Novoa, il tournait la pièce de théâtre *La Loba* (La Louve), dont il n'existe plus aucune copie. Rien ne permet de penser que dans ce film Gardel ait fait mieux car dans une série de courts métrages tournés en 1930, son jeu est encore emphatique et faux.

C'est à partir de 1932, avec *Espérame* (Attends-moi), que Gardel commence vraiment à être un acteur. Tous les scénarios de ses films seront écrits, à partir de ce moment, par celui qui allait devenir son collaborateur le plus proche et son parolier, Alfredo Le Pera. Né à São Paulo, au Brésil, entre 1900 et 1904 – sa date de naissance restant mal connue –, dans une famille d'immigrés italiens, Le Pera s'installa très jeune à Buenos Aires où il fit quatre années de médecine et travailla comme journaliste à *Ultima hora* et à *El Mundo*. Il écrivit des sketches pour de nombreuses revues dont *La Plata del bebe Torres* (Le Fric de bébé Torres), le seul qui ait connu quelque succès. Alors qu'il était à Paris et écrivait les sous-titres de plusieurs films français, la Paramount le mit en contact avec Gardel qui tournait aux studios de Joinville.

Le Pera contribua à peaufiner la nouvelle image internationale de Gardel. Il écrivit pour lui des paroles d'où l'argot avait disparu et qui épousaient parfaitement la musique que composait le chanteur. L'objectif était de travailler dans un espagnol dépouillé de toute expression locale, pouvant être compris dans tous les pays de langue espagnole, s'inscrivant dans un contexte sentimental où Buenos Aires ne serait qu'une référence lointaine, l'endroit d'où l'on était parti un jour. L'idée de base de ces nouvelles chansons était qu'un artiste international ne peut être sédentaire et chanter uniquement pour ses voisins. Son regard doit porter plus loin, et son horizon doit embrasser les problèmes éternels de l'homme et non seulement les conflits momentanés ou l'anecdote de quartier. Le Pera comprit le défi que signifiait cette conception et il le releva.

Son principal mérite fut de remplir le contrat fixé par la Paramount : rendre les textes de Gardel compréhensibles par tous. Le succès massif des représentations du chanteur en Amérique latine et la pérennité de ses chansons en sont une preuve. Pourtant, les paroles possédaient et possèdent toujours la saveur de l'Argentine. Des années plus tard, en 1970, le bandonéoniste Aníbal Troilo faisait allusion – au cours d'une conversation avec Jorge Miguel Couselo – à cette particularité des paroles de Le Pera : "Souviens-toi que Gardel était tout seul, entouré de Français d'abord, d'Américains ensuite. Ces gens-là auraient pu le gâcher. Il avait une voix (c'était déjà beaucoup), et elle faisait sa personnalité, et il avait ses idées en matière de musique. Mais ce n'était pas un parolier. C'est alors qu'apparut Le Pera, dont on ne m'a jamais dit du bien, mais quelle importance maintenant ! Et tous les deux ils montèrent un coup terrible : ce qui n'appartient qu'à nous, ils le transposèrent dans un contexte tout à fait étranger. Moi je n'écris pas, et je lis peu, mais ce qu'il faut faire pour communiquer avec les gens, ça je comprends. Les paroles de Le Pera sont à nous, ce sont des paroles que seuls des Portègnes peuvent comprendre. Et il les a rendues compréhensibles pour tout le monde, sans jamais cesser d'être portègne. Ou argentin. Ce qui n'était pas facile. C'était l'épreuve du feu. Le Pera écrivait et Gardel chantait. La voix de Carlos n'avait pas de frontières. Quant à Le Pera, son grand mérite fut de transmettre notre identité à ceux qui ne nous connaissaient pas. Regarde par exemple *Melodía de arrabal* (Mélodie du faubourg) ou *Mi Buenos Aires querido* (Mon Buenos Aires bien-aimé). Il ne faut pas oublier que Gardel les a chantés pour la première fois à Paris et en Amérique du Nord et non pas rue Corrientes. Enfin, à cause de tout ça et puisqu'on parle de paroliers de tangos, moi j'ai toujours pensé que Le Pera n'était pas si loin de Discepolín ou de mon cher Manzi."

Bien que dans le film *La casa es seria* (La maison est sérieuse) – dans lequel on peut entendre *Volvió una noche* (Elle est revenue un soir) et *Recuerdo malevo* (Souvenir canaille) – et dans *Espérame* (Attends-moi) – où Gardel chantait *Me da pena confesarlo* (J'ai peine à l'avouer), *Estudiante* (Etudiante), *Criollita de mis amores* (Petite créole de mes amours), *Por tus ojos negros* (Pour tes yeux noirs) – il y ait encore des mots d'argot comme *malevo**, *pebeta**, *taita**, *remanyao*, *canejo*, dans les films suivants le langage est d'autant plus dépouillé que s'affirme le talent poétique de Le Pera. Ainsi *Soledad* (Solitude) :

En la doliente sombra de mi cuarto al esperar
sus pasos que quizá no volverán ;
a veces me parece que ellos detienen su andar
sin atreverse a entrar.

Pero no hay nadie y ella no viene
es un fantasma que crea mi ilusión,
y que al desvanecerse va dejando su visión
cenizas en mi corazón.

Dans la pénombre douloureuse de ma chambre j'attends
ses pas qui ne reviendront peut-être jamais ;
parfois je crois qu'ils retiennent leur marche
et n'osent entrer.

Mais il n'y a personne et elle ne vient pas
c'est un fantôme, c'est une illusion
qui s'évanouit et cette vision
laisse des cendres dans mon cœur.

ou *Volver* :

Tengo miedo del encuentro
con el pasado que vuelve
a enfrentarse con mi vida.
Tengo miedo de las noches
que pobladas de recuerdos
encadenen mi soñar.

Pero el viajero que huye
tarde o temprano detiene su andar,
y aunque el olvido que todo destruye
haya matado mi vieja ilusión,
guardo escondida una esperanza humilde
que es toda la fortuna de mi corazón.

J'ai peur de retrouver
mon passé qui revient
se mesurer à ma vie.
J'ai peur que de longues nuits
peuplées de souvenirs
enchaînent ma rêverie.

Car le voyageur qui s'enfuit
tôt ou tard s'arrête en chemin
et si l'oubli qui détruit tout
a tué mes rêves d'autrefois,
il y a cachée en moi une humble lueur,
 la seule fortune qui reste à mon cœur.

Les paroles de Le Pera possèdent une grande qualité : elles racontent des histoires dramatiques et fermées sur elles-mêmes. Ainsi par exemple dans *Volvió una noche*, c'est un vieil amour qui revient en même temps que l'impossibilité de revivre le passé et de repartir à zéro : *Las horas que pasan ya no vuelven más. / Y así mi cariño al tuyo enlazado / es solo un fantasma del viejo pasado / que ya no se puede resucitar.* (Les heures qui passent ne reviennent jamais. / Et ma tendresse à la tienne enlacée / n'est que le fantôme d'un lointain passé / que l'on ne peut ressusciter.) Dans *Volver*, le personnage rentre au pays, retrouve son vieux quartier alors que les ans "ont argenté ses tempes". Car, écrit Le Pera, "on revient toujours à ses premières amours", et celui qui a abandonné ses racines comprend tôt ou tard que tout ce qui lui reste est, au-delà de la peur ou du doute, l'endroit d'où il vient.

Le thème de la distance et du désir de rentrer chez soi, propre à tout exilé, revient souvent dans le répertoire Gardel-Le Pera. Tous deux incarnent non seulement la réussite économique et la gloire mais l'homme qui, loin de sa patrie, a la nostalgie de son sol natal. Cette distance,

Gardel l'avait déjà chantée avec *Anclao en Paris* (Echoué dans Paris), un des meilleurs tangos d'Enrique Cadícamo. La musique est de Guillermo Barbieri et ce fut un des plus grands succès de Gardel.

Tirao por la vida de errante bohemio
estoy, Buenos Aires, anclao en Paris.
Cubierto de males, bandeado de apremio,
te evoco desde este lejano país.
Contemplo la nieve que cae blandamente
desde mi ventana que da al bulevar :
las luces rojizas, con tono muriente
parecen pupilas de extraño mirar.

Lejano Buenos Aires, qué lindo que has de estar !
Ya van para diez años que me viste zarpar...
Aquí, en este Montmartre, faubourg sentimental,
yo siento que el recuerdo me clava su puñal.

Cómo habrá cambiado tu calle Corrientes...!
Suipacha, Esmeralda, tu mismo arrabal...!
Alguien me ha contado que estás floreciente
y un juego de calles se da en diagonal...
No sabés las ganas que tengo de verte !
Aquí estoy varado, sin plata y sin fe...
Quien sabe una noche me encane la muerte
y chau, Buenos Aires, no te vuelvo a ver !

Malmené par la vie, errant comme un bohémien
me voici, Buenos Aires, échoué dans Paris.
Frappé par la malchance, bourré de pépins,
je t'évoque depuis ce lointain pays.
Je regarde la neige qui tombe doucement
derrière ma fenêtre donnant sur le boulevard ;
les lumières rougeâtres et chancelantes
ressemblent à des pupilles à l'étrange regard.

Mon lointain Buenos Aires, que tu dois être beau !
Il y a dix ans déjà que tu m'as vu partir…
Ici, à Montmartre, faubourg sentimental
chaque souvenir est un coup de poignard.

Comme la rue Corrientes a dû changer… !
Suipacha, Esmeralda, le faubourg tout entier !
On m'a dit que tu étais florissant
et que de nouvelles rues partent en diagonale…
Si tu savais l'envie que j'ai de te revoir
mais je suis coincé, sans fric, sans espoir…
Un de ces soirs la mort me jettera dans le trou
ciao, Buenos Aires, on ne se reverra plus.

Le voyage à Paris, nous l'avons déjà dit, fait partie du rêve de tout Argentin, et le plus infime succès, intellectuel ou social, remporté en France est le véritable point de départ d'une consécration en Argentine. Mais l'obligation du voyage implique la nécessité du retour. La nostalgie est douloureuse, rentrer est un but et une promesse. C'est ce que chantent Gardel et Le Pera. Dans *Golondrinas* (Hirondelles), l'un écrit et l'autre chante : *Golondrinas de un solo verano / con ansias constantes de cielos ajenos, / el alma criolla errante y viajera, / querer detenerla es una quimera ; / … con las alas plegadas / también yo he de volver.* (Hirondelles d'un seul été / qui désirent s'envoler pour d'autres cieux / âme créole errante et voyageuse, / vouloir la retenir est une illusion… les ailes repliées / moi aussi je veux rentrer.)

Dans *Mi Buenos Aires querido* (Mon Buenos Aires bien-aimé), Le Pera écrit : *Cuando yo te vuelva a ver / no habrá más penas ni olvido.* (Lorsque je te reverrai / il n'y aura plus ni peines ni oubli.) Voilà pourquoi rentrer est la seule possibilité même si *Volver* dit : "J'ai peur de retrouver / mon passé qui revient / se mesurer à ma vie."

C'est l'époque où Gardel atteint sa plénitude de chanteur. Matamoro écrit à propos de ces années : "C'est vrai que sa voix s'est embuée avec le temps, comme c'est naturel chez un homme qui a atteint la cinquantaine et dont les tissus – en particulier les muscles qui travaillent lorsqu'on chante – présentent les signes d'une fatigue normale à cet âge. Avec le temps et la pratique du chant, toute voix s'endurcit, s'obscurcit, prend un timbre plus nasal très caractéristique. Et bien que la voix de Gardel perde la coloration et les aigus de sa jeunesse, en devenant plus opaque elle gagne en densité, et rend compte de la maturité et de la finesse du chanteur. C'est l'époque où Gardel chante d'une voix admirablement grave ses propres chansons et des tangos dont Alberto Castellanos et Terig Tucci font les arrangements."

Cependant, son succès est plus grand à l'étranger qu'en Argentine où il ne déplace pas les foules. Mais, pour tous ceux qui parlent l'espagnol et voient ses films, il devient une idole. Il vit fastueusement à New York, d'abord au Waldorf Astoria, un des hôtels les plus chers du monde, puis dans un luxueux duplex à l'hôtel des Beaux-Arts. Mais en dépit de son succès international, au Théâtre Nacional de Buenos Aires la revue *De Gabino a Gardel* ne tient l'affiche que quinze jours à cause du trop petit nombre d'entrées. Les journaux de Buenos Aires et de Montevideo déclarent que sa voix est inaudible sans l'aide des micros qu'il utilise dans ses films. Dans le Rio de la Plata, on ne lui pardonne pas de ne pas savoir renouveler son répertoire.

On peut même penser que l'enregistrement du tango intitulé *Viva la patria !* effectué quelques jours seulement après le coup d'Etat militaire du 6 septembre 1930, a suscité l'antipathie des partisans de Hipólito Yrigoyen qui continuaient à être majoritaires dans le pays. L'Union civique radicale avait en effet doublé ses voix aux élections présidentielles de 1928 et, après le putsch du général Uriburu, elle conservait de très nombreux partisans. C'est du moins ce que montra, le 5 avril 1931, l'élection du gouverneur de la province de Buenos Aires que le gouvernement militaire annula car elle signifiait une défaite écrasante des partisans du régime. On pouvait pardonner à Gardel d'avoir chanté pour des leaders conservateurs avant de devenir une vedette ; on pouvait même faire semblant d'ignorer son amitié avec Juan Ruggero, dit Ruggerito, le garde du corps du *caudillo* d'Avellaneda, Alberto Barcelo, mais en aucun *cas* on ne pouvait accepter qu'il rejoigne les ennemis d'Yrigoyen.

Les paroles de García Giménez, enregistrées un mois à peine après le coup d'Etat, disaient : *La niebla gris rasgó veloz el vuelo de un avión / y fue el triunfal amanecer de la revolución. / Y como ayer el inmortal 1810, / salió a la calle el pueblo radiante de altivez. / No era un extraño el opresor cual el de un siglo atrás, / pero era el mismo el pabellón que quiso arrebatar. / Y al resguardar la libertad del trágico malón, / la voz eterna y pura por las calles resonó : / ¡ Viva la patria ! y la gloria de ser libres. / Viva la patria que quisieron mancillar. / Orgullosos de ser argentinos al trazar nuestros nuevos destinos / ¡ Viva la patria ! de rodillas en su altar. / Y la legión que construyó la nacionalidad / nos alentó, nos dirigió desde la eternidad. / Entrelazados vio avanzar la capital del Sur / soldados y tribunos, liñaje y multitud. / Amanecer primaveral de la revolución, / de tu vergel cada mujer fue una frangante flor, / y hasta tiñó tu pabellón la sangre juveníl, / haciendo más glorioso nuestro grito varoníl.*

(Le brouillard gris déchirait un avion en vol / au matin triomphant de la révolution. / Et comme hier, 1810 immortel, / le peuple radieux est descendu dans la rue. / L'oppresseur n'était pas étranger / comme il y a un siècle / mais c'est le même drapeau qu'il voulait dérober. / Et en préservant la liberté de la tragique attaque indienne / la voix éternelle et pure résonna dans les rues : / Vive la patrie et la gloire d'être libres. / Vive la patrie qu'on a voulu souiller. / Fiers d'être argentins face à notre nouveau destin. / Vive la patrie ! Agenouillés devant son autel. / Et la légion qui a construit la nation / nous dirige et nous guide depuis l'éternité. / La capitale du Sud a vu s'avancer / soldats et tribuns, nobles et plébéiens. / Aube printanière de la révolution, / de ton verger chaque femme est une fleur, / et le sang juvénile a taché ton drapeau / rendant plus glorieuse la clameur de nos voix viriles.)

L'accident de Medellín fit oublier reproches et critiques. L'avion qui conduisait Gardel de Bogota à Cali s'écrasa contre un autre appareil stationné sur la piste de l'aérodrome Olaya Herrera, provoquant un incendie immédiat et violent. Le chanteur et ceux qui l'accompagnaient, Alfredo Le Pera et les guitaristes Guillermo Barbieri et Domingo Riverol périrent dans l'incendie. Il n'y eut que trois survivants, dont José Maria Aguilar, un des guitaristes de Gardel, qui fut grièvement brûlé.

Cette disparition subite et le feu purificateur effacèrent les exigences. Nul ne se souvient aujourd'hui des répétitions de son répertoire ou de la décadence du timbre de sa voix. Et ses opinions politiques ou les pâles succès de ses derniers spectacles n'intéressent plus personne. A l'époque, en tout cas, la nouvelle secoua Buenos Aires et la commotion n'avait pas disparu lorsque les restes de Gardel furent rapatriés quelques mois plus tard ; la foule qui assista à l'enterrement était aussi nombreuse que celle qui avait accompagné, deux ans auparavant, la dépouille mortelle de Hipólito Yrigoyen jusqu'au cimetière de la Recoleta.

Les admirateurs de Carlos Gardel se transformèrent en dévots et en fanatiques. On le surnomma "le Muet" et cet apophtegme circule encore de nos jours : "Il chante mieux de jour en jour." Des années plus tard, Humberto Costantini écrivait ce poème :

> Para mí, lo inventamos.
> Seguramente fue una tarde de domingo,
> con mate, con recuerdos, con tristeza,
> con bailables bajitos, en la radio,
> despues de los partidos.
>
> Entonces, qué sé yo,
> nos pasó algo rarísimo.
> Nos vino como un ángel desde adentro,
> nos pusimos proféticos,
> nos despertamos bíblicos.
> Miramos hacia las telarañas del techo,
> nos dijimos :
> "Hagamos pues un Dios a semejanza
> de lo que quisimos ser y no pudimos
> Démosle lo mejor,
> lo más sueño y más pájaro
> de nosotros mismos.
> Inventémosle un nombre, una sonrisa,
> una voz que perdure por los siglos,
> un plantarse en el mundo, lindo, fácil
> como pasandole ases al destino."
> Y claro, lo deseamos
> y vino.
> Y nos salió morocho, glorioso, engominado,
> eterno como un Dios o como un disco.
> Se entreabrieron los cielos de costado

y su voz nos cantaba :
mi Buenos Aires querido…
Eran como las seis,
esa hora en que empiezan los bailables
y ya acabaron todos los partidos.

Pour moi, on l'a inventé.
C'était sûrement un dimanche après-midi,
avec un maté, des souvenirs, quelque tristesse,
de la musique dansante à la radio,
après un match de football.

Alors, tout à coup,
quelque chose de bizarre est arrivé.
Peut-être un ange est-il passé en nous :
nous sommes devenus prophétiques,
nous nous sommes réveillés bibliques.
Au plafond il y avait des toiles d'araignée,
nous nous sommes dit :
"Créons un Dieu à l'image de ce que
nous voulions mais n'avons pu être.
Donnons-lui le meilleur,
les rêves, les oiseaux
qui sont en nous.
Inventons-lui un nom, un sourire,
une voix qui demeure dans les siècles,
une façon d'être au monde, belle, facile,
comme un destin de roi."
Nous l'avons désiré
et il est venu.
Il était beau, brun, glorieux,
éternel comme un disque ou comme un Dieu.
Le ciel sur le côté s'est ouvert
et sa voix nous a chanté :
mon Buenos Aires bien-aimé.

> Il devait être six heures,
> l'heure où l'on commence à danser
> et où le football est terminé.

Voilà pourquoi il n'est pas exagéré de paraphraser Federico García Lorca lorsqu'il écrivit à propos de son ami encorné par un taureau le 11 août 1934 dans les arènes de Manzanares : "Il mettra beaucoup de temps à naître, s'il naît un jour…" Un autre poète, Raul González Tuñón, écrivit, à propos de Gardel : "Et nulle voix n'est plus belle que celle immuable / sur la lune du disque et la rose de l'air. / Peut-être lorsque la neige tombera de nouveau / – sur notre ville – / une autre voix l'égalera-t-elle."

LE *LUNFARDO* :
UN ARGOT MYSTÉRIEUX

Comme tout groupe social qui se revendique en tant que tel, les voleurs, à la fin du XIXᵉ siècle et au début du XXᵉ, eurent besoin d'un langage codé leur permettant non seulement de se reconnaître entre eux et de déjouer la police ou les victimes qu'ils prétendaient dépouiller, mais surtout de pouvoir communiquer en prison sans que les gardiens les comprennent. C'est ainsi que naquirent des termes et des expressions spécifiques qui furent à l'origine de ce qu'on avait coutume d'appeler le "langage de la taule" c'est-à-dire le langage des prisonniers, le parler des *lunfardos* comme se désignaient eux-mêmes les voleurs.

On appelait une montre une bébête *(un bobo)*, selon les uns à cause de la facilité avec laquelle on pouvait la voler, selon les autres parce qu'elle ne s'arrête jamais de travailler. Un "va-et-vient" était un couteau ; les instruments nécessaires pour effectuer un cambriolage étaient la *ferramentusa* (la ferraillerie), et on appelait *encanastado* (taulard) celui qui s'était fait mettre sous les verrous. Pour dire : "Après un énorme scandale la police m'a jeté en prison" on disait : *Se armó una bronca de bute y me encanó la perrera.* (Après une bagarre maousse les cognes m'ont collé au gnouf.)

Vers 1880, quelques journalistes curieux et des policiers ayant des vélléités de collectionneurs de mots commencèrent à divulguer le *lunfardo* dans Buenos Aires. Aux mois de mars et d'avril 1879, Benigno B. Lugones avait écrit dans *La Nación* deux articles dans lesquels il utilisait des expressions de *lunfardo* telles que *hacerse humo* (s'envoler en fumée, disparaître), *cotorro** (la garçonnière), *espiantar* (se tirer, mettre les bouts), *embrocar* (reluquer, zyeuter), *bacán** (rupin), et *curda* (cuite).

Dans son ouvrage *Orígenes de la literatura lunfarda* (Les Origines de la littérature *lunfarda*), Luis Soler rapporte que dans un article du journal *La Broma* (La Blague) daté de janvier 1882, on relève : "Le *lunfardo* n'est autre qu'un mélange de dialectes italiens vernaculaires parlé par les voleurs et les voyous qui l'ont agrémenté d'expressions pittoresques ; c'est le cas de mots comme *ancún* (attention, gaffe), *estrilar* (râler) ou *shacamento* (vol, chourave)."

Bien qu'à l'origine langage "du coup fourré et des casseurs" comme l'écrit Borges, le *lunfardo* s'immisça peu à peu dans le langage quotidien des habitants des *conventillos*. Il devint la langue usuelle parlée par les hommes et aujourd'hui il est le signe de reconnaissance et d'identité des Argentins.

S'il est vrai que la langue fait partie de la définition du concept de patrie et s'il est vrai qu'il existe une langue espagnole distincte du Rio de la Plata, il nous faut admettre que le *lunfardo* a contribué à l'élaboration du langage vernaculaire de Buenos Aires.

Né dans les *conventillos*, utilisé ensuite dans les saynètes, et plus tard pour écrire les paroles des tangos, le vocabulaire *lunfardo* s'est peu à peu constitué en patrimoine collectif. Dans les dialectes des immigrés se trouvait en germe tout ce qui a contribué aux modifications ultérieures de la langue : difficultés phonétiques, différences linguistiques, disparités syntaxiques. De leur côté, la mémoire et le contexte socio-culturel contribuèrent largement à détourner le sens de tout un vocabulaire. L'analphabétisme et la tendance à désigner les choses par les mots employés dans l'enfance ont fait le reste. Dans un pays d'alluvions où à certaines périodes il y avait plus d'étrangers que d'Argentins, prétendre au maintien d'une langue cristalline et pure relevait d'une ambition erronée. Et ceux qui, comme Miguel Cané, prédisaient la mort du langage populaire se sont lourdement trompés. L'auteur de *Juvenilia* écrivait, au début de ce siècle, dans *La Nación* : "Le jour où l'école primaire sera chez nous réellement obligatoire, le jour où nous aurons suffisamment d'écoles pour instruire les milliers d'enfants qui vagabondent du matin au soir et gagnent leur pain dans les mille petits métiers de notre capitale, le *lunfardo*, le *cocoliche* et autres «langues nationales» disparaîtront parce que aura disparu le bouillon de culture qui les a fait naître." Ce que n'avait pas compris Cané c'est qu'une langue vit en marge des règles académiques, qu'elle change et se transforme sans tenir compte des modèles linguistiques.

On peut dire que la saynète, et en particulier les œuvres d'Alberto Vacarezza, de José González Castillo et de Juan Francisco Palermo, ont enrichi le langage quotidien. Ainsi, en novembre 1908, dans *El Retrato del pibe* (Le Portrait du gosse) José González Castillo, qui plus tard écrira des tangos aussi célèbres que *Sobre el pucho* (Battons le fer pendant qu'il est chaud) ou *El Organito de la tarde* (Le Petit Orgue du soir), présentait les personnages de la pièce avec d'insolites poèmes faubouriens. *Bulín bastante mistongo / aunque de aspecto sencillo / de un modesto conventillo / en el barrio del Mondongo. / Una catrera otomana, / una mesa, una*

culera, / un balde, una escupidera y cualquier otra ma-
cana, / que me pongan el salón / sin cara de cam-
balache / y uno que otro cachivache en uno que otro
rincón. (Une piaule assez miteuse / bien que simple
d'aspect / dans un modeste *conventillo* / du quartier du
Mondongo. / Un grabat ottoman, / une table, un pose-cul, /
un seau, une cuvette et autres bricoles, / qu'on décore
mon salon / qu'il soit pas un bric-à-brac / et qu'il n'y
ait pas des babioles dans tous les coins.)

L'apparition de poètes comme Felipe Fernández contribua encore à renforcer l'usage du *lunfardo*. En 1915
furent publiés les *Versos rantifusos* (Poèmes de la cloche)
écrits uniquement en *lunfardo*. Ainsi cette somme de
mots pour décrire la femme :

Yo a la mina le bato paica, feba, catriela,
percanta, cosa, piba, budín o percantina :
chata, bestia, garaba, peor es nada o fémina
cucifai, adorada, chirusa, nami o grela

Moi à la nana je lui jaspine,
môme, môminette, Prix de Diane,
poule, chose, gosse, gigolette ou frangine
souris, greluche, grognasse, gonzesse,
filasse, adorée, boudin, pépée ou nénette

Ou encore ceux-ci pour désigner l'argent :

A la guita la llamo sport o ventolina,
menega, mosca, duros, shoshas, morlacos, vento,
nales o batataces, gomanes o elemento,
mangangas o guitarra, es decir meneguina.

Le fric je l'appelle galette ou trèfle,
flouze, grisbi, oseille, pèze ou pognon,

biscuits, blé, braise, osier, cresson,
artiche ou belins, carbure ou engrais.

Quelques années plus tard, en 1928, Carlos Raúl Muñoz y Pérez, plus connu sous le nom de Muñoz le´Malfrat, ou de Carlos de la Púa, son pseudonyme littéraire, publia *La Crencha engrasada*, le livre le plus important écrit en *lunfardo*. Carlos de la Púa montra, dans cet ouvrage, que l'on peut dépasser les limites d'un genre ou d'un vocabulaire lorsqu'on a du talent. Muñoz le Malfrat en avait et, pour la bonne métrique de ses poèmes, il alla jusqu'à inventer des mots qui intégrèrent immédiatement le langage populaire.

Parce qu'il met en vers un jargon ésotérique, *La Crencha engrasada* est un défi à la linguistique ; mais il est aussi une vision profonde de la morale, de l'idéologie et de la métaphysique des couches marginales de Buenos Aires. Carlos de la Púa écrivait en effet :

> *Hermano chorro, yo también*
> *sé del escruche y de la lanza…*
> *La vida es dura, amarga y cansa*
> *sin tovén…*
> *Yo también tengo un laburo,*
> *de ganzua y palanqueta.*
> *El amor es un balurdo*
> *en puerta.*
> *Con tal que no sea al pobre*
> *robá, hermano, sin medida.*
> *Yo sé que tu vida de orre*
> *es muy jodida.*
> *Tomá caña, pitá fuerte,*
> *jugá tu cashimba al truco*
> *y emborrachate,*
> *el mañana es un grupo.*
> *Tras cartón está la muerte.*

Grinche, frangin, moi aussi
je connais la cambriole et la fauche…
La vie est dure, amère, et on s'crève
sans pèze…
Moi aussi j'ai un turbin
je chourave et j'rectifie.
L'amour c'est de l'entourloupe
assurée.
Tant que c'est pas au pauvre,
vole, mon frère, tant que tu peux.
Je sais que ta vie d'arsouille
est une vie de merde.
Bois de l'eau-de-vie et fume,
joue ton morlingue au poker
et soûle-toi,
demain c'est de la frime.
La mort est derrière l'as de pique.

Mais l'apport le plus important à la diffusion massive du *lunfardo* n'est dû ni à la littérature ni à la poésie mais bien au tango. Angel Villoldo, au début du siècle, avait utilisé le *lunfardo* sur un ton qui se voulait aimable et s'apparentait à celui des écrits de mœurs de l'époque dont le modèle était les dialogues de *Fray Mocho*.

Le succès des tangos de Pascual Contursi où, çà et là, on trouvait quelques mots de *lunfardo*, encouragea des paroliers de moindre importance à emprunter la même voie. Ils croyaient qu'en répétant la formule le succès viendrait de lui-même, et ils tentèrent de combler leur manque de talent par une profusion de mots d'argot. Cependant, en gagnant la rue, certains de ces tangos devinrent rapidement un patrimoine collectif, et les inventions linguistiques enrichirent le langage vernaculaire.

On ne peut oublier des tangos comme *Viejo rincón* (Mon vieux coin) de Robert Cayol, *Amurado* (Abandonné) de José de Grandis, ou encore *Como abrazao a un rencor* (Enlacé à une rancœur) d'Antonio Podestá, qui disait : *Esta noche, para siempre, / terminaron mis hazañas ; / un chamuyo misterioso / me acorala el corazón. / Alguien chaira en los rincones / el rigor de la guadaña / y anda un algo cerca el catre / olfateándome el cajón. / Los recuerdos más fuleros / me destrozan la zabeca : / una infancia sin juguetes, / un pasado sin honor, / el dolor de unas cadenas / que áun me queman las muñecas / y una mina que arrodiya / mis arrestos de varón.* (Ce soir, pour toujours / c'en est fini de mes exploits ; / une jactance mystérieuse / a envahi mon cœur. / Quelqu'un aiguise dans un coin / la faux menaçante / et quelque chose rôde autour de mon pieu, / reniflant mon cercueil. / Les souvenirs les plus moches / me font éclater la caboche : / une enfance sans joujoux, / un passé sans honneur, / la douleur de quelques chaînes / qui brûlent encore mes poignets / et une gonzesse qu'a mis à genoux / mes élans de mec viril.) De même *Barajando* (Le Jeu) d'Eduardo Escaris Méndez : *Me la dieron como a un zonzo, / pegadita con saliva, / mas mi cancha no la pierdo / por mal juego que le dé, / y, si he quedao arañando / como gato panza arriba, / me consuelo embolsicando / la experiencia que gané.* (On m'a avoiné comme une andouille / on me l'a collée avec de la salive / mais je perds mon sang-froid / même si le jeu a tourné mal / et si je suis toutes griffes dehors / comme un chat le ventre en l'air / j'me console en gambergeant / sur l'expérience que j'ai gagnée.) Ou encore *Uno y Uno* (Un et Un), dont les paroles sont de Lorenzo Juan Traverso : *Hace rato que te juno / que sos un gil a la gurda, / pretencioso cuando curda, / engrupido y*

237

charlatán. / Se te dio vuelta la taba ; / hoy andás como
un andrajo. / Has descendido tan bajo / que ni bolilla te
dan. / Qué quedó de aquel jailaife / que en el juego del
amor / decía siempre : Mucha efe / me tengo pa' tayador ? /
Dónde están aquellos briyos / y de vento aquel pacoy, /
que diqueabas, poligriyo, / con las minas del convoy ?
(Y'a belle lurette que j't'ai à l'œil / t'es le roi des cavés /
prétentieux quand t'es bourré / ramenard et charlatan. /
Pour toi la roue a tourné / tu ne fais que traîner tes gue-
nilles. / T'es descendu si bas / qu'on te reluque même pas. /
Que reste-t-il de ce caïd / qui au jeu de l'amour / disait
toujours : fais-moi confiance / c'est moi le cador. / Où
sont tes exploits / où est tout ce pognon, / que tu grillais
en flirtant / avec les filles du *conventillo.*)

Ou encore *El Ciruja* (Le Chiftir) d'Alfredo Marino,
sur une musique d'Ernesto de la Cruz, créé en 1926 et
qui est sans nul doute un des sommets du tango argotique. Bien entendu on y trouve le drame, le doute, et la
perte de tout espoir.

> *Como con bronca, y junando,*
> *de rabo de ojo a un costado,*
> *sus pasos ha encaminado*
> *derecho p'al arrabal.*
> *Lo lleva el presentimiento*
> *de que, en aquel potrerito,*
> *no existe ya el bulincito*
> *que fue su único ideal.*
>
> *Recorda aquellas horas de garufa*
> *cuando minga de laburo se pasaba,*
> *meta pungia, al codillo escolaseaba*
> *y en los burros se ligaba un metejón ;*
> *cuando no era tan junao por los tiras,*
> *la lanceaba sin temer el manyamiento,*

una mina le solfeaba todo el vento
y jugo con su pasión.

Era un mosaico diquero
que yugaba de quemera,
hija de una curandera,
mechera de profesión ;
pero vivía engrupida
de un cafiolo vidalita
y le pasaba la guita
que le sacaba al matón.

Frente a frente, dandose de coraje,
los dos guapos se trenzaron en el bajo,
y el ciruja, que era listo para el tajo,
al cafiolo le cobro caro su amor…
Hoy, ya libre 'e la gayola y sin la mina,
campaneando un cacho' e sol en la vereda
piensa un rato en el amor de su quemera
y solloza en su dolor.

En colère, il zyeute
du coin de l'œil et de tous côtés,
il marche tout droit
en direction du faubourg.
Un pressentiment l'obsède
comme si sur le terrain vague
le petit nid qu'était son idéal
avait foutu le camp.

Il se souvient des nuits de nouba
quand y'avait peau de balle de boulot,
il vivait de fauche, il cartonnait,
il avait les canassons dans la peau ;
quand les flics le tenaient pas à l'œil
il chouravait sans crainte et sans trouille,

239

une poule lui piquait tout son flouze
et se jouait de sa passion.

C'était une petite enjôleuse
qui bossait comme chiffonnière,
fille d'une rebouteuse,
la reine du fric-frac ;
mais elle en pinçait
pour un gig, un bonnisseur
à qui elle refilait le pognon
qu'elle truandait à son mac.

Face à face, à qui le plus brave,
les deux gouapes se sont châtaignées
et le chiftir, jouant du surin,
a rectifié le gigolo.
Aujourd'hui sorti de cabane mais sans sa poule
il bat la semelle sur le trottoir
et en pensant à sa chiffonnière d'amour
il sanglote de douleur.

Plus respectueux de la réalité que des normes académiques, certains poètes comme Celedonio Flores, Enrique
Cadícamo, Enrique Santos Discépolo, Cátulo Castillo
et plus récemment Eladia Blázquez et Horacio Ferrer
ont utilisé sans pudeur le *lunfardo*. Mais on ne les a pas
toujours compris. En 1943, durant le gouvernement du
général Pedro P. Ramirez, un décret interdit la diffusion
du vocabulaire argotique dans le but de conserver la
pureté de la langue. Le décret fut aboli assez rapidement mais il avait eu le temps d'inquiéter les paroliers,
de faire rire le public et de couvrir de ridicule ceux qui
l'avaient édicté. On dut, tant qu'il fut en vigueur, édulcorer certains vieux tangos, en éliminer d'autres des
répertoires, employer le *tu* à la place du *vos* argentin, et
censurer tous les mots qui pouvaient faire allusion aux

faubourgs et à ses origines obscures. Discépolo, dans sa défense enflammée du *lunfardo*, déclara : "Ces gens-là – il faisait allusion à une commission qui s'était constituée pour sauvegarder la langue et dont la personnalité la plus marquante était monseigneur Gustavo Franceschi – se foutent que la jeunesse se remue le popotin au son de la rumba, ils se foutent qu'ils jouent les pédés en écoutant des boléros, ce qui les inquiète c'est ma modeste *Yira, yira* *." Un humoriste proposa même de changer le titre du tango et de l'intituler "Tourne, Tourne". Cependant, comme histoire et littérature vont à contrecourant du purisme, en quelques années les grands auteurs argentins imposèrent définitivement l'usage du *vos* à la place du *tu*, et l'utilisation du langage populaire dans la littérature. Ils effectuèrent un retour aux sources de la langue argentine et éliminèrent le côté artificiel d'un espagnol qui n'existait que dans des écrits ampoulés. Poursuivant la voie ouverte par les grands écrivains que furent Sarmiento, Hernández et Alberdi, ils firent leur cette phrase d'Ernesto Sabato : "C'est le peuple, le peuple tout entier qui bâtit une langue ; naturellement elle trouve ses paradigmes dans ses plus grands poètes et ses plus grands narrateurs, lesquels, loin de violer ce qui est en germe ou existe tacitement dans l'esprit de leur peuple, l'élèvent au contraire au sommet de l'expressivité et de la subtilité." C'est ainsi que le *lunfardo* a commencé à avoir ses livres, ses récits, ses poèmes, ses auteurs, nouveaux ou consacrés. On n'avait plus recours à un langage ésotérique, technique ou sectaire : on transcrivait, purement et simplement, la vie telle qu'elle se présentait. C'était le triomphe de la vérité. Le tango, dans cette victoire, avait eu son mot à dire.

CELEDONIO FLORES :
UN POÈTE AUX PIEDS DE BUENOS AIRES

> *Je ne prétends pas être barde, bara-*
> *gouineur lettré ni même la ramener ;*
> *j'écris humblement ce que je sens et*
> *pour écrire mieux j'écris en* lunfardo.

CELEDONIO ESTEBAN FLORES

De même que pour la musique, la vocation pour la poésie apparaît en général au moment de l'adolescence. Celedonio Esteban Flores n'avait pas vingt ans lorsqu'il écrivit *Fleurs et herbiers*, un premier recueil de poèmes resté inédit. Né à Buenos Aires en 1896, il écrivit ses premiers tangos poétiques à l'ombre du modernisme. Le choix de cette école n'était pas dépourvu de logique : le prestige qui entourait son fondateur, le poète nicaraguayen Rubén Darío, brilla longtemps après sa mort, en 1916, et ses disciples ne permettaient pas qu'une autre voie pût voir le jour. Pour les poètes argentins, l'hypnotisme moderniste avait son chef de file en Leopoldo Lugones qui, entre 1910 et 1915, était au sommet de sa gloire et avait déjà fait école. Lugones, en effet, avait publié *Lunario sentimental* en 1909, *Odas seculares* en 1910 à l'occasion du centenaire de l'Indépendance, et *El Libro fiel* en 1912. Par ailleurs, le mauvais goût du

Mexicain Amado Nervo connaissait également à l'époque une énorme diffusion, et la sensiblerie de son message s'adaptait parfaitement aux modèles esthétiques de la petite bourgeoisie latino-américaine.

Mais tout permet de penser qu'en plus de l'influence de ces auteurs, Celedonio Flores subit celles d'Evaristo Carriego et de Felipe Fernández, auteur de *Yacaré*, feuilletoniste du journal *Ultima Hora* qui, en 1915, avait publié *Versos rantifusos* (Poèmes de la cloche), l'ouvrage le plus important écrit jusque-là en *lunfardo*.

Ce fut justement le journal *Ultima Hora* qui, peu avant 1920, organisa un concours de paroles de tangos. Celedonio présenta un poème en alexandrins, écrit en *lunfardo* sur un ton ironique, intitulé *Por la pinta* (Pour la frime), et le gagna. Gardel, qui était à la recherche de tangos pour son nouveau répertoire, s'intéressa au poème. C'était encore l'époque où il se produisait avec José Razzano, et où son répertoire était composé pour l'essentiel de chansons paysannes. Chanter un tango était encore exceptionnel. Gardel donna rendez-vous au jeune poète et lui proposa de mettre ses textes en musique. Il chargea de ce travail le guitariste José Ricardo, bien que sur les enregistrements figurent les noms de Gardel et de Ricardo. C'est ainsi que, sous le titre définitif de *Margot*, le poème de Celedonio Flores, que José Ricardo avait d'abord intitulé *Pelandruna refinada* (Mendigote raffinée), devint le dixième tango enregistré par Gardel.

Margot est un reproche adressé à une fille de cabaret qui veut renier ses origines "passées dans la misère d'un *conventillo* des faubourgs" et qui, de Margarita en Margot, va jusqu'à franciser son nom. Mais dissimuler ses origines de classe est impossible, et le tango se plaint : *Hay algo que te vende, yo no sé si es la mirada / la manera de sentarte, de charlar, de estar parada, / o ese cuerpo acostumbrado a las pilchas de percale.* (Il y a quelque chose qui le trahit, je ne sais si c'est ton regard / ta façon de t'asseoir, de parler, de te tenir debout / ou ton corps habitué aux fringues en percale.)

Encouragé par le succès de *Margot*, Celedonio Flores reprit le même thème dans *Mano a mano* (On est quitte) – où l'on pouvait supposer que le même personnage, rappelant à la jeune fille son récent passé, lui reprochait la vie qu'elle avait choisi de mener : *Cuando vos, pobre percanta, gambeteabas la pobreza en la casa de pensión, hoy sos una bacana, la vida te ríe y canta.* (Autrefois, pauvre petite môme, tu baladais ta misère dans la pension, aujourd'hui t'es pleine aux as, la vie te sourit et chante.) Une fois de plus, trahir sa classe sociale ne peut qu'attirer le châtiment : vaincue, devenue "un vieux meuble délabré", la jeune fille devra retourner là où elle est née.

On retrouve la même morale dans *Audacia* (Audace) où le témoin du triomphe d'une jeune fille au cabaret lui adresse ces reproches : *Me han contado y perdoname que te increpe de este modo, / que la vas de partenaire en no sé qué bataclán ; / que has rodao como potrillo que lo pechan en el codo, / engrupida bien debute por la charla de un bacán. / Yo no manyo francamente lo que es una partenaire / aunque digas que soy bruto y atrasao qué querés ? / no debe ser nada bueno si hay que andar con todo al aire / y en vez de batirlo en criollo te lo baten en francés.* (On m'a dit, excuse que j'te l'dise comme ça / que tu joues les partenaires dans un "bataclan" ; / que tu t'es fait renverser comme un canasson poussé en pleine course / et drôlement embobiner par les boniments d'un rupin. / Je pige pas ce que c'est qu'une partenaire / que veux-tu j'suis une brute, un pauv' type / mais sûr que c'est rien d'bon si c'est que tu te balades avec tout à l'air / et qu'au lieu de jaspiner créole on te jacte en français.)

Plus tard, Celedonio Flores élargit son répertoire avec des thèmes plus intéressants, en dépit de quelques mélodrames excessifs et d'une trop grande sensiblerie comme par exemple dans *Si se salva el pibe* (Pourvu qu'on sauve le gosse), où il raconte la douleur de parents dont l'enfant s'est fait renverser par une voiture, ou encore *Se salvó el pibe* (Le gosse est sauvé), suite lamentable du tango précédent.

Celedonio Flores prend souvent un ton moraliste et sentencieux. Dans *Atenti pebeta* (Fais gaffe, la môme), il recommande à une jeune fille : *Cuando estés en la vereda y te fiche un bacanazo / vos hacete la chitrula y no te le deschavés, / que no manye que estás lista al primer tiro de lazo / y que por un par de leones bien planchados te perdés.* (Si un rupin te reluque quand tu tapines dans la rue, / mine de rien fais celle qu'entrave pas / faut pas qu'il pige qu'au premier coup t'es bonne / et que tu te vendrais pour un grimpant bien repassé.)

Ou encore, dans le style du "Vieux Vizcacha", il pontifie : *En asuntos de mujeres cada cual juega su carta / yo conozco muchos ranas que se han casado después, / el amor es un anzuelo donde el más lince se ensarta / y donde se pierden muchos envidos con treinta y tres / ... / Cuando entrés a una carpeta donde vayás convidado / desconfiá de las barajas y los puntos al jugar ; / un mango tiene más fuerza que un caballo desbocado / y en la timba hasta tu viejo te va a tirar a matar.* (En matière de femmes chacun a une carte dans sa manche / je connais même des mariolles qui se sont passé la corde au cou / l'amour est un hameçon où mord le plus malin / et où on perd cœurs et carreaux / ... / Si on t'invite à flamber / méfie-toi des cartes, méfie-toi des jetons ; / le flouze a plus de force qu'un cheval emballé / et à la roulette même ton vieux serait capable de te tuer.)

Et dans *Comadre* (Commère), il insiste : *Comadre no le haga caso, / los hombres son como la veleta, / arranque su vieja pena, / nunca más llore por ese amor / ... / Comadre no le haga caso, / no vale un hombre tanto dolor.* (Commère ne l'écoutez pas, / les hommes c'est des girouettes / oubliez cette vieille peine / ne pleurez plus cet amour-là / ... / Commère, ne l'écoutez pas / un homme ne vaut pas tant de douleur.)

Mais c'est dans la description de prototypes ou de personnages (*Canchero*, Il a de la classe ; *Viejo Smoking*, Vieux smoking ; *P'a lo que te va a durar*, Pour ce que ça va te durer), dans les tableaux de rue (*Entre Corrientes y Esmeralda*, Rues Corrientes et Esmeralda ; *El Bulín de la calle Ayacucho*, La Piaule de la rue Ayacucho) ou dans la peinture de mœurs que Celedonio Flores donna toute sa mesure : ses connaissances techniques lui rendaient plus facile le maniement de la métrique, sa richesse de vocabulaire l'empêchait de tomber dans les lieux communs qu'emploient trop souvent les paroliers de tangos, et l'usage équilibré du *lunfardo* donnait l'impression que celui-ci était le langage approprié à chaque thème.

La lecture des tangos et des poèmes de Celedonio Flores, lesquels se trouvent réunis dans deux ouvrages, *Chapaleando barro* (Patauger dans la boue) et *Cuando pasa el organito* (Quand passe l'orgue de Barbarie), permet de mieux comprendre l'idéologie populaire et la morale auxquelles l'auteur était attaché. Ses personnages, qui appartiennent le plus souvent à l'oligarchie, sont décrits dans leur décadence, dans leur vieillissement mélancolique et, lorsqu'il les peint au sommet de leur gloire, c'est pour mieux montrer combien la réussite économique est éphémère. Dans *Viejo Smoking* (Vieux smoking), le personnage compare sa misère actuelle avec la splendeur de son passé, lorsque le cabaret n'avait d'yeux que pour lui. Mais il ne se plaint pas, la vie est pour lui un jeu de hasard auquel il a perdu. Celedonio Flores ne néglige pas la métaphore : *Poco a poco todo a ido / de cabeza p'al empeño, / se dio juego de pileta / e hubo que echarse a nadar.* (Peu à peu tout est parti, / j'ai tout mis au clou / les dés étaient jetés / il a bien fallu se mettre à l'eau.) Tel un joueur professionnel qui accepte sans broncher les cartes qu'on a distribuées, le protagoniste prévient qu'il prend ses distances afin de ne pas inspirer de pitié : *Yo no siento la tristeza / de saberme derrotado / y no me amarga el recuerdo / de mi pasado esplendor, / no me arrepiento del vento / ni los años que he tirado, / pero lloro al verme solo, sin amigos, sin amor.* (Je n'éprouve pas de tristesse / de me savoir vaincu / le souvenir de ma splendeur passée / ne me rend pas amer / je ne regrette ni le fric gaspillé / ni les années gâchées / mais je pleure de me voir seul / sans amis, sans amour.) C'est-à-dire que l'on retrouve ici cette idée propre à la philosophie du tango et qui veut que les amis et les amours des belles années s'envolent lorsque s'envole l'argent.

Dans *Pa'lo que te va a durar* (Pour ce que ça va te durer), Celedonio Flores s'adresse à quelqu'un qui mène la grande vie : joueur, coureur de jupons, habitué des courses, il le décrit ainsi : *Estás cachuzo a besos, / te han descolao a abrazos, / se te ha arrugado la jeta / de tanto sonreír. / Si habrás gastado puños / en mesas de escolaso. / Si habrás rayado alfombras, / muchacho bailarín. / Cómo tembló Palermo cuando en las ventanillas / pelabas la de cuero / repleta de tovén. Cómo gozó Griselda / aquellos carnavales / cuando dio ciento veinte / tu regia voiturette.* (T'es vérolé de baisers / t'es déglingué d'avoir aimé / ta gueule est toute ridée / d'avoir tant souri. / T'as usé tes poings / sur les tables de jeu. / A force de danser t'as usé des tapis. / Palermo tremblait quand aux guichets / tu chouravais des morlingues / bourrés de pognon. Et Griselda, au carnaval, / était heureuse de faire du cent vingt / dans ta chouette "voiturette".) Cependant, tout faubourien qui se respecte ne peut dissimuler sa rancœur devant celui qui représente une couche sociale supérieure et inaccessible : *Pa'lo que te va a durar / tanta alegría y tanto placer, / lo que vas a cosechar / cuando entrés a recoger. / Cuando te des cuenta exacta de que te has pasao la vida / en aprontes y partidas, / muchacho, te quiero ver !* (Pour ce que ça va te durer / toutes ces joies tout ce plaisir / tu verras quand tu récolteras ce que tu as semé. / Quand tu te rendras compte que t'as passé ta vie / au turf et au jeu / mon garçon, tu ne vas plus rigoler.)

C'est sur ce même ton de réprimande que Celedonio Flores s'adresse à un "fils à papa" pour lui reprocher son insensibilité aux choses simples de la vie, car avec l'argent dont il dispose il achète tout ce qu'il veut : *Muchacho / que no sabés del encanto / de haber derramado llanto / sobre un pecho de mujer, / que nos sabés qué es secarse / en una timba y armarse / para volverse a meter.* (Petit, / tu ne connais pas le plaisir / d'avoir versé des pleurs / dans les bras d'une femme / tu ne sais pas ce que c'est que de se retrouver sans un / devant la roulette et de respirer très fort / avant d'aller se refaire.) Et comme le souligne Noemi Ulla, il reproche également à cette classe ingrate son incapacité à valoriser le tango et tout ce que celui-ci représente pour les gens des faubourgs. *Que decís que un tango rante / no te hace perder la calma… / Decime / si conocés la armonía, / la dulce policromía / de las tardes de arrabal, / cuando van las fabriqueras, / tentadoras y*

diqueras / bajo el sonoro percal. / … / Que si tenés senti-
miento / lo tenés adormecido / pues todo lo has conse-
guido / pagando como un chabón. (Tu racontes qu'un
tango des rues / ça te fait pas perdre la tête… / Dis-moi /
qu'est-ce que tu sais de l'harmonie / de la douce polychro-
mie / des faubourgs, le soir / quand les midinettes / les
enjôleuses et les poulettes / marchent dans leurs frou-
frous. / … / Et si t'as du sentiment / sûr que tu le caches drôlement / car tout ce que t'as eu / tu l'as payé argent comptant.)

Mais Celedonio Flores préfère justifier les méfaits de ses
personnages des faubourgs. Ainsi dans *Sentencia* (Sentence), un tango mélodramatique, Flores raconte comment
un homme tue celui qui a insulté sa mère et critiqué le
milieu dans lequel elle a élevé son enfant. *De muchacho no
mas hurgué en el cieno / donde van a podrirse las grande-
zas. / Hay que ver, señor juez, como se vive, / para saber
después como se pena.* (Tout gamin j'ai grandi dans la boue /
où pourrit toute ambition. / Faut voir, m'sieur le juge, comment qu'on vit / pour savoir combien qu'on trime.)

Pour décrire le désespoir du protagoniste de *Pan*
(Pain) – un chômeur des années trente qui, devant la
misère de son foyer, décide de voler –, Flores utilise la
troisième personne et retourne au pathétisme lourd des
romans réalistes de la fin du XIXe siècle.

*Sus pibes no lloran por llorar / ni piden masitas, ni
dulces, / ni chiches, / ¡ Señor ! / Sus pibes se mueren
de frío y lloran hambrientos de pan. / … / ¿ Trabajar ?
¿ Adonde ? Extender la mano / pidiendo al que pasa li-
mosna, ¿ por qué ? / Recibir la afrenta de un "perdon
hermano" / el que es fuerte y tiene valor y altivez…* (Ses
gosses ne pleurent pas pour pleurer / ils ne veulent ni
gâteaux ni bonbons ni joujoux / Monsieur ! / Ses gosses
meurent de froid et pleurent parce qu'ils veulent du
pain. / … / Travailler ? Où ça ? Tendre la main / demander

au passant une aumône, pourquoi ? / C'est recevoir l'affront du "pardon mon vieux", de celui qui est fort, vaillant, et fier…) Et le protagoniste, obligé de voler un morceau de pain, est arrêté et condamné "pour longtemps".

Le mérite de Celedonio Flores est d'avoir accentué l'utilisation du langage quotidien, d'avoir assumé le *vos* que dans le Rio de la Plata on utilise à la place du *tu*, à une époque où narrateurs et poètes cultivés s'entêtaient à employer un pronom personnel inexistant dans le langage réel. Cette méprise ne pouvait conduire qu'à des œuvres hybrides et inauthentiques.

Toutefois l'œuvre poétique de Flores, influencée par les milieux littéraires, ne peut échapper tout à fait au tutoiement dédaigné dans les tangos. Eduardo Romano remarque que sa forme d'expression devient hésitante lorsqu'il traite, "non sans préjugés fort significatifs, des liens affectifs ou érotiques. Par exemple, il emploie le *tu* pour s'adresser à la mère, à la fiancée ou à la sœur, mais fait appel au *vos* de la société illégitime pour désigner la maîtresse, la prostituée ou l'entraîneuse."

En novembre 1931 parut un livre très important pour la compréhension de la culture nationale : *El hombre que esta solo y espera* (Homme seul qui attend). Son auteur, Raúl Scalabrini Ortiz, y faisait vivre le personnage principal, le type même du Portègne, prototype et représentant des habitants de Buenos Aires, au coin de la rue Esmeralda et de la rue Corrientes. Enthousiasmé par le thème de l'ouvrage auquel il se sentait identifié, Celedonio Flores publia alors les quatrains qu'il avait écrits onze ans auparavant, en 1922, et, sur la musique de Francisco Pracanico, il créa le tango *Corrientes y Esmeralda*.

Amainaron guapos junto a tus ochavas
cuando un cajetilla los calzó de cross
y te dieron lustre las patotas bravas
allá por el año... novecientos dos...

Esquina porteña, tu rante canguela
se hace una mélange *de caña y gin fizz,*
pase inglés y monte, bacará y quiniela,
curdelas de grapa y locas de pris.

El Odeón se manda la Real Academia
rebotando en tangos el viejo Pigall,
y se juega el resto de la doliente anemia
que espera el tranvía para su arrabal
De Esmeralda el norte, del lao del Retiro
franchutas papusas caen a la oración
a ligarse un viaje, si se pone a tiro,
gambeteando el lente que tira el botón

En tu esquina un día, Milonguita, aquella
papusa criolla que Linning cantó,
llevando un atado de ropa plebeya
al hombre tragedia tal vez encontró.

Te glosa en poemas Carlos de la Púa
y el pobre Contursi fue tu amigo fiel...
En tu esquina rea cualquier cacatúa
sueña con la pinta de Carlos Gardel.

Equina porteña, este milonguero
te ofrece su afecto más hondo y cordial.
Cuando con la vida estés cero a cero
te prometo el verso más rante y canero
para hacer el tango que te haga immortal.

Au coin de tes rues des *guapos* * ont vacillé
sous le coup de poing d'un milord

et les bandes de voyous ont fait ta renommée.
C'était en l'an 1902…

Coin de rue de Buenos Aires, où l'on guinche en bohème
mélange de gnôle et de gin-fizz,
de dés et de cartes, de baccara et de loterie,
on s'y soûle à l'eau-de-vie, on s'y came à la blanche.

Un orchestre joue la *Real Academia*
Pigall, le vieux cabaret, résonne de tangos
et la mistoufle risque le tout pour le tout
en attendant le tram pour rentrer au faubourg.
Rue Esmeralda, vers le nord, du côté de Retiro,
des poupées de France, comme on va à confesse,
en feintant la Mondaine et ses anges gardiens,
ramassent un client qui passe dans le coin.

Au coin de ces deux rues, un jour, Milonguita,
poupée argentine que Linning a chantée,
vêtue d'une robe simple et légère
l'homme de son malheur a peut-être rencontré.

Carlos de la Púa t'a dédié des poèmes
et le pauvre Contursi fut ton ami fidèle…
Au coin de tes deux rues n'importe quel bon à rien
rêve de ressembler à Carlos Gardel.

Coin de rue portègne, le milonguero que je suis
t'offre son affection profonde et fidèle.
Et si un jour t'en as marre de la vie
je te promets d'écrire le plus canaille des poèmes
et d'en faire le tango qui te rendra immortel.

Bien que ne possédant pas la qualité sans failles d'un
Homero Manzi ni la profondeur métaphysique d'un Enrique
Santos Discépolo, Celedonio Flores, grâce à son talent

descriptif, à sa fréquentation des secteurs marginaux et à ses intonations de feuilletoniste, reste un des noms les plus importants de la poésie du tango. C'est bien ainsi que l'ont compris les poètes argentins des années soixante qui, par-delà l'inégalité de son œuvre, ont reconnu en lui un des antécédents les plus directs de la poésie populaire qu'ils aspiraient à écrire.

PAUVRE MAMAN CHÉRIE

> *On m'appelle la Pauvre Petite Vieille*
> *– grommela la femme dont les yeux*
> *lançaient des éclairs comme ceux*
> *d'une sorcière – ou la Bonne Petite*
> *Mère. J'ai vécu dans des strophes de*
> *tangos fort peu aérées. Quel était mon*
> *métier ? Entretenir une bande de*
> *bons à rien qui ronflaient sur leurs*
> *grabats ou apprenaient à jouer du*
> *bandonéon sur des instruments qu'ils*
> *martyrisaient autant que moi. Ça oui,*
> *ils réclamaient du maté à grands cris*
> *et à n'importe quelle heure du jour et*
> *de la nuit. Et moi, la pauvre vieille, de*
> *la cuisine au lit et du lit à la cuisine.*
>
> LEOPOLDO MARECHAL, *Megafon*

Dans un bref poème qui ne figura pas dans son livre
mais qu'il lut un jour à la radio en hommage à l'ensemble vocal Los Chalchaleros, Jaime Dávalos disait :
*Tierra de conquistadores / siempre fue tierra de gau-
chos. / Esos gauchos vivarachos, / pendencieros y can-
tores, / que curtidos en rigores / y sin perro que les
ladre, / sin Dios, sin ley y sin padre, / nunca pudieron
creer / en otro amor de mujer / que no fuera el de su madre.*

(Terre de conquistadors / mais surtout terre de gauchos. / Ces gauchos rusés / querelleurs et chanteurs, / endurcis par une vie inclémente / sans même un chien pour compagnon / sans Dieu, sans loi, sans père, / qui ne pouvaient imaginer / l'amour d'une femme / qui ne soit pas celui de leur mère.) En effet, autrefois, il était rare que les conquistadors, dont le métier d'aventurier était un métier de nomade, puissent fonder une famille. Ils laissaient derrière eux des femmes abandonnées et des enfants qui ne connaissaient que leur mère. Comment, dans ces circonstances, l'Amérique ne serait-elle pas une terre bâtarde ?

Au XIXᵉ siècle, dans les campagnes argentines, les femmes étaient considérées comme des êtres nécessaires mais inutiles, tout juste bons à tondre les moutons. Le droit au sexe était réservé aux hommes qui satisfaisaient leurs besoins soit dans les maisons closes (légales ou illégales) situées près des bistrots, soit avec des prostituées ambulantes qui voyageaient dans d'énormes roulottes sous les ordres d'une maquerelle qui administrait leur travail.

L'historien Richard W. Slatta explique que les propriétaires d'*estancias* * avaient épousé les idées de Carlos Pellegrini selon lesquelles il valait mieux éviter la présence des femmes dans les exploitations rurales parce qu'elles semaient la discorde entre les péons. A la fin du siècle dernier, poursuit Slatta, Miguel A. Lima renforça cette opinion en soutenant que les femmes semaient le désordre et provoquaient des bagarres et que l'on devait se limiter à autoriser la présence des familles des contremaîtres et des petits propriétaires. L'historien ajoute que l'élite de l'époque tenait par-dessus tout à ce que dans les campagnes règnent l'ordre et l'efficacité, et il conclut : "Parmi les grands propriétaires, beaucoup n'engageaient que des péons célibataires, ou obligeaient ceux qui étaient mariés à abandonner leur famille le temps que durait leur travail."

Aux abords des villes, gouapes et *compadres* se mariaient rarement, car ils savaient que leur vie dépendait de la chance ou de la malchance : un mauvais coup de couteau ou une balle perdue pouvait mettre fin à leur activité de garde du corps d'un chef de bande et par là même à leur vie. Par ailleurs, les bas salaires n'encourageaient pas le mariage.

Enfin, les immigrés étaient pour la plupart des célibataires ou des hommes mariés venus sans leur famille dans l'espoir d'obtenir un bon travail et de faire venir plus tard femme et enfants. Le moins que l'on puisse dire c'est que l'immigration ne facilita pas la formation de foyers stables.

Selon les statistiques de la direction générale des Migrations, entre 1857 et 1924, soixante-dix pour cent des immigrés étaient de sexe masculin. Le président Sarmiento avait déjà manifesté son inquiétude en constatant que parmi les immigrés il y avait peu de femmes et encore moins d'enfants.

Compte tenu de tous ces facteurs, auxquels il faut ajouter la séparation fréquente des couples trop misérables pour se permettre d'avoir une bouche de plus à nourrir, les enfants naturels déclarés de "père inconnu" étaient très nombreux. Bien souvent les grossesses étaient le fruit de rapports sexuels occasionnels et les hommes se refusaient alors à prendre en charge une famille conçue au hasard d'une rencontre.

L'homme du tango, fils d'une classe bâtarde et bâtard lui-même (que Gardel en fût un n'est pas un hasard), n'a ni père ni famille. Toute son affectivité est centrée sur le seul personnage stable de son histoire : sa mère. L'absence du père est parfois remplacée par l'admiration pour un chef politique qui joue alors un rôle de père collectif, ou par l'émerveillement devant cet autre protecteur qu'est la gouape du quartier, ou par tout autre personnage qui, pour des raisons diverses, exerce une influence sur l'orphelin ou représente pour lui un modèle à imiter. Ce n'est sans doute pas un accident si les deux grands leaders populaires argentins du XXe siècle, Hipólito Yrigoyen, qui renforça la domination de la petite bourgeoisie, et Juan Domingo Perón, leader des habitants des banlieues industrielles et de l'immigration paysanne des années trente, ont assumé à trente ans d'écart le même rôle de "père des pauvres" ou de "père des dépossédés". Le père biologique a été remplacé par un chef que l'on aime et que l'on idéalise, infaillible et parfait, l'*imago* paternelle telle que se la représentent les enfants.

Dans *Juan Nadie* (Jean Personne), Miguel D. Etchebarne a résumé la situation de l'homme modèle qui débute dans le métier de *compadre* :

> *La madre como una esclava*
> *se doblega en el yugo :*
> *alguien le sacaba el jugo*
> *y encima la castigaba.*
> *(El padre, de estirpe brava,*
> *murió cuando Juan nacía,*
> *y ni por fotografía*
> *pudo entrever su semblante,*
> *pero lo sentía adelante,*
> *a veces cuando sufría.)*

> La mère telle une esclave
> pliait sous le joug :
> quelqu'un l'exploitait
> et en plus la battait.
> (Le père, un homme courageux,

est mort lorsque Juan est né,
Juan ne l'a pas connu
pas même en photo,
mais il le sentait auprès de lui
parfois quand il souffrait.)

A peine le tango se fut-il habillé de mots qu'il exprima la réalité des mères obligées d'être à la fois père et mère, ou de celles auprès desquelles on peut toujours revenir pour implorer le pardon. Pardon de les avoir abandonnées pour une autre femme qui, au bout du compte, n'était qu'une aventurière. Parce que *sólo una madre nos perdona en esta vida / es la única verdad, / es mentira lo demás. (La Casita de mis viejos.)* (Dans la vie seule une mère peut pardonner / c'est là l'unique vérité / le reste n'est que mensonge.) (La Maison de mes vieux.)

La femme sexuée (c'est-à-dire toute femme qui n'est ni la mère ni la sœur, éternellement vierges dans les fantasmes de l'homme du tango), soit est potentiellement perfide, soit incarne le mensonge. Cette représentation archaïque, qui nous renvoie aux fondateurs de l'Eglise et aux tout premiers siècles de notre ère, cache une attitude homosexuelle : on admire un autre homme (le substitut du père), on n'aime que la femme dépourvue d'activité génitale et on fuit la femme sexuée car elle est considérée comme l'instrument du mal. C'est pourquoi un véritable ami conseille : *No te dejés convencer / porque ella es mujer y al nacer / del engaño hizo un sentir. / Miente al llorar, miente al reír, / miente al besar y al amar. (No te engañés corazón.)* (Ne te laisse pas convaincre / parce qu'elle est femme et qu'elle est née / pour te tromper. / Elle ment en pleurant, elle ment en riant, / elle ment en embrassant et en aimant.) (Mon cœur ne t'y trompe pas.)

Pour le personnage du tango, il n'y a alors pas d'autre bonheur que celui de "vivre à nouveau avec maman" (Victoria), et ce que l'on peut dire de mieux à une femme c'est – comme le fait Celedonio Flores dans *Cuando me entrés a fallar* (Si jamais tu me déçois) – "je t'aime comme si tu étais ma mère". *Madre hay una sola* (On n'a qu'une mère) exprime la même chose : *Madre hay una sola / y aunque un día la olvide / me enseñó al final de la vida / que a ese amor / hay que volver.* (On n'a qu'une mère / et si un jour j'oublie la mienne / elle m'aura cependant appris qu'à la fin de la vie / on revient à son amour.) Pour l'homme du tango "nulle tendresse n'est plus sublime ni plus sainte". Voilà la seule vérité. Carlos Bahr peut ainsi écrire dans *Avergonzado* (La Honte) : *Para mí sos más grande vos que Dios… / porque si éste es a veces implacable / con los que se equivocan como yo… / vos, mi vieja, por buena y por ser madre, / sos la imagen más pura del perdón…* (Pour moi tu es plus grande que Dieu… / parce que si celui-ci est parfois implacable / avec ceux qui comme moi font erreur… / toi, ma vieille, tu es bonne et tu es ma mère, / tu es l'image la plus pure du pardon…) Exagération qui pour certains peut relever de l'hérésie pure et simple.

Pour fuir une réalité désagréable et hostile où la femme, quelle que soit son image, est toujours l'incarnation du mensonge, dans le tango, l'homme, une fois remis de l'envoûtement féminin, n'a d'autre choix que de revenir au giron maternel qui le protège de l'agression extérieure et lui évite tout danger. Ainsi, le personnage comprend que la femme qu'il aimait ne le payait de retour que pour un manteau de fourrure qui "au bout du compte / est plus durable que ton amour / parce que ton manteau je le paie / et ton amour s'est envolé" (Le Manteau d'hermine). Ou encore : *Pagando viejas locuras / y ahogando mis tristes quejas / volví a buscar en la vieja / aquellas hondas ternuras / que abandonadas dejé, / y al verme nada me dijo / de mis torpezas pasadas, / palabras dulcificadas / de amor por el hijo / tan solo escuché.* (Payant de vieilles folies / noyant mes tristes complaintes / je suis revenu chercher chez ma vieille / ces profondes tendresses / que j'avais abandonnées, / en me voyant elle n'a rien dit / de mes erreurs passées, / je n'ai entendu que des mots d'amour / pour son fils chéri.)

De nouveau auprès de sa mère, l'homme du tango ne veut surtout plus entendre le chant des sirènes et demeure dans sa coquille : *Que nadie venga a arrancarme / del lado de quien me adora, / de quien con fe bienhechora / se esfuerza por consolarme de mi pasado dolor. / Las tentaciones son vanas para burlar su cariño... / Para ella soy siempre un niño... (Madre hay una sola.)* (Que personne ne vienne m'arracher / à celle qui m'adore, / à celle qui avec sa foi bienfaisante / s'efforce de consoler les douleurs du passé. / Les tentations sont vaines pour tromper sa tendresse... / Pour elle je suis toujours un enfant...) (On n'a qu'une mère.) Dans *Tengo miedo* (J'ai peur), Celedonio Flores écrit : *Hoy ya ves estoy tranquilo, por eso es que buenamente / te suplico que no vengas a turbar mi dulce paz, / que me dejes con mi madre, que a su lado santamente / edificaré otra vida ya que me siento capaz.* (Aujourd'hui vois-tu, je suis tranquille, et je te supplie avec bonté / de ne pas venir troubler ma douce paix / de me laisser avec ma mère, à côté d'elle comme un saint / je me sens capable de bâtir une autre vie.)

Le personnage de *La Casita de mis viejos* (La Maison de mes vieux) exprime la même chose : il revient auprès de sa mère après avoir été "un voyageur de la douleur" et avoir pris des chemins qui l'ont conduit à l'alcool et aux femmes. ("J'effaçais d'un verre chaque baiser.") Il cherche à se justifier en invoquant "les folies de la jeunesse, le manque de conseils", autant de reproches voilés à ses parents. C'est pourquoi, en voyant sa mère "les yeux mouillés de pleurs / comme pour me dire pourquoi as-tu tant tardé", il promet comme les autres enfants prodigues du tango : "Plus jamais je ne partirai / à ton côté je sentirai / la chaleur de ta tendresse…" Par ailleurs, Cadícamo écrivait que "ce sont toujours les femmes / qui tuent les illusions". Dans le giron maternel l'homme trouve protection et affection ; hors de lui il n'y a que dangers, frustrations, vieillesse. Loin de la mère on souffre, on grandit, et grandir conduit inévitablement à la mort. Auprès d'elle, les fantasmes permettent de croire que l'on continue à être un enfant, ainsi que l'affirme le personnage de *Madre hay una sola*.

Puisque sa mère n'a pas de compagnon, il semble donc naturel que l'homme du tango, après avoir souffert des infidélités féminines, préfère revenir au célibat et bâtir ce couple mère-fils souvent reflété dans les paroles des tangos. Mais la contrepartie de cette relation asexuée ne peut être, pour l'un comme pour l'autre, qu'une grande frustration compensée cependant par un sentiment de sécurité : la mère sent sa vieillesse protégée et le fils comprend que cette responsabilité l'empêche de tomber dans de nouvelles aventures. Il y a deux façons d'avoir la tête sur les épaules et de mûrir : en fondant une famille ou en restant avec sa mère. La première est une plénitude, la seconde une castration, mais elle éloigne notre homme du contact et de la contagion des femmes dont "il vaut mieux ne pas parler. / Toutes, mon ami, sont des ingrates…" Déjà, dans l'Antiquité, Homère disait qu'on ne doit faire confiance à aucune femme. Pour employer le langage du tango on devrait dire, comme le personnage de *En la vía* : "Femme, t'es faux-jetonne et perfide…"

C'est pourquoi dans les années vingt, les paroles qu'écrivit Verminio Servetto pour la musique de Francisco Pracanico apparurent comme une vérité première qui fut reprise par de nombreux interprètes. Elles en disent long sur le complexe d'Œdipe que les habitants de Buenos Aires avaient développé : *Madre, las tristezas me abatían ; / y lloraba sin tu amor, / cuando en la noche me hundía / de mi profundo dolor… / Madre, no hay cariño mas sublime / ni mas hondo para mí… / Los desengaños redimen / y a los recuerdos del alma volví…* (Maman, la tristesse m'abattait ; / sans ton amour je pleurais, / quand la nuit m'envahissait / une profonde douleur… / Maman, il n'est pour moi d'amour / plus sublime ni plus fort… / On se rachète en voyant clair / et je suis revenu aux souvenirs de mon âme…) (Mère, enregistré par Carlos Gardel en 1922.)

Un poète comme Homero Manzi, qui devait produire quelques-uns des plus beaux textes littéraires de l'histoire du tango, ne put échapper au thème de la mère. Ainsi cette valse maternelle écrite dans l'adolescence : *A su memoria : Hoy vuelven a mi mente, madre mía, / envueltos en nostalgias del pasado, / esos dulces momentos de alegría, / que en aras del placer hube olvidado.* (In memoriam : Aujourd'hui reviennent à ma mémoire, maman chérie, / enveloppés dans la nostalgie du passé / ces doux moments de joie, / qu'au milieu des plaisirs j'avais oubliés.) Cette valse n'était en fait qu'une imitation de *Pobre mi madre querida* (Pauvre maman chérie) chanté par le *payador* José Betinoti : *Pobre mi madre querida / cuantos disgustos le daba / cuantas veces pobrecita / llorando lo más sentida / llorando lo más sentida / en un rincón la encontraba.* (Pauvre maman chérie, / combien je l'ai fait souffrir / combien de fois pauvre petite / l'ai-je trouvée dans un coin / pleurant à chaudes larmes / pleurant à chaudes larmes.) Des paroles qui traduisent le fantasme œdipien d'être tout pour la mère qui pleure non parce qu'elle n'a pas de vie sexuelle mais à cause de la mauvaise conduite de son fils. Dans sa toute-puissance, le fils croit qu'il occupe tout l'espace, empêche que se fasse sentir le manque d'homme pour la mère et se veut l'unique centre de son intérêt.

Bien que le thème ait ressurgi dans les paroles de quelques tangos peu connus comme *Porque no la tengo más* (Parce que je ne l'ai plus) ou *La vieja vale mas* (Ma vieille vaut mieux que ça), l'inquiétude filiale disparut dans les années quarante avec la montée de l'industrialisation argentine. Les nouvelles lois sociales changèrent la situation de l'emploi. A partir du moment où les marginaux, qui avaient dû jusque-là se contenter de travaux saisonniers, devinrent des ouvriers d'usine, la tendance à fonder une famille s'accrut. De nouveaux quartiers furent créés, les anciens s'agrandirent et les classes laborieuses devinrent sédentaires. Les nouveaux marginaux ne chantaient plus de tangos : ils évoquaient un autre genre de musique qui leur rappelait leur province et la campagne qu'ils avaient abandonnées pour la ville, où ils espéraient trouver de meilleures conditions de vie. Le chanteur Antonio Tormo fut l'idole de cette large couche sociale qui s'installa en masse à la périphérie des grandes villes, en particulier de Buenos Aires, pendant tout le temps que dura le gouvernement de Juan Domingo Perón. Le profil sociologique de l'Argentine avait changé et avec lui les expressions culturelles du pays se modifièrent : la mère disparut du tango.

LES CHANTEURS :
CORSINI, MAGALDI, CHARLO

En écrivant *Mi noche triste* et en faisant monter le tango "des talons aux lèvres", comme se plaisait à le dire Discépolo, Pascual Contursi avait rendu nécessaire la présence d'un nouveau personnage : le chanteur. Certains venaient de la chanson campagnarde, d'autres étaient des acteurs qui avaient appris le chant pour satisfaire aux exigences de la scène. A une époque où les troupes allaient jusqu'à représenter entre dix et quinze pièces par an, l'habitude voulait qu'à chaque première on présente un tango inédit. Il y eut aussi les débutants, qui abordèrent d'emblée leur carrière comme chanteurs de tangos dans l'espoir de connaître très vite succès et célébrité. Dès le début du siècle, le chanteur avait commencé à remplacer le *payador* qui ne parvenait pas à se renouveler et dont le style languissait. On avait remplacé l'improvisation par un chant à strophes préalablement écrites et apprises pour être répétées, en s'appuyant sur des mélodies et non sur un simple accompagnement. La prolifération de l'enregistrement commercial, sur cylindres d'abord puis sur disques, fit le reste. Il n'était plus besoin de grands efforts de mémoire pour se souvenir de couplets fortuits : il suffisait d'écouter les phonographes à rouleaux ou les tourne-disques au prix accessible pour écouter inlassablement la même mélodie.

Les premiers numéros de la revue *Caras y caretas* (1898), que nous avons abondamment citée au début de ce livre, comportaient déjà de la publicité pour des phonographes. La maison F. R. Gruppy offrait "une machine qui parle et amuse dans toutes les langues", et "des rouleaux gravés par des artistes du Théâtre Royal de Madrid et du Théâtre de la Comédie de Buenos Aires".

En même temps, les annonces publicitaires d'Enrique Lepage disaient "Le théâtre chez soi", et assuraient que les phonographes "chantent et parlent aussi fort que la voix humaine". On pouvait acheter un appareil pour vingt pesos et il y avait plus de 15 000 rouleaux disponibles. En octobre 1900, la maison The New Century proposa une nouveauté révolutionnaire : l'enregistrement, l'édition et l'impression de disques de quatre-vingts tours par minute. Dix ans plus tard il y avait plus de trente maisons de disques.

Dans toute communauté, le chanteur, qu'il appartienne au sacré ou au profane, est entouré de prestige. Pour les quartiers populaires, il est le représentant vocal de chaque habitant. Chanter étant un don et exigeant du talent, devenir chanteur signifiait pouvoir traduire le vécu du groupe.

Jusque vers le début des années vingt, à l'exception des vedettes engagées par les compagnies de théâtre pour meubler les entractes, les chanteurs devaient, pour gagner leur vie, effectuer de longues pérégrinations de café en café, et de cabarets de banlieue en bals populaires. Chanté, le tango allait devenir une source de travail et les candidats ne se firent pas attendre.

Pendant des années, devenir chanteur de tangos fut l'aspiration suprême de milliers de jeunes gens. Le tango ¡ *Y sonó el despertador !* (Le réveil a sonné !) interprété par Alberto Castillo dans les années quarante reflète bien ce rêve : *Paré mi coche en la radio. / Un gentío me esperaba. / Las chicas que me aclamaban / embargadas*

de emoción. / Entre ellas se decían : / ¡ Qué elegante, qué
buen mozo ! / ¡ Linda cara, lindos ojos, / linda planta de
varón ! / Me esperaban en la radio / los señores direc-
tores. / Muchas risas, muchas flores / y gran iluminación. /
Y llegó el momento ansiado : / ¡ Ante ustedes un cantor ! /
Empezó a atacar la orquesta / y ¡ sonó el despertador !
(J'ai arrêté ma voiture devant la radio. / Une foule m'attendait. / Les filles m'acclamaient / ivres d'émotion. / Entre
elles, elles se disaient : / Quelle élégance, / quel beau garçon ! / Beau visage, jolis yeux, quel bel homme ! / A la
radio tous les directeurs / m'attendaient. / Que de rires,
que de fleurs / et que de lumières. / Le moment convoité
arriva : / Devant vous un chanteur ! / L'orchestre a attaqué /
et le réveil a sonné !)

Parmi les solistes qui surgirent à la suite de Gardel et
de *Mi noche triste*, il faut au moins citer trois noms qui,
à l'époque, furent extrêmement populaires : Ignacio
Corsini, Agustín Magaldi et Charlo. Cependant aucun
des trois ne connut la gloire posthume de Gardel et l'en-
gouement des foules disparut avec le déclin de leur voix
ou leur décès prématuré, comme ce fut le cas de Magaldi
qui mourut à l'âge de trente-sept ans.

Ténor au registre large et puissant, bien qu'avec quelques
imperfections phonétiques, Ignacio Corsini avait commencé par chanter des chansons campagnardes. Il partagea avec Gardel les balbutiements du phonographe puisque
tous deux enregistrèrent en 1913. Meilleur acteur que
Gardel, qui à l'époque traînait péniblement ses cent kilos
dans *Flor de durazno* (Fleur de pêcher), Corsini fit
valoir ses dons de comédien dans *Federación o muerte*
(La Fédération ou la mort) le film de Atilio Pablo Podestá
et dans *Santos Vega*, de Carlos de Paoli. Pendant plusieurs années il fut le chanteur de charme des compagnies César Ratti et Pablo Podestá, et il passa définitivement

au tango lorsqu'il chanta pour la première fois *Patotero sentimental* (Voyou sentimental) dans la pièce de Manuel Romero *El Bailarín de cabaret* (Le Danseur de cabaret), le 12 mai 1922 au Théâtre Apollo de Buenos Aires. L'auteur de la pièce avait, sur une musique de Manuel Jovés, écrit spécialement les paroles pour la voix et l'élégance du blond et mince Ignacio Corsini.

En 1925, Corsini forma sa propre compagnie avec Gregorio Cicarelli et engagea Alberto Vacarezza pour la diriger. Le succès lui permit de monter plus de vingt pièces en un an. Il travailla alors avec le poète Hector Pedro Blomberg, coauteur, avec le musicien Enrique Maciel, des morceaux les plus mémorables de son répertoire dont beaucoup se situaient au XIXe siècle, à l'époque de Juan Manuel de Rosas : *La Pulpera de Santa Lucia* (La Serveuse de Santa Lucia), *La Mazorquera de Montserrat* (Les Mercenaires de Montserrat) et *La Canción de Amalia* (La Chanson d'Amalia).

Corsini savait adapter son répertoire au ton parfois plaintif de sa voix. Etranger à tout *lunfardo* et aux thèmes dramatiques, Corsini préféra se spécialiser dans un certain romantisme en s'appuyant sur des mélodies fortement rythmées. Mais à l'inverse du phénomène Gardel, ses six cent vingt enregistrements semblent aujourd'hui anachroniques malgré la nostalgie et la sympathie qu'ils peuvent encore susciter. Corsini fit ses adieux au tango en 1949 et à sa mort, en 1967, son nom n'était plus qu'un souvenir historique.

Il en va de même avec une autre voix, celle d'Agustín Magaldi, dont les interprétations ont aujourd'hui terriblement vieilli et dont le répertoire n'était pas toujours du meilleur goût. Ses tangos étaient souvent parsemés de paysages exotiques, par exemple *Nieve* (Neige) : *No cantes, hermano, no cantes, / que Moscú está cubierto de nieve, / y los lobos aúllan de hambre / (…). Rumbo a Siberia mañana / saldrá la caravana, / quién sabe si el sol / querrá iluminar nuestra marcha de horror.* (Ne chante pas, mon frère, ne chante pas / Moscou est couverte de neige / et les loups hurlent de faim / (…). La caravane demain / fera route vers la Sibérie / qui sait si le soleil / voudra illuminer notre marche d'horreur.) Le fait que Magaldi n'ait pas toujours su bien choisir ses paroliers – dont faisait partie son frère Emilio – ne joua pas en faveur de sa postérité.

Le troisième de la liste, dont on écoute encore aujourd'hui les tangos, est Carlos Pérez de la Riestra, plus connu sous le pseudonyme de Charlo. Né à La Pampa en 1907, il étudia dans de modestes conservatoires de province avant de s'installer à La Plata puis à Buenos Aires, en 1924, comme pianiste et chanteur de plusieurs radios. En 1925, il enregistra son premier disque puis il chanta avec l'orchestre de Francisco Canaro et celui de Francisco Lomuto, joua dans plusieurs films aux débuts du parlant, et en particulier, en 1936, dans *Puerto nuevo* (Port nouveau) dirigé par Luis César Amadori, et en 1940 dans *Carnaval de antaño* (Carnaval d'antan) de Manuel Romero.

Charlo continua de se produire jusque vers la fin des années soixante, dans de nombreuses tournées et des émissions de radio et de télévision.

En tant que compositeur, il a laissé une œuvre abondante où force et mélodie s'équilibrent de façon précise et s'appuient sur des textes appartenant aux meilleurs poètes du tango. Citons *Ave de paso* (Oiseau de passage) et *Rondando tu esquina* (Rôdant au coin de ta rue) écrits avec Enrique Cadícamo ; *Costurerita* (Midinette) dont le texte appartient à Celedonio Flores ; *Fueye* (Bandonéon), la milonga *Oro y Plata* (L'Or et l'Argent) et la valse *Tu pálida voz* (Ta voix pâle) dont les paroles sont de Homero Manzi ; *Sin lágrimas* (Sans larmes) composé sur des paroles de José María Contursi ; *Sin ella* (Sans elle) et *Tortura* (Torture) dont le texte est signé Cátulo Castillo.

Sa voix très personnelle, très différente du style de Gardel, sans traîner exagérément et sans cadences plaintives, a permis que beaucoup de ses interprétations soient aujourd'hui encore des succès. En dehors de ses propres compositions, il faut citer *Rencor* (Rancœur) et surtout *Las Cuarenta* (Tout dire) que beaucoup considèrent comme sa plus grande création.

DISCÉPOLO :
LA CICATRICE DES AUTRES

Chaque grand nom de l'histoire du tango a été, grâce à sa personnalité et à son talent, un apport à ce qui fait aujourd'hui les caractéristiques du tango. Pascual Contursi nous a légué le thème de l'abandon et de l'amour non partagé ; Celedonio Flores, l'opposition entre la vie de la haute bourgeoisie et la morale des humbles exprimée dans le langage populaire des quartiers de banlieue. Enrique Cadícamo, la description de la vie du cabaret, des chroniques historiques et la mise en valeur de moments sentimentaux ; Homero Manzi, la nostalgie du quartier et des personnages à jamais perdus, les paysages de Buenos Aires et la profondeur de l'amour ; Cátulo Castillo, l'évocation, l'alcool, l'utilisation de la métaphore ; Homero Expósito, une interprétation des changements sociaux et de la transformation psychologique des Portègnes à partir des années quarante. Mais ce que l'on peut dire d'Enrique Santos Discépolo est que sa vision du monde à la fois sceptique et désespérée a rendu le tango circonspect et métaphysique ; c'est lui qui le premier a établi des paramètres éthiques reflétant aussi bien les douleurs personnelles les plus secrètes qu'une réalité sociale et politique régie par l'absence de morale. Lui-même définissait ainsi son travail : "Un tango peut s'écrire avec un seul doigt, à condition que ce soit aussi avec l'âme ; un tango c'est l'intimité la plus secrète mais c'est aussi un cri dénudé qui s'élève." Et il ajoutait : "A l'origine d'un tango il y a toujours la rue, et c'est pourquoi je marche dans la ville en essayant d'en pénétrer son âme, en imaginant au plus profond de moi ce que tel homme ou telle femme qui passent souhaiteraient entendre, ou ce qu'ils pourraient chanter à un moment heureux ou malheureux de leur vie. (…) Le personnage de mes tangos c'est Buenos Aires, c'est la ville. Un peu de sensibilité et un peu d'observation ont inspiré toutes les paroles que j'ai écrites."

Discépolo est né en mars 1901, à Buenos Aires, dans le quartier du Once ; il était le dernier des cinq fils de Santos Discépolo, musicien italien qui, après avoir fait ses études au conservatoire royal de Naples, avait émigré à Buenos Aires où il avait dû se contenter de diriger les fanfares de la police et des pompiers et d'installer un modeste conservatoire qu'il anima jusqu'à sa mort en 1906. Armando Discépolo, frère d'Enrique Santos, important dramaturge et auteur de pièces de théâtre comme *Babylone*, *Mustapha*, *Mateo* et *l'Horloger*, a sans doute été inspiré par la figure paternelle en écrivant *Stéfano*, une pièce dont le personnage principal est un musicien raté qui, lors d'un moment de désespoir, s'exclame : "Je n'ai plus rien à chanter. J'ai perdu le chant, on me l'avait pris. Je l'ai mis dans un morceau de pain… et je l'ai mangé."

Orphelin de père à cinq ans et de mère à neuf ans, le malheur qui frappa son foyer marqua à jamais Enrique Santos Discépolo. "Ma timidité s'est transformée en peur et ma tristesse en malchance, disait-il. Je me souviens que parmi mes affaires d'école il y avait une petite mappemonde. Je l'ai recouverte d'un foulard noir que je n'ai plus jamais enlevé. Il me semblait que le monde devait toujours rester ainsi : habillé de deuil." C'était l'époque où, pendant ses longues promenades d'enfant solitaire, il observait dans le quartier "l'humble communauté du *conventillo*", et sa "symphonie oxydée de boîtes de conserve".

Enrique Santos Discépolo fréquenta quelque temps l'école Mariano-Acosta dans le but de devenir instituteur, mais il abandonna rapidement ses études pour tenter sa chance comme comédien. Il fréquenta les milieux artistiques de Buenos Aires, et particulièrement un groupe dont faisaient partie le sculpteur Agustín Riganelli et les peintres Facio Hebecquer et Benito Quinquela Martín. C'est à cette époque qu'il eut l'occasion d'écouter jouer un pianiste avec qui il collabora plus tard pour la création de *Malevaje* (La Pègre) : Juan de Dios Filiberto.

Entre 1918 et 1920, il écrivit quelques saynètes en collaboration avec Mario Folco et l'acteur Miguel Gómez Bao : elles passèrent inaperçues. Il lisait avec obsession les auteurs russes ("ces personnages, qui ne luttent pas contre d'autres hommes mais qui se résignent à une fatalité qui se dresse devant eux comme une muraille, éveillèrent à plusieurs reprises ma curiosité") et gagnait sa vie comme acteur dans la troupe de Blanca Podestá. Au cours d'une tournée, il écrivit le tango *Bizcochito* (Petit chou), pour la saynète *La Porota* (La Chouchoute). Ses mélodies connaissaient le même sort que ses pièces de théâtre : elles étaient vite oubliées. Mais elles furent le point de départ de sa carrière de parolier de tangos.

En 1925, il brosse, dans *¡ Qué vachaché !* (Qu'est-ce que ça fout !) une véritable critique de "la fable rococo qui fait l'apologie de la présidence d'Alvear". A Buenos Aires, c'est Tita Merello qui chante la première ce tango dans la revue *Así da gusto vivir* (Ça fait plaisir de vivre comme ça), qui est un échec total. A Montevideo, il en va de même, et il faudra attendre le succès de *Esta noche me emborracho* (Ce soir je me soûle), créé en 1928 par Azucena Maizani, pour pouvoir reprendre *¡ Qué vachaché !* et l'enregistrer cette même année.

Avec Discépolo, "c'était différent (…). Il disait autre chose, il voyait la vie d'une autre façon. Il regardait par d'autres fenêtres le terrible paysage de l'humanité." Les grandes lignes du scepticisme discépolien existaient déjà dans les paroles de ¡ *Qué vachaché !* : *Lo que hace falta es empacar mucha moneda, / vender el alma, rifar el corazón, / tirar la poca decencia que te queda, / plata, plata y plata… plata otra vez… / Así es posible que morfés todos los días, / tengas amigos, casa, nombre… lo que quieras vos. / El verdadero amor se ahogó en la sopa, / la panza es reina y el dinero Dios. / ¿ Pero no ves, gilito embanderado / que la razón la tiene el de más guita ? / Que la honradez la venden al contado / y a la moral la dan por moneditas. / Que no hay ninguna verdad que se resista / frente a dos mangos moneda nacional. / Vos resultás – haciendo el moralista – / un disfrazado… sin carnaval… / ¡ Tirate al río !… no embromés con tu conciencia, / sos un secante que no hace ni réir… / Dame puchero, guardate la decencia… / Plata, plata y plata, yo quiero vivir. / ¿ Qué culpa tengo si has piyao la vida en serio, / pasás de otario, morfás aire y no tenés colchon ? / ¡ Que vachaché ! Hoy ya murió el criterio, / vale Jesús lo mismo que el ladrón.* (Ce qu'il faut c'est ramasser du blé / vendre ton âme, jouer ton cœur, / jeter le peu de décence qui te reste / le blé, le blé encore le blé… / Comme ça tu becquetteras peut-être tous les jours, / t'auras des amis, une maison, un nom… ce que tu voudras. / Le véritable amour s'est noyé dans la soupe, / le ventre est roi et l'argent est Dieu. / Tu joues au plus malin, petit nigaud, sans voir / que celui qu'a le plus de fric a toujours raison. / Que l'honneur se vend cher / et que la morale ne vaut pas trois sous. / Qu'aucune vérité ne résiste / à des espèces bien sonnantes. / Et toi – avec ta morale – / tu n'es au

273

fond qu'un clown… sans carnaval… / Jette-toi dans le fleuve / on se fout de ta conscience… / t'es un balourd qui ne fait même pas rire… / Donne-moi à becqueter, garde ta décence… / Du blé, du blé et du blé, je veux vivre. / C'est pas ma faute si t'as pris ta vie au sérieux, / pauv' mec, tu bouffes de l'air, t'as pas de matelas ? / Qu'est-ce que ça fout ? Aujourd'hui y'a plus de critère, / Jésus ne vaut pas mieux que les voleurs.)

¡ Qué vachaché ! marque les débuts de la poésie proprement discépolienne. Celle-ci met en scène le moralisateur qui observe la société et se plaint amèrement du manque de scrupules de ses semblables, le désespéré qui cherche Dieu, le malheureux qui a perdu le sens des valeurs lequel, seul, peut empêcher que ce soit *lo mismo ser derecho que traidor, / ignorante, sabio, chorro, generoso, estafador* (la même chose être traître ou honnête / ignorant ou savant, voyou, généreux ou voleur). Le personnage discépolien ne dédaigne pas l'ironie lorsqu'il s'adresse des reproches : *¿ No te das cuenta que sos un engrupido ? / ¿ Te crees que al mundo lo vas a arreglar vos ? / Si aquí ni Dios rescata lo perdido : / ¿ Que querés vos ? ; hacé el favor !* (Ne vois-tu pas que t'es qu'un pauvre prétentieux ? / Crois-tu pouvoir changer le monde ? / Ici personne pas même Dieu ne retrouve ce qui est perdu.) Ou encore : *¡ Soy un arlequín ! : / ¡ Perdonáme si fui bueno ! / Si no sé más que sufrir…* (Je suis un arlequin ! / Pardonne-moi d'avoir été trop bon ! / Souffrir c'est tout ce que je sais faire.) Mais c'est dans *Yira, yira* que son scepticisme le conduit à dire que le monde est indifférent, sourd et muet parce que tout n'est que mensonge et que l'amour n'existe pas : *Aunque te quiebra la vida, / aunque te muerda un dolor, / no esperes nunca una ayuda, / ni una mano, / ni un favor.* (Si la vie te brise / si la douleur te déchire / n'attends jamais une aide, / ni une

main, ni une faveur.) Le malheureux personnage de *Yira, yira* n'est finalement qu'un pauvre type qui a cru à la vie et a tiré les cordons de sonnette à la recherche "d'un cœur fraternel contre lequel se serrer pour mourir". Dans *Tres Esperanzas* (Trois espoirs) le pessimisme plus accentué encore de Discépolo ne laisse d'autre issue que le suicide : *No doy un paso más, alma otaria que hay en mí, / me siento destrozao, ¡ murámonos aquí ! / Pá qué seguir así, padeciendo a lo fakir, si el mundo sigue igual… si el sol vuelve a salir… / La gente me ha engañao desde el día en que nací. / Los hombres se han burlao, la vieja la perdí… / No ves que estoy en yanta, y bandeao por ser un gil… / Cachá el bufoso… y chau… vamo a dormir !* (Je ne ferai pas un pas de plus, mon âme on s'est joué de toi, / je suis fini, mieux vaut mourir ! / Pourquoi continuer à souffrir comme un fakir, si le monde ne change pas… si le soleil se lève tous les jours… / Les gens m'ont trompé depuis que je suis né. / Les hommes m'ont menti, ma vieille est partie… / Tu ne vois pas que je suis fauché, sans un rond, j'suis qu'un pauv' type… / Allez… sors ton flingue … et ciao… allons dormir !)

Discépolo, en effet, ne laisse guère de place à l'espoir : *Quien más, quien menos pa'mal comer, / somos la mueca de lo que soñamos ser.* (Un de plus, un de moins, on mange mal / on n'est que la grimace de ce qu'on rêvait d'être.) Et dans *Desencanto* (Déception), il ajoute : *Qué desencanto mas hondo… / qué desconsuelo brutal… / qué ganas de echarme en el suelo / y ponerme a llorar… / Cansao / de ver la vida que siempre se burla / y hace pedazos mi canto y mi fe… / La vida es tumba de ensueños, / con cruces que abiertas, preguntan… para qué…* (Quel désenchantement profond… / quelle brutale déception… / quelle envie de me jeter à terre / et de me mettre à pleurer… / Fatigué / de voir la vie qui se moque de moi / et brise mon chant et ma foi… / La vie est un cimetière de rêves, / planté de croix qui interrogent… à quoi bon…) Dans *Infamia* (Infamie) il écrit en des termes non moins définitifs : *La gente es brutal / cuando se ensaña y es feroz cuando hace mal / … La gente es brutal / y odia siempre al que sueña, lo burla y con risas desdeña / su intento mejor / … / Luchar contra la gente es infernal.* (Les gens sont terribles / quand ils s'acharnent et féroces quand ils font mal / … / Les gens sont terribles / ils haïssent toujours celui qui rêve, se moquent de lui et d'un rire méprisent ce qu'il a de meilleur. / … / Lutter contre les gens c'est l'enfer.) Mais c'est dans *Tormenta* (Tourmente) qu'Enrique Santos Discépolo va jusqu'aux limites du désespoir, donnant au cri une dimension métaphysique : *Aullando entre relámpagos, / perdido en la tormenta / de mi noche interminable, ¡ Dios ! / busco tu nombre… / No quiero que tu rayo / me enceguezca entre el horror, / porque preciso luz / para seguir… / ¿ Lo que aprendí de tu mano / no sirve para vivir ? / Yo siento que mi fe se tambalea, / que la gente mala vive, ¡ Dios ! / mejor que yo… Si la vida es el infierno / y el honrao vive entre lágrimas, / ¿ cuál es el bien… / del que lucha en nombre tuyo, limpio, puro ?… ¿ para qué ?… / Si hoy la infamia da el sendero / y el amor mata en tu nombre, / ¡ Dios ! lo que has besao… / el seguirte es dar ventaja / y el amarte es sucumbir al mal.* (Hurlant entre les éclairs, / perdu dans la tourmente / de mon interminable nuit, Dieu ! / je cherche ton nom… / Que tes foudres / ne m'aveuglent pas au milieu de l'horreur, / parce que j'ai besoin de lumière / pour continuer… / Ce que j'ai appris de ta main / ne sert-il pas pour vivre ? / Je sens que ma foi vacille, / et que les méchants, Dieu ! vivent / mieux que moi… Si la vie est un enfer / si l'honnête homme vit dans les larmes, / où est le bien… / de celui qui lutte en ton nom, immaculé et pur…

à quoi bon ?… / Si aujourd'hui l'infamie montre le chemin / et si l'amour tue en ton nom, / Dieu ! ce que tu as embrassé… / en te suivant on laisse faire le mal / en t'aimant on lui succombe.)

Ce scepticisme existentiel qui accompagne toute l'œuvre de Discépolo vient de sa conviction que le monde "a été et sera une saloperie" et que "le XXᵉ siècle / est un défilé de méchanceté insolente, un *Cambalache*, un bric-à-brac", où "celui qui ne pleure pas ne bouffe pas / et celui qui ne vole pas est un pleutre" parce que *a nadie le importa si naciste honrado. / Es lo mismo el que labura / noche y día como un buey, / que el que vive de los otros, / que el que mata, que el que cura / o esta fuera de la ley…* (Tout le monde se fout que tu sois né honnête. / C'est du pareil au même bosser / jour et nuit comme un Nègre / vivre des autres / tuer, soigner / ou être hors-la-loi…)

Lorsque Discépolo acheva, en 1929, *Yira, yira*, il prédisait en fait les temps qui s'approchaient, ce morceau de l'histoire d'Argentine que Luis Torres baptisa "la Décennie infâme".

Commencée en septembre 1930 à la suite du coup d'Etat militaire du général Uriburu, la Décennie infâme se poursuivit sous des gouvernements élus grâce à la fraude électorale. D'abord celui du général Agustín P. Justo (1932-1938) puis celui de Roberto M. Ortiz, un avocat à la solde des chemins de fer anglais, membre du parti radical. Sa candidature avait été proclamée à la chambre de commerce britannique et son élection entièrement manipulée. Gravement malade, il dut céder son fauteuil présidentiel le 4 juillet 1940 au conservateur Ramón Castillo, lequel fut renversé le 4 juin 1943 par un coup d'Etat militaire nationaliste.

Comme pour toute époque de transition, la caractéristique de la Décennie infâme fut de revendiquer les valeurs du passé. Le retour du conservatisme qui se produisit à la chute du gouvernement de Hipólito Yrigoyen tenta d'effacer toutes les conquêtes populaires gagnées depuis 1916.

En reprenant le pouvoir, l'oligarchie agro-importatrice, qui craignait de perdre de nouveau ses prérogatives, décida de s'entourer de toutes les garanties. La classe gouvernante, pour garantir sa présence à la tête du pays, introduisit la fraude dans le système électoral ; les élections ne furent plus qu'une caricature, une farce au cours de laquelle on échangeait les urnes et on falsifiait les résultats en toute impunité.

La décision d'empêcher à tout prix une victoire radicale avait été prise le 5 avril 1931, lorsque, devant la victoire de l'Union civique radicale aux élections du gouverneur de la province de Buenos Aires, le gouvernement du général Uriburu annula purement et simplement le scrutin. Le parti de Hipólito Yrigoyen proclama alors l'abstention à toutes les élections, attitude qui se prolongea jusqu'en 1935, lorsque la direction du parti décida de reconnaître la fraude électorale et de se transformer en opposition légale.

En juin de cette même année, une poignée d'affiliés radicaux, en conflit ouvert avec la direction du parti qu'elle jugeait trop faible, créa une fraction dite intransigeante en politique intérieure, et anti-impérialiste en politique extérieure. Cette fraction devait devenir le principal accusateur du régime. Le groupe prit le nom de FORJA (Force d'orientation radicale de la Jeune Argentine) et entreprit de dénoncer la dépendance économique structurelle qui liait le pays à l'Empire britannique. On peut résumer cette situation par trois phrases : la première fut prononcée par le vice-président de la République, Julio A. Roca, lors d'un discours au Club argentin de Londres deux jours avant la signature du pacte Roca-Runciman honteusement favorable à la Grande-Bretagne : "L'Argentine, dit-il, grâce à son interdépendance, fait économiquement partie de l'Empire britannique" ; la seconde appartient au conseiller de la mission commerciale britannique, sir William Leguizamon, directeur des chemins de fer anglais en Argentine : "L'Argentine est un des joyaux les plus précieux de la couronne de Sa gracieuse Majesté" ; et la troisième est de sir Herbert Samuel, membre de la Chambre des communes qui déclara sans aucune pudeur au cours d'une séance : "L'Argentine étant une colonie britannique, elle a tout intérêt à s'intégrer à l'Empire."

Pour combattre ces positions, FORJA déclarait dans son acte de fondation : "Nous sommes une Argentine coloniale : nous voulons être une Argentine libre", et plus loin elle affirmait : "Le processus historique argentin en particulier et latino-américain en général révèle l'existence d'une lutte incessante du peuple pour sa souveraineté populaire et pour mettre en pratique les objectifs d'émancipation de la révolution américaine contre les oligarchies qui, en tant qu'agents de la pénétration impérialiste dans les domaines économique, politique et culturel, s'opposent à l'accomplissement du destin de l'Amérique." La différence de langage entre les deux positions n'était pas seulement sémantique : elle mettait en évidence deux projets de société.

Les masses radicales ne pouvaient se sentir représentées par Marcelo T. de Alvear, l'homme qui, bien que de retour au bercail politique, s'était quelques années auparavant opposé à Yrigoyen et avait créé une scission au sein du parti en fondant l'Union civique radicale antipersonnaliste, laquelle signifiait une critique sévère au chef du radicalisme. C'était le même homme qui, le 7 septembre 1930, quelques heures seulement après le coup d'Etat du général Uriburu, avait déclaré depuis sa résidence parisienne : "C'est ce qui devait arriver. Yrigoyen, avec sa pratique absolue de tout gouvernement démocratique, s'est plu à mépriser les institutions. Gouverner n'est pas improviser."

Les vieux radicaux n'étaient pas sans ignorer que Marcelo T. de Alvear, cet aristocrate capable de justifier un coup d'Etat, ne pouvait diriger un parti dont la base était composée de fils d'immigrés et des couches les plus pauvres de la population. Cependant, ils avaient été particulièrement peu vigilants. Seuls les jeunes de FORJA s'entêtaient à vouloir sauver le drapeau populaire du radicalisme.

Par ailleurs, et comme preuve de la situation que vivait l'Argentine pendant la Décennie infâme, on peut rappeler qu'en 1935, au cours d'une discussion sur le problème de la viande créé par la signature du pacte Roca-Runciman, un espion à la solde des Anglais tira sur le sénateur démocrate progressiste de la province de Santa Fé, Lisandro de la Torre, alors que celui-ci dénonçait la complicité du gouvernement dans la vente du patrimoine national ; le sénateur Enzo Bordabehere, qui venait d'être élu comme remplaçant de la Torre à la Chambre, tenta de protéger le dirigeant et fut tué sur le coup. L'affaire fut rapidement étouffée par une presse liée aux intérêts de l'oligarchie qui trouva une bonne raison de camoufler l'enquête : la mort de Carlos Gardel à Medellín. L'accident d'avion occupa l'espace journalistique et étouffa toute polémique à propos de l'attentat. On envoya l'assassin en prison, mais on ne sut jamais qui étaient les véritables auteurs du crime.

Pendant toute cette période, le tango, à l'image de tout le pays, s'était comme immobilisé pour se replier dans l'ombre. Le parolier de ces années fut sans aucun doute Enrique Santos Discépolo. *Yira, yira* prit des allures de symbole car il était le reflet même du désespoir et du scepticisme installés, tels des nuages sombres, au-dessus du pays. On peut même supposer que des milliers d'ouvriers s'identifiaient au personnage du tango parce que, à cause de leur sympathie pour Yrigoyen, ils avaient été licenciés et déambulaient dans les rues à la recherche d'un travail au noir leur permettant de vivoter. Dans la littérature, le corrélat de l'œuvre de Discépolo se trouve dans les livres de Roberto Arlt, en particulier dans ses *Eaux-fortes portègnes*. Le langage du chroniqueur, qui peignait, depuis les pages du journal *El Mundo*, la vie triste et dure de Buenos Aires, aurait parfaitement pu appartenir à l'auteur de *Cambalache*. Les personnages de Roberto Arlt savaient, eux aussi, que "même si la vie te brise / même si une douleur te déchire / n'attends jamais une aide / ni une main / ni une faveur". L'Argentine de la Décennie infâme n'accordait de faveurs qu'à la Grande-Bretagne.

Appauvrie, victime du chômage et du sous-emploi, écartée du pouvoir, la classe moyenne était isolée et attendait sans trop d'espoirs qu'un leader, un *caudillo*, apporte le changement politique qui lui permettrait de reprendre la place qu'elle avait perdue. Les traditions libérales qui primaient alors dans l'éducation firent que très peu d'Argentins se laissèrent éblouir par les pseudo-réussites du fascisme italien et du nazisme allemand, pas plus que la gauche modérée ou le stalinisme ne séduisaient ceux qui avaient été les fidèles de Hipólito Yrigoyen jusqu'à la mort de celui-ci, en 1933. Avec le temps, un secteur important de la petite bourgeoisie finit par accompagner le processus péroniste qui, bien que s'appuyant sur une base sociale ouvrière, devait laisser un espace aux couches intermédiaires. Mais d'une façon générale, celles-ci ne trouvèrent pas dans le mouvement péroniste une représentation de leur classe, fidèle par tradition à un radicalisme qui s'était arrêté dans le temps entre le culte de la nostalgie et l'émerveillement que la seconde génération d'immigrés éprouvait pour l'aristocratie. Plusieurs décennies allaient être nécessaires pour que cette situation se modifie.

La classe moyenne des années vingt ne jouait plus qu'un rôle de spectatrice. Dans ces conditions, le scepticisme devint la conséquence logique d'une situation qui ne permettait pas de voir se profiler de grands changements. Beaucoup n'aspiraient qu'à être fonctionnaires. L'accès à l'université devenait de plus en plus difficile en raison de la situation économique, le marché du travail n'exigeait pas encore de qualification professionnelle, et la réduction du marché interne ne favorisait pas la croissance, l'expansion du commerce et la demande de main-d'œuvre.

Quant au tango, il était comme paralysé. Gardel, devenu une vedette internationale, avait élargi l'éventail de ses fidèles. Pour le public hispanophone, c'était plus un acteur célèbre qu'un chanteur au sens strict du terme. Ses films le montraient habitant dans des palaces ou dans d'énormes maisons ; les décors de quartiers étaient exotiques et faux, et les thèmes composés par Le Pera intemporels et adaptés à cette image de bon vivant international que le chanteur cultivait.

"Le tango, signale Matamoro, appartient à l'archéologie et tout ce qui concerne son exercice prend des allures de funérailles. On réorganise les ensembles de la «Vieille Garde», en essayant de reconstruire un style que la décennie précédente avait abandonné : le Quatuor de la Vieille Garde de Féliciano Brunelli, monté par la maison de disques Victor ; la nouvelle petite formation de Roberto Firpo, qui revient en lice pour raisons financières ; l'orchestre d'Ernesto Ponzio et de Juan Carlos Bazán ; les dernières années de Juan Maglio Pacho et son ensemble. Il s'agit de formations qui jouent le tango de manière à rendre évidents sa vétusté, son manque de vigueur, son appartenance au passé, à le faire apparaître comme une pièce de musée, une curiosité archéologique. Dans le même temps, les frères Bates publient le premier ouvrage historique sur le tango, on invente la littérature du tango, on trace concrètement les limites des deux «gardes», la vieille et la nouvelle. Bref, on traite le tango comme un objet historique. Les musiciens s'incorporent à des travaux du même ordre : en 1931, au XIIIe Salon de l'automobile qui a lieu à la Société rurale, dans le quartier de Palermo, Discépolo monte une *Histoire du tango en deux heures*, et en 1937, De Caro met en scène au Théâtre de l'Opéra une *Evolution du tango* avec des illustrations musicales. Mais le public boude. Les masses populaires ne dansent plus, à l'exception de quelques marginaux. La source d'inspiration de ce produit inéluctable de la culture de masse s'est tarie. Seuls lui rendent hommage les «hommes de tango», dont la formation remonte au moins à dix ans en arrière et qui sont au service de cette espèce purement musicale qu'est devenu le tango."

Pourtant, un homme se fait le feuilletoniste, l'accusateur, le témoin d'une époque, en même temps que son critique moral et sa conscience sociale : Enrique Santos Discépolo. Mais sa vision manque de l'enrobage nécessaire pour adoucir la représentation de ces temps difficiles, et elle n'est pas sans provoquer des remous. Domingo Casadevall définit ainsi Discépolo : "Philosophe opportuniste dans ¡ *Qué vachaché !*, il porte à son comble l'estime cynique des bas-fonds de Buenos Aires, chantée par la ville tout entière." En 1961, dix ans après la mort de Discépolo, Tomás de Lara et Inés Roncetti de Panti exagéraient encore : "C'est le plus profond de nos paroliers, mais il y a, dans la nature même de son œuvre, une philosophie pessimiste et amère dont les reflets cyniques font de lui un Lucrèce populaire moderne. On peut se demander si bien des fois il n'excitait pas volontairement les basses passions du peuple. Il est évident qu'il a exercé une puissante influence sur celui-ci et que ses sermons négatifs ont coïncidé avec l'absence de morale de ces dernières décennies." Les critiques de Pérez Amuchastegui dans son ouvrage *Mentalidades argentinas* (Les Mentalités argentines) n'étaient guère plus clémentes.

Le scepticisme désespéré de Discépolo se retrouve également dans le thème de l'amour. Celui-ci est, dans son œuvre, presque toujours un châtiment, une condamnation qui mène à l'échec et à la déception. Peut-être parce que, au fond, comme dans *Condena* (Condamnation), l'homme est toujours seul : *¡ Solo !… / ¡ Pavorosamente solo !… / como están los que se mueren, / los que sufren, / los que quieren, / (…) Sin comprender, / por qué razon te quiero… / Ni qué castigo de Dios / me condenó al horror / de que seas vos, vos / solamente sólo vos… / Nadie en la vida más que vos / lo que deseo…* (Seul !… / Epouvantablement seul !… / comme le sont ceux qui meurent, / ceux qui souffrent, / ceux qui aiment, / (…) Sans comprendre, / pour quelle raison je t'aime… / ni quel châtiment de Dieu / m'a condamné à l'horreur / que ce soit toi, toi, / seulement toi… / personne d'autre que toi dans la vie / personne d'autre que je désire…) Et dans *Desencanto* (Déception) il avoue : *De lo ansiado / solo alcancé un amor / y cuando lo alcancé / … me traicionó.* (De tout ce que j'ai désiré / je n'ai eu qu'un amour / et lorsque je l'ai eu / … il m'a trahi.) Et il se demande dans *Secreto* (Secret) : *Quién sos, que no puedo salvarme, / muñeca maldita, castigo de Dios… / Ventarrón que desgaja en su furia un ayer / de ternuras, de hogar y de fe… / Por vos se ha cambiado mi vida / – sagrada y sencilla como una oración – / en un barbaro horror de problemas / que atora mis venas y enturbia* *mi honor.* (Qui es-tu, pour que rien ne puisse me sauver / poupée maudite, châtiment de Dieu… / Tempête qui détruis dans ta fureur un passé fait / de tendresse, de foyer, de confiance… / Pour toi j'ai changé ma vie / – sacrée et simple comme une prière – / en horribles problèmes qui battent dans mes veines et salissent mon honneur.) Et dans les vers suivants de ce même tango apparaît le moralisateur qui traverse toute l'œuvre discépolienne, celui que ses critiques, superficiels, ne savent pas voir : *No puedo ser más vil, / ni puedo ser mejor, / vencido por tu hechizo / que trastorna mi deber… / Por vos a mi mujer / la vida he destrozado, / y es pan de mis dos hijos / todo el lujo que te he dao. / No puedo reaccionar / ni puedo comprender, / perdido en la tormenta / de tu voz que me embrujó…* (Je ne puis être plus vil, / ni ne puis être meilleur, / vaincu par tes charmes / qui ont troublé mes devoirs. / J'ai détruit à cause de toi / l'existence de ma femme, / et tout le luxe que je te donne / est le pain de mes deux enfants. / Je ne peux réagir / ni ne peux comprendre, / perdu dans la tourmente / de ta voix qui m'ensorcelle.) L'amour, pour Discépolo, est sans issue parce que *uno va arrastrándose entre espinas / y en su afán de dar su amor, / sufre y se destroza hasta entender / que uno se ha quedado sin corazón…* (on se traîne entre les épines / et dans l'espoir d'offrir son amour, / on souffre et on se détruit jusqu'à ce qu'on comprenne / qu'on a perdu son cœur…) et lorsque l'amour vient enfin, *uno está tan solo en su dolor. Uno esta tan ciego en su dolor* (on est si seul dans la douleur. On est si aveugle dans la douleur) qu'on ne sait pas le préserver. *Pero Dios te trajó a mi destino / sin pensar que ya es muy tarde / y no sabré como quererte…* (Mais Dieu t'a mise sur mon chemin / sans penser que c'est déjà trop tard / et que je ne saurai pas t'aimer…) Alors, désespéré, Discépolo se demande : *¿ Por* *qué / me enseñaron a amar, / si es volcar sin sentido / los sueños al mar ? / Si el amor / es un viejo enemigo / que enciende castigos / y enseña a llorar… / ¿ Yo pregunto por qué ?… / ¿ Sí, por qué me enseñaron a amar, / si al amarte mataba mi amor ?… Burla atroz de dar todo por nada / y al fin de un adiós, despertar / llorando. (Cancion desesperada.)* (Pourquoi m'a-t-on appris à aimer, / si aimer c'est jeter / tous ses rêves à la mer ? / Si l'amour / est un vieil ennemi / qui allume des peines / et enseigne à pleurer… / Je me demande pourquoi… / oui, pourquoi on m'a appris à aimer, / si en t'aimant je tuais mon amour ?… / Dérision atroce que de tout donner pour rien / et, à la fin d'un adieu, de se réveiller / et pleurer.) (Chanson désespérée.)

On remarquera aussi dans l'œuvre de Discépolo l'allusion fréquente au suicide que ne manquent pas de faire certains de ses personnages.

La fin des années trente est une époque fertile en personnages célèbres qui mettent fin à leur vie. Horacio Quiroga, Leopoldo Lugones, Alfonsina Storniu, Enrique Loncán et Lisandro de la Torre. Discépolo, dans *Esta noche me emborracho* (Ce soir je me soûle), précise : *Mire si no es pa' suicidarse, que por este cachivache / sea lo que soy !…* (Si c'est pas à se flinguer / que pour cette mocheté / je sois ce que je suis…) et dans *Secreto* (Secret), il avoue : *Resuelto a borrar con un tiro / tu sombra maldita que ya es obsesión, / he buscado en mi noche un rincón para morir, / pero el arma se afloja en traición…* (Résolu à effacer d'une balle / ton ombre maudite qui m'obsède, / j'ai cherché dans mes nuits un coin où mourir, / mais l'arme traîtresse m'est tombée des mains…) Ou encore dans *Tres Esperanzas* (Trois espoirs) : *Las cosas que he soñado, / me cache en dié, ¡ qué gil ! / Plantáte aquí no-mas, / alma otaria que hay de mí. / Con tres pa'qué pedir, / más vale no jugar… / Si a un paso del adios / no hay un beso para mí, / cachá el bufoso… y chau… vamo a dor-mir !* (Ce que j'ai pu rêver, nom d'un chien, quelle an-douille ! / Finis-en une fois pour toutes, mon âme. / Avec un trois, pas de cartes à demander, / mieux vaut ne pas jouer… / Si au moment de dire adieu / personne ne me donne un baiser / mon vieux sors ton flingue et ciao… allons dormir.) Dans *Infamia*, la femme à qui s'adresse le personnage abandonne la lutte devant l'impossibilité d'ou-blier le passé : *Por eso me dejaste sin decirlo… amor… y fuiste a hundirte al fin en tu destino. / Tu vida desde entonces fue un suicidio, / vorágine de horrores y de alcool ; / anoche te mataste ya del todo, y mi emoción / te llora en tu descanso… corazón !* (C'est pour ça que tu m'a laissé sans rien dire… amour… et tu as fini par rejoindre ton destin. / Ta vie depuis lors n'a été qu'un sui-cide, / une suite d'horreurs et d'alcool ; / hier tu t'es tuée pour de bon, et dans mon émotion / je pleure ton repos… mon cœur !)

Dans les dernières années de sa vie, Discépolo écrit moins. Après la victoire du péronisme, auquel il adhère totalement, il n'écrit que *Sin palabras* (Sans paroles), *Cafetín de Buenos Aires* (Vieux café de Buenos Aires) et de nouvelles paroles pour *El Choclo* (Le Maïs) d'Angel Villoldo. Il revient à sa vieille vocation théâtrale avec *Blum*, une pièce écrite en collaboration avec Julio Porter, qu'il met en scène et interprète avec succès pendant deux saisons dans un théâtre de la rue Corrientes. En 1951 il joue dans *El Hincha* (Le Fan), un film de Manuel Rome-ro, et la même année, dans des émissions de radio inci-sives, il collabore à la campagne pour la réélection de Juan Domingo Perón, qui gagne les élections le 11 novembre.

Ses brèves émissions quotidiennes mettent en valeur le militant qui compare la situation des travailleurs argen-tins avant et après le 17 octobre 1945, date à laquelle

Perón prend la tête du gouvernement. Le climat politique fait alors de Discépolo la cible de toutes les critiques de l'opposition. La chanteuse Tania, femme de Discépolo, écrit dans son livre de mémoires publié en 1973 : "(Ces émissions) sont virulentes et atteignent presque toujours leur but, mais jamais elles ne font l'apologie du couple au pouvoir, ni ne lui concèdent quoi que ce soit. Elles sont, en somme, discépoliennes. Cependant, elles valurent à Enrique un flot de calomnies scandaleuses. On adaptait les paroles de ses tangos pour en faire des insultes. Il recevait des lettres de menaces et d'injures, on lui lançait des œillades assassines. On lui disait qu'il avait monnayé sa trahison, qu'il avait vendu son âme et son cœur aux enchères." Mais ses détracteurs ne voyaient pas qu'il s'agissait de la même philosophie que dans ses tangos : "Pendant des années et des années, les habitants des banlieues ont vécu dans ce confort absurde… Le confort humiliant du *conventillo*… Une symphonie prophylactique rouillée… Un monde où la poubelle était un trophée et les rats des animaux domestiques !… J'ai encore de la mémoire… Je la mets dans un plateau et la balance s'envole soudain vers la vieille misère aujourd'hui disparue. Parce que la nouvelle conscience argentine pense autrement. Tu sais quoi ? Elle pense que les pauvres ont eux aussi le droit de vivre dans une maison propre et tranquille et non dans la promiscuité du *conventillo*… Il n'y avait que toi pour croire que ta maison était confortable et avoir du quartier une idée générale et poétique… Tu n'étais jamais entré dans le labyrinthe du *conventillo*, dans la prose infamante de ces grottes avec leurs rangées d'éviers, leurs défilés de cafards et les gens entassés non comme des êtres humains mais comme des objets. Toi seul connaissais le quartier des tangos, quand tu jouais pour eux en smoking dans un orchestre." Dans une autre de ses interventions à la radio, il disait à ce même personnage qu'il avait baptisé *Mordisquito* (Morsure) : "... Toi, qui oses sangloter en regardant un film d'esclaves alors que tu les as vus mourir sous tes yeux toute ta vie sans comprendre combien le destin s'est montré généreux envers toi." Ou encore il rappelait "ces élections où les matons faisaient entendre leur voix à coups de revolver et où ce que tu pensais méritait aussi peu de respect que ta liberté ou ta vie. Les hommes aimés du peuple comptaient bien peu, le pouvoir allait de main en main, non comme la précieuse conquête des pauvres mais comme un jeu de malfaiteurs. Le scrutin n'était pas une cérémonie mais un coup fourré. (...) C'était l'époque de la Mondaine, quand le gros rouge coulait à flots et que ça sentait les *empanadas* gratuites, c'était l'époque où les morts abandonnaient leur indifférence et rejoignaient la caravane qui votait pour le pouvoir en place ; c'était l'époque où on négociait les papiers militaires..., l'époque où se tourner vers le modèle signifiait se tourner vers l'infamie !"

Plusieurs mois avant qu'il commence ces émissions politiques et polémiques, son ami Homero Manzi, depuis l'hôpital où il luttait contre le cancer qui devait l'emporter, lui dédia, sur une musique d'Aníbal Troilo, un tango : *Discepolín*.

Sobre el mármol helado, migas de medialuna
y una mujer absurda que come en un rincón ;
tu musa está sangrando y ella se desayuna :
el alba no perdona, no tiene corazón.
Al fin, ¿ quién es culpable de la vida grotesca ?,
y del alma manchada con sangre de carmín ;
mejor es que salgamos antes de que amanezca
antes de que lloremos, ¡ viejo Discepolín !

Conozco de tu largo aburrimiento
y comprendo lo que cuesta ser feliz,
y al son de cada tango te presiento
con tu talento enorme y tu nariz.
Con tu lágrima ausente y escondida,
con tu careta pálida de clown
y con esa sonrisa entretistecida
que florece en tangos y en canción.

La gente se te arrima con su montón de penas
y tú las acaricias casi con un temblor;
te duele como propia la cicatriz ajena;
acquél no tuvo suerte; y ésta no tuvo amor.
La pista se ha poblado al ruido de la orquesta;
sa abrazan bajo el foco muñecos de aserrin.
No ves que están bailando...? No ves que están de fiesta...?
¡ Vamos que todo duele, viejo Discepolín...!

Sur le marbre glacé, les miettes d'un croissant
et une femme absurde qui mange dans un coin ;
ta muse saigne et elle, elle avale quelque chose :
l'aube ne pardonne rien et n'a pas de cœur.
Enfin, à qui la faute si cette vie est grotesque ?
Et si cette âme est tachée d'un sang carmin ;
mieux vaut partir avant que le jour se lève, avant
que nous nous mettions à pleurer, mon vieux Discepolín !

Je sais combien tu t'ennuies
je comprends ce qu'il t'en coûte d'être heureux,
et au rythme de chaque tango je te sens
toi, ton énorme talent et ton nez.
Avec tes larmes absentes et cachées
avec ton masque blafard de clown
et ce sourire de tristesse
qui fleurit dans tes tangos et ta chanson.

Les gens viennent à toi avec toutes leurs peines
et toi tu les caresses en tremblant presque,
les cicatrices des autres te font mal comme les tiennes ;
celui-ci n'a pas de chance ; celle-là n'a pas d'amour.
La piste s'est peuplée au son de l'orchestre ;
ils s'embrassent sous les feux, poupées de son...
Ne vois-tu pas qu'ils dansent ? Qu'ils sont à la fête... ?
Viens, tout nous fait mal, mon vieux Discepolín... !

Et tout lui faisait si mal, en effet, que lorsque les critiques se mirent à pleuvoir à cause de ses opinions politiques, Discépolo ne put les affronter. Tania se souvient : "Il est mort de tristesse, il s'est laissé mourir, il a arrêté brusquement les émissions. Il a renoncé au plaisir de faire au petit matin le tour des cafés à tangos auquel il m'avait habituée depuis toujours.

"Il s'est enfermé dans le silence. Il ne mangeait plus (...). Il ne pesait plus que trente-sept kilos et ne cessait d'ironiser : «Bientôt, les piqûres, il faudra me les faire dans mon pardessus» et c'était pathétique." Discépolo mourut le 23 décembre 1951. Après avoir souffert des cicatrices des autres pendant tant d'années, les forces lui ont manqué pour refermer les siennes.

DES FILLES AU GRAND CŒUR

Au début du tango, la participation féminine était limi-
tée au rôle de partenaire dans les bals des maisons closes.
Ce n'est que dans les toutes dernières années du XIX⁸ siècle
que des chanteuses osèrent enrichir leur répertoire de
quelques tangos. C'était des chanteuses de variétés qui,
d'une voix flûtée, entonnaient presque comme un péché
des chansonnettes légèrement grivoises, des thèmes
à double sens qui n'avaient rien à voir avec les vieilles
chansons que l'on chantait dans les bordels. La morale,
en cette fin de siècle, ne pouvait en tolérer plus. Lorsque
apparut *La Morocha*, ses couplets naïfs et dépourvus de
toute connotation sexuelle devinrent obligatoires pour
ce type de chanteuses. Quelque temps auparavant,
l'une d'elles, Lola Candales, avait avoué qu'elle dési-
rait trouver une chanson qu'elle puisse chanter "sans
rougir devant les personnes décentes". *La Morocha*,
sans doute parce qu'elle avait été spécialement écrite
pour une voix de femme, intégra rapidement le répertoire de toutes les chanteuses et devint en peu de temps la
mélodie la plus demandée du public.

Ces premières chanteuses n'avaient encore conquis ni
leur espace ni leur personnalité. Elles copiaient les gestes,
les mouvements, les tics des sopranos madrilènes. Le
tango de l'époque n'admettait pas de mezzo-sopranos et

il fallut attendre des années avant que ce genre de voix soit accepté pour interpréter des mélodies populaires. Parmi les pionnières, la plus célèbre reste sans aucun doute Pepita Avellaneda. Les rares photographies que l'on possède d'elle la montrent, selon le dire d'Estela Dos Santos, avec "un béret de marin, une jupe plissée, des chaussettes blanches et le geste innocent ; sur une autre, elle est habillée en garçon avec un foulard autour du cou, une cigarette aux lèvres et une guitare sur les genoux". Ces portraits montrent que les femmes avaient deux façons bien définies d'aborder le tango : la première correspondait au stéréotype petit-bourgeois de la féminité romantique dont le modèle, dans les années trente, devait être incarné par Libertad Lamarque ; l'autre signifiait l'occultation sexuelle de la femme qui préfère s'habiller en homme pour chanter, et choisir un uniforme de *compadre* fin de siècle et faubourien, avec un chapeau gris tombant sur les yeux, une veste sombre, un large pantalon à rayures et une pochette brodée à ses initiales. Dans les années vingt cette tenue fut adoptée par la plupart des chanteuses, à commencer par Azucena Maizani. Ce costume de scène devait devenir le rite grâce auquel on acceptait que la femme assume un rôle qui n'était biologiquement pas le sien. Le déguisement – peu dissimulé – forçait le public à accepter d'être berné par celle qui chantait des chansons peu conformes à la place réservée à la femme dans la société. Comme il s'agissait d'une supercherie purement épidermique, la dissimulation semble avoir été un facteur essentiel pour que la femme soit massivement reconnue dans son métier de chanteuse. Car s'il s'agissait bien d'une femme, celle-ci assumait en fait un rôle masculin, façon détournée d'accepter la suprématie de l'homme. Le domaine de la chanson était l'apanage des hommes et on ne pouvait enfreindre les règles du jeu que grâce à une complicité collective. De la même façon que sur scène la femme feignait d'être un homme, dans la vie quotidienne l'homme feignait de lui accorder une place, ce que confirmait une réalité sociale qui n'assignait à la femme que des positions tout à fait secondaires.

Parmi ces accoutrements, il y avait aussi les vêtements stylisés et anachroniques que le citadin ignorant prenait pour des vêtements de *gaucho* et que les interprètes argentins faisaient passer sans pudeur pour des vêtements paysans dans leurs tournées européennes. Il suffit de se souvenir des pantalons bouffants en soie brodée, des chapeaux de ville en castor gris et des bottes noires bien cirées qui constituaient les vêtements de scène de Gardel lors de ses premières représentations dans les théâtres européens.

Parmi les contemporaines de Pepita Avellaneda, citons Linda Thelma qui, lorsque en Argentine son succès diminua, entreprit plusieurs tournées en Espagne et en France, à Paris surtout où elle se produisit au Moulin rouge sous des déguisements exotiques de *gaucho*, avant d'accompagner l'orchestre de Francisco Canaro dans sa première tournée européenne.

Mentionnons également Paquita Escribano, Dorita Miramar et Lola Candales ainsi que Flora Rodríguez de Gobbi, épouse d'Alfredo Gobbi, qui, à Paris, enregistra pour le compte de la maison Gath et Chaves une série de thèmes parmi lesquels *La Morocha* qu'elle-même avait créé peu de temps auparavant sur une scène de Buenos Aires.

Au tout début du tango, ce fut une comédienne, Manolita Poli, que l'on chargea de populariser *Mi noche triste* de Pascual Contursi, dans la saynète de Weisbach et González Castillo, *Los Dientes del perro* (Dents de chien) qui recréait, sur scène, un véritable cabaret. La première eut lieu le 14 mai 1918 et le triomphe de Manolita Poli contribua largement à celui de *Mi noche triste* que Carlos Gardel avait enregistré sans succès quelques mois auparavant. L'enthousiasme du public pour les tangos que l'on chantait dans les saynètes encouragea les metteurs en scène à les utiliser de plus en plus, et rares étaient ceux qui n'incorporaient pas d'office une mélodie à chaque nouvelle pièce. Les comédiennes durent apprendre à chanter. C'est ainsi que María Luisa Notar interpréta *Flor de fango* (Fleur de ruisseau) de Pascual Contursi dans la pièce d'Alberto Navión *Le Cabaret de Montmartre*, mise en scène par la compagnie Arata-Simari-Franco en juin 1919. María Esther Podestá créa *Milonguita*. Olinda Bozán – pendant de nombreuses années la vedette incontestée des revues – créa *Bizcochito* (Petit chou) de Discépolo et Saldías ; Iris Marga créa *Julián* qui disait, entre autres : *¿ Por qué me dejaste, mi lindo Julián ? / Tu nena se muere de pena y afán. / Y en aquel cuartito nadie más entró / y paso las noches llorando tu amor.* (Pourquoi m'as-tu laissée mon beau Julien ? / Ta petite meurt de peine et de chagrin. / Dans cette chambrette plus personne n'entre / et toutes les nuits je pleure ton amour.)

Pourtant, ces noms, auxquels il faut ajouter celui de Celia Gámez, font partie de la préhistoire du tango. Le véritable personnage féminin du tango surgit avec Azucena Maizani et Rosita Quiroga, que la radio contribua à faire connaître en diffusant massivement leurs interprétations.

"JAMAIS FILLE NE FUT PLUS JOLIE..."

En 1962, lorsque Azucena Maizani interpréta *Padre nuestro* (Notre père) sur la scène du Théâtre Astral, rue Corrientes, devant un énorme portrait de Gardel qui rapetissait plus encore sa silhouette menue, un public compact, enthousiaste et ému l'applaudit debout pendant de longues minutes. Modestement vêtue, le geste économe, la chanteuse remercia d'un léger mouvement de tête. Ce festival fut les adieux d'une idole qui avait débuté dans le métier quarante ans auparavant, avec ce même tango d'Enrique Delfino. Quelque temps plus tard, Azucena Maizani, dans le besoin, se voyait obligée de chanter dans de modestes restaurants de quartier.

Elle était née en 1902. Comme elle était de santé fragile, ses parents, sur le conseil du médecin, la confièrent à des cousins qui vivaient dans l'île de Martín García. Elle y vécut jusqu'à l'âge de dix-sept ans. A son retour, la misère dans laquelle se trouvait sa famille ne lui laissa guère de choix et elle exerça tous les métiers : chanteuse, modiste, couturière, jusqu'à trouver une place de choriste dans un théâtre de revues. En 1921, Francisco Canaro la découvrit, la baptisa *Azabache*, et lui fit chanter deux chansons paysannes de Gardel ; malgré les applaudissements, sa performance n'alla pas plus loin, jusqu'au jour où Enrique Delfino, intéressé par sa voix, proposa à l'imprésario Pascual Carvacallo de l'engager pour créer, le 23 juin 1923, son tout nouveau *Padre nuestro* dans la saynète d'Alberto Vacarezza *A mi no me hablen de penas* (Ne me parlez pas de chagrin). A partir de là, Azucena Maizani devint un mythe, le premier mythe féminin, la seule femme capable de comparer sa popularité à celle de Carlos Gardel qui, au cours d'une émission de radio en 1933, lui dit : "Je suis peut-être vieux et toi tu as sans doute grossi, mais pour ce qui est du tango, ma chérie, on reste les premiers."

Son style coupant, exclamatif, sa voix menue mais juste qui semblait surgir d'entre les larmes, mélange de plainte et de rage, brillaient surtout dans les thèmes forts et dramatiques, créés pour des timbres masculins et qu'elle choisissait sans honte : *Mano a mano* (On est quitte), *Malevaje* (La Pègre), *Hace lo por la vieja* (Fais-le pour maman) *Esta noche me emborracho* (Cette nuit je me soûle). Elle chantait aussi ses propres tangos, *Pero yo sé* (Mais je sais) ou *La Canción de Buenos Aires* (La Chanson de Buenos Aires) et d'autres qu'elle aida à rendre célèbres comme *Yira, yira* et *Las Cuarenta*. Celedonio Flores lui dédia un sonnet dans lequel il parlait d'elle comme de "la plus grande chanteuse de tangos que Dieu ait jamais créée".

Azucena Maizani comprit la première que les paroles de chaque tango étaient un drame en soi, et au lieu de se laisser emporter par le climat de la mélodie, elle préférait interpréter ses thèmes comme des monologues qu'elle soulignait par un phrasé intense, sans concessions au développement sonore. Elle avait peu de voix mais savait s'en servir jusque dans les moindres nuances, avec audace et sans hésitation parce qu'elle savait que le public accepterait d'elle n'importe quelle innovation.

Tandis qu'Azucena Maizani en était à ses débuts, Rosita Quiroga était déjà connue comme chanteuse de chansons traditionnelles. Elle était née à La Boca en 1901 et un voisin du quartier, Juan de Dios Filiberto, le futur auteur de *Caminito* et *Quejas de bandoneón* (Plaintes de bandonéon), lui enseigna à jouer de la guitare, ce qui lui permit de s'accompagner. Lorsqu'elle se consacra tout entière au tango, sa façon de réciter plus que de chanter retint l'attention, de même que sa manière exagérée de traîner la voix et sa façon très particulière de prononcer les *s* en les africanisant, caractéristique, selon José Gobello, des Génois qui habitaient La Boca.

Rosita Quiroga, avec son style ironique et moqueur, était l'opposé d'Azucena Maizani : alors que la seconde dramatisait, la première "récitait", racontait des histoires avec dédain mais sans grossièreté. Cependant, ses allures faubouriennes, son rythme négroïde contredisaient la nécessité de rendre le tango plus décent. Ses interprétations étaient l'antithèse des thèmes épurés de Fresedo ou de De Caro. Le nouveau public ne pouvait accepter le style de Rosita Quiroga que comme une caricature. La marginalité appartenait au passé. Et bien qu'on se souvienne encore de ses interprétations de *Julián*, *Maula* (Le Pleutre), *Carro viejo* (La Vieille Charrette), *Mandría* (Le Trouillard), *Mocosita* (Petite morveuse), *Pato* (Canard) ou *De mi barrio* (De mon quartier), elles ne suffirent pas à redonner vie à un ton qui disparaissait peu à peu des radios. Son style n'était pas adapté à la vie sociale de l'époque et son langage se heurtait aux préjugés petits-bourgeois que la Décennie infâme avait fait réapparaître.

MERCEDES SIMONE

La voix de Mercedes Simone fait irruption dans le tango sans les accents dramatiques d'Azucena Maizani, ni ceux, faubouriens, de Rosita Quiroga et loin des roucoulements de Libertad Lamarque. C'était une mezzo-soprano qui avait de beaux graves, chantait juste, possédait une diction impeccable, et dont les interprétations ont franchi la barrière du temps sans vieillir. Chantés par Mercedes Simone sans exclamations ni grandiloquence, *Yira, yira, Del suburbio* (Du faubourg), *Muchacho* (Garçon) ou *Cantando* (En chantant), thème qu'elle utilisait comme leitmotiv de ses spectacles et dont elle avait écrit les paroles et la musique, sont aujourd'hui encore des tangos modernes.

Née en 1904 à La Plata, Mercedes Simone débuta comme chanteuse à Bahía Blanca en 1925 ; elle se produisit dans plusieurs villes de province avant de se présenter à

Buenos Aires, au café El Nacional et au Chantecler où Rosita Quiroga la découvrit et la présenta à la maison de disques Victor. Mercedes Simone chanta seule et dans plusieurs orchestres dont celui d'Edgardo Donato, puis elle se consacra au cinéma ; elle tourna *Tango* (1933), *Sombras porteñas* (Ombres portègnes) (1936), *La Vuelta de Rocha* (De retour de Rocha) (1937) et *Ambición* (Ambition) (1939).

Elle ne fut jamais une idole, mais sa rigueur, son professionnalisme et le ton atemporel dont elle savait entourer ses interprétations lui permirent de rester en première ligne du tango pendant presque trente ans.

LIBERTAD LAMARQUE

Dès le début de sa carrière, Libertad Lamarque s'empara d'un espace qui avait été laissé vacant : pour la seconde génération d'immigrés, elle signifia d'emblée le modèle féminin par excellence, la femme qui se plaît à imiter les manières de la grande bourgeoisie, prend soin de ne jamais commettre d'impairs et dissimule ses lacunes intellectuelles ou son manque d'éducation derrière une apparente timidité. Une voix de soprano, pour les classes moyennes symbole de l'art lyrique, ne pouvait mieux exprimer ce modèle. Et plus une soprano tendait vers les aigus, plus elle était "féminine". C'est à certaines façons de doser les nuances que l'on reconnaît une classe sociale, et tandis que pour l'aristocratie la discrétion était de mise, dans la petite bourgeoisie on se plaisait à souligner les modes avec exagération et sans discernement, fussent-elles lyriques ou vestimentaires.

Libertad Lamarque devint ainsi le modèle féminin de la classe moyenne, phénomène qui devait se reproduire à l'écran une dizaine d'années plus tard avec les sœurs Mirtha et Silvia Legrand. Les films argentins de la fin des années trente et des années quarante décrivaient la vie quotidienne artificielle d'une pseudo-aristocratie plus proche du kitsch que de la réalité, qui vivait dans des hôtels particuliers agrémentés de grands escaliers, se servait de téléphones blancs, s'habillait comme les mannequins des hebdomadaires féminins les moins sophistiqués et avait, évidemment, éliminé le *vos* de son vocabulaire. Seuls les hommes liés au tango étaient autorisés à le prononcer. C'est ainsi que dans *La vida es un tango* (La vie est un tango) ou dans *Así es la vida* (La vie c'est comme ça), pour ne citer que deux films, les personnages incarnés par Florencio Parravacini, Tito Lusiardo, Elías Alippi ou Enrique Muiño étaient les seuls crédibles alors que les pseudo-aristocrates de cinéma, avec leurs gestes voyants et leur langage rigide, se révélaient de pâles imitateurs qui n'avaient jamais eu l'occasion d'observer leurs modèles en chair et en os, lesquels avaient toujours usé du *vos*. Parce que, en Argentine, seules les institutrices des classes populaires respectaient l'utilisation d'un *tu* qu'elles oubliaient à peine franchie la porte des salles de classe.

Le répertoire de Libertad Lamarque était en accord avec le modèle que représentait la chanteuse. La seule transgression qu'elle s'autorisait était précisément l'utilisation du *vos* parce que, jusqu'au coup d'Etat de 1943, la plupart des paroles des tangos ignoraient le *tu*. Ses tangos étaient plaintifs, masochistes, larmoyants, acceptant sans broncher la soumission de la femme, en particulier de la femme mariée. Avec Libertad Lamarque, on était loin de l'entraîneuse des années vingt, licencieuse et rusée, image même du péché, chez qui, d'après les tangos, l'infidélité n'était pas inhérente à son métier mais un attribut de sa condition féminine ; Libertad Lamarque chantait, elle, les souffrances de la femme mariée.

Dans les années vingt, le tango ne s'était pas encore installé dans les foyers, comme il devait le faire une dizaine d'années plus tard grâce à la radio. Le personnage de l'homme trompé inauguré par Pascual Contursi, pour qui d'une façon ou d'une autre la femme est synonyme de destruction, fait place à la maîtresse de maison malheureuse, à la mère de famille éreintée qui se consacre aux travaux domestiques et découvre soudain que les femmes "décentes" sont presque toujours trompées par leurs maris. Mais ces femmes-là ne savent que se plaindre ou se résigner à leur sort. Que pouvait, d'ailleurs, faire d'autre une femme des années trente qui, si elle avait accepté de travailler, aurait été mise au ban de la bonne société ? Le problème cessait d'être sentimental pour intégrer le domaine de l'économie. La structure sociale n'avait pas préparé la femme à subvenir aux besoins de sa maison. L'infidélité était, certes, une trahison mais la solitude était synonyme d'insécurité : en ces temps de crise, ne plus avoir de revenus sûrs conduisait presque tout droit à la misère. Libertad Lamarque, probablement sans le savoir, devint le porte-parole de cette femme humiliée mais obligée de supporter l'homme qui la maltraite et la trompe. C'est ainsi qu'elle chante : *Cuántos años aguantando mis cadenas / soportando resignada tus abandonos. / Cuántas noches encerrada con mis penas / yo deseaba libertarme de tus enconos. / ¿ Por qué soy buena si no sos merecedor ? / Por qué te busco si me llenas de dolor ? / Si supieras todo el daño que me has hecho, / llorarías en mi pecho du desamor.* (Que d'années à supporter mes chaînes / résignée à ton abandon. / Que de nuits enfermée avec ma peine. / Je voulais me libérer de tes rancœurs. / Pourquoi suis-je bonne si tu ne le mérites pas ? / Pourquoi est-ce que je te cherche si tu me fais souffrir ? / Si tu savais le mal que tu m'as fait, / tu pleurerais contre mon cœur.) Après avoir énuméré ses griefs, elle semble accepter que son mari quitte le foyer, mais soudain elle cède, se résigne. Sa faiblesse de dernière minute n'est pas seulement une faiblesse amoureuse : le qu'en-dira-t-on, l'insécurité économique y sont certainement pour une grande part. *Andate nomás, andate, / no creas que me hacés daño. / Llevo el corazón herido / desde el primer desengaño. / Ni pienso llorar, andate ! (…) / No, no te vayas, quedate, / que me hace falta tu amor.* (Va-t'en, va-t'en sans plus / ne crois pas que j'aie mal. / Tu as blessé mon cœur / dès ton premier mensonge. / Je ne pleurerai pas, va-t'en ! (…) / Non, ne pars pas, reste / j'ai besoin de ton amour.)

Le thème connaît son apogée avec *Volvé* (Reviens) dont les paroles sont signées Luis Bayon Herrera ; ici, la résignation de la femme devient tout à fait masochiste : *No hay un desalmado / que merezca ser odiado y olvidado / como vos merecerías, bien lo sé. / Pero yo no sabré odiarte, / porque nací para amarte. / Sé que soy cobarde mas no puedo ni deseo / hacer alarde / de un orgullo que no siento / ¿ y para qué ?* (Il n'y a pas un salaud / qui mérite autant d'être haï et oublié / que toi tu le mérites, je le sais bien. / Mais je ne sais pas te haïr, / parce que je suis née pour t'aimer. / Je sais que je suis lâche mais je ne peux ni ne veux / exhiber / un orgueil que je ne sens pas / et d'ailleurs, pourquoi ?) Et elle offre à l'homme qui l'a abandonnée : *Volvé, mirá, volvé / engañame nomás. / No te molestaré / con celos jamás. / Vos serás como vos quieras / para todas las mujeres (…) / Y yo no pensaré / si me engañas o no, / pero a mi lao volvé / volveme a mentir. / O me mataré / que de vivir sin vos / no soy capaz (…) / Sé que ya no me querés. / Sé que ya vivís con otra / pero así y todo, volvé.* (Reviens, écoute, reviens / trompe-moi si tu veux. / Je ne t'embêterai / jamais avec ma jalousie. / Tù seras comme tu voudras avec toutes les femmes (…) / Je ne me demanderai pas si tu me trompes ou pas / mais reviens près de moi / reviens, mens-moi. / Ou bien je me tuerai / car vivre sans toi / je n'en suis pas capable (…) / Je sais que tu ne m'aimes plus. / Je sais que tu vis avec une autre / mais même comme ça, reviens.)

ADA FALCÓN

Une autre voix qui connut une énorme popularité dans les années trente fut celle d'Ada Falcón, la plus connue des trois sœurs qui consacrèrent leur vie au tango : Ada, Adelma et Amanda. Elle avait débuté comme chanteuse de *tonadas* sous le pseudonyme du "Petit Bijou argentin". Sa voix de mezzo-soprano s'adaptait fort bien aux nécessités du tango, ce que remarquèrent plusieurs directeurs d'orchestre comme Francisco Canaro et Osvaldo Fresedo qui acceptèrent de l'accompagner pour ses enregistrements. Pendant toute une période de sa carrière non seulement elle se produisit presque en permanence à la radio et sur la scène mais elle enregistra une moyenne de quinze disques par mois. Un article publié dans la revue *La Canción moderna* (La Chanson moderne) datée du 23 février 1933 donne la mesure de son succès : "Falcón est la plus phonographique de nos chanteuses. Il y a longtemps que nous le proclamons mais… si un lecteur doute de nos affirmations, nous lui conseillons d'écouter la dernière création d'Adita intitulée *Secreto*. C'est un tango de Discépolo, ce qui veut dire que tout le monde le chante, mais l'art d'Ada Falcón est très grand et très émouvant et il a trouvé dans cette chanson ce qu'il fallait pour que la femme, l'interprète et l'artiste puissent donner toute leur mesure. Falcón, dans ce disque, se place sans nul doute en tête de toutes nos chanteuses."

En 1934 elle joua dans le film *Idolos de la radio* (Idoles de la radio) où, sous la direction d'Eduardo Morera, apparaissaient des chanteurs et des chanteuses de tangos comme Ignacio Corsini, Tita Merello, Francisco Canaro, Olinda Bozán et Dorita Davis. En 1942, elle se retira définitivement de la chanson et s'installa à Salsipuedes, dans la province de Córdoba. Le journalisme de l'époque assurait qu'elle avait pris le voile ; avec le temps on sut qu'elle était sœur tertiaire et avait fait vœu de mener une vie frugale, austère et d'une absolue modestie. Mais l'événement fit tout de même scandale et des années plus tard, lorsqu'on évoquait Ada Falcón dans les salons des classes moyennes, il n'était pas rare d'entendre des réflexions comme : "Elle devait avoir bien des choses à se faire pardonner pour s'être faite bonne sœur."

TITA MERELLO

Tita Merello choisit l'humour pour représenter les secteurs marginaux qui, nés dans la pauvreté la plus extrême, s'installaient dans le centre de Buenos Aires pour survivre du tango. Certains de ses tangos rappelaient l'épopée des premières années et jetaient un regard moqueur sur la sottise de la petite bourgeoisie de Buenos Aires qui s'efforçait de cacher le milieu dans lequel elle avait grandi et les difficultés qu'elle avait endurées jusqu'à ce que vienne le succès. Tita Merello n'avait aucune honte à avouer dans *Arrabalera* (La Faubourienne) : *Mi casa fue un conventillo / de arrabal bien proletario… / Papel de diario el pañal / del cajón donde me*

crié. / Para mostrar mi blasón, / pedigré modesto y sano /
oiga, che, presentemé, / soy Felisa Roverano / tanto gusto,
no hay de qué. (Pour maison j'ai eu un *conventillo* / de
faubourg bien prolétarien… / Pour langes du papier journal / pour berceau un carton. / Pour montrer mon blason /
mon pedigree modeste et sain / alors quoi, présentez-moi, /
j'suis Felisa Roverano / enchantée, y'a pas de quoi.) Et
plus loin elle expliquait : *Si me gano el morfi diario / qué*
me importa el diccionario / ni el hablar con distincción. /
Llevo un sello de nobleza / soy porteña de una pieza /
tengo voz de bandoneón. (Si je gagne mon bifton quotidien / je me fous du dictionnaire / ou de jasper distingué. /
J'ai mes lettres de noblesse / j'suis portègne et d'une seule
pièce / j'ai une voix de bandonéon.) Dans un autre tango
qu'elle rendit célèbre, elle décrivait avec une faconde on
ne peut plus populaire : *Er botón de la esquina de casa /*
cuando sargo a barrer la vereda / se me acerca el canalla
y me dice : / Pss… Pipistrela ! Pss… Pipistrela ! / Tengo
un coso ar mercao que me mira / es un tano engrupido
de criollo. / Yo le pongo lo'ojo pa'arriba / y endemientra
le afano un repollo. / Me llaman la Pipistrela / y yo me
dejo llamar / es mejor pasar por gila / si una e'viva de
verdá. / Soy una piba con clase / manyen qué linda mujer /
la pinta que Dios me ha dado / la tengo de hacer valer (…) /
Ya estoy seca de tantos mucamos, / cocineros, botones y
juardas, / yo me paso la vida esperando / y no viene el
otario. / Yo quisiera tener mucho vento / pa'comprarme
sombreros, zapatos, / añaparme algun coso del centro, /
pa'largar esta manga de patos. (L'poulet du coin de la rue /
quand j'sors balayer l'trottoir / s'approche de moi et,
canaille, y m'dit : / Pss… Pipistrelle ! Pss… Pipistrelle ! /
Au marché y'en a un qui me regarde, / c'est un Rital qui
s'prend pour un *criollo*. / Moi je le reluque dans les mirettes /
et pendant c'temps j'y barbote un chou. / Pipistrelle qu'on

m'appelle / moi je laisse faire / vaut mieux passer pour une nouille / si c'est qu'on est une vraie futée. / J'suis une gosse qu'a d'la classe / zyeutez moi c'te gonzesse / la gueule que l'bon Dieu m'a donnée / faut que je sache la montrer. (…) / J'en ai marre de tous ces valets, / cuisiniers, gardiens et poulets, / je passe mes jours à faire le poireau / mais le pigeon n'y vient pas. / J'voudrais avoir plein de pognon / pour m'acheter des chapeaux, des chaussures / chouraver un petit truc dans le centre / et laisser tomber c'te bande de cornichons.) Ce que veut Pipistrelle ce n'est pas l'amour, bien qu'elle ne le dédaigne pas, mais un imbécile qui l'entretienne dans le luxe ou du moins lui donne quelques éléments de confort que la jeune fille imagine comme inaccessibles et extraordinaires. Pour ne plus être dans la misère ou pour manger, n'importe quelle ruse est valable : elle séduit l'Italien du marché pour pouvoir lui voler un légume. Tita Merello, en utilisant l'humour, incorpora souvent à son répertoire la misère qu'elle-même avait connue dans son enfance. Orpheline très jeune, à l'âge de dix ans elle travailla comme bouvière dans une grande propriété de la province de Buenos Aires. En 1920, après avoir fait plusieurs petits métiers qui lui permettaient à peine de survivre, elle tenta sa chance avec quelques chansons picaresques et débuta comme danseuse au Bataclan, un cabaret situé rue du 25-Mai, une rue où proliféraient des établissements à la réputation douteuse. Trois ans plus tard, son interprétation de *Trago amargo* (Coup dur) la lança sur les scènes du Maipo et du Porteño.

Après avoir participé à plusieurs comédies musicales, elle débuta comme actrice en remplacement d'Olida Bazán, dans *El Rancho del hermano* (Le Ranch du frère), un drame de Claudio Martínez Paiva ; puis elle joua dans *El Conventillo de la Paloma* (Le *Conventillo de la colombe*), une saynète d'Alberto Vacarezza, et en 1933 on put la voir à l'écran, dans un film de Luis Moglia Barth, *Tango*, dont le scénario était signé Carlos de la Púa.

Au début des années trente, Tita Merello popularisa deux chansons qui avaient pour thème la crise économique : *Los Amores con la crisis* (Les Amours et la crise), et *¿ Dónde hay un mango ?* (Où trouver un sou ?) qu'elle chantait dans le film *Idolos de la radio* et qui disait : *¿ Dónde hay un mango, viejo Gómez ? / Los han limpiao con piedra pomex. / ¿ Dónde hay un mango que yo lo he buscado / con lupa y linterna y no le he encontrado.* (Où trouver un sou, mon vieux Gomez ? / On les a frottés à la pierre ponce. / Où trouver un sou, j'en ai cherché un / avec une loupe et une lanterne et je n'ai rien trouvé.)

L'humour persiste dans ce portrait encore très célèbre aujourd'hui : *Se dice de mí : se dice que soy fea / que camino a lo malevo / que soy chueca y que me muevo / con aire compadrón. / Que parezco Leguisamo, / la figura no me ayuda / mi nariz es putiaguda / mi boca es un buzón / … / Se dicen muchas cosas / mas si el bulto no interesa / ¿ por qué pierden la cabeza / ocupándose de mí ? / … / Y ocultan de mí… / Ocultan que yo tengo unos ojos soñadores / además de otros pirmores que producen sensación. / Si soy fea, sé que en cambio / tengo un cutis de muñeca / los que dicen que soy chueca, no me han visto en camisón.* (On dit de moi : on dit que je suis laide / que j'ai une démarche de voyou / que je boite et que je me déhanche / avec un air de *compadrón*. / Que je ressemble à Leguisamo*, / que ma gueule m'aide pas / que mon nez est pointu / que ma bouche est une boîte à lettres / … / On dit beaucoup de choses / mais si le paquet n'est pas intéressant / pourquoi perdent-ils la tête / et s'occupent-ils de moi ? /… / On ne dit pas… / On ne dit pas que j'ai des yeux rêveurs / et que j'ai aussi d'autres charmes qui causent sensation. / J'suis laide, peut-être mais en revanche / j'ai un teint de lis / et ceux qui me trouvent boiteuse / m'ont pas vue en chemise.

Au cinéma comme au théâtre, Tita Merello a prouvé ses talents dramatiques. En 1948, elle débuta dans la pièce d'Eduardo de Filippo *Filomena Marturano* qui resta longtemps à l'affiche avant d'être adaptée à l'écran par Luis Mottura. Elle tourna *Morir en su ley* (Mourir dans sa loi) en 1947, *Arrabalera* (La Môme des faubourgs) en 1950, *Pasó en mi barrio* (C'est arrivé dans mon quartier) en 1951, *Guacho* (L'Orphelin) en 1953, et *Para vestir santos* (La Catherinette) en 1955, mais son plus grand succès fut sans doute *Los Isleros* (Les Insulaires) de Lucas Demare d'après le roman d'Ernesto Castro.

Peu à peu, l'actrice, qui de temps en temps chantait dans ses films, l'emporta sur la chanteuse. Lors du coup d'Etat de 1955, Tita Merello, qui était devenue la comédienne la plus célèbre de l'époque péroniste, fut délibérément éconduite. Un de ses derniers films, *La Morocha* (La Brune), mis en scène par Ralph Papier, fut interdit d'écran et Tita Merello fut, ni plus ni moins, interdite de travail. Elle dut alors, pour gagner sa vie, se contenter de chanter dans les parcs d'attraction et dans des cirques. Ses biens furent saisis et on l'accusa d'avoir pris part à une affaire d'importation illégale de thé. En 1957, elle partit pour le Mexique où elle tourna pour la télévision *Avant le petit déjeuner* d'Eugene O'Neill. Elle rentra en Argentine l'année suivante, mais son étoile s'était éteinte. Ce n'est qu'à la fin des années soixante qu'elle put signer un contrat avec la télévision de Buenos Aires. Son succès fut considérable. Son répertoire, nouveau, comprenait des tangos modernes, dont un qui lui appartenait et qui avait un ton tout à fait discépolien, *Decime Dios dónde estas* (Dieu, dis-moi où tu es) : *Le di la cara a la vida / y me la dejó marcada. / En cada arruga que tengo / llevo una pena guardada. / Yo me jugué a cara o cruz / iba todo en la parada. / Llegó el tiempo, barajó, / y me dejó arrinconada. / Si sos audaz, te va mal ; / si te parás, se te viene el mundo encima. / Decime Dios dónde estas / que me quiero arrodillar.* (J'ai regardé la vie en face / et elle m'a marquée au visage. / Chacune de mes rides / est une douleur passée. / J'ai joué à pile ou face / et le tout pour le tout. / Mais le temps est passé, il a jeté ses dés / et m'a abandonnée. / Si t'as de l'audace, t'es foutue ; / si tu as réussi, le monde te tombe dessus. / Dieu, dis-moi où tu es / que je puisse m'agenouiller.)

Tita Merello n'a jamais eu une grande voix, mais elle utilisait avec une grande habileté l'étroitesse de son registre. Elle sut tirer le meilleur parti de ses interprétations et des nuances humoristiques ou dramatiques par lesquelles elle soulignait chaque tango. Il y avait dans sa voix un ton ironique et blasé, qui n'était pas sans rappeler celui de Discépolo. Comme lui, elle avait un sourire sceptique et moqueur et lorsqu'elle évoquait le passé, elle devenait nostalgique mais sans aller cependant jusqu'à la mélancolie. C'est sans doute pourquoi les jeunes lui firent une ovation lorsqu'elle revint chanter à la télévision.

AUTRES CHANTEUSES
AUTRES GRANDS NOMS

Dresser une liste des chanteuses de tango nous conduirait à remplir plusieurs pages de ce livre, aussi nous contenterons-nous de citer quelques noms.

Dorita Davis et Amanda Ledesma connurent, dans les années trente, une célébrité qui s'éteignit avant la décennie suivante ; Sabina Olmos et Aída Luz furent deux bonnes voix qui abandonnèrent le tango pour devenir comédiennes ; Nelly Omar, bien que n'ayant enregistré qu'un seul disque entre 1935 et 1955, fut en 1948 la créatrice de *Sur*.

Anita Luciano Davis, plus connue sous le nom de Tania, était fille d'un musicien. Née à Tolède, elle arriva à Buenos Aires en 1927 et débuta presque aussitôt dans l'orchestre de Roberto Firpo où elle chantait des chansons espagnoles et quelques tangos. Elle connut Discépolo peu après son arrivée et vécut avec lui jusqu'à la mort du compositeur, en 1951. Son répertoire était presque exclusivement composé des tangos de son mari, avec qui elle fit aussi du théâtre. Tania participa à de nombreux festivals radiophoniques et pendant des années, elle se produisit dans une sorte de café-concert de la rue Libertad qui portait le nom d'un des tangos qu'elle interprétait chaque soir : *Cambalache* (Bric-à-brac).

Sofiá Bozán se contenta d'un décor unique pour ses tangos : la revue. Sympathique, souriante, ironique, elle arrêtait l'orchestre au milieu d'un thème pour lancer une blague, et le public acceptait d'elle n'importe quoi. Sa spontanéité et sa capacité de se moquer de ses propres défauts servaient à mettre en valeur le timbre de sa voix, son accent faubourien et ce ton rauque qu'elle savait adapter à ses interprétations : *Yira, yira*, *Qué querés con este loro* (Qu'est-ce que tu veux avec ce boudin), *Haragán* (Paresseux).

Entre 1940 et 1970, il y eut d'autres noms célèbres dont celui d'Amelita Baltar qui popularisa des thèmes d'Astor Piazzolla et de Horacio Ferrer comme *Balada para un loco* (Ballade pour un fou), *Chiquilín de Bachín* (Gamin de Bachín), *Balada para mi muerte* (Ballade pour ma mort) ou *Balada para él* (Ballade pour lui). Grave, sachant manier la nuance dramatique, elle enveloppa ses interprétations d'une sensualité jusque-là inexistante chez les chanteuses de tango. Sa version de *Balada para un loco* devint, en 1969 et 1970, le dernier grand succès discographique du tango.

SUSANA RINALDI

Susana Rinaldi, pour être le seul nom important de l'histoire du tango de ces vingt dernières années, mérite qu'on lui consacre un paragraphe à part. Portègne, elle était connue comme actrice lorsqu'elle décida de se consacrer au tango. Son nom, lié aux groupes littéraires du début des années soixante, devint rapidement indispensable à toute représentation ou à tout récital des nouveaux poètes ; sa solide formation culturelle et professionnelle lui accorda un avantage énorme sur ses collègues. Sa voix profonde, bien modulée, son timbre grave et nuancé transforment chaque histoire en un dramatique monologue, en une chronique sensible où chaque mot a son importance. Sa connaissance de la poésie, de la valeur de la métaphore et de la place des mots dans le phrasé pour souligner un texte, fait de ses interprétations un exercice où interviennent à part égale l'actrice et la chanteuse. Son aisance sur la scène lui permet de se déplacer avec une rare précision et d'avoir le geste juste et nécessaire pour parvenir à une communication totale avec son public.

Il faut aussi souligner le choix du répertoire de Susana Rinaldi. Aux classiques du tango, elle a ajouté les meilleurs poètes des années quarante (deux de ses enregistrements sont entièrement consacrés à Homero Manzi et à Cátulo Castillo), et de nouveaux compositeurs comme Eladia Blázquez, Héctor Negro ou María Elena Walsh. Les thèmes de cette dernière ne sont pas tous des tangos mais Susana Rinaldi a su les intégrer à ses spectacles.

Parmi ses interprétations les plus remarquables, signalons *Caserón de tejas* (La Maison au toit de tuiles), *Malena* (Malena), *El 45* (1945), la *milonga* de León Benaros *El Parque de artillerias* (Le Parc de l'artillerie) et *La Ultima Curda* (La Dernière Cuite) où les paroles dramatiques n'ont d'autre emphase que l'exacte modulation de la voix. La tragédie de l'alcoolisme, que peint le tango de Cátulo Castillo avec des métaphores acérées, atteint des sommets grâce à la voix de Susana Rinaldi qui, dans *Che Bandoneón*, parvient à créer une atmosphère intime et parfaite, à la fois hommage et invocation à l'instrument magique du tango.

HOMERO MANZI :
NUITS ET LUNES DE BANLIEUE

Homero Manzi fut le premier à transformer les paroles des tangos en poèmes qui sont, pour la plupart, de nostalgiques cartes postales des quartiers de Buenos Aires : maisons basses avec leurs grilles en fer forgé et leur vigne vierge collée au mur ; personnages devinés ou entrevus aux fenêtres du collège de Pompeya où Manzi fut interne pendant plusieurs années ; souvenirs – souvent racontés – des dernières gouapes. En d'autres termes, le monde de Homero Manzi est celui du paradis perdu de l'enfance, une ville du passé où l'on s'imagine que les jours étaient meilleurs. Homero Manzi écrivit aussi l'amour déchirant et perdu. Ses métaphores sont simples, strictement visuelles. Elles s'appuient sur un artifice très employé dans la poésie de l'époque : l'énumération, la somme des éléments indispensables pour restituer un décor. Il osa même parfois écrire un tango tout entier à partir d'une accumulation de mots créant à eux seuls le climat : *Farol de esquina, ronda y llamada. / Lengue y piropo, danza y canción. / Truco y codillo, barro y cortada, / piba y glicina, fueye y malvón. / Café de barrio, dato y palmera, / negra y caricia, noche y portón. / Chisme de vieja, calle Las Heras, / pilchas, silencio, quinta edición.* (Réverbère de la rue, ronde et appel. / Foulard et compliment, danse et chanson. / Belote et codille / boue et ruelle / môme et glycine, bandonéon et géraniums. / Café de quartier, tuyau et palmier / fille et caresse, nuit et portail. / Commérages de vieilles, rue Las Heras, / fringues, silence, cinquième édition.)

Homero Manzi fut le poète de la rénovation du tango en 1940. Il osa le premier substituer aux paroles traditionnelles du tango une poésie moderne. Et c'est de cette recherche que sont nés des vers comme ceux-ci : *Fui como una lluvia de cenizas y fatiga / en horas resignadas de tu vida. / … Fuiste por mi culpa gonlondrina entre la nieve rosa marchitada por la nube que no llueve.* / (Je fus comme une pluie de cendres et de fatigue / aux heures résignées de ta vie. / … Par ma faute tu as été l'hirondelle perdue dans la neige / rose fanée par le nuage d'où il ne pleut pas.)

Mais il fallut attendre la génération des poètes de 1960 pour que son talent soit enfin reconnu. Un groupe de jeunes poètes, qui voulaient bâtir leur œuvre à partir de la réalité quotidienne, reconnurent, dans ce qu'ils avaient cru être des chansons sans importance, une poésie qui se rapprochait de celle qu'ils voulaient écrire. Surgirent alors des essais, des anthologies, des études critiques, des comparaisons diverses entre les paroles des tangos et une poésie cultivée et officielle qui leur semblait un cul-de-sac, une voie sans issue.

Homero Manzi avait à peine six ans (il était né en 1905), lorsque son père décida de quitter la province de Santiago del Estero pour venir s'installer à Buenos Aires, dans le quartier de Boedo y Garay, alors une banlieue. Ce premier impact, l'émerveillement du petit paysan pour les rues aux maisons alignées les unes contre les autres, pleines de voitures et de gens, devait être toujours présent dans son œuvre.

On comprend ainsi pourquoi Manzi fut fortement impressionné par la lecture de *Misas herejes* (Les Messes hérétiques) et de *La Canción del barrio (*La Chanson du quartier) – deux ouvrages d'Evaristo Carriego, l'homme qui avait su élever à la poésie les quartiers de Buenos Aires. On retrouve l'influence d'Evaristo Carriego dans *Viejo Ciego* (Vieil aveugle), un des premiers tangos de Homero Manzi dont la musique appartient à Cátulo Castillo et Sebastián Piana, et qui fut créé en novembre 1926 par Roberto Fugazot dans la pièce d'Ivo Pelay *Patadas y serenatas en el barrio de las latas* (Bagarres et sérénades dans le quartier des tôles). Le tango annonçait déjà le poète, lecteur précoce de Rubén Darío, et signalait l'admirateur d'Evaristo Carriego : *Con un lazarillo llegás por las noches / trayendo las quejas del viejo violín / y en medio del humo / parece un fantoche / tu rara silueta de flaco rocín. / Puntual parroquiano tan viejo y tan ciego / al ir destrenzando tu eterna canción, / ponés en las almas recuerdos ajenos / y un poco de pena mezclas con el acohol.* (Le soir tu arrives avec ton chien d'aveugle / et les plaintes de ton vieux violon, / et au milieu de la fumée / ton étrange silhouette efflanquée / ressemble à un fantoche. / Vieux et aveugle tu viens en habitué ponctuel / et en déroulant ta chanson éternelle, / tu déposes dans nos âmes des souvenirs étranges / et noies un peu de ton chagrin dans un verre d'alcool.)

A peu près à la même époque où il créa *Viejo Ciego*, Manzi, avec Sebastián Piana, remit en valeur la *milonga*, un genre jusque-là resté au second plan, aussi bien du point de vue musical que poétique. Les *milongas* de Homero Manzi possèdent un langage dépouillé, littéraire et en même temps populaire. Sous l'influence évidente de García Lorca (le *Romancero gitano* avait été publié en 1924), Manzi écrivit *Milonga triste : Llegabas por el camino / delantal y trenzas sueltas. / Brillaban tus ojos negros / claridad de luna llena. / Mis labios te hicieron daño / al besar tu boca fresca. / Castigo me dio tu mano / pero más golpeó tu ausencia.* (Tu venais sur le chemin / tablier et tresses au vent. / Tes yeux noirs brillaient / clarté de pleine lune. / Ma bouche t'a blessée / en baisant tes lèvres fraîches. / Ta main m'a frappé, mais plus douloureuse est ton absence.) Dans *Milonga sentimental*, il définissait avec justesse ce que voulait dire l'honneur pour les habitants des quartiers : *Varón, pa'quererte mucho, / varón, pa'desearte el bien, / varón pa'olvidar agravios / porque ya te perdoné. / ... / Es fácil pegar un tajo / pa'cobrar una traición, / o jugar en una daga / la suerte de una pasión. / Pero no es fácil cortarse / los tientos de un metejón, / cuando están bien amarrados / al palo del corazón.* (Mon gars, pour t'aimer beaucoup, / mon gars, pour t'vouloir du bien, / mon gars pour oublier l'insulte / parce que je t'ai pardonné. / ... / Un coup de surin c'est facile / pour venger une trahison, / facile de jouer au couteau / le sort d'un amour. / Mais c'est plus difficile de couper / les liens d'une passion / quand ils sont bien amarrés / au mât de notre cœur.) Dans *Milonga del 900* (Milonga de 1900), on trouve la revendication du faubourien qui montre avec fierté son courage, le seul bien qu'il possède : *Me gusta lo desparejo / y no voy por la vereda. / Uso funyi a lo Massera, calzo bota militar. / ... Soy desconfiao en amores, / y soy confiao en el juego. / Donde me invitan me quedo / y donde sobro también. / Soy del partido de todos / y con todos me la entiendo / pero váyanlo sabiendo : / ¡ soy hombre de Leandro Alem ! / ... / No me gusta el empedrao / ni me doy con lo moderno. / Descanso cuando ando enfermo / y después que me he sanao.* (J'aime ce qui est dépareillé / j'marche pas sur les trottoirs. / Je porte un bitos à la Massera, / je chausse des godasses de l'armée. / ... J'fais pas confiance à l'amour, / j'fais confiance qu'au jeu. / Où qu'on m'invite j'm'incruste / même quand je suis de trop. / Je suis du parti de tout le monde / et avec tout le monde j'm'entends bien / mais sachez-le bien : / j'suis un homme de Leandro Alem ! / ... / J'aime pas la chaussée pavée / j'aime pas ce qui est moderne. / Quand je suis malade j'me repose / quand je suis guéri j'me repose aussi.)

Pour Homero Manzi la gouape n'était pas une curiosité de musée, ni un fanatique du courage qui voulait à tout prix montrer sa bravoure ou accomplir son devoir : la gouape était un produit du milieu, de la misère et d'une société qui ne lui offrait pas d'alternative. Son portrait d'Eugenio Pizarro, un *compadre* qu'il avait connu avec Cátulo Castillo après qu'un décret du président Yrigoyen l'avait libéré de la prison d'Ushuaia, était respectueux : *Morocho como el barro era Pizarro, / señor del arrabal ; / entraba en los disturbios del suburbio / con frío de puñal. / Su brazo era ligero al entrevero / y oscura era su voz. / Derecho como amigo o enemigo / no supo de traición. / Cargado de romances y de lances / la gente lo admiró / … Con un vaivén de carro iba Pizarro, perfil de corralón, / cruzando con su paso los ocasos / del barrio pobretón. / La muerte entró derecho por su pecho, / buscando el corazón. Pensó que era mas fuerte que la muerte / y entonces se perdió.* (Brun comme de la boue était Pizarro / seigneur du faubourg ; / il s'entremettait dans les bagarres du quartier / avec une froideur de poignard. / Léger était son bras dans la mêlée / sombre était sa voix. / Droit avec ses amis et ses ennemis / jamais il ne trahit. / Avec ses romances et ses conquêtes / tout le monde l'admirait / … Il allait d'un pas chaloupé, Pizarro / profil de remise à voitures, / traversant les crépuscules / du misérable quartier. / La mort est entrée dans sa poitrine / cherchant son cœur. / Mais il se crut plus fort que la mort / et fut perdu.)

On retrouve dans *Ramayón* cette même tentative de conserver le souvenir d'un personnage que l'industrialisation des villes forçait peu à peu à disparaître : *Resueñan*

en baldosas los golpes de tu taco. / Desfilan tus corri-
das por patios de arrabal. / Se envuelve tu figura con
humo de tabaco / y baila en el recuerdo tu bota militar. /
Refleja nuevamente tu pelo renegrido / en salas alum-
bradas con lámparas a gas. / Se pliegan tus quebradas
y vuelven del olvido / las notas ligeritas de Arolas y
Bazán. (Le bruit de tes talons résonne sur les pavés. /
Tes glissades défilent dans les patios du faubourg. / La
fumée d'une cigarette enveloppe ta silhouette / et ta
botte militaire se souvient et danse. / Tes cheveux de jais
brillent à nouveau / dans des salles qu'éclairent les
lampes à gaz. / Tu danses un tango et les notes légères /
d'Arolas et de Bazán sortent de l'oubli.)

Dans *Milongón*, on retrouve les images des premiers
bastringues tandis que c'est l'esprit même de la vieille *mi-*
longa noire qui revit dans *Ropa blanca* (Habits blancs),
Pena mulata (Chagrin mulâtre), *Negra María* (Marie la
Noire), ou *Papá Balthasar* dans lesquels Manzi reprend la
syntaxe des anciennes chansons héritées des esclaves noirs
mais avec un rythme et une sonorité de vocabulaire qui
provoquèrent l'admiration du poète cubain Nicolás Guillén.

Cependant, les plus beaux fleurons de la poésie de
Homero Manzi concernent Buenos Aires qu'il contemple
avec nostalgie pour faire réapparaître des paysages, des
personnages célèbres ou anonymes, sur un ton qui révèle
une anxiété métaphysique devant le temps qui s'écoule,
la décadence de l'homme et des choses qui l'entourent ;
ainsi dans les premières strophes de *El Pescante* (Le
Siège du cocher), qui établit clairement une distinction
entre passé et présent, Manzi nous dit : *Yunta oscura*
trotando en la noche. / Latigazo de alarde burlón. /
Compadreando de gris sobre y coche / por las piedras
de Constitución. / En la zurda amarrada la rienda / se
amansó el colorao redomón. / Y como él se amansaron

cien prendas / bajo el freno de su pretensión. (Sombres chevaux trottant dans la nuit. / Coup de fouet qui claque moqueur. / *Compadrito* vêtu de gris sur la voiture / roulant sur les pavés de Constitution. / La main gauche tient les rênes / qui ont apaisé l'alezan sauvage. / Comme lui se sont apaisées cent maîtresses / sous le frein de son désir.)

La seconde partie du tango montre combien les années ont abîmé la voiture et éreinté l'homme qui la conduit vers une mort délavée et opaque. Le temps a enfin accompli son œuvre : *Tungo flaco tranqueando en la tarde / sin aliento al chirlazo cansao. / Fracasao en último alarde / bajo el sol de la calle Callao. / Despintado el alón del sombrero / ya ni silba la vieja canción / pues no quedan ni amor ni viajeros / para el coche de su corazón.* (Vieille rosse émaciée entre les bras de la voiture / hors d'haleine sous les coups fatigués. / Epuisé par le dernier élan / sous le soleil de la rue Callao. / L'aile de son chapeau est délavée / et il ne siffle même plus sa vieille chanson / car amour et passagers ont déserté / sa voiture bien-aimée.)

Dans *Manoblanca*, il décrit un autre cocher à qui, pour une fois, la chance semble sourire : … *Donde vas carrerito porteño / con tu chata flamante y coqueta, / con los ojos cerrados de sueño / y un gajo de ruda detrás de la oreja. / El orgullo de ser bienquerido / se adivina en tu estrella de bronce, / carrerito del barrio del Once / que vuelves trotando para el corralón.* (Où vas-tu petit cocher de Buenos Aires / avec ta carriole coquette et rutilante, / les yeux bouffis de sommeil / et une herbe sauvage derrière l'oreille. / On devine à ton étoile de bronze / ta fierté d'être aimé, / petit cocher du quartier du Once, / qui revient au trot vers l'écurie.)

Ses descriptions aux accents élégiaques le rendent plus proche du néo-romantisme littéraire et poétique des années quarante que de l'Evaristo Carriego de *La Canción del barrio* (La Chanson du quartier). Cependant, on trouve chez l'un comme chez l'autre, du moins en ce qui concerne leurs premiers tangos, le même traitement formel du langage et la même thématique. Carriego montre, raconte les événements quotidiens qui forment son univers : il regarde et décrit les gens simples qui l'entourent et qui vivent avec lui dans le Palermo faubourien et humble du début du siècle : la gouape, la midinette, l'aveugle, la petite ouvrière poitrinaire. Avec Manzi l'évocation prend une autre dimension : pour une raison purement chronologique, il chante les choses qui s'évanouissent lentement, les personnages qui disparaissent, les noms que l'on oublie peu à peu.

Si Evaristo Carriego chanta le petit orgue de Barbarie qui revient chaque jour "répétant l'air éternel et familier qu'il jouait déjà l'an passé", Manzi saisit l'image finale, non pas de l'objet réel manipulé par l'homme qui se contente de tourner une manivelle, mais son idéalisation mythique :

> *Las ruedas embarradas del último organito*
> *vendrán desde la tarde buscando el arrabal,*
> *con un caballo flaco y un rengo y un monito*
> *y un coro de muchachas vestidas de percal.*

> *Tendrá una caja blanca el último organito*
> *y el asma del otoño sacudirá su son.*
> *Y adornarán sus tablas cabezas de angelitos*
> *y el eco de su piano será como un adios :*

> *Saludarán su ausencia las novias encerradas*
> *abriendo las persianas detrás de su canción*
> *y el último organito se perderá en la nada*
> *y el alma del suburbio se quedará sin voz.*

Les roues embourbées du dernier petit orgue
viendront dans le soir chercher le faubourg
avec un maigre cheval, un boiteux et un singe
et un chœur de jeunes filles vêtues de percale.

L'orgue de Barbarie aura une caisse blanche
et l'asthme de l'automne malmènera sa musique.
Des têtes d'angelots en décoreront le bois
et l'écho de son piano sera comme un adieu :

Les fiancées recluses salueront son absence
en ouvrant les persiennes après sa chanson
le dernier petit orgue disparaîtra au loin
et l'âme du quartier restera sans voix.

Certains tangos sont de véritables tableaux du vieux
Buenos Aires, comme *El Vals de los recuerdos* (La Valse
des souvenirs), *Esquinas porteñas* (Coins de rues portègnes) ou *Arrabal*, mais ses deux plus grands poèmes
dédiés à la ville sont *Barrio de tango* (Quartier du tango)
et *Sur* (Sud), écrits tous deux en 1948 et mis en musique
par Aníbal Troilo. Le premier évoque les années d'internat
au collège Luppi, dans le quartier de Nueva Pompeya. Au
dos du disque, Homero Manzi rappelle que le collège "se
dressait littéralement entre des marais, des terrains vagues,
des terre-pleins et des montagnes d'ordures et de déchets
industriels. Ce paysage composé de tas de ferraille, de
baraquements, de barbelés, de marécages obscurs, de sen-
tiers embourbés, de terre-pleins, de trains traversant le soir,
lanternes rouges et signaux verts, avait sa poésie."

Un pedazo de barrio, allá en Pompeya,
durmiendose al costao del terraplén.
Un farol balanceando en la barrera
y el misterio del adiós que siembra el tren.
Un ladrido de perros a la luna.

El amor escondido en un portón,
los sapos redoblando en la laguna
y a lo lejos la voz del bandoneón.

Un coro de silbidos allá en la esquina.
El codillo llenando el almacén.
Y el dramón de la pálida vecina
que ya nunca salió a mirar el tren.
Asi evoco tus noches, barrio 'e tango
con las chatas entrando al corralón
y la luna chapaleando sobre el fango
y a lo lejos la voz del bandoneón.

Un bout de quartier, là-bas à Pompeya
dort aux côtés du terre-plein.
Une lanterne s'agite près de la barrière
mystère de l'adieu qu'a semé le train.
Des chiens hurlent à la lune.
Un amour se cache sous un porche,
des crapauds coassent dans une mare
et au loin la voix du bandonéon.

On entend siffler au coin de la rue.
On joue aux cartes dans l'épicerie.
Et le drame d'une voisine trop pâle
qui n'est plus jamais sortie pour regarder le train.
C'est ainsi que j'évoque tes nuits, quartier de tango
avec les carrioles rentrant au bercail
la lune barbotant dans la boue
et au loin la voix du bandonéon.

Dans *Sur*, le faubourg est plus reculé encore et l'on
devine, toute proche, la pampa. "Le ciel tout entier", le
"parfum d'herbes et de foin" ainsi que le souvenir des
inondations, dénoncent la présence de la terre et de la
pampa qui rejoignaient la limite diffuse de la ville en

pleine expansion. Dans *Sur*, Homero Manzi parle de "nostalgies des choses du passé" et Benjamin Tagle Lara, dans son tango *Puente Alsina* (Le Pont Alsina) écrit : "Le vieux quartier qui t'a vu grandir / effaçait l'asphalte d'un revers de main." Deux visions de deux quartiers voisins unis par une même mélancolie. L'enfance et l'adolescence étaient porteuses d'espoirs qui ne se sont jamais réalisés : tel est le secret de l'idéalisation. Mais Tagle Lara s'en prend au progrès : "Puente Alsina qui faisait mes délices / l'avenue t'a renversé d'un coup de patte", alors que pour Homero Manzi la nostalgie est celle de l'adolescence : "Les lunes et les rues de banlieue / et mon amour à ta fenêtre / tout est mort je le sais."

C'est Nelly Omar qui chanta pour la première fois *Sur*, bien que le tango semble avoir été écrit pour la voix rauque d'Edmundo Rivero, à l'époque chanteur d'Aníbal Troilo. Car ce fut Edmundo Rivero qui, en effet, donna à ce tango sa vraie mesure et sa véritable dimension dramatique.

> *San Juan y Boedo antiguo, y todo el cielo,*
> *Pompeya y más allá la inundacion.*
> *Tu melena de novia en el recuerdo*
> *y tu nombre flotando en el adiós.*
> *La esquina de herrero, barro y pampa*
> *tu casa, tu vereda, el zanjón,*
> *y un perfume de yuyos y de alfalfa*
> *que me llena de nuevo el corazón.*
> *Sur*
> *paredón y después…*
> *Sur,*
> *una luz de almacén…*
> *Ya nunca me verás como me vieras*

recostado en la vidriera
y esperándote.
Ya nunca alumbraré con las estrellas
nuestra marcha sin querellas
por las noches de Pompeya…
Las calles y las lunas suburbanas,
y mi amor en tu ventana,
todo ha muerto, ya lo sé…

San Juan y Boedo antiguo, cielo perdido
Pompeya y al llegar al terraplén
tus veinte años temblando de cariño
bajo el beso que entonces te robé.
Nostalgia de las cosas que han pasado,
arena que la vida se llevó,
pesadumbre de barrios que han cambiado
y amargura del sueño que murió.

San Juan et Boedo vieux quartiers, et le ciel tout entier
Pompeya et là-bas la terre inondée.
Dans mon souvenir ta chevelure de fiancée
et ton nom qui flotte dans un adieu.
La rue du ferronnier, la boue, la pampa,
ta maison, ton trottoir, le fossé
et un parfum d'herbes et de foin
qui monte encore jusqu'à mon cœur.

Sud
un mur et après…
Sud,
la lueur d'une épicerie…
Plus jamais tu ne me verras comme autrefois
adossé contre la vitrine
où je t'attendais.
Plus jamais je n'éclairerai d'étoiles

nos promenades tranquilles
dans les nuits de Pompeya…
Les rues et les lunes de mon faubourg
et mon amour à ta fenêtre
tout est mort je le sais…

San Juan et Boedo vieux quartiers, ciel que j'ai perdu,
Pompeya et près du terre-plein
tes vingt ans tremblant de tendresse
sous le baiser qu'alors je t'ai volé.
Nostalgie des choses du passé
sable que la vie a emporté
regret du quartier qui a changé
amertume du rêve qui est mort.

En 1942 l'orchestre d'Aníbal Troilo et la voix de
Francisco Fiorentino créent *Malena*. Il s'agissait d'un
poème de circonstance écrit en hommage à une chanteuse argentine inconnue que Manzi avait écoutée au
Brésil. Mais avec *Malena* il inaugurait une ligne
poétique que devaient suivre plus tard Cátulo Castillo,
Homero Expósito et, plus proche de nous, Horacio Ferrer dont toute l'œuvre s'appuie sur de surprenantes
métaphores.

Malena canta el tango como ninguna
y en cada verso pone su corazón.
A yuyo de suburbio su voz perfuma
Malena tiene pena de bandoneón.
Tal vez allá en la infancia su voz de alondra
tomó ese tono oscuro de callejón,
o acaso aquel romance que sólo nombra
cuando se pone triste con el alcohol.
Malena canta el tango con voz de sombra,
Malena tiene pena de bandoneón.

Tu canción
tiene el frío del último encuentro.
Tu canción
se hace amarga en la sal del recuerdo.
Yo no sé
si tu voz es la flor de una pena,
solo sé
que al rumor de tus tangos, Malena,
te siento más buena,
mas buena que yo.

Tus ojos son oscuros como el olvido,
tus labios apretados como el rencor,
tus manos dos palomas que sienten frío,
tus venas tienen sangre de bandoneón.
Tus tangos son criaturas abandonadas
que cruzan sobre el barro del callejón,
cuando todas las puertas están cerradas
y ladran los fantasmas de la canción.
Malena canta el tango con voz quebrada,
Malena tiene pena de bandoneón.

Malena chante le tango comme personne
et dans chaque vers met tout son cœur.
Les herbes de banlieue ont le parfum de sa voix
Malena a un chagrin de bandonéon.
Etait-elle encore enfant lorsque sa voix d'alouette
a pris cet obscur timbre de ruelle
ou est-ce cet amour dont elle ne parle
que lorsque l'alcool l'a rendue triste ?
Malena chante le tango d'une voix obscure,
Malena a un chagrin de bandonéon.

Ta chanson
a la froideur d'un ultime adieu.
Ta chanson

devient amère au goût du souvenir.
Je ne sais
si ta voix est née d'une peine
mais je sais
que sous la rumeur de tes tangos, Malena,
je te sens meilleure,
bien meilleure que moi.

Tes yeux sont aussi noirs que l'oubli,
tu as les lèvres serrées comme une rancœur,
tes mains sont deux colombes qui ont froid,
dans tes veines coule du sang de bandonéon.
Tes tangos sont des enfants perdus
qui marchent dans la boue de la ruelle
lorsque toutes les portes sont fermées
et qu'aboient les fantômes de la chanson.
Malena chante le tango d'une voix brisée
Malena a un chagrin de bandonéon.

Quelques jours avant le coup d'Etat du 6 septembre 1930, Manzi fut élu délégué des étudiants en droit à la Fédération universitaire de Buenos Aires. Le jour de la chute du gouvernement Yrigoyen, les étudiants en droit, d'orientation radicale, décidèrent d'occuper la faculté pour protester contre le coup d'Etat. Manzi, alors secrétaire de la Fédération, fut un des étudiants les plus actifs et défendit le bâtiment de l'avenue Las Heras les armes à la main. Accusé d'avoir tenté de tirer sur le professeur Rodríguez Egaña, qui fut plus tard sénateur du parti conservateur, il fut expulsé de l'université en même temps que certains de ses camarades dont Arturo Jauretche. Quelques jours plus tard, Manzi se vit interdire d'enseignement. Il ne retourna plus à l'université, mais la politique l'intéressa toute sa vie.

En 1935, avec Jauretche, Manuel Ortiz Pereyra, Juan B. Fleitas, Gabriel de Mazo et Luis Dellepiane, il fonda FORJA, dont nous avons déjà parlé dans le chapitre consacré à Discépolo. Au cours d'une conférence portant sur le projet FORJA, Manzi déclara : "En accord avec la pensée de Hipólito Yrigoyen, le radicalisme n'est pas pour nous un parti de plus... mais le soulèvement total de la conscience historique argentine", ajoutant : "On est aujourd'hui radical comme on pouvait être *reconquistador* en 1807, libérateur en 1810, voyageur en... 1816, *montonero* en 1830, confédérationniste en 1855, révolutionnaire en 1890, yrigoyeniste en 1916."

Au cours d'une autre conférence, il avait déjà expliqué : "L'histoire de l'Amérique nous contemple. La démocratie souffre de rudes attaques aussi bien à sa droite qu'à sa gauche. Mais c'est une démocratie théorique et doctrinaire que l'on attaque, la démocratie arithmétique créée, sentie et pratiquée par l'Europe. La démocratie en tant que sujet rationnel et froid, qui pose des chiffres sur les plateaux de la balance et se soumet au plus lourd des deux. En Amérique, cette démocratie n'a jamais existé." Pour Manzi, la véritable démocratie du peuple avait été trahie par la classe dirigeante. "Démocratie du destin que notre histoire recueille dans l'héroïsme des armées de la liberté. Dans le tumulte du peuple de Mai. Dans la bravoure indomptée de Güemes et jusque dans les chaînes symboliques qu'oppose Rosas à la prétention des drapeaux étrangers qui envahissent nos fleuves et piétinent notre souveraineté. Démocratie qui repose sur la ferme volonté d'Yrigoyen de défendre la paix alors que les autres veulent la guerre. Cette démocratie américaine ne mourra jamais. C'est elle que nous voulons pour notre patrie."

Manzi partit en tournée dans le nord de l'Argentine, donna de nombreuses conférences, milita de façon permanente et commença à travailler comme scénariste de cinéma. Il écrivit, avec Ulyses Petit de Murat, les scénarios de

La Guerra gaucha (La Guerre des gauchos) à partir du texte original de Leopoldo Lugones (1942) ; *Su mejor alumno* (Son meilleur élève), à partir de deux ouvrages de Sarmiento : *Recuerdos de provincia* (Souvenirs de province) et *Vida de Dominguito* (Vie de Dominguito) (1942) ; et *Pampa bárbara* (Pampa sauvage) (1945). Il signa, toujours aux côtés de Petit de Murat, une pièce de théâtre, *La Novia de arena* (La Fiancée de sable), également inspirée d'un sujet historique, qui fut jouée en 1943.

Manzi fut coréalisateur de *Pobre mi madre querida* (Pauvre maman chérie), un film sur la vie du *payador* José Betinoti, et de *Escuela de campeones* (L'Ecole des champions) où il tenta de raconter les débuts du football argentin à travers l'histoire du légendaire club Alumni, le premier à avoir eu pléthore de supporters.

Militant radical, Homero Manzi était cependant convaincu que son parti devait soutenir l'action de Juan Domingo Perón. Ce dernier le reçut, en même temps que d'autres radicaux, en décembre 1947, ce qui valut au groupe de Manzi d'être expulsé de l'Union civique radicale. Quelques jours plus tard, Manzi expliquait sa position à la radio : "Ceux qui nous accusent d'être dans l'opposition se trompent. Ceux qui nous accusent d'être avec le gouvernement se trompent aussi. Nous ne sommes ni avec le gouvernement ni dans l'opposition. Nous sommes révolutionnaires." Et Manzi, tout en soutenant, dans les faits, le péronisme, continua, depuis son fauteuil de président de la Société argentine des auteurs et compositeurs de musique, à se proclamer radical et se contenta de mener des actions liées à la culture.

A la fin de sa vie, rongé par le cancer, il écrivit quelques-uns de ses meilleurs tangos : *Sur, Che bandoneón, Discepolín*, ainsi que de superbes poèmes. L'ensemble de son œuvre a été réuni plus tard dans plusieurs anthologies, ouvrages critiques et dans de nombreux disques. Parmi eux citons *Definiciones para esperar mi muerte* (Définitions pour attendre ma mort) et *La Muerte de Quiroga* (La Mort de Quiroga), de style borgésien, écrit en alexandrins, où il raconte les moments précédant la mort de Barranca Yaco.

À sa mort, en 1951, Homero Manzi avait écrit une œuvre abondante qui comprenait quelque deux cents chansons, une trentaine de poèmes, une pièce de théâtre, plusieurs scénarios et des dizaines de conférences et de discours politiques.

Pour l'un de ses biographes, Aníbal Ford, la poésie de Manzi est "une synthèse de Baudelaire et d'Evaristo Carriego, de Betinoti et des symbolistes, de Lorca et du folklore, des ultras et de la littérature du tango". S'appuyant sur ces influences et après avoir trouvé sa propre personnalité, Manzi a utilisé la nostalgie comme dénominateur commun d'une œuvre dont le résultat final fut d'éviter que les mythes de la ville de son enfance ne disparaissent complètement. Dans cette entreprise de sauvetage, il a bâti toute une mythologie du climat suburbain du début du siècle. Criblé par les contradictions propres à la classe moyenne, tandis que d'un côté il militait pour changer la société, de l'autre il témoignait d'une attitude conservatrice prônant que "tout ce qui appartient au passé est meilleur". Le militant luttait contre le poète élégiaque. Le résultat de cet antagonisme fut que la poésie s'installa au cœur même du tango. Manzi ouvrit une voie grâce à des œuvres qui aujourd'hui encore côtoient avec honneur les plus beaux morceaux de la poésie argentine.

HUGO DEL CARRIL :
A LA RECHERCHE DE L'IDOLE PERDUE

Hugo del Carril avait à peine vingt-deux ans à la mort de Carlos Gardel. Animateur de radio et chanteur, il s'était produit en duo, avait travaillé dans des trios et des quatuors et avait également chanté en soliste, accompagné par le prestigieux orchestre d'Edgardo Donato.

Son style gardélien, sa voix de baryton très nuancée, son répertoire de thèmes classiques firent de lui le candidat idéal pour occuper le vide laissé par Gardel. Mais il ne fallait pas seulement une voix : il fallait aussi un chanteur et un comédien avec des qualités au moins similaires à celles de l'idole.

Le metteur en scène Manuel Romero choisit Hugo del Carril pour *Los muchachos de antes no usaban gomina* (Les garçons d'autrefois ne mettaient pas de gomina) qui fut tourné en 1937. Pour garantir le succès du film, on ajouta un nom au générique, celui de Florencio Parravicini, considéré comme l'un des meilleurs comédiens de l'époque et dont c'étaient les débuts au cinéma parlant. La distribution était d'ailleurs tout à fait brillante et comprenait, entre autres, Santiago Arrieta, Irma Cordoba, Niní Gambier et Pedro Laxalt. La première fut un succès sans précédent. Le critique Chas de Cruz écrivit à propos de Hugo del Carril : "Une étoile du cinéma argentin est née." Il ne se trompait pas. Afin de consolider son image, entre 1938 et 1939, en plus de ses enregistrements habituels et de ses émissions de radio, Hugo del Carril tourna cinq films. Il prit même le risque de tourner *la Vie de Carlos Gardel*, une biographie idéalisée de la vie du chanteur qu'il sut interpréter honorablement.

Hugo del Carril eut pour partenaires des noms aussi prestigieux que Libertad Lamarque et Sabina Olmos et dans ses films il était entouré de ceux qui avaient tourné avec Gardel, comme Tito Lusiardo. Toutes les conditions avaient été réunies pour fabriquer un nouveau mythe. Pourtant, même si ses disques se vendaient bien, même si ses interprétations de *El porteñito, Tiempos viejos* ou *Nostalgias* étaient impeccables, même si ses émissions de radio avaient une audience considérable, Hugo del Carril ne put jamais remplacer le mythe. Pour les Argentins il n'y aurait jamais qu'un seul Gardel et son successeur devrait avoir une voix totalement différente, ne rappelant en rien celle de l'idole. Il fallait laisser faire le temps, laisser le deuil s'accomplir et donner à la conscience collective la possibilité de s'approprier une autre voix dépourvue d'accents gardéliens.

La carrière de chanteur de Hugo del Carril passa au second plan et s'effaça peu à peu lorsque en 1949, il réalisa lui-même son premier film : *Historia del 900* (Histoire de 1900). Trois ans plus tard, il se consacrait entièrement à la mise en scène et en 1952 il tourna, d'après le roman d'Alfredo Varela *Rió oscuro* (Fleuve obscur), *Las aguas bajan turbias* (Les eaux descendent troubles) qui fut considéré comme le meilleur film de l'année et même de toute la période du péronisme. Aucun de ses autres films – *El negro que tenía el alma blanca* (Le nègre qui avait l'âme blanche), *Las Tierras blancas* (Terres blanches) ou *Una cita con la vida* (Rendez-vous avec la vie) – n'atteignit le même niveau de qualité. Le tango n'était plus qu'une partie de la création artistique de Hugo del Carril. Il n'avait pu devenir le successeur de Gardel, mais en revanche il avait donné au cinéma latino-américain ce qu'il avait de meilleur.

LE CAFÉ :
LE NEZ COLLÉ A LA VITRE

Le café, ce lieu de réunion, cette "forteresse de l'amitié" comme l'appelait Raúl Scalabrini Ortiz, possède une longue tradition, héritage de l'auberge du XVIIe siècle où se déroulaient d'interminables conversations. En Europe, la coutume de bavarder devant un verre ou une tasse était très ancienne, et c'est au café que s'est forgée une bonne partie de l'idéologie et de la littérature espagnoles.

Jorge Alberto Bossio rappelle qu'au café de la Régence, rue Saint-Honoré, à Paris, on garde encore la table où Diderot écrivit l'*Encyclopédie*, ainsi que celle fréquentée par un jeune officier du nom de Napoléon Bonaparte. De l'autre côté des Pyrénées, Leandro Fernández de Moratín écrivit une pièce de théâtre intitulée précisément *El Café*, car il fut le lieu où se déroula la vie culturelle de la péninsule entre la moitié du XVIIe siècle et la fin de la guerre civile. Au début de l'après-guerre, Camilo José Cela situa son roman *La Colmena* (La Ruche) dans un café de Madrid.

Dans les colonies, on connut d'abord les tavernes et les auberges. Ce n'est qu'en 1764 que s'ouvrit le premier café de Buenos Aires, sous les arcades de la Plaza Mayor. D'autres lui succédèrent très rapidement. Les cafés, où l'on ne pouvait que consommer sur place, se différenciaient des cabarets, sortes d'épiceries où l'on vendait toutes sortes de marchandises.

Les cafés firent partie de l'histoire de l'Indépendance de l'Argentine et, des années plus tard, leurs tables furent les témoins d'affrontements dialectiques, de conspirations et de luttes politiques.

Au XXe siècle, le café se transforma en une institution de quartier et devint le lieu de prédilection où se retrouver entre amis. Au café, on pouvait parler de la vie de tous les jours, du football, de politique, des événements survenus dans le quartier, des problèmes personnels ; mais les amis qui s'y retrouvaient se voyaient peu chez eux, comme si foyer et café étaient des lieux opposés l'un à l'autre.

Le café était aussi l'endroit où l'on apprenait la vie et Discépolo ne manqua pas de le souligner : *En tu mezcla milagrosa de sabihondos y suicidas / yo aprendí filosofía, dados, timba y la poesía cruel / de no pensar más en mí.* (Dans ce miraculeux brassage de faux savants et de suicidaires / j'ai appris la philosophie, les dés, le jeu et la poésie cruelle / de ne plus penser à moi.) Le personnage de *La Copa del olvido* (Le Verre de l'oubli) d'Alberto Vacarezza, après avoir trouvé la femme de sa vie dans les bras d'un autre, entre au café, déconcerté, à la recherche d'une sagesse accumulée non pas dans les livres mais dans les choses de la vie, et "demande aux hommes qui savent / ce qu'il doit faire". Contrairement à Jorge Luis Borges qui affirmait être fier de ce qu'il avait lu et non de ce qu'il avait vécu, l'homme du tango éprouve un respect sans bornes pour le savoir empirique, peut-être parce qu'il sent que l'accès aux livres lui est interdit et que son seul chemin vers la connaissance se trouve auprès de ceux qui, parce qu'ils ont affronté la réalité pendant des années, possèdent les titres suffisants pour la juger.

Jusque dans les années soixante, les femmes n'entraient pas au café sauf si c'était un "salon familial" aux tables parfois recouvertes de nappes, selon la catégorie de l'établissement. Les tables du café étaient invariablement en marbre, les chaises étaient en bois, et ne s'y asseyaient que des hommes, en général des gens du quartier qui se réunissaient après le travail. Avec la crise, nombreux furent ceux qui, devant exercer deux emplois, durent supprimer leurs loisirs : c'est ainsi que le café, véritable institution du quartier, disparut peu à peu.

Dans les années quarante, plus d'un tango a chanté le café : Ainsi *Cuatro Recuerdos* (Quatre souvenirs) : *Café de un barrio porteño / en la noche del domingo. / Sexta edicion, cubilete, / el tema : fútbol y pingos. / Cuatro muchachos charlando / en la mesa de rigor / … mientras están discutiendo / si es mejor River o Boca / si es mejor Legui que Antúnez / o qué orquesta es superior. / Anselmo cuenta sus penas, / Ricardo su mala suerte, / y José muy tristemente… / que sus cosas van peor.* (Café d'un quartier de Buenos Aires / dimanche dans la soirée. / Sixième édition, un cornet de dés / une conversation : football et turf. / Quatre garçons bavardent / assis à une table / … et discutent pour savoir / si River est meilleur que Boca / si Legui vaut mieux qu'Antúnez / ou quel orchestre est exemplaire. / Anselme raconte ses peines, / Ricardo ses malheurs, et José dit tristement… / que ses affaires sont très mauvaises.) Dans *Domingo a la noche* (Dimanche soir) on retrouve le même thème : *Y siempre igual con sus luces mortecinas, / un cigarillo y café para esperar, / ruido de dados, palabras con sordina, / y una esperanza rodando en el billar.* (Toujours le même avec sa lumière blafarde / une cigarette et le café de l'attente, / bruit de dés, mots murmurés / et un espoir qui roule sur la table du billard.) Même atmosphère, qui pourrait être celle d'une photo, dans *Un boliche* (Un bistrot) : *Un boliche como hay tantos, / una mesa como hay muchas, /*

un borracho que serrucha / su sueño de copetín / … / una partida de tute / entre cuatro veteranos / que entre naipes y toscanos / despilfarran su pensión. / Y acodado sobre el mármol / agarrado como un broche / un curda que noche a noche / se manda su confessión. (Un bistrot comme il y en a tant, / une table comme il y en a beaucoup, / un ivrogne qui cuve / un rêve d'apéritif / … / une partie de *tute* / entre quatre vieux / qui gaspillent leur pension / aux cartes et en cigares. / Et accoudé au comptoir, accroché comme une pince à linge, / un soûlard nuit après nuit / livre sa confession.)

Le café est aussi un lieu de confidences. Or l'amitié, telle que la conçoivent les Portègnes, est synonyme d'intimité. Un ami doit pouvoir écouter les problèmes de l'autre, connaître ses faiblesses, les comprendre et les pardonner. C'est ce qu'écrit Discépolo dans *Cafetín de Buenos Aires* (Bistrot de Buenos Aires) : *Me diste en oro un puñado de amigos / que son los mismos que alientan mis horas, / (José, el de la quimera… / Marcial, que áun cree y espera… / y el flaco Abel, que se nos fue / pero aún me guia…)* (Tu m'as donné une poignée d'amis / ce sont eux qui m'aident à vivre – José le Rêveur… / Marcial qui croit encore et espère / et Abel le Maigre qui nous a quittés mais me sert encore de guide…)

Ce refuge, ce lieu d'affection et d'amitié, cet endroit où l'on grandit et où l'on peut confier ses peines, Discépolo le compare à la figure maternelle : *Cómo olvidarte en esta queja, / cafetín de Buenos Aires, / si sos lo único en la vida / que se pareció a mi vieja.* (Comment dans ma douleur t'oublier / bistrot de Buenos Aires, si tu es la seule chose dans ma vie / qui ressemble à ma mère…)

Pour Discépolo, les tables du café ont une auréole presque métaphysique et le petit garçon qui les contemple de la rue, "le nez collé à la vitre", attend le moment où il pourra, en homme, entrer dans l'enceinte initiatique, temple du savoir du quartier, "école de toutes les choses". Et bien que l'éducation sentimentale se fasse hors du café, celui-ci est le lieu où l'on peut pleurer ses échecs et ses déceptions : *Sobre tus mesas que nunca preguntan / lloré una tarde el primer desengaño, / nací a las penas / bebí mis años / y me entregué sin luchar.* (Sur les tables qui ne posent jamais de question / j'ai pleuré un soir la première trahison / souffert la première peine, / et bu ma jeunesse / avant de m'avouer vaincu.)

L'image que nous offre Cátulo Castillo dans *Café de los Angelitos* (Le Café des anges), est une image rongée par le temps et donc nostalgique : *Yo te evoco, perdido en la vida, / y enredado en los hilos del humo, / frente a un grato recuerdo que fumo / y a esta negra porción de café. / ¡ Rivadavia y Rincón !... Vieja esquina / de la antigua amistad que regresa, / coqueteando su gris en la mesa que está / meditando en sus noches de ayer. / Cuando llueven las noches su frío / vuelvo al mismo lugar del pasado, / y de nuevo se sienta a mi lado / Betinoti templando la voz. / Y en el dulce rincón que era mío / su cansancio la vida bosteza, / porque nadie me llama a la mesa de ayer, / porque todo es ausencia y dolor.* (Je t'évoque, perdu dans la vie / égaré dans les halos de fumée / devant un agréable souvenir que je fume / et devant cette tasse de café mort. / Rivadavia et Rincón ! Vieux coin de rue / une ancienne amitié revient / flirtant avec la grisaille devant une table / qui évoque les nuits d'autrefois. / Quand les nuits pleuvent de froid / je retourne au café de mon passé / et Betinoti assis à mon côté / se met doucement à fredonner. / Et dans le coin douillet qui était le mien / la vie bâille de fatigue, / personne ne m'appelle à la table d'hier, / tout est absence, tout est douleur.)

Outre les cafés des quartiers, les gargotes au bord du fleuve, en particulier celles de La Boca sur la rive du Riachuelo, furent aussi des sources d'inspiration pour le tango. Les personnages en sont des immigrés plongés dans le souvenir de la patrie lointaine et à jamais perdue. Les exemples foisonnent et se rapportent tous à l'immigré qui a perdu tout espoir de "faire l'Amérique" et évoque avec obstination son village, ses premières amours, sa jeunesse. La nostalgie se transforme en mélancolie. Entre l'immigré débarquant dans le pays rêvé et celui qui contemple sa vieillesse et sa vie ratée, il n'y a place que pour la tristesse et le temps irrémédiablement perdu.

Le thème de la gargote disparut avec les derniers vestiges de l'immigration, mais il convient de citer quelques tangos comme *Aquella cantina de la ribera* (La Gargote au bord de l'eau), dont José González Castillo écrivit les paroles et son fils Cátulo la musique : *Brillando en las noches del puerto desierto / como un viejo faro la cantina está, llamando a las almas que no tienen puerto / porque han olvidado las rutas del mar.* (Brillant dans la nuit du port désert / la gargote comme un vieux phare / appelle les âmes qui n'ont pas de port / parce qu'elles ont oublié la route de la mer.) Dans les alexandrins de *Nieblas de Riachuelo* (Brumes du Riachuelo), écrits spécialement pour le film *La Fuga* (La Fugue), mis en scène par Luis Saslavsky en 1937, on peut écouter : *Sueña, marinero, con tu viejo bergantín, / bebe tus nostalgias en el sordo cafetín... / Llueve sobre el puerto, mientras tanto mi canción / llueve lentamente sobre tu desolación... / Anclas que ya nunca, nunca más han de levar, / bordas de lanchones sin amarras que soltar... / Triste caravana sin destino ni ilusión / como un barco preso en la botella del figón.*

(Tu rêves, marin, de ton vieux brigantin / tu bois tes nostalgies au bistrot qui est sourd... / Il pleut sur le port, tandis que ma chanson / pleut lentement sur ta désolation... / Ancres que plus jamais, plus jamais on ne lèvera / barques qui n'ont plus d'amarres à larguer... / Triste caravane sans destin ni espoir / tel un bateau prisonnier dans la bouteille d'un bar.)

Cátulo Castillo écrivit dans *Domani* (Demain) : *El farol de la cantina, la nieblina del Riachuelo / que ha tendido bajo el cielo como un pálido crespón / y en la mesa, donde pesa su tristeza sin consuelo, / don Giovanni está llorando con la voz del acordeón... / ... / Pero inútil ya no queda ni el rincón de la esperanza. / Sólo puebla su tristeza la aspereza del pesar / y en la niebla de los años, y en la muerte que lo alcanza / hay un canto como un llanto que regresa desde el mar... / Es la voz de los veleros que llevaron las neblinas, / son los viejos puertos muertos que están mucho más allá.* (La lanterne de la gargote, le brouillard du Riachuelo / qui s'étend sous le ciel comme un pâle manteau / et à la table, où s'appuie son infinie tristesse / don Giovanni pleure au son de l'accordéon. / ... / Mais c'est inutile, il ne reste même plus l'ombre d'un espoir. / Seule la rudesse du deuil peuple son chagrin / et dans la brume du temps, et dans la mort qui l'attend / un chant revient de la mer comme un sanglot... / C'est le cri des voiliers qu'emportent les brumes, ce sont les vieux ports disparus qui sont restés là-bas.)

Et dans un autre tango, Cátulo Castillo dit : *La cantina / llora siempre que te evoqua / cuando toca, piano piano, su acordeón el Italiano.* (La gargote / pleure chaque fois qu'il t'évoque / chaque fois que l'Italien joue, piano piano, de l'accordéon.)

Mais l'œuvre la plus réussie du genre reste sans nul doute *La Violeta* dont les paroles appartiennent à Nicolás Olivari et la musique à Cátulo Castillo. *La Violeta* fut créé en 1929, quelques mois avant que la crise économique ne rende impossible tout rêve de retour à la mère patrie.

LA *MILONGA* DES ANNÉES QUARANTE

Les chronologies sont habituellement aussi contestables que les statistiques et l'on peut dire que ni les unes ni les autres ne reflètent de manière absolue la réalité. Dans les deux cas il faut savoir lire, interpréter, tirer des conclusions. Et en ce qui concerne les générations, il est impossible de les dater de façon précise. Ainsi, l'histoire de la génération des années quarante commence en fait en 1935, année où, pour le tango, deux événements d'importance ont lieu : la mort de Carlos Gardel et les débuts de la nouvelle formation de Juan D'Arienzo au cabaret Chantecler.

L'accident dont fut victime Carlos Gardel eut pour conséquence d'attirer l'attention sur une musique qui s'était paralysée et vivait de ses acquis. Toute prolongation de cette crise faisait courir au tango le risque d'être enterré en même temps que Gardel.

En fait, il n'y avait que deux issues possibles : opérer un retour aux sources en remettant au goût du jour tout ce qui avait déjà fait ses preuves, ou faire un bond en avant et parier sur l'avenir. Quelle que soit la solution adoptée, les risques étaient grands : un retour aux sources signifiait éliminer les innovations qui s'étaient produites avec le temps ; mais un bond en avant pouvait être un échec s'il allait au-delà de ce que le public était en mesure d'accepter.

En fait, l'issue dépendait de l'intuition de celui qui oserait s'aventurer sur la voie de la transformation.

Ainsi, Juan D'Arienzo, un violoniste du quartier de Balvanera, préféra se tourner vers le passé et tenter de sauvegarder les anciennes conquêtes ; en revanche, Aníbal Troilo décida de regarder activement vers l'avenir. Ils avaient l'un et l'autre raison.

D'Arienzo, qui jusqu'en 1935 pouvait être considéré comme un directeur de peu de succès, décida d'incorporer à sa formation le pianiste Rodolfo Biaggi pour remplacer Angel D'Agostino et Luis Visca, auteur de *Compadrón* et de *Muñeca brava* (Poupée terrible). Biaggi avait joué avec l'ensemble anachronique de Maglio qui s'accrochait aux modèles rythmiques et mélodiques de la Vieille Garde.

Biaggi imposa très vite son style : piqué, plus vif que celui des autres orchestres, monotone et musicalement élémentaire, il était parfaitement dansable même par les débutants parce que son rythme était contagieux et que pour reprendre les tempos joués par les héroïques trios d'autrefois, l'orchestre avait fait appel à la mesure à deux temps alors presque abandonnée. Le tango retrouvait ainsi sa gaieté originelle grâce à un style qui se prêtait à la danse plus qu'à l'écoute. Les instruments jouaient à l'unisson et l'on ne pouvait distinguer que le rythme du piano en solo. Le premier violon jouait des contrechants qui s'adaptaient de façon rigide aux harmonies de l'orchestration, sans grands déploiements imaginatifs.

D'Arienzo conserva ce style et ses seules variantes consistèrent à changer de pianiste : Fulvio Salamanca qui joua dans l'orchestre de 1941 à 1956 et Juan Polito qui, ayant déjà accompagné la formation à plusieurs reprises, l'intégra définitivement à partir de 1956.

A l'opposé de Troilo, pour qui la qualité littéraire des tangos était fondamentale, D'Arienzo n'accordait pas d'importance à la partie chantée. Il alla même jusqu'à introduire dans son répertoire des thèmes médiocres, à l'humour douteux comme *El Hipo* (Le Hoquet), *El Tarta* (Le Bègue), *Sepeñoporipitapa, Giuseppe el crooner, Che existencialista.* Des paroles que le public de l'orchestre écoutait comme faisant partie du show. José Gobello écrit que "cette vulgarité n'était pas sans rappeler le ton original du tango, cet accent plébéien spontané que lui conféraient les *compadritos* dans les académies, les cafés, les bals du Politeama ou du Steaking Ring".

Les autres chefs d'orchestre des années quarante, Aníbal Troilo, Osvaldo Pugliese, Osmar Maderna, Miguel Caló, Raúl Kaplún, Alfredo Gobbi (fils), Ricardo Tanturi, José Basso, Francisco Rotundo et Francini-Pontier, optèrent pour le modernisme et furent suivis par d'autres formations, en particulier celles d'Osvaldo Fresedo et d'Angel D'Agostino qui surent s'adapter aux temps nouveaux.

Ils abandonnèrent le rythme balancé et monotone pour donner plus de vitesse aux interprétations, et ils instaurèrent un tempo beaucoup plus ferme qui encourageait les danseurs à sortir de la piste. Ils donnèrent à l'arrangeur une importance fondamentale et multiplièrent les apparitions de solistes ayant fait leurs classes dans les conservatoires. L'orchestre cessa d'être une masse compacte pour devenir un ensemble de musiciens capables de mettre en valeur le talent et la virtuosité de chaque instrumentiste. Par exemple le pianiste Oscar Maderna qui joua dans l'orchestre de Miguel Caló avant de former son propre orchestre, ou Enrique Mario Francini qui jouait du violon en même temps qu'il partageait la direction de son groupe avec le bandonéoniste Armando Pontier.

Il était fréquent que les musiciens des orchestres typiques appartiennent aussi à des orchestres symphoniques. Le tango avait cessé d'être une exécution intuitive fondée, dans le meilleur des cas, sur des connaissances rudimentaires acquises au modeste conservatoire du quartier. Il se déplaçait maintenant sur un terrain où les progrès ne pouvaient surgir que de l'étude et d'une technique perfectionnée. Dans ces circonstances, l'innovation ne pouvait être mieux servie.

Mais il faut également souligner qu'au cours de cette décennie un grand nombre de poètes de qualité se sont rapprochés du tango, ou se sont affirmés dans un travail qu'ils accomplissaient depuis déjà plusieurs années. Les meilleurs thèmes de Homero Manzi, Cátulo Castillo, Homero Expósito, José María Contursi et Enrique Cadícamo appartiennent à la zone d'influence de la génération des années quarante.

ANÍBAL TROILO

L'histoire de la musique populaire – "de même que l'autre", disait Borges – passe par l'élaboration linéaire du labeur quotidien mais elle prend son élan, et avance à pas de géant grâce à des créateurs qui marquent des ruptures, tournent des pages, achèvent des périodes ou inaugurent des tendances. Aníbal Troilo fut de ceux-là. Bandonéoniste, chef d'orchestre et compositeur, il a non seulement marqué toute une époque mais s'est, d'emblée, imposé comme le chef de file des années quarante. Son succès s'amorce dès 1937, année où il crée son propre orchestre, et dure jusqu'en 1954. En 1955, Troilo se produit peu et n'enregistre que quelques thèmes. C'est à partir de 1956 que s'ouvre ce que l'on pourrait désigner comme la seconde période d'Aníbal Troilo. Il engage Roberto Goyeneche et Angel Cárdenas comme chanteurs et il ne cessera, jusqu'à sa mort en 1975, de jouer et d'enregistrer. Dans les dernières années de sa vie, Aníbal Troilo était devenu un véritable mythe, de ceux auxquels on pardonne égarements et erreurs parce que leur appartenance à l'Olympe ne peut ni ne doit être remise en question. Au début des années soixante, le poète Julián Centeya le baptisa "le plus grand bandonéon de Buenos Aires", surnom qui lui est resté.

Si Roberto Firpo et Eduardo Arolas sont les figures dominantes de la Vieille Garde, si Julio De Caro et Osvaldo Fresedo symbolisent les années du cabaret radical et si la voix de Carlos Gardel avec les poèmes d'Enrique Santos Discépolo s'empare des années trente, Aníbal Troilo et Osvaldo Pugliese sont les maîtres incontestés des années quarante, au-delà de quelques différences chronologiques.

Troilo est né près du marché de l'Abasto, à Buenos Aires, le 11 juillet 1914. En Europe, l'attentat de Sarajevo et la déclaration de la guerre mettaient définitivement fin à la Belle Epoque, et en Argentine, au mois d'août de la même année, mourait Roque Saénz Peña, l'homme qui avait promulgué la loi du suffrage universel et secret, instrument légal qui avait permis d'en finir avec la domination absolue que l'oligarchie foncière exerçait sur le pays depuis 1880.

Aníbal Troilo avait perdu son père alors qu'il n'avait que huit ans, et sa mère avait acheté un kiosque où elle vendait des cigarettes et des confiseries. Elle put ainsi subvenir aux besoins du foyer. Un jour, au cours d'un pique-nique, l'enfant écouta jouer deux bandonéonistes. L'un d'eux posa sur ses genoux l'instrument qui, plus tard, allait le rendre célèbre. A partir de ce jour, Pichuco, comme l'appelaient déjà ses amis, ne fit plus qu'un avec le bandonéon, comme si l'un était la prolongation de l'autre.

Après six mois d'études avec un modeste professeur de quartier, Juan Amendolaro, il commença à exécuter quelques pièces faciles. A l'âge de onze ans, en 1925, il débuta au Petit Colón, un cinéma de la rue Córdoba. On l'avait engagé pour faire partie de l'orchestre qui jouait en fond sonore pendant la projection des films.

A treize ans, Pichuco faisait partie d'un trio, avec Miguel Nijensohn et Domingo Sapia et se produisait dans les cafés. Cette même année, il dirigea un quintette, puis il entra dans la formation d'Alfredo Gobbi fils. Plus tard, il joua avec Juan Maglio Pacho, et en 1930, il fut engagé dans un sextuor historique, celui de Vardaro-Pugliese avec Elvino Vardaro et Alfredo Gobbi aux violons, Miguel Jurado au bandonéon, Osvaldo Pugliese au piano et Luis Sebastián Alesso à la contrebasse ; le chanteur était Luis Diaz. Quelques mois plus tard, Ciriaco Ortiz remplaçait Jurado au bandonéon.

Troilo joua aussi avec Los Provincianos et avec l'orchestre typique Victor ; en 1932 il figurait parmi les bandonéonistes de l'orchestre symphonique de Julio De Caro et avant de former son propre ensemble, il se produisit avec Elvino Vardaro, Angel D'Agostino, Juan D'Arienzo, Alfredo Attadía, Ciriaco Ortiz, le trio Irusta-Fugazot-Demare et Juan Carlos Cobián. Cette énumération est importante car elle montre que le jeune Troilo, pour ses débuts, eut à ses côtés des maîtres du tango.

En 1937, Ciriaco Ortiz se sépara de son ensemble et le dancing Marabú offrit immédiatement un engagement à Aníbal Troilo. Celui-ci fit alors appel à plusieurs musiciens de l'orchestre de Ciriaco Ortiz et débuta le 1er juillet en ayant formé son propre ensemble : Juan Toto Rodríguez, Roberto Yanitelli et lui-même aux bandonéons, Reynaldo Nichele, José Stilman et Pedro Sapochnik aux violons ; Orlando Goñi au piano ; Juan Fassio à la contrebasse et, comme chanteur, Francisco Fiorentino. L'année suivante, l'orchestre avait un nouveau violoniste, Hugo Baralis, et Eduardo Marino avait remplacé Yanitelli. C'est avec cet orchestre que Troilo enregistra son premier disque (Odéon N 7160). Il avait vingt-trois ans. Sur une face, il y avait *Comme il faut* d'Eduardo Arolas et sur l'autre *Tinta verde* (Encre verte) d'Agustín Bardi. Ces deux titres étaient significatifs de la ligne qu'allait suivre

348

Troilo : d'une part la prééminence du bandonéon, de l'autre la tendance à souligner les éléments mélodiques marqués par un rythme de danse.

Matamoro explique le son obtenu ainsi par Pichuco : "Troilo commence par être un disciple de De Caro, comme tout le monde, mais surtout par diriger un assez grand orchestre au rythme particulier, c'est-à-dire dont les arrangements indiquaient des contrepoints pour les solos du premier bandonéon avec des variations sur la première mélodie. Plus tard, il évolue vers une variante plus fonctionnelle qui donne à ce style décarien une nuance étrangère à la forme traditionnelle. Tandis que dans l'orchestre décarien les rôles sont rigides – rôles mélodiques d'un côté, rôles rythmiques de l'autre, répartis entre les instruments qui ont toujours une même fonction non échangeable – dans l'orchestre troilien les rôles peuvent s'intervertir. Le piano est généralement rythmique mais il joue en solo des phrases purement mélodiques ; les bandonéons sont généralement mélodiques ou soutiennent l'ossature mélodique, mais ils assument parfois une fonction rythmique. L'orchestre décarien, rigide dans le respect de la hiérarchie, est un orchestre aristocratique, dernière expression d'un groupe social patricien où les hiérarchies jouaient précisément un grand rôle ; en revanche l'orchestre de Troilo est un conglomérat démocratique, reflet d'un public qui danse sur sa musique dans des lieux sociaux marqués par l'égalité."

Un des plus grands mérites de Pichuco a sans doute été son intuition pour s'entourer des meilleurs musiciens et des meilleurs chanteurs, et pour les modeler à ses orchestres ; ajoutons aussi sa lucidité dans le choix de ses répertoires. Il choisissait de préférence ses propres compositions, mais il enregistra vingt tangos d'Armando Pontier, seize de Mariano Mores, onze d'Anselmo Aieta, neuf d'Astor Piazzolla et neuf de Julián Plaza. Parmi ses paroliers, citons Cátulo Castillo dont il enregistra vingt-cinq thèmes, Homero Manzi (vingt et un), José María Contursi (seize) et Enrique Cadícamo et Homero Expósito (quinze). Mentionnons également Federico Silva, Carlos Bahr, Francisco García Giménez, Pascual Contursi, Celedonio Flores, Enrique Santos Discépolo, Alfredo Le Pera et José González Castillo. Tous ces noms montrent bien à quel point pour Aníbal Troilo la qualité poétique des paroles était fondamentale. C'est pourquoi il accorda toujours une place prépondérante aux chanteurs qui, pour la plupart, travaillèrent avec lui avant de devenir de célèbres solistes : Francisco Fiorentino, Alberto Marino, Floreal Ruiz, Edmundo Rivero, Roberto Goyeneche ; il faut ajouter à cette liste les noms de Jorge Casal, Angel Cárdenas, Aldo Calderón, Roberto Rufino, Tito Reyes – qui fut la voix des dernières années de l'orchestre –, et deux femmes, Elba Berón et Nelly Vázquez, la grande nouveauté de l'époque car il était très difficile qu'un orchestre de cette excellence accepte d'engager des chanteuses.

Troilo sut également donner une importance fondamentale à ses arrangeurs qui furent tous des musiciens de prestige comme Astor Piazzolla, Héctor María Artola, Argentino Galván, Ismael Spitalnik, Oscar de la Fuente, Alberto Caracciolo, Eduardo Rovira, Emilio Balcarce, Julián Plaza, Héctor Stramponi et Raúl Garello. Et bien qu'il supprimât tout ce qui pouvait déformer le son de l'orchestre (la gomme que Pichuco portait toujours sur lui pour effacer une dernière note était célèbre), il laissait à ses arrangeurs toute liberté pour enrichir les mélodies. Mais il exigeait d'eux qu'ils préservent la saveur qui lui était si personnelle et surtout le rythme dansant. Un jour, Piazzolla, se rappelant l'époque où il était son arrangeur, se plaignit : "Même s'il savait que c'était beau, il y allait toujours à coups de gomme parce qu'il disait que ce n'était pas commercial, que ça n'avait pas de force, que ce n'était pas dansable."

Troilo était audacieux et il fit une orchestration révolutionnaire pour l'époque de *Recuerdos de bohemia* (Souvenirs de bohème) d'Enrique Delfino, qu'il enregistra en 1946 avec José Basso au piano et Reynaldo Nichele au violon. L'arrangeur, Argentino Galván, doubla la durée de la pièce, lui ajouta une longue introduction dans laquelle il s'éloignait de la mélodie originale et fit ce que Gobello appelle "un concert en miniature".

Avec les instrumentistes il en allait de même que pour les arrangeurs ou les chanteurs : la carrière postérieure de ces musiciens montre à quel point Troilo savait les choisir. La plupart d'entre eux formèrent plus tard leur propre orchestre, comme Astor Piazzolla, José Basso, Carlos Figari, Osvaldo Manzi, Osvaldo Berlingieri, Hugo Baralis, Raúl Garello, José Colángelo ou encore ces musiciens talentueux que furent le violoncelliste José Bragato, le contrebassiste Quicho Díaz, les violonistes Reynaldo Nichele, Juan Alzina, Simón Zlotnik, Salvador Farace, David Díaz. Leur passage par l'orchestre de Troilo a signifié pour tous un tournant d'importance dans leur carrière.

Même Piazzolla, qui semble pourtant bien loin des conceptions de Troilo en matière de musique, laisse transparaître parfois l'influence de ce musicien intuitif qui sut enrichir le tango dansant, instrumental et chanté.

Jusqu'à Troilo, les voix de l'orchestre se contentaient de reprendre le refrain. Avec lui, on prit l'habitude de chanter la chanson tout entière. Plus tard, lorsqu'il engagea Alberto Marino pour chanter en alternance avec Fiorentino, Troilo créa la coutume, bientôt suivie par la plupart des orchestres, d'inclure deux chanteurs dans chaque orchestre typique. Ce fut l'époque des duos célèbres : Carlos Dante-Julio Martel et l'orchestre d'Alfredo De Angelis ;

Julio Sosa-Oscar Ferrari et l'orchestre de Francino-Pontier, Alberto Castillo-Enrique Campos et l'orchestre de Ricardo Tanturi, pour n'en citer que quelques-uns.

Bien que Troilo fît ressortir le rôle de Fiorentino en lui permettant de chanter toutes les paroles, lesquelles occupaient alors le premier plan, le chanteur n'était dans l'orchestre qu'un instrument de plus. Au point qu'il était fréquent que ses modulations viennent en apocopes de la phrase à cause du rythme qu'imposait Troilo.

Fiorentino connaissait bien la fonction de chaque instrument dans l'orchestre : lui-même avait débuté comme bandonéoniste dans la formation de Francisco Canaro où il avait aussi commencé à chanter. Entre 1925 et 1930 Fiorentino se consacra uniquement au chant dans les orchestres de Juan D'Arienzo d'abord puis de Juan Carlos Cobián avec qui il enregistra plusieurs thèmes, lesquels cependant sont loin d'avoir la qualité de ceux qu'il grava avec Pichuco. Ce dernier paracheva sans doute la formation du chanteur qui, pendant toute la période où il travailla dans son orchestre, domina le registre de sa voix avec une ampleur et une justesse remarquables. Le timbre et le ton, par moments pleureurs, rappelaient ceux de deux grands ténors du tango : Agustín Magaldi et Ignacio Corsini. Mais contrairement à eux, Fiorentino faisait traîner les phrases et possédait une bonne diction, quoique avec un léger accent italien.

Troilo doit sans aucun doute plusieurs de ses grands succès à l'interprétation de Fiorentino. Ses versions de *Pa'que bailen los muchachos* (Pour que les gens dansent), *El Bulín de la calle Ayacucho* (La Piaule de la rue Ayacucho), *No le digas que la quiero* (Ne lui dis pas que je l'aime), *Tinta roja* (Encre rouge), *A bailar* (Dansons) et *Malena* sont aujourd'hui encore tout à fait modernes.

Puis Fiorentino chanta avec Orlando Goñi, pianiste de Troilo qui s'était séparé de l'orchestre en 1944, et quelques mois plus tard il se décida à chanter en soliste accompagné par un ensemble placé sous la direction d'Astor Piazzolla. C'est de cette époque que datent les enregistrements de *Viejo Ciergo* (Le Vieil Aveugle), *Otros tiempos otros hombres* (Autres temps autres hommes) et son excellente version de *Corrientes y Esmeralda*. Plus tard – en pleine décadence – il travailla avec l'orchestre de José Basso, lui aussi ex-pianiste de Troilo. Fiorentino mourut en 1955 victime d'un accident de voiture.

En 1942, Troilo engagea un garçon de vingt-deux ans, Alberto Marino, dont la voix de ténor très travaillée s'adapta rapidement aux caractéristiques de l'orchestre. On ne pouvait nier l'influence qu'exerçait sur lui Carlos Gardel. Marino, qui ne manquait pas de lyrisme, avait des accents plus sentimentaux que Fiorentino et son registre était plus grand, mais dans l'orchestre de Pichuco les deux chanteurs se complétaient et épousaient les exigences de chaque tango. Aníbal Troilo confia à Marino des thèmes d'une grande richesse mélodique comme *Café de los Angelitos* (Le Café des anges), *Copas, amigos y besos* (Un verre, des amis et un baiser), *Tal vez sera su voz* (C'est peut-être sa voix), *Tedio* (L'Ennui), *Sin palabras* (Sans paroles), *La Luz de un fosforo* (La Lueur d'une allumette), *La ví llegar* (Je l'ai vue arriver) et *Ya estamos* (Nous y sommes).

Comme pour Fiorentino, la direction de Troilo fut fondamentale dans la carrière d'Alberto Marino qui, à partir de février 1946, décida de former son propre ensemble avec, au violon, Emilio Balcarce auquel succédèrent Héctor Artola, Toto Rodríguez, Carlos García, Hugo Baralis, Héctor Stamponi, Alberto Di Paulo et Osvaldo Tarantino. Mais il commit l'erreur de mal choisir son répertoire et de vouloir trop accentuer le lyrisme de sa voix. En dépit de ses qualités et bien qu'il sût faire appel à des arrangeurs de talent, sa popularité ne fut jamais aussi grande que lorsqu'il travaillait avec l'orchestre de Troilo.

Lorsque, en 1944, Pichuco l'appela pour prendre la place qu'avait abandonnée Fiorentino, Floreal Ruiz chantait depuis un an déjà dans l'orchestre du pianiste Alfredo De Angelis. Avec des accents plus marqués que son prédécesseur et une justesse de voix qu'il conserva jusqu'à sa mort, en 1978, il se spécialisa dans les thèmes dramatiques tels que *Confessión* (Confession), *Y la perdí* (Je l'ai perdue), *La noche que te fuiste* (La nuit où tu m'as quitté), les alternant avec des tangos plus nostalgiques qu'il interprétait sans faire appel à la plainte ou aux larmes comme *Romance de barrio* (Romance de quartier), *Flor de lino* (Fleur de lin) ou *Yuyo verde* (Herbe verte). Après avoir quitté l'orchestre de Troilo, Floreal Ruiz travailla de 1949 à 1956 avec l'ensemble de Francisco Rotundo, puis avec José Basso ; sa voix, entre-temps devenue rauque, fut en quelque sorte la caractéristique de l'orchestre. Puis, à la fin de sa carrière, accompagné par Osvaldo Requena, il enregistra un disque dans lequel son interprétation de *Mañana zarpa un barco* (Demain un bateau lève l'ancre) et de *El Motivo* (Le Motif) est particulièrement remarquable.

Deux des chanteurs de Troilo, Edmundo Rivero et Roberto Goyeneche, méritent qu'on leur consacre un chapitre à part, ce que nous ferons plus loin. En effet, leur passage par l'orchestre d'Aníbal Troilo ne fut qu'une étape dans leur carrière alors que pour d'autres chanteurs appartenir à l'orchestre de l'auteur de *Sur* avait été un point culminant.

Mais un mot encore sur Aníbal Troilo, dont l'activité de compositeur, aussi importante que celle de chef d'orchestre, parachève le mythe. Il écrivit quelques-uns des tangos les plus célèbres des années quarante, dans un style musical apparenté à ceux d'Enrique Delfino, de Carlos Cobián, de Lucio Demmare et de Sebastián Piana. Ses compositions ont pour la plupart été écrites pour être chantées et presque toutes les paroles sont signées des meilleurs poètes de l'époque. ("Je regrette beaucoup de n'avoir jamais rien écrit avec Discépolo, en dépit de notre grande amitié", déclara un jour Troilo.) Les tangos d'Aníbal Troilo sont toujours des classiques du genre.

Avec Enrique Cadícamo il signa : *Garúa* (Bruine), *Pa'que bailen los muchachos* (Pour que les gens dansent) et *Naipe* (Cartes) ; avec Cátulo Castillo : *A Homero*, *Desencuentro* (Malentendu), *El Ultimo Farol* (Le Dernier Réverbère), *María*, *Patio mío* (Mon patio), *Una canción* (Une chanson) et *La Ultima Curda* (La Dernière Cuite). Avec José María Contursi il écrivit, entre autres, *Garras*, *Mi tango triste* (Triste Tango) et *Toda mi vida* (Toute ma vie) ; les tangos écrits avec Homero Manzi sont de véritables chefs-d'œuvre, en particulier : *Barrio de tango* (Quartier de tango), *Che bandoneón* (Che bandonéon), *Discepolín*, *Romance de barrio* (Romance de quartier) et *Sur* (Sud). Par contre, il ne mit en musique qu'un seul texte de Homero Expósito, *Te llaman malevo* (On t'appelle le malfrat). Ajoutons aussi qu'il composa sur un poème de Jorge Luis Borges *Milonga de Manuel Flores* et sur un texte d'Ernesto Sábato, *Alejandra*, inspiré de l'héroïne de *Sobre heroes y tumbas*.

Troilo composa également des pièces instrumentales dont *A la Guardia Nueva* (La Nouvelle Garde), *La Trampera* (Le Piège), *Milonguero triste* (dédié au violoniste Alfredo Gobbi), *Nocturno a mi barrio* (Nocturne pour mon quartier) et *Responso* (Répons) en hommage à Homero Manzi, qu'il écrivit dans la nuit du 4 mai 1951 lors de la veillée mortuaire de son ami.

Pourquoi Troilo s'était-il converti en mythe ? Les réponses sont multiples et on peut les chercher aussi bien dans la musique que dans des domaines qui lui en sont aussi éloignés que l'histoire, la sociologie ou la politique. La carrière d'Aníbal Troilo va en quelque sorte de pair avec l'évolution du tango. On pourrait dire que son œuvre est la conséquence de l'impasse où se trouvait la musique dans les années trente. On pourrait dire aussi qu'elle est allée au-devant du changement. D'aucuns ne manqueront sûrement pas de souligner que les rythmes de son orchestre font partie d'un inventaire nostalgique où s'inscrivent pêle-mêle la revue *Patoruzu*, les dessins de Guillermo Divito, le match de boxe Prada-Gatica, les films de guerre américains, les visages de Gary Cooper, de Rita Hayworth, de Bing Crosby et de Frank Sinatra, l'adieu de Humphrey Bogart à Ingrid Bergman dans l'aéroport brumeux de Casablanca, des succès nationaux comme *La guerra gaucha*, *Su mejor alumna* et *Pampa bárbara*, la concurrence à laquelle se livraient tango et boléro dans les dancings, les séjours de Pedro Vargas à Buenos Aires, les feuilletons radiophoniques de l'après-midi, les aménités d'Oscar Casco et l'émission de *Los Pérez Garcia* en début de soirée.

Cependant, ceux qui ont vu Troilo, ceux qui l'ont écouté, savent que le mystère était en lui, en particulier lorsque l'orchestre était plongé dans la pénombre et qu'un halo de lumière enveloppait le musicien et son bandonéon. A l'instant précis où Pichuco semblait rêver tandis que ses doigts couraient sur le clavier du bandonéon, un courant profond se libérait qui conjurait un *aleph*. L'histoire de tous se confondait avec les souvenirs de chacun, les rues et les êtres anonymes de la ville. Durant les trois ou quatre minutes que durait cette magie, les protagonistes du tango revivaient à ses côtés.

C'est peut-être pour cela que Troilo ne regardait jamais son public, ou s'il le faisait, c'était avec des yeux démesurément ouverts, comme s'il était en transe et ne voyait pas ses admirateurs qui l'écoutaient, silencieux et attentifs. "Quand je me mets au bandonéon, expliquait-il, je suis seul, ou je suis avec tout le monde, ce qui revient au même."

ENRIQUE CADÍCAMO :
QUAND PARLENT LES SOUVENIRS

"Nul n'a aussi bien interprété qu'Enrique Cadícamo ce climat nocturne qui nous collait à la peau. Nul – de François Villon à Baudelaire – n'a comme lui transformé la muse boiteuse de la rue Corrientes en une créature vigoureuse digne d'une eau-forte", écrivit Cátulo Castillo dans la préface à la seconde édition de *Viento que lleva y trae*. Dans ce recueil de poèmes, Enrique Cadícamo évoquait le Buenos Aires du tango au début du siècle, ses maisons closes sordides qui côtoyaient les bastringues et les bistrots où les trios et les quatuors des temps héroïques enfiévraient les habitués, ses bagarres légendaires entre gouapes célèbres, ses danseurs notoires et ses musiciens dont on se souvient aujourd'hui encore. Chroniqueur sensible, connaissant en profondeur la musique, son rythme, sa forme, Enrique Cadícamo redonnait vie, comme dans un album de photographies, aux feuilles jaunies de *Caras y caretas*, aux festivités du centenaire de l'Indépendance, aux manifestations anarchistes, aux gouvernements conservateurs.

Né le 15 juillet 1900 à Lujan, dans la province de Buenos Aires, Enrique Cadícamo publie son premier livre *Canciones grises* (Chansons grises) en 1926. Deux années auparavant, il avait créé son premier tango *Pompas de jabón* (Bulles de savon) qu'avait fait connaître la voix de Carlos Gardel à la fin de l'année suivante. Le ton moralisateur de *Pompas de jabón* n'est pas sans rappeler les textes de Celedonio Flores. Le narrateur, en effet, reproche à une entraîneuse d'oublier la morale et lui assure que sa conduite la mènera tout droit à l'échec. Sur le ton d'admonestation de qui ne vient au cabaret qu'en observateur, Cadícamo écrivait : *Pensá pobre pebeta, papa, papusa, / que tu belleza un día se esfumará, / y que como las flores que se marchitan / tus locas ilusiones se morirán... / El mishé que tu mima con sus morlacos / el día menos pensado se aburirrá, / y entonces como tantas flores de fango / irás por esas calles a mendiguear...* (Pense pauvre petite môme, ma poupée, ma poulette, / que ta beauté un jour s'envolera, / et que telles les fleurs qui se fanent / tes folles illusions un jour mourront... / Le miché qui te cajole avec son flouze / un beau jour en aura marre / et toi comme tant d'autres fleurs de ruisseau / tu n'auras plus qu'à mendier dans les rues...)

Chez le Cadícamo des années trente le thème de l'ascension sociale par la séduction ou la prostitution revient comme un leitmotiv : *Esos trajes que empilchás / no concuerdan con tu cuna, / pobre mina pelandruna / hecha de seda y percal. / En fina copa 'e cristal / hoy tomás ricos licores, / y entre tantos resplandores / se encandiló tu arrabal...* (Ces façons de te fringuer / n'ont rien à voir avec ton berceau / pauvre gouaille de rien du tout / enveloppée dans la soie et la percale. / Aujourd'hui tu bois des liqueurs / dans des verres de cristal / et ton faubourg est ébloui / devant tant de splendeurs...) Et plus loin il ajoute : *Despilfarrás tentación, / pero también, callejera, / cuando estés vieja y fulera / tendrás muerto el corazón.* (Tu répands la tentation, / fille des rues, / mais quand tu seras vieille et moche / ton cœur sera un cœur mort.)

Cadícamo ne s'est pas contenté de peindre le monde des boîtes de nuit. Il a donné au tango sa véritable définition : *Sos entre el camandulaje / un cacho de mala suerte, / sos el barbijo de muerte / que rubrica el sabalaje. / Sos el alma del chusmaje / metida en un bandoneón, sos la furca y la traición, / el piropo y el chamuyo, y sos una flor de yuyo / que perfuma el corazón (Apologia tanguera).* (Tu es, parmi la racaille / celui qui porte la poisse, / t'es la blessure mortelle / que signe la populace. / T'es l'âme de la canaille / cachée dans un bandonéon, le coup fourré, la trahison, / le compliment et le boniment, t'es une fleur de pavé / qui parfume tous les cœurs.) (Apologie du tango.) Enrique Cadícamo se moquait aussi de ceux qui voulaient imiter les gouapes : *En la timba de la vida / sos un punto sin arrastre / sobre el naipe salidor / y en la cancha de este mundo / sos un débil pa'l biabazo, / y el chamuyo y el amor. / Aunque busques 'en tu verba / pintorescos contraflores pa' munirte de cachet, / yo te digo a la sordina / Dios te ayude compadrito / de papel maché.* (A la roulette de la vie / t'es un boulet qui se traîne / sur le numéro perdant / et sur le ring du monde / t'es une chiffe pour la castagne / l'amour et le boniment. / Même si tu cherches, dans ton bagout, / des fioritures pittoresques pour avoir de la classe, / moi j'te dis en douce / Que Dieu te vienne en aide, *compadrito* / de papier mâché.)

Cadícamo chercha aussi à utiliser la métaphore littéraire : *¿ Qué duendes lograron lo que ya no existe ? / ¿ Qué mano huesuda fue hilando mis males ? / ¿ Y qué pena altiva hoy me ha hecho tan triste, / triste como el eco de las catedrales ?* (Quels lutins font revivre ce qui n'existe plus ? / Quelle main décharnée tisse mon malheur ? / Et quel chagrin aujourd'hui me rend triste / aussi triste que l'écho des cathédrales ?) Il employa l'humour et le ton discépolien dans *Al mundo le falta un tornillo* (Il manque un boulon au monde). Il fut romantique dans *La Casita de* *mis viejos* (La Maison de mes vieux), *Nostalgias* (Nostalgies) ou *Rubí* (Rubis), tous trois mis en musique par Juan Carlos Cobián, le compositeur de ses plus grands succès et surtout de *Tres Esquinas* (Trois coins de rue) : *Yo soy del barrio de Tres Esquinas, / viejo baluarte de un arrabal / donde florecen como glicinas / las lindas pibas de delantal… / Donde en la noche tibia y serena / su antiguo aroma vuelca el malvón / y bajo el cielo de luna llena / duermen las chatas del corralón.* (Je suis du quartier aux Trois Coins de rue / vieux rempart du faubourg / où fleurissent comme des glycines / de jolies mômes portant tablier… / Où dans la nuit tiède et sereine / ça sent toujours le géranium / et où sous la pleine lune / les carrioles dorment dans la cour à voitures.)

Les tangos ayant pour thème l'amour reviennent très souvent dans l'œuvre d'Enrique Cadícamo. Ainsi *Almita herida* (Ame blessée), *La Luz de un fósforo* (La Lueur d'une allumette) ou *Nunca tuvo novio* (Elle n'a jamais eu de fiancé), qui dit en substance : *Pobre solterona te has quedado / sin illusión y sin fe… / Tu corazón de angustias se ha enfermado, / puesta de sol es hoy tu vida trunca… / Sigues como entonces, releyendo / el novelón sentimental, / en el que una niña aguarda en vano / consumida por un mal de amor…* (Tu es restée vieille fille / sans illusion, et sans espoir… / Ton cœur est malade d'angoisse, / ta vie brisée n'est plus qu'un coucher de soleil… / Et comme autrefois / tu lis et relis / le feuilleton sentimental / où une jeune fille attend en vain / consumée par le mal d'amour.)

En tant que dramaturge, Enrique Cadícamo écrivit, en collaboration avec Felix Pelayo, *La Epopeya del tango* (L'Epopée du tango) et *La Barba del diablo* (Les Cheveux d'ange) ; avec German Ziclis : *El Romance de dos vagos* (La Romance de deux vauriens) ; avec

Alberto Ballerino : *El Cantor de Buenos Aires* (Le Chanteur de Buenos Aires), et avec Martin Lemos *Los Cuentos de un principe* (Contes princiers). Dans les années trente il mit en scène deux films et écrivit les scénarios de *l'Histoire du tango* que dirigea Manuel Romero.

La diversité des thèmes abordés aussi bien dans ses poèmes que dans les paroles de ses tangos lui permit de s'adapter aux nécessités de chaque époque. Il ne faut donc pas s'étonner que Gardel ait enregistré vingt-trois de ses textes. Très au fait des phénomènes littéraires, Enrique Cadícamo subit l'influence de Leopoldo Lugones et fut l'ami de Leopoldo Marechal et de Nicolás Olivari. Son livre *La Luna del bajo fondo* (La Lune des bas-fonds) n'est pas sans rappeler le *Lunario sentimental* (Lunaire sentimental) de Lugones. Ses *Canciones grises* (Chansons grises) auraient pu faire de lui un poète important de ce que l'on a appelé la génération de 1922, mais il préféra devenir, comme Homero Manzi, parolier de tangos, et consigner les détails de la vie de Buenos Aires.

A partir de 1940, Enrique Cadícamo, au lieu de continuer à jouer des thèmes qu'il savait être des succès – par exemple celui de l'entraîneuse des années vingt ou du romantisme des années trente –, choisit la nouvelle poésie du tango et devint rapidement un des noms essentiels de sa rénovation. Il se servit de la description nostalgique et cultiva la métaphore avec grand soin, en particulier dans *Garúa* (Bruine) : *Qué noche llena de hastío... y de frío. No se ve a nadie cruzar por la esquina... / Sobre la calle la hilera de focos / lustra el asfalto con luz mortecina... / Y yo voy como un descarte, / siempre solo, / siempre aparte, / recordándote... / ... / Garúa... Tristeza... / hasta el cielo se ha puesto a llorar.* (Cette nuit règnent le spleen et le froid. /

Personne ne traverse la rue… / La rangée de réverbères / fait briller la chaussée d'un éclat blafard… / Et je marche désespéré, toujours seul / toujours à l'écart / pensant à toi… / … / Bruine… tristesse… / Même le ciel s'est mis à pleurer.)

LES RICHARDS
QU'EST-CE QU'ILS EN SAVENT ?

Plus qu'un chanteur, Alberto Castillo est un symbole. Sans le vouloir il a occupé une place où sa capacité vocale importait moins que son caractère emblématique. Il commença à chanter en 1934 tandis qu'il poursuivait des études de médecine qu'il termina par une spécialité en gynécologie. Mais ses véritables débuts datent de 1939 lorsqu'il fut engagé par le groupe *Los Indios* que dirigeait Ricardo Tanturi. Les professionnels reconnurent dans la voix de Castillo un ton railleur, moqueur, une façon d'allonger les phrases et une exagération gestuelle qui l'éloignaient des stéréotypes à la mode. Au moins était-il différent des pâles imitateurs de Gardel qui ne cessaient de proliférer depuis l'accident de Medellín. En se séparant de Tanturi en 1944 pour former son propre ensemble que dirigèrent successivement Emilio Balcarce, Enrique d'Alessio et Angel Condercuri, Castillo trouva sa personnalité définitive. Il accentua certains de ses traits, s'habilla de façon voyante, souligna son accent populaire comme auparavant l'avait fait Gardel avec les cadences faubouriennes de son discours.

Castillo assuma en quelque sorte un rôle de modèle. Au lieu de se montrer tel qu'il était dans la vie, c'est-à-dire un universitaire qui avait choisi de chanter, et donc de s'habiller comme un bon bourgeois, il préféra s'engager sur le chemin de la marginalité. Il se déguisa, choisit des costumes pailletés de couleur bleue aux revers croisés touchant les épaules, un nœud de cravate carré et large alors que l'élégance le voulait étroit et serré, un veston porté en arrière et une pochette voyante. Le pantalon était large avec une ceinture très haute. Le boxeur José Maria Gatica s'exhibait de la même manière, pour mieux montrer son opposition ouverte aux normes du bon goût petit-bourgeois. Cette mode avait été inventée par le dessinateur Guillermo Divito dans les pages de la revue *Rico Tipo* pour railler les goûts populaires. Le célèbre dessinateur de bandes dessinées habillait ses modèles comme devant un miroir déformant. Castillo et Gatica s'arrogeaient en quelque sorte un droit de réponse en assumant pleinement leur rôle de marginaux et de déclassés péronistes. Et bien qu'en réalité personne ne s'habillât comme eux, en rendant leur accoutrement grotesque ils transformaient la raillerie en provocation.

Les tangos d'Alberto Castillo reflétaient bien cet état d'esprit. Ils se moquaient des bourgeois et des normes des classes moyennes. Avec le péronisme au pouvoir, le prolétariat et les marginaux n'avaient pas besoin d'imiter une autre classe sociale pour dissimuler leurs origines : ils étaient fiers d'eux-mêmes.

Au début du siècle, les étrangers s'étonnaient du soin que mettaient les ouvriers à ne pas avoir l'air d'ouvriers. Federico Rahola y Tremols consignait, dans ses *Impresiones de un viaje a la América del Sur* (Impressions d'un voyage en Amérique du Sud), publiées à Barcelone en 1904 : "Les ouvriers, bien que nombreux, n'utilisent aucun vêtement qui dans les rues des villes permette de les distinguer. La population a un air tout à fait bourgeois." Scobie signale de même que les voitures ouvrières, que l'on accrochait aux tramways le matin ou le soir après le travail et dans lesquelles on ne payait que la moitié du tarif, étaient pratiquement vides parce que très peu de gens acceptaient leur condition de prolétaire.

Vers le milieu des années quarante, les travailleurs se mirent à revendiquer leur place dans la société. Lorsque l'antipéronisme baptisa *cabecitas negras* (petites têtes noires) les immigrants des campagnes à cause de la couleur de leur peau et de leurs cheveux, ceux-ci, au lieu de se sentir agressés, relevèrent l'insulte et revendiquèrent leur origine avec fierté. Evita, qui comprit l'allusion verbale, retourna la qualification méprisante et ceux qui, pour les gens raffinés, n'étaient que des "saletés", devinrent dans les discours d'Eva Perón "mes chères petites saletés", une expression qui se voulait tendre et complice.

Castillo abandonna la vie universitaire pour se faire le représentant d'une classe jusqu'alors marginalisée et qui commençait à se réveiller. Il resta un observateur intuitif, et ne se conduisit jamais comme un militant politique, car il n'en était pas un.

Les tangos de la Vieille Garde n'étaient pas dépourvus d'une certaine servilité envers l'oligarchie, comme par exemple *La Indiada* qui fait l'apologie des bandes de fils à papa, ou *Viejo Coche* (Vieille voiture) qui met en scène un play-boy de l'époque du centenaire de l'Indépendance et évoque sa générosité envers le cocher en disant : *De mis pilchas te pasaba / aquellas que ya no usaba. / Toda ropa de valor. / Si una fija me corría muchas veces, si podía, / te llevaba un ganador. / Dondequiera que paraba / a tomar te convidaba / a mi lado un copetín...* (Je t'ai refilé les frusques / que je ne portais plus. / Que de la fringue de qualité. / Quand on me soufflait un tuyau, si je pouvais / je te donnais le gagnant. / Et quand je m'arrêtais / toujours je t'invitais / à boire un coup avec moi...) Mentionnons aussi l'éloge à l'élégance de Payo Roque qu'écrivit

Enrique Cadícamo : *Dicen que fue allá por su juventud / un gran señor del Buenos Aires de ayer / que engalanó las puertas del Jockey Club / y en el ojal siempre llevaba un claver. / Apellido distinguido, gran señor en las reuniones, / por su pinta suspiraban el conquistaba corazones.* (On dit qu'à l'époque de sa jeunesse il fut / un grand seigneur du Buenos Aires d'hier / qu'il embellissait les portes du Jockey Club, / et qu'à la boutonnière toujours il portait un œillet. / Un nom distingué, grand seigneur dans les réceptions / pour lui on soupirait et il conquérait les cœurs.) Ces tangos trouvent pour une bonne part leur contrepartie dans le répertoire d'Alberto Castillo.

Devant l'obséquiosité, Alberto Castillo opta pour la raillerie : *Qué saben los pitucos, lamidos y shushetas / qué saben lo que es tango, qué saben de compas. / Aquí está la elegancia, qué pinta, qué silhueta, / qué porte / qué arrogancia, qué clase para bailar.* (Qu'est-ce qu'ils savent ces richards, ces lèche-bottes, ces faiseurs / qu'est-ce qu'ils savent du tango, qu'est-ce qu'ils savent de sa cadence. / C'est ici qu'est l'élégance, quelle gueule, quelle silhouette, / quel port, quelle arrogance, quelle classe pour danser.)

Castillo exagérait ses gestes au point de s'accrocher au micro, jusque-là une perche immobile que personne n'osait toucher. Chez lui, l'attitude était insolente et pour emphatiser certaines chansons, il allait jusqu'à imiter le salut de Perón. La classe moyenne ne manqua pas de le qualifier de clown, de faubourien, de vulgaire. Il n'empêche que Castillo était une idole. Certains le comparèrent à Al Jonson, l'acteur du *Chanteur de jazz*, le premier film sonore, qui se déguisait en nègre en grimant son visage et en enfilant des gants blancs.

Les histoires que chantait Alberto Castillo avaient un commun dénominateur : nationalisme, reconnaissance du caractère de classe de la société, fanatisme pour le tango. Le tango n'avait de valeur que parce qu'il était la musique préférée des secteurs populaires, et ses chanteurs avaient rang d'idole en raison de leur talent, certes, mais surtout parce qu'ils avaient été élus par le peuple.

C'est pourquoi Alberto Castillo n'hésitait pas à chanter les louanges du tango : *Que bailen, los que vienen a bailar, / que escuchen, los que quieren escuchar… / Pa' todos hay un tango acompasado / pretencioso y retobado / reinando en mi ciudad. / … / Pa' que se callen los que andan divulgando / que el tango es triste, que es danza y son del fango. / Pa' que se callen, les voy pasando el dato : / el tango es danza triste, pero es canción de rango. / Pa' que se callen les mando en dos por cuatro / esta cadencia viril que se hace canto. / Si son sensibles, verán que no es del fango / aquel que envuelve en tangos su corazón.* (Que ceux qui viennent danser dansent / que ceux qui viennent écouter écoutent… / Pour tout le monde il y a un tango rythmé / prétentieux et plein de fougue / qui règne sur ma ville. / … / Pour que se taisent ceux qui disent / que le tango est triste, que c'est une danse de ruisseau. / Pour qu'ils se taisent je vais leur dire : / Le tango est une danse triste, mais c'est une chanson qui a de la classe. / Pour qu'ils se taisent je leur envoie à quatre temps / cette cadence virile qui se fait chant. / S'ils sont sensibles ils verront que celui qui entoure / son cœur de tangos n'est pas né dans le ruisseau.)

Il reprenait, pour définir le tango, le poème de Francisco García Giménez : *Barrio, barrio pobre, estoy contigo… Barrio de mis sueños más ardientes. / Pobre, cual la ropa de tu gente, / para mi, guardabas toda la riqueza / y lloviznaba la tristeza / cuando te di mi último adiós.* (Quartier, quartier pauvre, je suis avec toi (…) Quartier de mes rêves les plus ardents. / Pauvre, comme les vêtements de tes habitants, pour moi tu avais toutes les richesses / et la tristesse tombait comme une bruine / quand je t'ai fait mes adieux.) Mais il pouvait tout aussi bien chanter les défauts d'une jeune bourgeoise : *Niña bien de apellido con ritornello, / que tenés senza grupo figuración, / que parecés por tudo su venticelo, / la sucursal del Banco de la Nación. / Que estás comprometida con Albertito, / un elegante yachtman del Tigre Club, / que tiene un par de anchoas por bigotitos, / y pa'batir, ¡ araca ! dice mondiú. / Che pituca, quién tuviera la alegría, / de tener una alcancía, como la de tu papá, / y un anillo, con la piedra incandescente / de esos que usa indiferente / pa' entrecasa tu mamá / … / Che pituca, no derroches los canarios, / que a tu viejo el millonario, lo voy a ver al final, / con la bandera a media asta, / cuidando coches a nafta / en alguna diagonal.* (Jeune fille t'as un nom à rallonges / faut dire que t'as de la classe, / t'as l'air avec tout ce flouze / d'une succursale de la Banque de la Nation. / T'es fiancée avec Albertito, / un élégant yatchman du Tigre Club, / qui a une paire d'anchois pour moustaches, / et pour dire "fais gaffe" s'écrie "mon Dieu". / Hé, richarde, qui c'est qu'aurait la chance / d'avoir une tirelire comme celle de ton vieux, / et une bagouse avec une pierre incandescente / comme en porte ta maman / pour traîner dans sa chambre / … / Hé, richarde, gaspille pas les pépètes, / sinon ton millionnaire de vieux, / on le verra bientôt, le drapeau en berne, / surveiller des carrioles à essence / sur une quelconque avenue.) Castillo n'hésitait pas à utiliser un langage archaïque. Lorsqu'il enregistra ce tango, *Che pituca*, vers le milieu des années cinquante, les voitures à cheval n'existaient plus mais l'anachronisme était valide dans la mesure où il permettait d'agresser les classes élevées.

Ce sont les mêmes idées qui se font jour lorsque, après avoir avoué son émerveillement pour New York, Alberto Castillo réaffirme son identité et déclare qu'en dépit de tout *algo le hace falta a esta gran ciudad. / Aquí hace falta, hermano, / algo de Buenos Aires. / Aquí hace falta un tango, / pero un tango, me entendés. / Haceme la gauchada, / te lo suplico, hermano, / mandame* Mano a mano / *grabado por Gardel.* (Il manque quelque chose à cette grande ville. / Ici, mon vieux, il manque / quelque chose de Buenos Aires. / Ici il manque un tango, / mais un tango, tu comprends. / Sois gentil, / je t'en supplie, mon vieux, / envoie-moi *Mano a mano* / enregistré par Gardel.)

Dans les années cinquante, Castillo se présenta avec un groupe de Noirs qui jouaient du *candombé* et l'accompagnaient de leurs bongos chaque fois qu'il entonnait la version argentine d'un thème africain. Sa façon de se dandiner sur scène soulevait l'enthousiasme du public et l'indignation des puritains.

Castillo joua dans plusieurs films qui battirent des records d'entrées : *Adiós pampa mía* (Adieu ma pampa) (1946), *El tango vuelve a Paris* (Le tango revient à Paris) (1948), *Un tropezón cualquiera da en la vida* (N'importe qui peut se tromper dans la vie) (1949), tous trois mis en scène par Manuel Romero ; *Alma de bohemio* (Ame de bohème) et *Por cuatro días locos* (Quatre folles journées), mis en scène par Julio Caraceni en 1949 et 1953. Sa popularité commença à décliner à partir de 1955, année du coup d'Etat contre Perón. Son succès fut interrompu de façon abrupte, de même que le projet politique dont il était le reflet. Le modèle social s'était effondré et avec lui les produits qu'il avait engendrés. Alberto Castillo avait été – sans doute involontairement – un des produits les plus typiques du péronisme. Le retour au pouvoir de la grande bourgeoisie et des classes moyennes supérieures ferma les portes aux modes euphoriques, extraverties, grossières. Les formes culturelles populaires s'éteignirent avec le péronisme. Une classe aussi peu sûre d'elle-même que la petite bourgeoisie ne pouvait supporter ceux qui, au lieu de dissimuler leur origine de classe, comme l'avaient fait les ouvriers du début du siècle, l'exhibaient avec ostentation et tentaient d'établir leurs propres modèles. Dans ce contexte Castillo ne pouvait continuer d'être un paradigme[1].

1. Dans *Gardel* (texte publié pour la première fois dans le numéro 223 de la revue *Sur*, en juillet-août 1953, puis reproduit dans *Le Tour du jour en quatre-vingts mondes*), Julio Cortázar, alors fortement antipéroniste comme la plupart de ses collègues, écrivait : "La simple jouissance du mauvais goût et de la canaillerie rancunière explique le triomphe d'Alberto Castillo." Et plus loin : "Lorsque Gardel chante un tango, son style exprime celui du peuple qui l'aimait. Le chagrin ou la colère devant la femme qui est partie sont un chagrin et une colère concrets, qui désignent Juana ou Pepa, mais ils ne sont pas ce prétexte agressif total qu'il est facile de déceler dans la voix du chanteur hystérique de notre époque, qui est aussi juste que les hurlements de ses auditeurs. La différence de ton moral qu'il y a entre chanter *Lointaine Buenos Aires / que tu dois être jolie* comme le faisait Gardel et hurler *Adios pampa mia* comme le fait Castillo, donne une idée du changement auquel je fais allusion. Il n'y a pas que les arts majeurs pour refléter le processus d'une société." Cortazar écrivit ce texte à Paris. Vingt ans plus tard, alors que ses opinions politiques avaient changé, les raisons mêmes de son exil mettaient en avant l'attitude des couches intellectuelles dont l'auteur de *Bestiaire* pouvait être à l'époque considéré comme un bon exemple. Cortázar écrivit en 1972, dans le numéro 2 de la revue *Hispamérica* : "J'étouffais à l'intérieur d'un péronisme qu'en 1951 j'étais incapable de comprendre, lorsqu'un haut-parleur au coin de la rue m'empêchait d'écouter les quatuors de Bela Bartok." De toute évidence, l'impertinence de Castillo avait dû contribuer à cette sensation d'étouffement.

ANGEL VARGAS :
UNE DÉLICATESSE DU CŒUR

Jorge Göttling a écrit qu'Angel Vargas fut, avec Gardel, le chanteur le plus écouté des auditeurs de radio argentins. Cette affirmation, vingt-cinq ans après la mort du chanteur, peut nous laisser perplexes. Angel Vargas, de son vrai nom José Lomio, n'avait pas une personnalité marquante et ne fut jamais une tête d'affiche. Les orchestres d'Angel D'Agostino, d'Armando Lacava ou d'Eduardo Del Piano, avec lesquels il se produisit, ne mirent pas en valeur ses talents de soliste. Au contraire, Vargas resta un chanteur d'orchestre. En 1932 il avait débuté dans l'orchestre d'Angel D'Agostino qu'il quitta quelque temps plus tard pour le réintégrer en 1940. Jamais il n'obtint plus de succès que, par exemple, Carlos Dante et l'orchestre d'Alfredo De Angelis. Cependant, le fait qu'Angel Vargas soit encore massivement écouté de nos jours est un phénomène inhabituel qui mérite qu'on s'y arrête.

Angel Vargas est né en 1904 à Parque Patricios, et après avoir chanté, comme c'était l'usage à l'époque, dans des cafés et des cinémas de quartier, il débuta officiellement avec un orchestre au café Marzotto, rue Corrientes. Il se produisit avec d'autres ensembles avant de devenir le chanteur officiel de l'orchestre de D'Agostino. En 1935 il chanta avec l'orchestre d'Augusto Berto et il signa en 1938 un contrat avec celui de la maison de disques Victor. Sa voix était juste et bien modulée, apparentée à celle d'Ignacio Corsini, peu emphatique et avec un phrasé très personnel. Nostalgie, peinture des vieux quartiers, aventures sentimentales dépourvues de pathétisme composaient un répertoire choisi avec soin dans lequel se trouvaient de fort beaux tangos comme *Destellos* (Etincelles), *Almas en pena* (Ames en peine), *Viejo Coche* (La Vieille Voiture), *Tres Esquinas* (Trois coins de rue).

Angel Vargas n'avait pas un grand registre de voix mais il n'aspirait pas à être autre chose qu'un chanteur de demi-tons. Göttling parle d'"une délicatesse du cœur, un murmure à peine avoué, la voix d'un état d'âme portègne". La métaphore renferme toujours une part de vérité et c'est peut-être là qu'il faut chercher le secret de la pérennité d'Angel Vargas : il était le chanteur des foyers, le seul auquel le commun des mortels pouvait s'identifier. Une voix agréable, juste, modeste. Comme si l'on s'entendait soi-même chanter une chanson écoutée à la radio. Rêver d'être Gardel, Rivero ou Goyeneche était une ambition infantile ; rêver d'être Vargas semblait plus raisonnable car le rêve pouvait fort bien devenir réalité.

CÁTULO CASTILLO :
LE PAYS DE L'OUBLI OÙ TOUT EST
TOUJOURS GRIS

L'employé de l'état civil ne cacha pas sa surprise : "Comment peut-on affubler quelqu'un d'un nom pareil ?" José González Castillo, tout en ajustant ses lunettes, insista : "Je suis le père et je veux que mon fils s'appelle Repos Dominical."

L'enfant, entre-temps, luttait contre une grave pneumonie provoquée par l'extravagance du père qui, quelques heures après sa naissance, l'avait exposé tout nu dans la cour de la maison pour que la pluie, qui tombait à verse, coule sur le nouveau-né, en une sorte de baptême athée.

Le poète Edmundo Montagne, qui avait accompagné le père au bureau de l'état civil, eut finalement raison des arguments anarchistes de González Castillo : au lieu de Repos Dominical, l'enfant fut inscrit sous le nom d'Olivio Cátulo González Castillo.

Mais l'anarchisme de González Castillo père n'était pas que verbal et en 1910 le dramaturge dut s'exiler à Valparaiso, en terre chilienne. La persécution dont étaient victimes les militants libertaires s'était accentuée au cours des dernières années, et après l'assassinat du chef de la police Ramón Falcón, des dizaines d'entre eux avaient été jetés en prison ou expulsés du pays en vertu de la loi de résidence. Le régime conservateur était décidé à fêter en paix le centenaire de la révolution de

Mai et de nombreux anarchistes durent abandonner l'Argentine de crainte d'être arrêtés.

L'arrivée au pouvoir de Hipólito Yrigoyen permit le retour de la famille González Castillo, et Cátulo commença des études de piano et de violon dans son quartier de Boedo où il connut Homero Manzi, Sebastián Piana, Celedonio Flores, Nicolás Olivari et Carlos de la Púa, avec qui il se lia rapidement d'amitié.

En 1924 il composa un tango qui, après *Sentimiento gaucho* et un thème de Lomuto aujourd'hui oublié, obtint le troisième prix d'un concours organisé par la firme Max Glucksmann. Plus tard, son père devait y ajouter des paroles qui restèrent célèbres : *Al paso tardo de un pobre viejo, puebla de notas el arrabal / con un concierto de vidrios rotos el organito crepuscular.* (Derrière les pas fatigués d'un pauvre vieux, l'orgue de Barbarie agonisant / remplit le faubourg de ses notes, en un concert de verre brisé.) Le tango prit le nom de *Organito de la tarde* (L'Orgue du soir).

En 1927 Cátulo Castillo avait déjà formé son orchestre avec lequel il se rendit en Espagne, et au milieu des années trente il avait écrit plusieurs partitions célèbres comme *Silbando* (En sifflant), *El Aguacero* (L'Averse), *Viejo Ciego* (Le Vieil Aveugle). Mais en dépit de cette activité intense et d'une carrière de boxeur qui lui avait valu plus de quatre-vingts combats dans la catégorie poids plume, c'est la poésie qui apporta la célébrité à Cátulo Castillo.

Toute son œuvre de parolier est marquée du signe de la nostalgie, de ce qui est irrévocablement perdu, et même lorsqu'il parle d'amour, le ton est empreint de mélancolie. La clé de la poésie de Cátulo Castillo se trouve dans les questions de *Tinta roja* (Encre rouge) : *¿ Dónde estará mi arrabal ? / ¿ Quién se robo mi niñez ? / ¿ En que rincón luna mía, / volcás como entonces / tu clara* *alegria ?* (Où est mon faubourg ? / Qui m'a volé mon enfance ? / Dans quel coin, ma lune, / répands-tu comme alors / ta joie et ta gaieté ?) Il semble que toute l'œuvre de Castillo, avant ou après *Tinta roja*, n'ait fait que tenter de répondre à ces questions et chercher à décrire les atmosphères d'une époque passée où il avait été heureux. Le ton élégiaque de la génération des années quarante semble avoir influencé la poésie de Cátulo Castillo. Mais on trouve chez lui un sens du nationalisme dont étaient dépourvus les poètes néo-romantiques de l'époque. Sa mise en scène du présent l'obligeait à utiliser un temps, un lieu et un espace unis dans cet hommage à Homero Manzi : *Fueron años de cercos y glycinas, / de la vida en orsai, del tiempo loco, / tu frente triste de pensar la vida / tiraba madrugadas por los ojos. / Y estaba el terraplén y todo el cielo, / la esquina del zanjón, casa azul, / todo se fue trepando su misterio / por los repechos de tu barrio sur.* (Ce furent des années de jardins et de glycines / une vie sans limites, un temps de folies, / ton front était triste à force de penser à la vie / et l'aube se reflétait dans tes yeux. / Souviens-toi du terre-plein et du ciel, / du fossé au coin de la rue, de la maison bleue / et d'un mystère qui se mettait à grimper / les rues en pente du quartier sud.) Dans *Caserón de tejas* (La Maison au toit de tuiles) l'appel aux témoins de l'enfance côtoie le même refus d'accepter la perte du passé : *¡ Barrio de Belgrano ! / ¡ Caserón de tejas ! / ¿ Dónde esta el ajibe, / dónde estan los patios, / donde estan tus rejas ? / ... / ¿ Te acordás hermana, / de las tibias noches / sobre la vereda ? / Cuando un tren cercano / nos dejaba viejas, / raras anoranzas / bajo la templanza suave del rosal ?* (Quartier de Belgrano, / maison au toit de tuiles ! / Où est ton puits, / où sont tes jardins, / où sont tes grilles ? / ... / Te souviens-tu, petite sœur, / des nuits tièdes / sur le trottoir ? / Lorsque non loin un train /

déposait de vieilles / et curieuses nostalgies / sous la douce fragrance du rosier ?)

Ce ton nostalgique existe également dans *Café de los Angelitos* (Le Café des anges), *Patio de la morocha* (Le Jardin de la brune), *La Calesita* (Le Manège) et surtout dans *Segundo patio* (La Cour du fond) où Cátulo Castillo imagine que, dans une vieille maison du quartier de l'Abasto, dans la cour du fond, Dieu danse le tango.

Cátulo, en définitive, fut le chroniqueur de la disparition de la vieille ville, surtout dans ses derniers tangos : *El Ultimo Cafiolo* (Le Dernier Marlou), *El Ultimo Farol* (Le Dernier Réverbère), *El Ultimo Café* (Le Dernier Café) et enfin *La Ultima Curda* (La Dernière Cuite) qui est un adieu à la vie. *La Ultima Curda* va jusqu'au bout d'un thème souvent repris par Castillo : l'alcool. La boisson peut être meurtrière, comme dans *Domani* (Demain), elle peut être triste comme dans *El Ultimo Farol*, enivrante et engourdissante comme dans *Una canción*, mais dans *La Ultima Curda*, elle inspira à Castillo un des chefs-d'œuvre du tango, une chanson qui, grâce aux enregistrements de trois chanteurs exceptionnels, Edmundo Rivero, Roberto Goyeneche et Susana Rinaldi, a gagné l'immortalité.

> *Lastima, bandoneón,*
> *mi corazón,*
> *tu ronca maldición maleva…*
> *Tu lágrima de ron*
> *me lleva*
> *hasta el hondo bajo fondo*
> *donde el barro se subleva.*
> *¡ Ya sé no me digás ! ¡ Tenés razón !*
> *La vida es una herida absurda,*
> *y es todo todo tan fugaz*

377

que es una curda ¡ nada más !
mi confesión.

Contame tu condena
decime tu fracaso
¿ no ves la pena
que me ha herido ?
Y hablame simplemente
de aquel amor ausente
tras un retazo del olvido.
¡ Ya sé que te lastimo !
¡ Ya sé que te hago daño
llorando mi sermón de vino !

Pero es el viejo amor
que tiembla bandoneón,
y busca en un licor que aturda
la curda que al final
termine la función
corriéndole un telón al corazón.
Un poco de recuerdo y sinsabor
gotea tu rezongo lerdo.
Marea tu licor y arrea
la tropilla de la zurda
al volcar la ultima curda.
Cerrame el ventanal
que quema el sol
su lento caracol de sueño
¿ no ves que vengo de un país
que está de olvido, siempre gris,
tras el alcohol ?…

Pitié, bandonéon,
ta malédiction rauque et canaille

écorche mon cœur....
Ta larme de rhum
m'entraîne
au plus profond du trou
d'où monte la boue.
Je sais, ne dis rien ! Tu as raison !
La vie n'est qu'une blessure absurde,
et tout, tout est tellement fugace
que ce soir mes aveux ne sont qu'une cuite
et rien d'autre.

Raconte-moi ton drame
parle-moi de tes échecs
ne vois-tu pas la douleur
qui me fait mal ?
Et parle-moi simplement
de cet amour absent
derrière le voile de l'oubli.
Je sais que je te blesse
et que je te fais mal
en pleurant des larmes d'ivrogne.

Mais c'est le vieil amour
qui tremble, bandonéon,
et cherche dans l'alcool
la cuite qui mettra fin
au spectacle et baissera
le rideau sur mon cœur.
De tes plaintes lancinantes
montent des souvenirs.
Ton alcool enivre et d'un revers
ta main gauche
renverse le dernier verre.
Ferme la fenêtre

car le soleil brûle
la lente spirale des rêves
ne vois-tu pas que je viens du pays
de l'oubli où tout est toujours gris,
au travers de l'alcool ?

OSVALDO PUGLIESE
AU COLÓN* !

Les engouements des foules ne tombent jamais du ciel pas plus qu'ils ne sont le fruit du hasard. Toutes les démesures populaires grandissent et se développent à partir de certains faits authentiques qui permettent d'exagérer la véritable dimension d'un personnage ou d'un événement, mais jamais de le fabriquer. Telle est l'histoire d'Osvaldo Pugliese. Pendant des années, ses admirateurs criaient à la fin de ses concerts : "Au Colón ! Au Colón !", considérant que la qualité de l'orchestre méritait le cadre prestigieux du théâtre lyrique le plus important d'Argentine. En 1985, quelques jours après avoir fêté son quatre-vingtième anniversaire, le pianiste réalisa le souhait de son public. Le concert qu'il donna sur la scène du Théâtre Colón fut la consécration d'une carrière exceptionnelle et le prix que méritait la constance d'un public fidèle.

A neuf ans, Pugliese savait jouer d'oreille sur le violon que lui avait offert son père, flûtiste amateur de l'époque héroïque du tango. Au conservatoire de son quartier, il s'aperçut très vite que son instrument préféré était le piano. Plus tard, il étudia avec les maîtres Vicente Scaramuzza et Pedro Rubionne, qui furent aussi ceux de Horacio Salgán.

A quinze ans, Pugliese faisait ses débuts dans un café de quartier, La Cueva del Chancho, situé à quelques mètres des rives du Maldonado. Plus tard, fatigué des bagarres qui éclataient sans cesse comme dans le tango de Cadícamo où "celui qui faisait le malin / on le sortait sur une civière", il accompagna les aventures de Max Linder et de Charlie Chaplin sur les écrans muets des cinémas de la région.

Puis Pugliese travailla dans plusieurs ensembles. Il joua avec la bandonéoniste Paquita Bernardo, en 1924 avec Enrique Pollet, et avec Pedro Maffia de 1926 à 1929. Plus tard il s'associa avec le violoniste Elvino Vardaro pour créer un sextuor qui, après s'être dissous à cause d'une tournée malheureuse, se reforma avec, comme nouveaux membres, Alfredo Gobbi (fils) et Aníbal Troilo. Pugliese forma ensuite un orchestre qui porta son nom mais dont il se sépara rapidement pour entrer dans le tout nouvel orchestre de Gobbi, puis dans ceux de Daniel Alvarez, Roberto Firpo et Miguel Caló. En août 1939, il avait formé ce qui devait être définitivement son propre orchestre et se produisit au Café Nacional, rue Corrientes. Ce fut un tournant décisif dans l'histoire du tango.

Héritier direct de l'école de De Caro, Pugliese n'hésita pas à livrer ce témoignage à Luis Adolfo Sierra : "Je viens de l'école de Julio et de Francisco De Caro, de celle de Pedro Maffia et de Pedro Laurenz. A leurs côtés j'ai fait mien un style fondé sur l'adaptation et l'incorporation de formes musicales répondant au tango. Mon style est l'héritage culturel de ces créateurs. Ma façon de jouer ressemble beaucoup à celle de Francisco De Caro, créateur exquis d'une richesse musicale inégalée. J'insiste pour dire que mon répertoire est le fruit de cette racine originelle. Je me suis appuyé sur ce répertoire dès mes débuts, vers 1939. On ne peut omettre le mouvement à la tête duquel se trouvait Julio De Caro et qui a donné au tango des arrangements et une musicalité bien définis."

Pugliese a apporté au ton décarien un rythme plus piqué, plus dansable, en accord avec les exigences des danseurs des années quarante habitués à la vitesse d'un D'Arienzo. Il a accentué la force de l'orchestre en superposant des plans sonores et en imposant un phrasé particulier, inexplicable, que Pugliese lui-même désignait par une onomatopée : "yum-ba, yum-ba", titre de son tango le plus célèbre, *La Yumba*.

Pugliese a toujours accordé une très grande importance aux solistes, à commencer par le piano, qui dirige l'orchestre. La présence de musiciens aussi excellents qu'Osvaldo Ruggero, Enrique d'Alessio, Jorge Caldara, Mario Demarco, Ismael Spitalnik, Enrique Camerano, Alcides Rossi et Arturo Penón, a donné à sa formation une plus grande richesse sonore.

La dimension de l'œuvre de Pugliese peut se mesurer au simple fait que son premier tango, *Recuerdo* (Souvenir), écrit en 1924, est devenu une pièce historique encore jouée de nos jours. Pedro Laurenz l'écouta à l'ABC, célèbre café qui faisait l'angle de la rue Córdoba et de la rue Canning et où se produisait le quatuor d'Enrique Pollet, et le porta immédiatement à Julio De Caro, lequel l'enregistra avec Laurenz comme premier bandonéoniste. En quelques mois, plusieurs autres orchestres avaient repris le thème.

Lors du cinquantenaire de l'enregistrement, Julio De Caro déclara : "*Recuerdo* a ouvert une nouvelle voie pour le tango. Parce qu'il offrait un déroulement imprévu de la ligne mélodique, une conception moderne des structures harmoniques, de la couleur des sons, des changements de ton, des arpèges, de la variation." Et il le qualifia de "chef-d'œuvre immortel de notre tango".

Mais le thème qui demeure sans aucun doute le meilleur témoignage de la sonorité de Pugliese est *La Yumba*. "Conçue à partir de la répétition variée et presque obsessionnelle d'un dessin rythmique à deux temps qui contraste subtilement avec l'insertion de passages mélodiques, cette pièce a montré l'orchestration du tango sous un jour nouveau", explique Horacio Ferrer, qui ajoute que *La Yumba* "fut le point de départ d'autres œuvres importantes, dont *Fracanapa* d'Astor Piazzolla, *Del bajo fondo* (Des bas-fonds) de Tarantino, *A fuego lento* (A petit feu) d'Horacio Salgán".

C'est à partir de *La Yumba* que Pugliese écrivit *Negracha*, *Malandraca* et *Corazoneando*. *La Beba*, écrit en 1934, et *Adiós Bardi*, écrit en 1941, préfigurent en quelque sorte le meilleur de ses compositions.

Mais c'est surtout en engageant le chanteur Roberto Chanel, en 1943, que l'orchestre acquit une personnalité vocale qui s'accentua plus tard avec la présence d'Alberto Morán et de Jorge Maciel. Les voix de Pugliese se caractérisent généralement pour être soit larmoyantes et théâtrales, dans le style de Miguel Montero, soit viriles et presque grincheuses, comme si elles appartenaient à des hommes blasés et sceptiques tels que les symbolisaient des chanteurs comme Jorge Vidal, Alfredo Bellusci ou Abel Córdoba. Jorge Vidal s'est, pour sa part, consacré à chanter des *milongas* "délinquantes" où l'argot était au service de l'humour et de la caricature.

Le plus populaire des chanteurs de Pugliese, Alberto Morán, emphatisait la mélancolie des thèmes et souffrait au point de donner parfois l'impression qu'il pleurait. Pour son premier enregistrement il avait choisi *Yuyo verde* (Herbe verte) qui disait : "Laisse-moi pleurer franchement / verser les sanglots de l'adieu." On retrouve ce même style d'interprétation dans d'autres tangos comme *El Abrojito* (Brin de chardon), *Príncipe* (Un prince), *Pasional* (Passionnel). Dans un de ses plus grands succès, *San José de Flores*, la nostalgie des paroles devenait une plainte douloureuse. Jorge Maciel, dans un style plus lyrique, quoique avec les mêmes caractéristiques plaintives, avait tendance à l'exagération. Quant à Miguel Montero, plus vigoureux, il fut particulièrement remarqué dans *Antiguo reloj de cobre* (La Vieille Horloge de cuivre), ¿ *Qué te pasa Buenos Aires ?* (Qu'est-ce que tu as Buenos Aires ?), *Gurisa* (Gamine) et *Acquaforte* (Eau-forte).

Pugliese ne prit jamais grand soin de la qualité littéraire des textes qu'interprétaient ses chanteurs et il avait plutôt tendance à préférer les lieux communs d'où la poésie était totalement absente.

Cependant, il fut toujours un musicien d'avant-garde et déclara à ce propos : "Je ne suis ni le passé ni l'avenir. Le chemin que j'ai tracé m'a été dicté par les éléments esthétiques qui se sont peu à peu incorporés aux orchestrations du tango. C'est-à-dire de nouvelles idées, de nouvelles inquiétudes rénovatrices qui ont contribué à une plus grande maturité expressive. Ce que je propose correspond à une évolution progressive qui conserve toutefois une inaltérable continuité esthétique s'appuyant sur les origines mêmes du tango."

Nombreux sont les spécialistes pour qui la limite entre l'avant-garde du tango et le non-tango se trouve dans les compositions et les orchestrations de Pugliese. Ses thèmes, de même que ceux de Horacio Salgán ou, plus proche de nous, du *Sexteto Mayor* et du *Sexteto Tango*, se situent à cette frontière où se trouve ce que l'on désigne généralement par "musique de Buenos Aires", vaste territoire qui inclut les noms d'Astor Piazzolla, Eduardo Rovira, Rodolfo Mederos, Dino Salluzi.

Au sommet de sa gloire, Pugliese recruta ses admirateurs les plus fervents parmi les travailleurs de banlieue. Son public fréquentait les bals du Grand Buenos Aires, délirait sous la cadence de la *milonga* et de son rythme fortement accentué et s'émouvait en écoutant chanter Alberto Morán. La classe moyenne inférieure, modérément de gauche, le suivait fidèlement et s'indignait des fréquentes arrestations dont le pianiste était victime à cause de son appartenance aux instances dirigeantes du parti communiste ; elle était proche de lui par sympathie idéologique et l'admirait pour sa musique.

A partir des années quarante, le mépris qu'affichaient les classes supérieures pour le tango s'accentua pour se transformer en véritable intolérance durant la décennie péroniste, lorsque la musique devint l'apanage des classes populaires. Toute manifestation teintée de la moindre nuance nationaliste était vue avec méfiance par la bourgeoisie et l'oligarchie car le parti au pouvoir revendiquait les racines populaires de l'art argentin, sans toujours savoir distinguer, il faut bien le dire, ses qualités de ses défauts. La peur de se compromettre avec le péronisme suffisait pour invalider une création, qu'elle fût littéraire, théâtrale, cinématographique ou musicale.

Avec l'amélioration de la situation économique du prolétariat, la classe moyenne inférieure perdit ses privilèges, et de crainte d'être dévalorisée elle devint farouchement antipéroniste et libérale, dans toute l'acception négative et réactionnaire que possède en Amérique latine le mot libéralisme : une notion aux antipodes de ce qu'elle représente pour les Européens, et totalement dépourvue de toute idée de tolérance et de modernité.

Ces mêmes prolétaires qui, quelques années plus tôt, attendaient sur le parvis des églises pour voir passer les mariages de l'aristocratie, ces mêmes couches sociales qui lisaient la revue *El Hogar* pour contempler par le trou de la serrure le comportement de la grande bourgeoisie foncière, s'identifiaient à présent à l'oligarchie en répudiant les travailleurs, partisans ostensibles du régime de Juan Domingo Perón. Lors du coup d'Etat de 1955, le tango fut rejeté et méprisé, comme tout ce qui avait appartenu au péronisme. Ce qui était national était suspect et le tango devait être éliminé de la culture argentine.

HOMERO EXPÓSITO :
"LES CHOSES QU'ON VOIT AUJOURD'HUI"

Si Cátulo Castillo fut l'avocat de la nostalgie, Homero Expósito fut l'historien du présent. Amoureux de la métaphore, il eut bien souvent maille à partir avec ceux qui persistaient à défendre le style des tangos d'autrefois. Lorsqu'ils écoutaient chanter "ombre lunaire de ta peau / et de ton absence" ou "tresses couleur de maté amer / qui adoucissent ma grisaille monotone", les traditionalistes grinçaient des dents. Mais ils furent bien obligés d'abdiquer.

Homero Expósito avait fait des études universitaires. Il connaissait très bien toute la poésie d'avant-garde et savait enrichir ses poèmes de métaphores littéraires. Ainsi, dans *Quedémonos aquí* (Restons ici), il écrivait : *Tal vez / de tanto usar el gris / te cieques con el sol*. (Peut-être / à force de broyer du gris / seras-tu aveuglé par le soleil.) Ou encore dans *Oyeme* (Ecoute-moi) : *Tu forma de partir / nos dio la sensación / de un arco de violín / clavado en un gorrión.* (Ta façon de partir / nous a donné l'impression / d'un moineau transpercé / par l'archet d'un violon.) Et dans *Naranjo en flor* (Oranger en fleur) : *Era más blanda que el agua / que el agua blanda.* (Elle était plus moelleuse que l'eau / que l'eau moelleuse…) A cette conception très particulière de la poésie, Homero Expósito apporta l'utilisation de rimes à l'intérieur de chaque strophe pour insister sur l'intention de la phrase. Ainsi, dans *Oro falso* (Fausse blonde) la similitude des sons est à l'intérieur de la strophe et ne coïncide pas avec la syllabe finale comme dans d'autres tangos :

> *Mireya jamas fue rubia,*
> *porque Mireya creció sin luna,*
> *su juventud de risa sin hombre*
> *llenó de tangos el barrio más pobre,*
> *y era oscura cuando la noche*
> *con sus locuras de fantoche*
> *la llevó.*
>
> *Morocha está en la historia de mi pueblo.*
> *El oro del cabello es oro falso.*
> *Y el tango, el tango*
> *la está llamando…*
> *Ayer que no era rubia ni era triste,*
> *lloraba de alegría entre mis brazos,*
> *y ahora, que llora,*
> *tiene que reír.*

Mireya n'a jamais été blonde,
car Mireya a grandi sans lune,
sa jeunesse rieuse et sans homme
enivrait de tangos le quartier le plus pauvre
et elle était brune quand la nuit
et ses folies futiles
l'ont emportée.

Elle est brune dans l'histoire de mon village.
L'or de ses cheveux est faux.
Et le tango, le tango
est un incessant appel…
Hier elle n'était ni blonde ni triste,

elle pleurait de joie entre mes bras
mais maintenant, lorsqu'elle veut pleurer,
elle est forcée de rire.

Peintre de la réalité, Expósito décrit dans *Farol* (Réverbère) : *Farol, / las cosas que ahora se ven... / Farol, / ya no es lo mismo que ayer... / ... / Un arrabal con casas / que reflejan su dolor de lata... / Un arrabal humano / con leyendas que se cantan como tangos. / Y allá un reloj que lejos da / las dos de la mañana... / ... / Un arrabal obrero, / una esquina de recuerdos y un farol... / ... / Allí conversa el cielo / con los sueños de un millón de obreros. / Allí murmura el viento / los poemas populares de Carriego...* (Réverbère / les choses que l'on voit aujourd'hui... / Réverbère, / ne sont plus les mêmes qu'hier... / ... / Un faubourg et des maisons / qui reflètent leurs tôles douloureuses... / Un faubourg humain / des légendes que l'on chante comme des tangos. / Et là-bas une pendule qui sonne / deux heures du matin... / Un faubourg ouvrier, / un coin de rue, des souvenirs, un réverbère... / ... / Là-bas le ciel bavarde / avec les rêves d'un million d'ouvriers. / Là-bas le vent murmure / les poèmes populaires de Carriego...)

Mais Expósito chanta aussi le centre de Buenos Aires, avec sa rue Corrientes que l'on venait d'élargir et la récente avenue du 9-Juillet qui symbolisait la nouvelle ville. Ainsi ses *Tristezas de la calle Corrientes* (Tristesses de la rue Corrientes) : *Calle / como valle / de monedas para el pan... / Rió sin desvío / donde sufre la ciudad... / ¡ Qué triste palidez tienen tus luces ! / ¡ Tus letreros suenan cruces ! / ¡ Tus afiches carcajadas de cartón !... / Tu alegría es tristeza y el dolor de la espera / te atraviesa. / ... / Vagos / con halagos / de bohemia mundanal... / Pobres sin más cobres / que el anhelo de triunfar, / ablandan el camino de la espera / con la*

sangre toda llena / de cortados, en la mesa de algún bar.
(Rue / comme une vallée / de quatre sous pour le pain… /
Fleuve sans détours / où souffre la ville… / Comme tes
lumières sont pâles et tristes ! / Tes enseignes rêvent de
carrefours ! / Tes affiches sont des rires de carton !… /
Ta joie n'est que tristesse, et la douleur de l'attente / te
transperce. / … / Vagabonds / avec des airs / de bohème
mondaine… / Et des pauvres sans autre richesse / que la
soif de triompher / allègent le chemin de l'espoir / avec
dans leurs veines / les cafés avalés à la table d'un bar.

Vers le milieu des années cinquante, Homero Expósito dans *Sexto Piso* (Sixième étage) brossait le tableau
d'un Buenos Aires de plus en plus anonyme et très
éloigné des portraits nostalgiques d'un Homero Manzi
ou d'un Cátulo Castillo. *Ventanal, ventanal de un sexto
piso, vos perdida, yo sumiso / y esta herida que hace
mal… / … / Allá abajo, se revuelven como hormigas : /
mucha fatiga, pero mucho cuesta el pan. / Ventanal
donde un lente permanente / televisa mi dolor por la
ciudad. / … ¡ No ! No hay más remedio que vivir / así
apretado y pisoteado como en el suelo. / … Duele tanto
tanta calle, / tanta gente y tanto mal, / que andarás con
los sueños a destajo, / como todos río abajo, / por la
vida que se va. / … / Ventanal y esta pena que envenena, /
ya cansado de vivir y de esperar.* (Fenêtre, fenêtre d'un
sixième étage, toi perdue, moi vaincu / et cette blessure
qui fait si mal… / … / En bas ils défilent comme des
fourmis : / ils sont fatigués et le pain est cher. / Fenêtre
où comme sur un écran de télévision / ma douleur traverse la ville. / … Non ! On ne peut rien y faire, c'est
ainsi / que l'on vit, oppressé, piétiné. / … Toutes ces rues
font si mal / tous ces gens font si mal, / c'est avec des
rêves en morceaux / qu'on descend comme tout le
monde le fleuve / de la vie qui s'en va. / … / Fenêtre, et

ce chagrin comme un poison, / je suis las de vivre et d'espérer.) On retrouve ainsi chez Homero Expósito ce même personnage de Corrientes et Esmeralda décrit par Scalabrini Ortiz, mais plus vieux de trente ans et ayant perdu tout espoir.

Parmi les tangos les plus importants de Homero Expósito, citons également *Percal* (Percale), *Margo* et surtout *¡ Qué me van a hablar de amor !* (Ne me parlez pas d'amour !) qui décrit avec une rare poésie la séparation de deux amants. On ne peut s'empêcher ici de penser au célèbre vers d'Enrique Cadícamo : "Tu es entrée dans mon passé." *Eran sus ojos de cielo / el ancla más linda / que ataba mis sueños, / era mi amor, pero un día / se fue de mis cosas y entró a ser recuerdo.* (Ses yeux couleur du ciel étaient / les chaînes les plus belles / qui amarraient mes rêves, / mais un jour mon amour / est parti de chez moi pour entrer dans mes souvenirs.)

Mais le tango le plus réussi de Homero Expósito reste sans nul doute *Afiches* (Affiches). La musique et l'arrangement sont d'Atilio Stampone et c'est Roberto Goyeneche qui, en 1973, le chanta pour la première fois. Le texte, dédié à un mannequin, dit, entre autres : *Cruel en el cartel, / la propanganda manda cruel en el cartel, / y en el fetiche de un afiche de papel / se vende la ilusión, / se rifa el corazón... / ... / Cruel en el cartel, te ríes, ¡ corazón ! / ¡ Dan ganas de balearse en un rincón ! / ... / Ya da la noche a la cancel / su piel de ojera... / Ya moja el aire su pincel / y hace con él la primavera... / ... / Luego la verdad, / que es restregarse con arena el paladar / y ahogarse sin poder gritar. / Yo te di un hogar... – fue culpa del amor ! / ¡ Dan ganas de balearse en un rincón !* (Cruelle sur l'affiche, / la publicité est là, cruelle sur l'affiche, / et avec un fétiche sur une affiche en papier / on vend des illusions, / on tire son cœur au sort… / … / Cruelle sur l'affiche, mon cœur, tu souris ! / Il y a de quoi se flinguer dans un coin ! / … / La nuit est devant la porte / avec ses yeux cernés… / L'air trempe son pinceau / et dessine le printemps… / … / Mais la vérité / c'est comme se remplir la bouche de sable / et étouffer sans pouvoir crier. / Je t'avais donné un foyer – ce fut la faute à l'amour ! / Il y a de quoi se flinguer dans un coin.) Comment ne pas se souvenir du fameux "Sors ton flingue et ciao ! allons dormir" de Discépolo.

HORACIO SALGÁN :
A PETIT FEU

Horacio Salgán, qui avait étudié le piano dans un modeste conservatoire du quartier de Caballito, n'avait que seize ans lorsqu'il débuta dans un cinéma de Villa del Parque. Il joua pendant quelque temps dans des orchestres de banlieue, puis entra dans l'orchestre d'Elvino Vardaro, passa par celui de Roberto Firpo où il dut se résigner à des structures engourdies qui rappelaient le style de la Vieille Garde, et en 1944 il forma son propre ensemble avec Edmundo Rivero.

Mais ses arrangements révolutionnaires et la voix rauque de Rivero, qui connaissait pourtant un grand succès auprès du public, n'étaient guère appréciés des maisons de disques et Salgán dut dissoudre l'orchestre en 1947.

Horacio Salgán doit une grande partie de sa personnalité musicale au piano qui subit l'influence directe du jazz et que "l'on reconnaît, écrit Horacio Ferrer, à sa sonorité brillante, sèche, légère et à son phrasé anguleux, tendu et surprenant". Blas Matamoro compare son style avec celui d'Art Tatum, et mentionne au passage Duke Ellington, Benny Goodman, Earl Hines, Eddie Condon, et, plus loin, Fats Waller et Jelly Morton.

Au milieu des années quarante, cette sonorité était une révolution, et il n'était guère surprenant que des oreilles habituées à un tango schématique et sans imagination l'écoutent avec méfiance.

En 1950, Salgán reforma son orchestre et cette seconde étape dura jusqu'en 1957, date d'une nouvelle dissolution de l'ensemble. Puis il travailla avec le guitariste Ubaldo De Lío, qui jouait en soliste lorsque Salgán réunissait l'orchestre pour des enregistrements ou des concerts ponctuels. La guitare électrique donna à l'orchestre un style apparenté au jazz et facilement reconnaissable dès les premières mesures, comme par exemple cette version très particulière de *La Marne* d'Eduardo Arolas.

Soulignons ici l'arrangement tout à fait remarquable de *El Choclo*, d'Angel Villoldo, dans lequel le bandonéon, le piano, la guitare et le violon reprennent chacun à leur tour, en soliste, la mélodie.

En 1960, Salgán créa le *Quinteto Real* pour une série de concerts dans un restaurant, et son succès fut tel que la formation continua de se présenter pendant plusieurs années. Il était composé de Salgán lui-même au piano, de De Lío à la guitare, de Pedro Laurenz au bandonéon, d'Enrique Mario Francini au violon et de Rafael Ferro à la contrebasse, très vite remplacé par Quicho Díaz. Le *Quinteto* effectua plusieurs tournées dont une au Japon en 1964 ; il enregistra également plusieurs disques qui demeureront à jamais dans l'histoire du tango.

Citons, enfin, quelques-unes des compositions de Horacio Salgán : *A fuego lento* (A petit feu), écrit en 1953, *Grillito* (Le Grillon), *La llamo silbando* (Je la siffle), *Don Agustín Bardi* et *Tango del eco* (Tango de l'écho).

EDMUNDO RIVERO :
LA LUMIÈRE D'UNE ÉPICERIE

"Tel le prêtre d'une religion mystérieuse qui réunirait en secret les Portègnes, chaque nuit un homme de haute taille, à la voix rauque, que l'on ne peut confondre avec personne, accomplit les rites de Buenos Aires et chante. Une centaine de personnes, dans la fumée du Viejo Almacén, l'écoutent en observant un silence presque mystique. La lumière tamisée qui descend sur la scène émacie ses traits, souligne ses gestes lorsqu'il plonge dans le drame de *La Ultima Curda* ou lorsqu'il raconte en souriant comment Aldo Saravia appliquait des séances de serviettes mouillées à ses «pupilles», du côté du quartier du Centenario, près du fleuve Maldonado."

Nous avons écrit ces quelques lignes en octobre 1969. Pendant une quinzaine d'années encore, Edmundo Rivero continua de se produire sur la scène du Viejo Almacén, à l'angle de la rue Balcarce et de la rue Independancia.

Edmundo Leonel Rivero (Leonel en hommage à un arrière-grand-père anglais, Lionel Walton, tué par les Indiens), était né à Puente Alsina en 1911. Son père, employé des chemins de fer britanniques, s'occupait de l'installation de nouvelles gares et avait habité différentes villes de la province de Buenos Aires et de La Pampa par lesquelles passait la voie ferrée.

Edmundo Rivero commença très jeune à jouer de la guitare. A peine adolescent il chantait déjà des chansons paysannes dans les cafés où l'on organisait aussi des *payadas* et où ne manquaient ni les discussions ni les bagarres. Cette atmosphère le mit en contact avec le véritable argot de Buenos Aires, le véritable *lunfardo*, dont des années plus tard il devait être un spécialiste et un redécouvreur érudit. Au point qu'il fut élu membre de l'Académie portègne de *lunfardo*.

Pendant quelque temps il joua avec sa sœur puis fut le musicien d'Agustín Magaldi. A Radio Cultura il interpréta des pièces classiques espagnoles. En 1935, il débuta avec José De Caro et deux années plus tard, en 1937, il jouait dans le célèbre orchestre de Julio De Caro, frère de José. Mais Julio De Caro ne voyait pas d'un bon œil que les couples s'arrêtent de danser pour écouter la voix rauque du chanteur et il renvoya Rivero.

Parallèlement à sa carrière de guitariste classique, Rivero fit ses classes de chant au Conservatoire national et réalisa le rêve de milliers de jeunes gens de l'époque : faire du cinéma. Il décrocha des rôles mineurs dans *Pampa y Cielo* (Ciel et Pampa), *Fortín Alto* (Le Fort sur les hauteurs) et *El Inglés de los guesos* (L'Anglais ensorcelé), et pour mieux se consacrer à sa nouvelle carrière, il cessa de chanter pendant cinq ans. En 1943 il entra comme première guitare dans la formation de César Bo et en 1944, le hasard lui fit rencontrer Horacio Salgán qui venait de former son orchestre. Ils jouèrent ensemble dans des cafés et des bars de tangos, mais ils ne parvinrent pas à enregistrer car pour les maisons de disques l'orchestre "était bizarre et plutôt incompréhensible", et le chanteur "avait une voix impossible". Les interprétations de Salgán-Rivero ne purent être enregistrées que vingt ans plus tard, lorsque pianiste et chanteur, avec un orchestre et des arrangements presque identiques à ceux d'autrefois, interprétèrent *La Uruguayita* (La Petite Uruguayenne), *Lucia*, *Trenzas* (Tresses) et *Soy del 90* (1890).

Après avoir travaillé avec Salgán, Rivero chanta dans l'orchestre d'Aníbal Troilo pour remplacer Alberto Marino qui avait décidé de devenir soliste. Dès son premier enregistrement, en 1947, on pouvait deviner un chanteur exceptionnel et Pichuco, qui avait du flair, sut le découvrir et mettre sa voix en valeur en lui donnant à interpréter des tangos aussi mémorables que *Cafetín de Buenos Aires* (Vieux café de Buenos Aires), *Confesión* et surtout *Sur*.

Lorsqu'il se sépara de Troilo pour chanter seul, Edmundo Rivero était devenu une des plus grandes personnalités du tango. Et avant de se retirer du chant et de la musique, il s'était, lui aussi, converti en un véritable mythe. Il effectua de nombreuses tournées, et ses enregistrements des tangos d'Enrique Santos Discépolo font date, aujourd'hui encore, dans l'histoire de la musique de Buenos Aires. Rivero pénétra dans les labyrinthes du *lunfardo*, mais au lieu de faire appel à un jeu d'érudits, il utilisa l'humour ou le côté tragique de la meilleure poésie du genre, et la mit lui-même en musique. Pour son répertoire, il choisit, à part ses grands succès avec Aníbal Troilo, des tangos classiques que sa voix de basse, inhabituelle pour un chanteur de tangos, semblait transformer en tangos inédits. Aucun chanteur n'était jamais parvenu à les chanter comme lui et lorsqu'il interpréta des thèmes de Carlos Gardel, il ne s'inquiéta pas de savoir comment celui-ci les avait chantés : il les reprit à sa façon comme si Gardel n'avait jamais existé. "Rivero chante sans avoir besoin de copier ses nuances et sans l'imiter, comme si le tango était né avec lui, comme si chaque interprétation s'inventait au milieu de la nuit, dans la fumée, dans le silence mystique avec lequel on l'écoute", écrivais-je en 1969. On pourrait ajouter qu'en lui se rejoignaient le musicien classique formé par de solides études au conservatoire, et l'interprète capable d'extraire la nuance précise de chaque mot. "Alors que Gardel est parvenu, comme nul après lui, à créer un climat précis pour chaque tango qu'il chantait, écrit Horacio Ferrer, Rivero, lui, a approfondi la compréhension de chacune de leurs phrases. En exagérant un peu, on pourrait dire que sans porter atteinte à l'unité de la phrase, il exprime l'unité de chaque mot, de chaque signe grammatical : dans ses exécutions vocales, les virgules et les points se traduisent en pauses ou en demi-pauses, les signes d'exclamation en emphases, les points de suspension en imperceptibles diminuendos."

Les nuances profondes de sa voix ont permis à Edmundo Rivero de recréer toute la dimension dramatique de *La Ultima Curda* de Cátulo Castillo, de *Infamia* (Infamie), de *Secreto* (Secret) ou de *Martirio* (Supplice) d'Enrique Santos Discépolo ; il a enrichi la nostalgie de Homero Manzi dans *El Ultimo Organito, Malena* ou *Sur* et s'est adapté au romantisme de certaines mélodies comme *La que murió en Paris* (Elle est morte à Paris) ou *Nostalgias*, avant de donner plus tard un ton ironique et *compadre* à ses *milongas* argotiques, ou un accent paysan à certaines de ses chansons.

La singularité de son timbre de voix rendait impossibles toute imitation ou toute tentative d'interprétation plus ou moins similaire. Son style n'eut qu'un seul disciple : lui-même.

Dire qu'Edmundo Rivero fut le successeur de Gardel est faux. L'art n'est pas une compétition sportive qui oblige à gravir des échelons ou à marquer des points. La vérité est que Rivero fut le chanteur que réclamait la nouvelle réalité culturelle et esthétique. Il fut le représentant d'un pays différent et d'un tango qui avait verbalement et musicalement mûri tout au long d'un demi-siècle.

Edmundo Rivero mourut en 1986.

JULIO SOSA :
LE STYLE D'AUTREFOIS

Uruguayen, né à Las Piedras en 1926, Julio Sosa arriva à Buenos Aires en 1949 où, après un court passage dans l'orchestre de Joaquín Do Reyes, il travailla avec celui d'Enrique Mario Francini et Armando Pontier. En 1953 il chanta avec la formation de Francisco Rotundo, puis retourna avec Pontier et en 1958 il devint soliste avec, pour l'accompagner, l'orchestre de Leopoldo Federico. Son ascension fut rapide et il était au sommet de sa gloire lorsque, en 1964, un accident de voiture dans la banlieue nord de Buenos Aires lui coûta la vie. Le gigantesque cortège funèbre qui suivit son cercueil rappelait celui qui avait accompagné Gardel jusqu'à sa dernière demeure, montrant combien la popularité de Julio Sosa était grande. Sosa incarna, avant la renaissance du tango de la fin des années soixante marquée par la présence d'Edmundo Rivero, de Roberto Goyeneche et d'Astor Piazzolla, une avance sur son temps. Le public, qui cherchait toujours une voix nouvelle, s'émerveilla de l'accent d'un chanteur qui savait s'adapter aux tangos humoristiques comme aux tangos dramatiques. Sosa signifiait la sauvegarde des vieilles valeurs viriles du tango, du personnage qui, bien qu'ayant tout perdu, souffre sans se plaindre.

Il chanta essentiellement des personnages marqués par la vie. Ainsi dans *Tarde* (Trop tard) : *De cada amor que tuve tengo heridas, / heridas que nos cierran y sangran todavia. / Error de haber vivido ciegamente, / buscando inútilmente la dicha de mis días./ Tarde me di cuenta que al final, / se vive igual mintiendo. / Tarde comprendí que mi ilusión, / se marchitó queriendo.* (De chacune de mes amours j'ai gardé des blessures, / qui ne se ferment pas et saignent encore. / Erreur d'avoir vécu aveuglément, / cherchant en vain le bonheur. / J'ai compris trop tard / qu'on vit aussi bien en mentant. / J'ai compris trop tard que mes rêves / se sont fanés en aimant.) Ou dans *La Gayola* (La Taule) : *Me encerraron muchos años en la sórdida gayola / y una tarde me libraron... pa' mi bien... o pa' mi mal... / Fui vagando por las calles y rodé como una bola... / Por tomar un plato 'e sopa, ¡ cuántas veces hice cola ! / Las auroras me encontraron atorrado en un umbral* (Ils m'ont coffré pendant des années dans une taule sordide / et un jour ils m'ont lâché... pour mon bien... pour m'faire du mal... / J'ai erré dans les rues et je suis tombé si bas... / Pour une assiette de soupe, combien de fois ai-je fait la queue !... / Et combien de fois l'aurore m'a-t-elle trouvé roupillant dans l'encoignure d'une porte.) On pourrait citer également comme faisant partie de ses succès : *Viejo Smoking* (Vieux smoking) de Celedonio Flores et *Amurado* (Largué) de José De Grandis. *Si me vieras, estoy tan viejo : / tengo blanca la cabeza. / Será acaso la tristeza / de mi negra soledad. / O será porque me cruzan / tan fuleros berretines / que voy por los cafetines / a buscar felicidad.* (Si tu voyais comme j'ai vieilli : / ma tête est toute blanche. / Peut-être est-ce la tristesse / de mon obscure solitude. / Peut-être est-ce parce que me hantent / des obsessions tellement sordides / que je m'en vais dans les cafés rechercher un peu de bonheur.)

Alors que Cátulo Castillo avait été le porte-drapeau du péronisme au pouvoir, Julio Sosa fut le symbole du mouvement proscrit après le coup d'Etat de 1955. L'idéologie, chez lui, n'était pas explicite : elle se traduisait en gestes, en clins d'œil, en complicités silencieuses. Il lui suffisait de lever les bras et d'imiter le sourire du leader exilé au moment de commencer à chanter un vieux tango d'Enrique Cadícamo pour que le public éclate en applaudissements. Il y avait une grande complicité entre le chanteur et ses admirateurs au point que c'est une véritable foule qui accompagna son cortège funèbre au cimetière de La Chacarita.

Les orchestrations de Leopoldo Federico étaient exclusivement destinées à mettre en valeur une voix qui n'était pas des plus justes. Mais Sosa n'avait pas besoin de plus. Il avait exhumé de vieux tangos des années vingt, avait osé chanter des mélodies de Gardel, et savait orner son répertoire de succès des années quarante. Ses partisans aimaient en lui une voix et un style qui ne s'écartaient pas d'un certain classicisme. La personnalité de Sosa, en effet, ne s'embarrassait pas de complications formelles. La mélancolie, l'honneur et la virilité telle que la concevaient autrefois les habitants de la banlieue étaient ses thèmes préférés. En ce sens, il fut le dernier chanteur classique. Avec sa mort c'est toute une époque qui disparut à jamais.

ROBERTO GOYENECHE :
CHANTER AVEC LES SILENCES

Pour les connaisseurs, le timbre exceptionnel et la parfaite justesse de la voix de Roberto Goyeneche n'étaient pas une nouveauté car le chanteur avait déjà travaillé et enregistré avec Aníbal Troilo. Mais pour l'ensemble du public Goyeneche n'était, à la fin des années soixante, qu'un chanteur de tangos comme les autres.

En 1968, cependant, plusieurs événements firent de lui le plus grand phénomène du tango de ces dernières années. Un disque qui comprenait des thèmes aussi divers et hétérogènes que *Fuimos* (Nous fûmes), *Mimi Pinson*, *Malena*, *Cafetín de Buenos Aires* et *El día que me quieras* (Le jour où tu m'aimeras) fut en quelque sorte un avertissement que vint renforcer sa présence quotidienne au Cano 14, lieu de prédilection des Portègnes avec le Viejo Almacén, pour écouter, le soir, des tangos. Cette même année, un article de Hipólito J. Paz dans la revue *Confirmado* le désignait comme "la meilleure voix du tango".

Paz écrivait : "Toutes les idoles sont, d'une manière ou d'une autre, et comme l'est aujourd'hui Goyeneche, l'invention d'un groupe d'initiés. Tôt ou tard il gagnera la rue et se convertira, à tort ou à raison, en mythe. Tout le monde le comprend et tout le monde croit en son authenticité, peut-être parce qu'on reconnaît en lui un homme qui a eu faim et a souffert l'injustice et l'oubli. Peut-être aussi parce qu'on devine en lui la marque du destin." Paz ne se trompait pas. Dans ce même article il citait une déclaration de Goyeneche à une radio de la capitale : "J'ai toujours chanté comme ça, et c'est maintenant, alors que je suis au bout du rouleau, que j'ai du travail." Il est vrai que sa voix avait été occultée par la brillance et les fioritures de l'orchestre de Troilo, mais ce que ne disait pas Goyeneche c'est que si les Portègnes commençaient seulement à vibrer au son de sa voix c'est parce qu'il avait à peine acquis sa personnalité de conteur d'histoires capable de faire apparaître tous les sous-entendus profonds du tango. Ce n'est qu'en 1968 que Goyeneche sut réellement chanter les silences.

Né dans le quartier de Saavedra en 1926, il débuta dans l'orchestre de Raúl Kaplún après avoir gagné un concours de chant au Club fédéral argentin en 1944, alors qu'il n'avait jamais déchiffré une partition. Pour gagner sa vie il travailla comme camionneur et comme chauffeur d'autobus et de taxi. Ce n'est que lorsque Horacio Salgán l'engagea pour chanter dans son orchestre qu'il put vivre du tango et enregistrer ses premiers disques. Troilo s'intéressa à lui et lui proposa de prendre dans sa formation la place que venait de laisser Jorge Casal. Avec Troilo il bâtit sa personnalité et se risqua à interpréter des thèmes comme *Pa' lo que te va a durar*, *Tinta roja* et *La Ultima Curda* qui furent le point de départ de sa carrière de soliste qu'il consolida avec *A Homero, El Bulín de la calle Ayacucho* et *En esta tarde gris*.

En 1964 il prit la décision de se produire seul et quatre ans plus tard il s'était juché au sommet d'une célébrité qui ne l'a plus quitté jusqu'à aujourd'hui, bien que de temps en temps sa voix s'embrume et s'enroue. Mais c'est alors qu'il excelle dans les nuances, les pauses, les emphases. Le répertoire de Goyeneche, que l'on surnomme "le Polonais" à cause de ses cheveux blonds et de ses yeux bleus, est extrêmement vaste, ce qui lui a permis d'enregistrer de nombreux disques sans jamais se répéter, même si ses fans ne cessent de lui demander toujours les mêmes tangos : *María*, *Garúa*, *Che bandoneón*, aujourd'hui des classiques du répertoire portègne.

Astor Piazzolla déclarait il y a près de vingt ans : "Le Polonais est unique et irremplaçable ; il est le résultat d'une maturation humaine et artistique qui ne doit rien au plagiat ni à l'imitation. Ici, il n'y a que deux grands chanteurs de tangos : Goyeneche et Rivero. Rivero est plutôt un *payador*. En revanche Goyeneche est typiquement et réellement de Buenos Aires. C'est-à-dire que le timbre et la couleur de sa voix reflètent les manières d'être et de sentir de l'habitant d'une grande ville."

Dans un milieu où parfois le seul fait d'appartenir à une école engendre plagiats et imitations, Goyeneche, lui, ne copie rien ni personne : il crée. Sa personnalité façonne des climats, comme s'il plantait d'abord le décor, l'ambiance dans laquelle se déroule chaque situation narrative. Ses pauses, ses hésitations sont là pour nous faire mieux comprendre le sens de chaque vers. Sa voix, parfois pâteuse et éteinte, a ressurgi à plusieurs reprises tout au long de ces années. Il sait quand un texte, même écrit il y a plus de cinquante ans, est toujours valable et quand un texte moderne est mort-né.

Ezra Pound dit à propos de la poésie que dans l'histoire de chaque langue il y a plusieurs grands poètes mais que très peu d'entre eux peuvent être désignés comme des fondateurs. Or, ce sont eux qui découvrent et imposent une nouvelle manière de dire les choses. Goyeneche est, en ce sens, un fondateur : il a créé un style propre, une façon de chanter comme si à chaque mot il réinventait le tango ou, ce qui revient au même, comme si chaque mot du tango le réinventait.

ASTOR PIAZZOLLA :
CE QUI VIENDRA

Polémique, arbitraire, ayant le goût de la controverse et des coups de génie, Astor Piazzolla incarne la différence, la nouveauté, le changement. S'efforcer d'extraire les émotions, les sensations, l'essence même d'une ville devait lui sembler au début un travail de Titan. Et ce l'était. Mais Piazzolla, contre vents et marées, s'était proposé de changer les normes de la musique de Buenos Aires, et pour mener à bien cette tâche de rénovation constante et d'expérimentation quotidienne, il a élaboré une œuvre sur un terrain qui pour beaucoup n'est plus du tango, mais qu'ont respectée des rénovateurs comme Julio De Caro, Oscar Maderna ou Horacio Salgán.

"J'en ai assez que tout le monde me dise que ce que je fais n'est pas du tango. Moi, comme je suis fatigué, je réponds que je fais de la musique de Buenos Aires. Mais la musique de Buenos Aires, qu'est-ce que c'est ? Du tango. Alors ce que je fais c'est du tango." Piazzolla fit cette déclaration à une radio de Buenos Aires en 1963. La polémique battait son plein. Les traditionalistes considéraient que c'était une hérésie que de mentionner le nom de Piazzolla et les critiques attachés aux modèles canoniques multipliaient leurs diatribes. Mais le petit groupe d'adeptes de Piazzolla suivait le maître dans les cafés où une clientèle homéopathique se moquait de l'ignorance de ses détracteurs.

Pendant qu'il provoquait ces critiques avec des déclarations scandaleuses aux oreilles des mythologues – comme par exemple : "Même Gardel chantait faux", ce qui provoqua une levée de boucliers parmi les fidèles du culte gardélien – Piazzolla continuait de composer. Il expérimentait, il étudiait. Il se trompait parfois mais la plupart du temps il obtenait ce qu'il voulait. Ainsi naquirent *Lo que vendrá* (Ce qui viendra), *Buenos Aires hora zéro* (Buenos Aires heure H), *Nuestro tiempo* (Notre temps), *Revolucionario* (Révolutionnaire) et deux thèmes écrits en hommage à son père, *Nonino* et *Adios Nonino*, où la mélancolie et le drame du deuil semblent envahir la nostalgie de sa propre enfance tandis que la mélodie joue les mesures d'un requiem.

Astor Piazzolla est né à Mar del Plata en 1921. A l'âge de quatre ans il émigra à New York avec ses parents. Il avait neuf ans lorsque son père lui fit cadeau d'un bandonéon qu'il avait acheté dix-huit dollars dans un magasin du port de New York. Piazzolla dut se mettre à l'étude. De mauvais gré car il s'intéressait au jazz et le bandonéon ne lui semblait guère approprié à ce genre de musique.

Il prit quelques leçons de solfège et d'instrument. Puis il continua de se former avec Terig Tucci et Bela Wilda, qui avait été l'élève de Rachmaninov. A treize ans le jeune Astor Piazzolla dominait très bien le bandonéon et les producteurs de *El día que me quieras* l'engagèrent pour jouer dans l'orchestre qui accompagnait Gardel dans le film, où il apparaissait aussi dans un petit rôle de vendeur de journaux.

Lorsque la famille rentra en Argentine, elle s'installa à Buenos Aires. Piazzolla commença à jouer dans divers orchestres aujourd'hui oubliés, travailla avec Miguel Caló puis comme bandonéoniste d'Aníbal Troilo, place qu'il n'occupa qu'après avoir convaincu Pichuco qu'il connaissait tout son répertoire par cœur. Dans le même temps, il écrivait des arrangements et perfectionnait sa formation avec Alberto Ginastera. En 1944 il quitta l'orchestre de Troilo pour diriger celui qui accompagnait Francisco Fiorentino. Il écrivit la musique de plusieurs films et une fois son propre ensemble dissous il se consacra à l'orchestration et travailla pour divers chefs d'orchestre dont il se sentait proche : José Basso, Miguel Caló et Francini-Pontier. A propos de cette époque et des arrangements qu'il avait écrits antérieurement pour Aníbal Troilo, Piazzolla déclara dans le livre d'interviews que lui a consacré Alberto Speratti : "Moi je n'ai jamais aimé les danseurs. Ce qui comptait c'était de voir la tête que faisaient les musiciens en jouant. S'ils faisaient une drôle de tête, c'était mauvais signe. Si cela leur plaisait, alors j'étais heureux." Sur le conseil de Ginastera il présenta sa *Symphonie de Buenos Aires* au concours de Fabian Sevitzky à la Radio del Estado. Il gagna le concours et l'œuvre fut dirigée par Sevitzky lui-même dans le grand amphithéâtre de la faculté de droit. La première audition fut un véritable scandale car Piazzolla avait osé introduire des bandonéons dans une œuvre de musique classique, ce que les oreilles bien dressées ne pouvaient admettre.

En 1954, Piazzolla obtint une bourse pour se rendre à Paris. Il étudia la composition avec Nadia Boulanger qui, après avoir entendu son tango *Triunfal*, le convainquit de ne jamais abandonner cette musique car c'était là sa voie. "Ce qu'elle a semé en moi a fini par porter ses fruits. Plus que toute autre chose, elle m'a donné confiance en moi-même, m'a fait voir qu'au fond j'étais un compositeur de tangos, que le reste, certes, était important mais n'était pas ma voie et appartenait à un autre moi, cérébral et faux. Et tout ce que j'avais contre le tango s'est tout à coup, en moi, retourné en sa faveur." A Paris, Piazzolla enregistra plusieurs thèmes : *Prepárense* (Préparez-vous), *Picasso*, *Imperial*, *Marrón y azul* (Marron et bleu), *Sens unique*. Sa voie était définitivement tracée. A son retour à Buenos Aires, il réunit des musiciens de tout premier ordre et forma l'*Octeto de Buenos Aires*, avec Enrique Mario Francini et Hugo Baralis aux violons, Roberto Pansera au bandonéon, José Bragato au violoncelle, Aldo Nicolini à la basse, Horacio Malvicino à la guitare électrique et Atilio Stampone au piano. Les interprétations de l'octuor devaient avoir une influence décisive sur la future évolution du tango, en raison des insolites transformations du rythme et du contrepoint qu'il opérait en s'appuyant sur la technique de chacun des membres de l'orchestre.

En 1960, après un voyage aux Etats-Unis où son style s'appelait jazz-tango, il forma son célèbre quintette avec successivement comme solistes : Elvino Vardaro, Antonio Agri, Horacio Malvicino, Oscar López Ruiz, Quicho Díaz, Osvaldo Manzi et Cacho Tirao.

En 1968, il composa, avec le poète Horacio Ferrer, *María de Buenos Aires*, un "petit opéra" pour récitant, voix féminines, voix masculines et onze instruments. L'œuvre fut interprétée en première audition salle Planeta, à Buenos Aires. Elle avait la structure d'une cantate en deux actes de huit tableaux chacun.

En 1969, un retour en arrière sembla se produire qui inquiéta les admirateurs et les fans de Piazzolla. Celui-ci, avec Horacio Ferrer, se mit à écrire des thèmes plus simples pour la voix rauque et sensuelle d'Amelita Baltar. Ce fut pour Piazzolla l'occasion de se faire connaître du grand public, en particulier avec des tangos comme *Balada para un loco* (Ballade pour un fou) qui commençait ainsi : *La callecitas de Buenos Aires tienen ese qué sé yo, ¿ viste ? Salgo por Arenales, lo de siempre en la*

calle y en mí. Cuando de repente se aparece él. Mezcla rara
de penúltimo linyera y de polizonte en el viaje a Venus...
(Les rues de Buenos Aires ont ce je-ne-sais-quoi, tu sais ? Je
prends par Arenales, et c'est comme d'habitude, dans la rue
et en moi. Lorsque soudain il apparaît. Mélange bizarre
d'avant-dernier vagabond et de passager clandestin en par-
tance pour Vénus.) Et le protagoniste du tango demandait
quereme así, piantao, piantao, piantao, / trepate a esta ternu-
ra de locos que hay en mi. Ponete esta peluca de alondras y
volá, / volá conmigo ya, ¡ vení volá, vení ! (Aime-moi
comme ça, cinglé, cinglé, cinglé, / agrippe-toi à cette folle
tendresse qui est en moi. Mets cet habit d'alouette et vole, /
vole avec moi maintenant, viens, envole-toi.)

   Balada para un loco fut le dernier grand succès lié
au tango. Et son énorme popularité éclipsa d'autres
thèmes écrits en même temps par les mêmes auteurs
pour la même voix et qui auraient dû connaître un sort
meilleur s'ils n'étaient pas restés à l'ombre d'une mélodie aussi époustouflante que *Balada para un loco*.

   Horacio Ferrer, né en Uruguay en 1933, faisait des
études d'architecture lorsqu'il fonda le Club de la Nouvelle Garde et édita la revue *Tangueando*. Il étudia le
bandonéon, devint un érudit de la musique du Rio de la
Plata et écrivit un ouvrage indispensable, *El Libro del*
tango ; historias e imágenes (Le Livre du tango ; histoires et images) dont la première édition date de 1970.
En 1961 il écrivit *El Tango del alba* (Le Tango du
petit matin) sur une musique d'Astor Piazzolla avec
qui il entretint une longue correspondance lorsque le
musicien étudiait avec Nadia Boulanger à Paris.

   Les autres ballades qu'ils présentèrent tous deux en
1969 sont :

– *Balada para mi muerte* (Ballade pour ma mort) :
Moriré en Buenos Aires, / será de madrugada, / guardaré

mansamente / las cosas de vivir : / mi pequeña
poesia / de adioses y de balas, / mi tabaco, mi tango, /
mi puñado de esplín. / Me pondré por los hombros /
de abrigo toda el alba, / mi penúltimo whisky / que-
dará sin beber. / Llegará tangamente / mi muerte
enamorada, yo estaré muerto en punto, cuando sean
las seis. / Hoy… que Dios me deje de soñar… / a mi
olvido iré por Santa Fe. / Sé que nuestra esquina vos
ya estás, / toda de tristeza hasta los pies / Abrazame
fierte que por dentro / oigo muertes, viejas muertes, /
agrediendo lo que amé. / Alma mía… vamos yendo…
llega el día… no llorés. / Moriré en Buenos Aires, /
será de madrugada, / que es la hora en que mueren /
los que saben morir. / Flotará en mi silencio / la mufa
perfumada de aquel verso que nunca / yo te pude
decir. / Andaré tantas cuadras / … y allá en la Plaza
Francia, / como sombras fugadas / de un cansado bal-
let, / repitiendo tu nombre / por una calle blanca, / se
me irán los recuerdos / en puntita de pie. (Je mourrai à
Buenos Aires, / au petit matin, / je rangerai doucement /
les choses de ma vie : / ma petite poésie / faite d'adieux
et de ballades, / mon tabac, mon tango, / ma poignée de
spleen. / Pour manteau, je jetterai / sur mes épaules
toute l'aube / je ne terminerai pas / mon avant-dernier
whisky. / Ma mort, mon amoureuse / viendra comme
un tango / et moi je serai mort lorsque sonneront six
heures. / Aujourd'hui… que Dieu m'oublie dans ses
rêves / j'irai rue Santa-Fé. / Mon coin de rue, je sais /
que tu es tristesse jusqu'au bout des pieds. / Serre-moi
bien fort car en moi j'entends des morts, de vieilles
morts, / qui attaquent ce que j'ai aimé. / Mon âme…
allons-nous-en… le jour arrive… ne pleure pas. / Je
mourrai à Buenos Aires, / au petit matin, / à l'heure où
meurent / ceux qui savent mourir. / Dans mon silence

flottera la tristesse parfumée de ce poème que jamais /
je n'ai pu te dire. / Je marcherai à travers rues / ... et là-
bas place de France, / comme des ombres fuyant un ballet fatigué, en répétant ton nom / dans une rue blanche, /
mes souvenirs s'en iront sur la pointe des pieds.)

– *Balada para El* (Ballade pour lui) : *Cayó la tarde y él
tenia tango / whisky en la zurda y en la otra sed. / Su voz
un gusto de magnolia macho, / los muslos duros de saber
volver. / ... / El me sembró toda la piel de quieros / y quiero a quiero calentó mi piel. / Desabrochó mi soledad por
dentro, / de un solo quiero y de una sola vez. / ... / Su boca
encinta de un misterio bravo / diez hembras hondas me
empujó a crecer. / Porque en mi pelo y mi silencio bravos, /
veinte varones el sabía ser.* (La nuit tomba et il avait un
tango / un whisky dans la main gauche et une soif dans
l'autre. / Sa voix avait un goût de magnolia mâle, / ses
cuisses étaient dures à force de savoir revenir / ... / Il a
semé toute ma peau de je t'aime, / et de je t'aime en je
t'aime il a chauffé ma peau. / Il a dégrafé ma solitude / d'un
seul je t'aime et d'une seule fois. / ... / Sa bouche enceinte
d'un terrible mystère / a fait pousser en moi dix femelles
profondes. / Parce que dans mes cheveux et mes silences
sauvages, / il savait être vingt garçons.)

– *Chiquilín de Bachín* (Le Gamin de Bachín) fut lui
aussi un succès populaire, mais le reste des tangos qu'ils
écrivirent ensemble ne produisit pas le même impact que
Balada para un loco.

Au retour d'un voyage à Paris, en octobre 1971,
Piazzolla annonça qu'il reformait son ancien octuor. Il
composa des thèmes beaucoup plus longs que ceux
qu'il avait écrits jusqu'alors, plus éloignés du tango, et
même de ses propres tangos. Il convient ici de citer des
pièces comme *Muralla china* (La Muraille de Chine),
que joua le violoniste Antonio Agri ; les quatre parties

de *Pulsación* (Pulsation) et la musique de nombreux films. En 1974, son concert avec le saxophoniste Gerry Mulligan donna lieu à une magistrale improvisation de jazz dont l'enregistrement fut plusieurs fois réédité.

Dans le film de Fernando Solanas, *Tango, l'exil de Gardel*, les compositions de Piazzolla, sans doute à cause du thème du film, se rapprochent de ses vieilles créations. Cependant, il ne faut pas lier le nom d'Astor Piazzolla au seul tango car son œuvre, bien que se répétant parfois, possède le souffle d'une constante rénovation.

Il fut un temps où Piazzolla écrivait pour étonner. Aujourd'hui, au-delà des réitérations propres à une œuvre abondante et continue, il n'est pas exagéré de dire que l'on ne cesse d'être surpris en découvrant un morceau de ville chaque fois que l'on écoute sa musique. Et à chacun, alors, d'apposer ses propres souvenirs sur ce rythme vigoureux et agité, qui dessine des mélodies dont l'architecture a son corrélat dans le magnifique damier qu'est la ville de Buenos Aires.

LES PIAZZOLLIENS

EDUARDO ROVIRA

A sa mort, en 1980, Eduardo Rovira laissait plus de cent cinquante tangos, cent vingt pièces de musique de chambre et une centaine d'autres pour divers instruments : guitare, flûte, hautbois, basson. Il avait commencé très jeune des études de bandonéon et avait encore adolescent joué dans divers orchestres sous la direction de d'Alessio, de Caló, de Maderna et de Basso. Mais il affirmait que ce qui l'avait le plus marqué était d'avoir travaillé avec Orlando Goni et surtout avec Alfredo Gobbi, qu'il considérait comme le "dernier des créateurs intuitifs".

Vers le milieu des années cinquante il dirigea son propre orchestre, suivant une ligne assez traditionnelle, mais ce n'est qu'à partir de 1960 qu'il trouva véritablement sa personnalité en prenant la tête de l'*Agrupación del Tango Moderno*, qui vécut peu longtemps. Sur un poème de Fernando Guibert, *Tango*, il composa la suite de ballet de Buenos Aires, une sorte d'histoire du tango conçue à partir d'une vision d'avant-garde.

Influencé par Bela Bartok et par l'invisible présence de Bach, il ne put échapper à l'emprise d'Astor Piazzolla. Son style, cependant, est beaucoup plus cérébral, presque mathématique.

Parmi ses compositions, il convient de signaler : *El Engobbiado* (A Alfredo Gobbi) ; *Preludio de la guitarra abandonada* (Prélude à la guitare abandonnée) ; *Sónico* (Sonique) ; *Azúl y yo* (Azul et moi) ; *Tango para don Ernesto* (Tango pour don Ernesto) ; *Solo en la multitud* (Seul dans la foule) et *Bandomania* (Bandomanie).

RODOLFO MEDEROS

A l'occasion du premier enregistrement de Mederos qui comprenait des thèmes de Piazzolla, de Cobián et des créations propres, Eduardo Lagos écrivait avec enthousiasme le 8 janvier 1967, dans les pages du journal *La Prensa* : "(Rodolfo Mederos) manie le contrepoint comme un bon polyphoniste et s'amuse avec des schémas rythmiques variés, sans chercher d'effets dans les changements inattendus de cadence... En tant que mélodiste il préfère les phrases courtes, tendance qui ravit Piazzolla. Son travail d'arrangeur est de première qualité car, avec les ressources limitées d'un quatuor, il parvient à tenir l'auditeur en haleine sans faire appel à des sensations bon marché mais au contraire à des incursions brillantes sur un terrain où domine la qualité."

Il semble qu'Astor Piazzolla ne se soit pas trompé lorsque, après avoir écouté la formation de Mederos à Córdoba, il persuada son directeur de se rendre à Buenos Aires et d'abandonner ses études de biologie déjà fort avancées. Jusqu'alors, Mederos avait partagé ses passions entre le bandonéon, l'université et le cinéma. Vers 1960, l'*Octeto Guardia Nueva* montra que Piazzolla avait déjà fait école. A Buenos Aires, Mederos, entre 1968 et 1972, travailla comme arrangeur et bandonéoniste de Pugliese. Il était encore avec l'auteur de

Recuerdos lorsqu'il forma le groupe *Generación Cero*, dont les créations se rapprochaient aussi bien du jazz et du rock que des compositions de Piazzolla. Lorsqu'il enregistra *Fuera de broma* (Trêve de plaisanterie), le tango était resté complètement en arrière, bien que l'accent portègne fût encore tout à fait présent en 1983 lors de son récital qu'il intitula *Buenas noches, Paula* (Bonsoir Paula) et qui était très différent des créations de l'auteur d'*Adios Nonino*.

Piazzolla a ouvert une voie, fait éclater les schémas, scandalisé les traditionalistes et depuis quarante ans ne cesse de mener à bien une création expérimentale permanente. Les vieilles querelles à propos de la nature et de la qualification de sa musique sont aujourd'hui des discussions byzantines. De même qu'on a dit à plusieurs reprises qu'aux racines du tango il y a l'Afrique, on peut dire qu'aux racines de la musique de Piazzolla il y a des tangos, bien qu'elle ait depuis longtemps transgressé les frontières de ce que les générations d'autrefois considéraient comme "acceptable".

Si, dans les années vingt, De Caro a enrichi les structures de la Vieille Garde, dans les années soixante l'auteur de *Lo que vendrá* (Ce qui viendra) a brisé l'acquis et chaque pas en avant a alors signifié un nouvel élan pour repousser plus loin encore les frontières de la liberté. Cependant, à moins d'être de mauvaise foi, nul ne peut nier l'accent portègne de ses compositions et le goût de tango que possèdent la plupart de ses mélodies. Ses expériences d'avant-garde prouvent qu'il travaille à partir d'un matériau vivant, dont les cellules se reproduisent de façon dynamique et se modifient avec succès au sein d'un processus de développement découpé en périodes. Vouloir rester fidèle à un modèle parce que l'on croit en l'immuabilité de certains canons relève de l'anachronisme. L'histoire appartient toujours au passé mais les transformations, quel que soit le domaine dans lequel elles ont lieu, ne peuvent s'opérer que dans le présent.

FIN

Ces dernières années, qui comprennent la période la plus obscure de l'histoire de l'Argentine, au cours de laquelle tous les domaines de la vie nationale ont été dénationalisés, montrent qu'en dépit des listes noires, des auteurs censurés et des thèmes interdits – entre autres *Cambalache*, *Al pie de la Santa Cruz* (Au pied de la Sainte-Croix) et *Pan* (Pain) –, le tango a poursuivi son évolution. Avec le retour de la démocratie cette dynamique a véritablement explosé. Récitals des personnalités les plus grandes du tango, ouverture de nouveaux locaux où écouter de nouveaux interprètes et de nouveaux musiciens, création de la *Orquesta de Tango de Buenos Aires* sous la direction du bandonéoniste Raúl Garello et du pianiste Carlos García, tournées en Europe, en Amérique, au Japon, et, ce qui est nouveau, publication de bibliographies érudites et documentées qui montrent combien les intellectuels argentins s'intéressent aujourd'hui à un thème qui, il y a seulement vingt-cinq ans, ne passionnait qu'un petit nombre d'auteurs.

A la fin des années soixante et au début des années soixante-dix, deux groupes aux caractéristiques relativement semblables ont fait leur apparition. Tous deux étaient des sextuors formés par des solistes exceptionnels, sans nul doute les meilleurs solistes du tango dit classique. Le premier, créé en 1968, le *Sexteto Tango*, provenait d'une scission dans l'orchestre d'Osvaldo Pugliese et comprenait : Osvaldo Ruggiero et Victor Lavallen aux bandonéons, Oscar Herrero et Emilio Balcarce aux violons, Julián Plaza au piano, Alcides Rossi à la contrebasse et, jusqu'à sa mort en 1980, le chanteur Jorge Maciel.

En 1973, sous la direction des bandonéonistes José Libertella et Luis Stazo, naquit le *Sexteto Mayor* avec la participation de Fernando Suarez Paz et Reynaldo Nichele aux violons, Omar Murthag à la contrebasse et Armando Cupo au piano. Aujourd'hui, les musiciens sont : Osvaldo Aulicino à la contrebasse, Oscar Palermo au piano, Mariano Abramovich et Eduardo Walczac aux violons.

A ce petit groupe de noms il faut ajouter celui d'Atilio Stampone, pianiste, compositeur et arrangeur, qui a enrichi les mélodies classiques avec tous les artifices de la musique académique. Ses disques permettent d'apprécier un créateur de formation solide, capable de transformer les tangos de Delfino, Maffia, Fresedo ou Cobián en partitions de concert, parfois grâce à un grand orchestre, parfois en s'appuyant sur un ensemble de chambre.

Quant aux paroles d'aujourd'hui, outre la poésie de Horacio Ferrer, auteur entre autres de *La Bicicleta blanca* (La Bicyclette blanche) et de *La Ultima Grela* (La Dernière Frangine), sorte de requiem dédié aux vieilles femmes du tango, il faut citer Héctor Negro, auteur de *Esta ciudad* (Cette ville) : *Abeja de hollín porfiado. / Neón / sobre el desvelo clavado. / Jaulón / de bache, pared y asfalto. / La grúa sobre la pena / y una garúa de antenas / desplumandome el gorrión.* (Abeille à l'effervescence têtue. / Néon / cloué sur l'insomnie. / Cage / faite de béances, de murs et d'asphalte. / La grue au-dessus d'une peine / et une pluie d'antennes / déplumant les moineaux.) Héctor Negro est également l'auteur de *Para cantarle a mi gente* (Chanter pour les miens) et de *Viejo*

Tortoni (Vieux café Tortoni) : *Viejo Tortoni. / Refugio fiel / de la amistad junto al pocillo de café. / En este sótano de hoy, la magia sigue igual / y un duende nos recibe en el umbral. / Viejo Tortoni. / En tu color, están Quinquela y el poema de Tuñon. / Y el tango aquel de Filiberto, / como vos, no ha muerto, / vive sin decir adios.* (Vieux Tortoni. / Refuge fidèle / de l'amitié devant une tasse de café. / Dans cette cave aujourd'hui / la magie est la même / et un elfe nous reçoit sur le seuil. / Vieux Tortoni. / Dans tes couleurs / il y a Quinquela et le poème de Tuñon. / Et le tango de Filiberto, / lui non plus, n'est pas mort. Il vit sans dire adieu.) Parmi les tangos d'Héctor Negro, mentionnons aussi *Aquella reina del Plata* (Cette reine de la Plata) et *Apuesto por la vida* (Je parie sur la vie).

Une femme, Eladia Blázquez, qui chante ses propres compositions avec une voix singulière, un scepticisme très discépolien et de fréquentes pointes d'humour, écrit, comme Ferrer et Negro, des paroles qui coïncident avec la réalité d'aujourd'hui. La ville est une fois de plus la toile de fond et la réalité quotidienne. Ainsi dans *Mi ciudad y mi gente* (Ma ville et mes gens) elle dit : *Aunque me dé la espalda de cemento / me mire transcurrir indiferente, / es ésta mi ciudad y ésta es mi gente / y es el sitio donde a morir, me siento. / ¡ Buenos Aires !… / Para el alma mia no habrá geografia / mejor que el paisaje… de tus calles, / donde día a día me gasto los miedos / las suelas y el traje…* (Bien qu'elle me tourne son dos de ciment / et me regarde passer indifférente, / c'est ma ville et ce sont mes gens / et c'est l'endroit où je voudrais mourir. / Buenos Aires !… / Pour mon âme il n'y a de meilleure géographie que le paysage… de tes rues / où jour après jour je traîne mes peurs / mes semelles et mes frusques…)

Eladia parle aussi des personnages, des habitudes et des caractéristiques des Portègnes. Elle raconte la trêve du dimanche, le cafard, la rogne. On devine un être profond lorsqu'elle chante *El Miedo de vivir* (La Peur de vivre) : *Los miedos que inventamos / nos acercan todos / porque en el miedo estamos / juntos, codo con codo… / Por temor que nos roben / el amor, la paciencia / y ese pan que ganamos / con sudor y a conciencia. / La soledad es el miedo / que se teje callando, / el silencio es el miedo / que matamos hablando, / ¡ Y es un miedo el coraje de ponerse a pensar, / en el último viaje… / sin gemir ni temblar !…* (Les peurs que nous inventons / nous rapprochent tous / parce que dans la peur nous sommes / ensemble, coude à coude… / De crainte qu'on ne nous vole / l'amour, la patience / et ce pain que nous gagnons / avec notre sueur et notre conscience. / La solitude c'est la peur / que l'on tisse en silence / le silence est la peur / que l'on tue en parlant, / et avoir peur c'est le courage de se mettre à penser / au dernier voyage… / sans gémir, sans trembler !…) Et elle sait être nostalgique lorsqu'elle évoque dans *El Corazón al sur* (Le Cœur au sud) : *Mi barrio fue una planta de jazmín, / la sombra de mi vieja en el jardín, / la dulce fiesta de las cosas más sencillas / y la paz en la gramilla de cara el sol. / … La geografía de mi barrio llevo en mí, / será por eso que del todo no me fui : / la esquina, el almacén, el piberío / los reconozco… son algo mío… / Ahora sé que la distancia no es real / y me descubro en ese punto cardinal, / volviendo a la niñez desde la luz, / teniendo siempre el corazón mirando al sur.* (Mon quartier était un jasmin, / l'ombre de ma mère dans le jardin, / la douce fête des choses les plus simples / et la paix sur la pelouse face au soleil. / … Je porte en moi la géographie de mon quartier, / c'est sans doute pourquoi je suis restée : / le coin de la rue, l'épicerie, les gosses / je les connais… ils sont miens… /

Maintenant je sais que la distance n'est pas réelle / je me découvre en ce point cardinal, / allant de la lumière à l'enfance, / et le cœur, toujours, qui regarde vers le sud.)

Tournées, récitals et spectacles à Paris, Genève, New York ou Tokyo, une critique unanimement enthousiaste montrent bien l'intérêt nouveau des grands centres culturels du monde pour le tango.

Astor Piazzolla, nous l'avons déjà dit, est aujourd'hui un artiste de renom international et le film *Tango, l'exil de Gardel*, dont il a écrit la musique avec José Luis Castiñeira de Dios, a été plusieurs fois primé dans de nombreux festivals. Le film retrace une histoire où la réalité politique de l'exil provoqué par la dictature se confond avec des personnages clés de la musique argentine : Enrique Santos Discépolo, Osvaldo Pugliese, Roberto Goyeneche et, naturellement, Gardel lui-même qui dialogue avec le général San Martin.

En un siècle, le tango, né dans des réduits marginaux et douteux, est devenu le symbole du pays qui lui a donné le jour. Il est le reflet d'une société qui s'est structurée, comme le remarque Ernesto Sábato, à partir d'éléments hybrides. La musique portègne est née du croisement de rythmes créoles et de rythmes étrangers. L'Argentin est né du métissage entre créoles, Italiens, Espagnols et juifs, et le tango est son reflet. Les crises, les régressions, les enthousiasmes et les défaites du tango sont ceux-là mêmes que son pays a connus et soufferts.

ANNEXES

GLOSSAIRE GÉNÉRAL

Académia : vers 1900, bal populaire où l'on dansait la *milonga* et le tango.

Alberdi, Juan Bautista (1810-1884) : juriste et sociologue. On lui doit les "Bases" de la Constitution.

Amurar : quitter, lâcher, laisser tomber. Faire la conquête de.

Arrabal : faubourg.

Asado : repas traditionnel dans le Rio de la Plata, consistant à cuire à la braise et sur des grils de grands quartiers de viande de bœuf, parfois même l'animal entier.

Bacán : homme avec de l'argent qui peut entretenir une femme. Richard, rupin. C'est aussi l'amant, le concubin, le jules.

Bailongo : salle de danse, guinche, bastringue.

Barrilette : cerf-volant.

Boedo : quartier pauvre de Buenos Aires.

Boliche : café, bistrot.

Bulín : garçonnière, petit appartement de célibataire.

Cafishio ou *Cafiolo* : marle, marlou. C'est le maquereau de quartier qui exploite sa femme en la mettant sur le trottoir sans être un proxénète professionnel.

Cambalache : fouillis, bric-à-brac.

Cana : prison, taule. Agent de police.

Candombé : danse d'origine africaine, proche du candomblé brésilien et qui se danse encore aujourd'hui dans les quartiers noirs de Montevideo.

Canfinflero : ruffian, maquereau.

Canyengue : tango au rythme *canyengue*, c'est-à-dire au rythme ayant des réminiscences noires ; tango au rythme canaille.

Caudillo : dans toute l'Amérique latine signifie le chef, militaire ou politique. Celui qui commande, qui exerce son ascendant.

Chajá : gros oiseau des pays du Rio de la Plata.

China : outre le sens original expliqué ici, la *china* est aujourd'hui la jeune fille ou la femme de la campagne. Elle peut être aussi la concubine.

Chirola : l'oseille, le grisbi.

Cocoliche : personnage italien dans les saynètes ; mélange d'espagnol et d'italien parlé par les immigrés italiens. Synonyme de baragouin.

Colón : le théâtre Colón est le théâtre lyrique de Buenos Aires.

Compadraje : bande, communauté de *compadres*.

Compadre : à l'origine, *gaucho* ayant immigré à la périphérie des villes et qui conserve son indépendance tant dans son attitude que dans sa façon de s'habiller. Personnage typique des faubourgs de Buenos Aires, chef de bandes de voyous, le *compadre* est insolent, vaniteux et bagarreur. Dans le reste de l'Amérique latine, le mot *compadre* a gardé le sens de parrain d'un enfant ou compère.

Compadrito : diminutif de *compadre* ; né dans le faubourg, le *compadrito* imite le *compadre*, s'habille de façon voyante, aime la démarche affectée et se plaît à jouer du couteau et à chercher la bagarre.

Compadrón : acception péjorative de *compadre* ; bravache, beau parleur, le *compadrón* est celui qui, sans envergure, ne parvient pas à imiter le *compadre*.

Conventillo : immeuble urbain divisé en chambres donnant toutes sur une grande cour. Dans chaque chambre s'entassaient généralement une ou plusieurs familles. En Amérique centrale, le *conventillo* est appelé *solar*.

Corrida : galop, figure du tango.

Corte : figure du tango.

Cotorro : piaule, turne, nid, pigeonnier.

Cuatro : quatre, figure du tango.

Danza : danse antillaise traditionnelle.

Decada infame : Décennie infâme : des années trente à quarante. Après le renversement d'Yrigoyen par Uriburu, succession de gouvernements et période sombre.

Estancia : grande propriété d'élevage.

Estilo : musique de la campagne dans le Rio de la Plata.

Florida : riche quartier commercial de Buenos Aires.

Fueye : littéralement, soufflet. Désigne le bandonéon.

Gaucho : paysan du Rio de la Plata en général chargé de s'occuper des cheptels.

Gringo : terme péjoratif désignant l'étranger qui parle une autre langue que l'espagnol.

Guacho : jeune garçon de père inconnu. Voyou. Seul au monde.

Guapo : textuellement, la gouape. C'est l'homme qui agit comme le *compadre* : faubourien, voyou, courageux et attiré par le danger, il se bat au couteau et sait s'attirer l'admiration de son quartier.

Guita : fric.

Guerre de la Triple Alliance : elle opposa, entre 1865 et 1870, le Paraguay à trois puissances voisines : l'Argentine, le Brésil et l'Uruguay.

Habanera : air et danse des Antilles originaire de La Havane, très populaire au XIXe siècle.

Laburo : boulot.

Leguisamo : jockey célèbre.

Lugones, Leopoldo (1874-1938) : principal représentant du modernisme en Argentine.

Maison-Rose : palais présidentiel.

Malevaje : l'ensemble des malfrats, la canaille, la pègre.

Malevo : malfrat, canaille.

Medialuna : demi-lune, figure du tango.

Milonga : air et danse populaire du Rio de la Plata, encore jouée de nos jours, qui rappelle la *saeta* espagnole. Sœur aînée du tango. Une *milonga* peut aussi être synonyme de femme légère.

Milongon : *milonga* ancienne au rythme plus varié.

Mina : la femme qui peut être de mœurs légères mais est loyale et honnête. Aujourd'hui le mot est employé couramment et signifie "la fille", "la nana".

Mitre Bartolomé (1821-1906). Révolution mitriste : militaire et historien. Premier président de la République fédérée, de 1862 à 1868.

Molinette : tourniquet, figure du tango.

Ocho : huit, figure du tango.

Otario : naïf, jobard, cave.

Patota : bande de voyous.

Patotero : membre d'une bande de voyous ; fripouille.

Payador : chanteur de *payada*. La *payada* consiste essentiellement à improviser sur des vers en octosyllabes. Elle existe encore aujourd'hui mais le *payador* n'est plus, comme autrefois, un chanteur ambulant.

Pebeta : gosse, môme. Jeune fille gracieuse et jolie.

Percanta : la femme du caïd, la maîtresse. On pourrait le traduire par "môme", dans le sens de "femme du souteneur".

Peringundín : expression péjorative désignant les lupanars où il y avait une salle de danse avec un orchestre et où l'on dansait le tango. Plus tard, le *peringundín* devint une sorte de bal populaire de mauvaise réputation mais ouvert à tous. L'expression la plus proche en français serait le bastringue.

Pituco : élégant, riche, richard ; snob.

Quebrada : figure du tango qui consiste à faire plier les genoux de la partenaire.

Rivadavia, Bernardino (1780-1845) : idéologue et doctrinaire. Joua un rôle primordial dans la mise en place du régime postcolonial.

Rosas, Juan Manuel : gouverneur de Buenos Aires, il domina l'histoire de l'Argentine de 1829 à 1852, début du combat impitoyable entre fédéraux et unitaires. Il fut l'artisan de la domination politique et sociale des grands éleveurs et des grands propriétaires terriens.

Sarmiento, Domingo Faustino (1811-1888) : éducateur et visionnaire. Président de la République de 1868 à 1874.

Semaine tragique : grève et répression à Buenos Aires en 1919 qui fit plusieurs centaines de morts.

Sentada : assise, figure du tango.

Son : air et danse de l'Amérique centrale et des Caraïbes.

Tablado : estrade, scène où l'on danse le flamenco.

Taita : chef, et par extension caïd, chef de bande.

Tarasca : femme laide et dévoyée. Poufiasse.

Vento : fric, pognon, flouze.

Yira : vient de l'italien *girare*, tourner. Désigne la femme qui fait le trottoir. Désigne aussi celui qui déambule sans but ou qui tourne en rond. Le titre du tango est, tel quel, intraduisible. Le sens le plus proche pourrait être "battre la semelle".

Yirar : déambuler, tapiner, faire le trottoir.

Yrigoyen, Hipólito (1852-1933) : premier président radical, porté au pouvoir par les masses moyennes et les immigrants (par vote secret et obligatoire).

Zarzuela : opérette.

CHRONOLOGIE

1872 – Domingo Faustino Sarmiento est élu président de la République.
     – Première publication du *Martin Fierro* de José Hernández.
1873 – Le dernier soulèvement fédéral conduit par Ricardo Lopez Jordán est écrasé.
     – Première usine de tissage de laine.
1874 – Ecrasement du soulèvement du général Bartolomé Mitre qui s'opposait à la victoire électorale de Nicolás Avellaneda.
     – Naissance de Leopoldo Lugones et Macedonio Fernandez.
1874 – Premiers indices de l'existence du tango : les troupes du général Arredondo, fidèles à Mitre, entonnent les couplets de *El Queco*.
1877 – Edison invente le phonographe.
     – Juan Manuel de Rosas meurt à Southampton.
1878 – Premières grèves.
1879 – Le général Roca conduit la campagne d'extermination des Indiens, appelée Campagne du Désert. Les terres sont réparties entre quelques hommes dont certains reçoivent jusqu'à 10 000 km^2.
1880 – Roca est élu président de la République.
1888 – Sarmiento meurt à Asunción, au Paraguay.
1888 – Dans les maisons closes, on écoute *Dame la lata* (Passe-moi la comptée).
1889 – Malatesta se rend à Buenos Aires et encourage les mouvements anarchistes.

432

1890 – Révolution civile et militaire contre le gouvernement de Miguel Juárez Celman. Le soulèvement est
écrasé, mais le président démissionne.

1890 – Premières interprétations de *Bartolo*.

1893 – Ecrasement d'un soulèvement militaire radical à la
tête duquel se trouve Hipólito Yrigoyen. Déporta-
tion de celui-ci.

1895 – Selon le recensement, il y a en Argentine 3 956 000 habitants. La population de Buenos Aires est de
667 786 habitants dont 359 425 sont des immigrés. En
France, les frères Lumière réalisent les premières
projections cinématographiques.

1897 – José Sixto Alvarez, *Fray Mocho*, publie *Memorias de un
vigilante* sous le pseudonyme de Fabio Carrizo, une œuvre
capitale dans la littérature de mœurs et du langage citadin.

1898 – Premier numéro de la revue *Caras y caretas*, dont l'influence culturelle s'étendra sur plusieurs décennies.

1898 – Ernesto Ponzio joue son *Don Juan*.

1899 – Juan Maglio Pacho débute dans un trio composé
d'un violon, d'une guitare et d'un bandonéon.

1901 – On compte l'entrée en Argentine de 125 951 immigrés dont la presque totalité s'installe dans le pays.
Importation de la première automobile.

1903 – Angel Villoldo joue pour la première fois *El Choclo*.

1904 – Domingo Santa Cruz fait connaître *Union cívica*.

1905 – Un nouveau soulèvement militaire de Hipólito Yrigoyen est étouffé. Le parti radical milite pour l'abstention en raison de la fraude électorale.

1905 – Saborido et Villoldo écrivent *La Morocha*.

1906 – Mort de Bartolomé Mitre.

1906 – Première de *La Payanca* d'Augusto Berto.

1909 – Création de *Una noche de garufa* d'Eduardo Arolas.

1910 – Fête du centenaire de la révolution de mai 1810.

   – Leopoldo Lugones publie *Odas seculares*.

1912 – Promulgation de la loi Saénz Peña qui instaure le
suffrage universel, secret et obligatoire.

1912 – Inauguration de l'Armenonville, premier cabaret de
Buenos Aires.

1913 – Formation du duo Gardel-Razzano.
1914 – Première Guerre mondiale.
1915 – Publication de *Versos rantifusos* de Felipe Fernández, premier livre important de poésie en *lunfardo*.
1915 – Mort du *payador* José Betinoti.
1916 – Hipólito Yrigoyen est élu président de la République.
     – Au Nicaragua, mort du poète Rubén Darío.
1916 – Mort du *payador* Gabino Ezeiza.
1917 – Révolution bolchevique en Russie.
1917 – Carlos Gardel chante *Mi noche triste* ; naissance du tango chanté.
     – A Montevideo, Roberto Firpo joue pour la première fois *La Cumparsita* de Gerardo Mattos Rodríguez.
     – On commence à inclure des tangos dans les pièces de théâtre.
1918 – Fin de la Première Guerre mondiale.
1918 – Fresedo forme son premier orchestre.
1919 – Semaine tragique à Buenos Aires. Des ouvriers en grève sont massacrés. Un nouveau massacre a lieu le jour de leur enterrement. Des groupes nationalistes organisent des *pogroms* dans les quartiers juifs de la ville.
1921 – L'armée réprime une grève d'ouvriers agricoles en Patagonie ; les fusillés se comptent par centaines.
1922 – Marcelo T. de Alvear, leader de la fraction conservatrice du radicalisme, succède à Hipólito Yrigoyen à la présidence de la République et crée la fraction anti-personnaliste de l'Union civique radicale.
1922 – Ignacio Corsini lanse son *Patotero sentimental*, tango modèle des années du cabaret.
1923 – Azucena Maizani chante *Padre nuestro*.
1924 – Apparition de la revue littéraire *Martin Fierro*.
1924 – Julio De Caro forme son orchestre.
1925 – Premier voyage en Europe de Carlos Gardel qui se produit à Madrid.
     – Francisco Canaro fait ses débuts à Paris.
1926 – Premier livre du poète Raúl González Tuñon, *El Violin del diablo*.
1926 – Alfredo Marino publie *El Ciruja*.

1928 – Seconde élection à la présidence de la République de Hipólito Yrigoyen qui remporte une très large victoire.

1928 – Gardel débute à Paris et chante pendant plusieurs mois dans divers théâtres français.

1929 – Sofía Bozán chante *Yira, yira*, d'Enrique Santos Discépolo.

1930 – Coup d'Etat militaire du général José Felix Uriburu qui renverse Hipólito Yrigoyen.

1931 – Raúl Scalabrini Ortiz publie *El hombre que esta solo y espera*. (L'homme qui est seul et qui attend.) Le gouvernement militaire annule les élections au poste de gouverneur de la province de Buenos Aires en raison de la victoire du radicalisme.
Victoria Ocampo publie la revue *Sur*.

1933 – Pacte Roca-Runciman entre l'Argentine et la Grande-Bretagne.

1935 – Débat sur le problème de la viande au Sénat. Assassinat du sénateur Bordabehere.
– Création de FORJA, groupe de partisans de Hipólito Yrigoyen dirigé par Arturo Jauretche et opposé à Marcelo T. de Alvear.

1935 – Mort de Carlos Gardel dans un accident d'avion à Medellín, en Colombie.
– Juan D'Arienzo et son nouveau pianiste Rodolfo Biaggi débutent au cabaret Chantecler et inaugurent un nouveau style dansant.

1936 – Début de la guerre civile espagnole.

1936 – Luis et Héctor Bates publient le premier tome de *Historia del tango*, qui restera inachevée.

1937 – La formule Roberto Ortiz (radical antipersonnaliste)-Ramon Castillo (conservateur) remporte les élections contre Marcelo T. de Alvear.

1937 – Aníbal Troilo forme son propre orchestre.

1938 – Suicide de Leopoldo Lugones.

1939 – Suicide de Lisandro de la Torre.
– L'Allemagne envahit la Pologne.
– Fin de la guerre civile espagnole.

	– Déclaration de la Seconde Guerre mondiale.
1939	– Débuts de l'orchestre d'Osvaldo Pugliese.
1940	– Première de *Un guapo del 900* de Samuel Eichel-
	baum.
1943	– Coup d'Etat militaire contre le président Castillo.
1943	– Tania chante *Uno*, d'Enrique Santos Discépolo.
	– Interdiction d'utiliser le *lunfardo* pour écrire des tangos.
	– Pugliese compose *La Yumba*.
1944	– Tremblement de terre de San Juan.
	– Rencontre de Juan Domingo Perón et d'Eva Duarte.
1944	– Alberto Castillo forme son propre orchestre.
	– Discépolo crée *Cancion desesperada*.
	– Horacio Salgán forme son orchestre.

- Déclaration de la Seconde Guerre mondiale.

1939 – Débuts de l'orchestre d'Osvaldo Pugliese.

1940 – Première de *Un guapo del 900* de Samuel Eichelbaum.

1943 – Coup d'Etat militaire contre le président Castillo.

1943 – Tania chante *Uno*, d'Enrique Santos Discépolo.

- Interdiction d'utiliser le *lunfardo* pour écrire des tangos.

- Pugliese compose *La Yumba*.

1944 – Tremblement de terre de San Juan.

- Rencontre de Juan Domingo Perón et d'Eva Duarte.

1944 – Alberto Castillo forme son propre orchestre.

- Discépolo crée *Cancion desesperada*.

- Horacio Salgán forme son orchestre.

1945 – Fin de la Seconde Guerre mondiale. En Italie, mort de Benito Mussolini. En Allemagne, Adolf Hitler se suicide dans la Chancellerie du Reich.

- Le 17 octobre, grande mobilisation de soutien à Perón. La pression populaire obtient qu'il soit rétabli dans les fonctions qui lui avaient été enlevées quelques jours auparavant. Cette journée marque le début de son ascension à la présidence de la République.

1946 – La formule Perón-Quijano triomphe aux élections du 24 février. Perón assume la présidence de la République le 4 juin.

1947 – Nationalisation des chemins de fer anglais.

1948 – Ernesto Sábato publie *Le Tunnel*.

1948 – Aníbal Troilo et Homero Manzi écrivent *Sur*.

- *Cafetín de Buenos Aires* est joué pour la première fois.

1949 – Réforme de la Constitution.

1951 – Juan Domingo Perón est réélu pour un nouveau mandat.

- Julio Cortázar publie *Bestiaire*.

1951 – Mort d'Homero Manzi et d'Enrique Santos Discépolo.

- Aníbal Troilo écrit *Responso*.

- Astor Piazzolla compose *Preparense*.

- Création de *Che bandoneón*, de Troilo et Manzi.

1953 – Horacio Salgán écrit *A fuego lento*.

1954 – Astor Piazzolla compose *Lo que vendrá*.
1955 – Le 16 juin, des avions de la Marine bombardent la place de Mai. Il y a des centaines de morts.
– Le 16 septembre, un coup d'Etat militaire renverse le gouvernement de Juan Domingo Perón.
1956 – Le 9 juin un soulèvement militaire péroniste est étouffé. Le gouvernement militaire, présidé par le général Pedro Eugenio Aramburu, entreprend une répression sévère. Plus de vingt personnes sont fusillées.
1956 – Création de *La Ultima Curda* de Troilo et Castillo.
1958 – Arturo Frondizi, avec le soutien du péronisme, dont le parti est proscrit, gagne les élections présidentielles avec plus de 4 millions de voix, battant Ricardo Balbin qui n'en obtient que 2 500 000.
1958 – Astor Piazzolla forme l'*Octeto de Buenos Aires*.
1959 – Fidel Castro entre dans La Havane.
1960 – Jorge Luis Borges publie *El Hacedor*.
1960 – Formation du *Quinteto Real* composé de : Horacio Salgán, Ubaldo De Lío, Enrique Mario Francini, Pedro Laurenz et Rafael Ferro.
– Astor Piazzolla forme le *Quinteto Nuevo Tango*.
1961 – Publication de *Sobre heroes y tumbas* d'Ernesto Sábato.
1962 – Nouveau coup d'Etat. Frondizi est prisonnier dans l'île de Martín García. Le président du Sénat, José María Guido, assume la succession.
– Apparition de la revue *Primera Plana* qui jouera un rôle important au cours des dix années suivantes.
– Luttes entre deux fractions opposées au sein de l'armée, les *bleus* et les *rouges*. Les premiers veulent des élections, les seconds un nouveau gouvernement militaire. Combats dans la province de Buenos Aires.
1963 – Arturo Umberto Illia gagne les élections présidentielles d'où le péronisme a été proscrit.
– Publication de *Marelle* de Julio Cortázar.
1964 – Succès mondial des *Beatles*.
1966 – Un coup d'Etat militaire commandé par le général Juan Carlos Ongania dépose le président Illia.

1967 – Susana Rinaldi enregistre son premier disque *La Mujer del tango*.
1968 – Débuts de Roberto Goyeneche au Cano 14.
– Première du "petit opéra" *María de Buenos Aires* d'Astor Piazzolla sur un livret de Horacio Ferrer.
– Formation du *Sexteto Tango*.
1969 – Emeutes ouvrières et étudiantes à Córdoba, plus connues sous le nom de *Cordobazo*.
1969 – Piazzolla crée son premier grand succès, *Balada para un loco*, sur un poème de Horacio Ferrer.
1970 – L'organisation de guérilla des Montoneros revendique l'assassinat du général Pedro Eugenio Aramburu.
– Le général Ongania est déposé par ses propres compagnons d'armes. Le nouveau président est le général Roberto Marcelo Levingston.
1972 – Juan Domingo Perón revient en Argentine après dix-huit ans d'exil.
1973 – Le péronisme gagne les élections. Le président de la République est Héctor Campora qui démissionne un mois et demi plus tard. Raúl Lastiri est président par intérim. Le 12 octobre Juan Domingo Perón assume la présidence de la République. La vice-présidente est sa femme, María Estela Martínez de Perón.
1973 – Formation du *Sexteto Mayor*.
1974 – Mort de Juan Domingo Perón. María Estela Martínez assume la présidence.
1975 – Mort d'Aníbal Troilo et de Cátulo Castillo.

TABLE

BABEL

Extrait du catalogue

COÉDITION ACTES SUD – LABOR – L'AIRE

Ouvrage réalisé
par les Ateliers graphiques Actes Sud.
Achevé d'imprimer
en mai 1994
par l'Imprimerie Darantiere
à Quetigny-Dijon
sur papier des
Papeteries de Navarre
pour le compte
d'ACTES SUD
Le Méjan
13200 Arles

N° d'éditeur : 1579
Dépôt légal
1re édition : juin 1994
N° impr. : 940-280